TOMAS MALTHUS
ENSAYO SOBRE EL PRINCIPIO DE POBLACIÓN

astria

ENSAYO SOBRE EL PRINCIPIO DE POBLACIÓN
TOMAS MALTHUS

©Colección Erandique
Supervisión Editorial: Obed García
Diseño de portada: Andrea Rodríguez
Administración: Tesla Rodas—Jessica Cordero
Director Ejecutivo: José Azcona Bocock
Primera Edición
Tegucigalpa, Honduras—Febrero de 2026

INTRODUCCIÓN

Por Pellegrino Rossi

Pocos libros habrá cuya aparición haya suscitado tantos debates como el Ensayo sobre el principio de la población de Malthus. Este ilustre escritor se vio rodeado al mismo tiempo de encarnizados adversarios y de fanáticos admiradores. Le acusaban los primeros de haber ultrajado a la vez a la humanidad y a la razón, y de haber despreciado los principios de la moral y de la economía política. Los segundos, al contrario, saludaron la aparición de su Ensayo como un bien para el mundo y una gloria nueva del espíritu humano, como una revelación (decía Hegewisch, traductor alemán de Malthus) de las leyes del orden moral, comparable al descubrimiento de las leyes del orden físico del universo por Newton. No contentos los primeros con rechazar fuertemente todo consejo de prudencia dirigido a las familias, toda idea de repugnancia moral[1], sostenían que en todo país la riqueza y el bienestar no podían aumentar sino por la población, y que donde no se verificara esta ley económica era preciso acusar las instituciones humanas, la mala distribución de los bienes, los vicios y la avaricia de los ricos y poderosos. Los segundos, en el arrebato de su celo restrictivo, iban más allá de lo que Malthus había podido imaginar; pasaban de la repugnancia moral al retraimiento físico, y no temían proponer medios preventivos que rechazan igualmente el buen sentido y la ciencia.

¿Quién se admirará de esto? ¿Quién no sabe cuán fácil es extraviarse el espíritu del hombre en el estudio de esas cuestiones morales y políticas, en esas cuestiones tan complejas, donde no puede llegarse a la verdad sino siguiendo el resultado de diversos principios ingeniosamente combinados, y donde, por la naturaleza misma de las investigaciones, el sentimiento viene a mezclarse con la razón y a turbar su pureza? ¡No se les disimula bastante a los hombres que cultivan las ciencias morales y políticas estas dificultades y estos peligros que no encuentran los geómetras que, «estando acostumbrados, dice Pascal, a los principios puros y sólidos de geometría, y a no razonar sino después de haber visto bien y manejado sus principios, se pierden en las cosas sutiles, cuyos principios no se dejan manejar de este modo»!

La cuestión de la población está enlazada con la moral y la política, la economía nacional y la economía doméstica. El Estado, la familia, el individuo, están también interesados, en el presente y en el porvenir, por su fuerza como por su felicidad. Así, ¡qué de aspectos diversos no presenta!

¡Qué de puntos de vista diferentes no se ofrecen al atento observador!

Los adversarios de Malthus nos dicen, en nombre de la moral, que el matrimonio es la satisfacción legítima de una inclinación natural e imperiosa, en tanto que el celibato prolongado es a veces causa de desorden e inmoralidad; y afirman, en nombre de la política, que la población es el nervio y la fuerza de los Estados. Las familias, añaden, no se conservan ni se aumentan sino cuando generaciones numerosas las enriquecen con su trabajo y las perpetúan con sus matrimonios. Mirad las familias nobles; se extinguen rápidamente porque los cálculos del orgullo contrarían en ellas los votos de la naturaleza, y no se quiere más que un hijo para dejar un rico heredero. Si, por último, oís a muchos economistas, os dirán claramente que cuantos más trabajadores haya, más trabajo obtienen y, por consiguiente, más productos: que todo obrero, produciendo más de lo que consume, lejos de temer el hambre y la miseria, debe ver en el aumento de la población un medio de abundancia y manantial de riquezas. Siendo el hombre a la vez productor y consumidor, ¿cómo la población podrá ser a la vez causa de abundancia o de miseria? ¿Hay cosa más ridícula que temer los límites inmensos de la producción alimenticia, cuando sólo una pequeña parte del globo está consagrada a esta producción, y nadie sabe qué recursos puede encontrar el genio del hombre en las fuerzas de la naturaleza para aumentar la masa de subsistencia? Por otra parte, ¿a qué esas alarmas y esos medios preventivos, y esos anatemas contra los matrimonios precoces y las familias numerosas? ¡Cómo si necesitasen esfuerzos para impedir que la población no pase los medios de subsistencia, y la vida no se prolongue más allá de lo que es imposible! ¡Estableced teorías para probar que las plantas no deben nacer más allá de 80° de latitud!

Se oponen a estas proposiciones, proposiciones contrarias que presentan también todas las apariencias de la verdad. ¿Hay, se dice, cosa más inmoral e inhumana que dar la vida a niños que no se pueden alimentar ni educar, y que, después de algunos años de lágrimas y sufrimientos, tienen una muerte dolorosa? ¿Tiene el hombre derecho de rodearse de víctimas y de cadáveres para procurarse algunos placeres fugitivos, algunas satisfacciones sensuales? Si los ricos, sólo por orgullo, contrarían el voto de la naturaleza, ¿es esta razón para excitar a los pobres a dar al mundo hijos que no pueden educar? Una población robusta y satisfecha, da al Estado más fuerzas y seguridad que una población mucho más numerosa, pero pobre, enfermiza y descontenta.

¿Qué hombre de Estado no preferiría hoy dos millones de suizos a seis millones de irlandeses? La Francia, con 34 millones de habitantes, podría presentar, en caso de necesidad, ejércitos tan numerosos como la Rusia con 50 o 60 millones, de los que una gran parte no llegan a 48 años. La fuerza de los Estados, en lo que concierne a la población, no se mide sólo por el número de hombres: se mide también por la vida media y la vida probable. Los niños no son fuerza, sino carga, para la sociedad.

Desde el punto de vista económico, se dice que los productos no se proporcionan de ningún modo por el número de trabajadores que se presentan en el mercado, sino por el trabajo efectivo. La demanda de trabajo no se determina por la población, sino por el capital. Satisfecha una vez esta demanda, toda oferta ulterior de trabajo no produce sino una baja de salarios, útil sin duda a los empresarios, funesta a los trabajadores, peligrosa al Estado; lo que prueba al mismo tiempo, dicen, que es quimérico contar sobre un consumo siempre proporcionado a la población: como si para consumir bastase tener aquí una vida de privaciones y de miseria. Dos mil trabajadores no ganando cada uno sino diez sueldos diarios, no consumen más que mil, cuyo salario sería un franco: consumen menos que quinientos, cuyo salario sería tres francos. Añadamos que los últimos quinientos serían felices, sanos, lo pasarían bien: seguros en el presente, podrán hacer algunas economías para el porvenir y casarse con la esperanza fundada de poder educar su familia. Los dos mil obreros a diez sueldos por día, al contrario, serían pobres, sin cesar necesitados, y no se decidirían a tener una compañera ni a fundar una familia sino por un instinto material y la imprevisión de los brutos. Seguramente que la población, ella misma, proporciona siempre los medios de subsistencia: bien sabemos que no es posible a los filántropos hacer milagros, ni prolongar la vida del hombre más allá de donde es imposible. ¿Pero cómo se mantendrá el nivel entre la población y los medios de subsistencia? Esto es la cuestión. Los filántropos, ¡cosa extraña!, dejan el cuidado de mantenerle al hambre, a los padecimientos, a la muerte: nosotros, nosotros preferimos encargarlo a la razón y a la prudencia humana.

¿Qué nos dicen los vicios de nuestras instituciones, de la excesiva desigualdad de condiciones, de la fecundidad inagotable del suelo, de los inmensos vacíos que quedan en la superficie del globo y que pueden llenar las emigraciones? Es bien cierto que todo esto no interesa al fondo de la cuestión: porque después que hayamos hecho sobre estos puntos las mayores concesiones, ¿qué resultará? Esto solamente: que en más de un país otras causas de padecimientos y desgracias vendrán a unirse a la culpable imprevisión de los padres de familia, y que las poblaciones excesivas hubiesen podido encontrar un alivio temporal bajo un gobierno mejor, en una organización social más equitativa, en un comercio más activo y libre, o en un largo sistema de emigraciones. ¿Es menos cierto que si el instinto de la reproducción no hubiese sido jamás refrenado por la prudencia, una moralidad grande y difícil, todos estos recursos al fin se hubieran agotado, y entonces el mal sería tanto más sensible, cuanto que no había remedios temporales para curarle, ni paliativos que le aliviasen?

Hombres de mediana reflexión no pueden comparar la fecundidad de la tierra con la de la especie humana, y sostener que la una sea igual a la otra. La tierra tiene sus límites, y nadie puede ignorar que, aplicando al mismo campo una segunda, una tercera, una cuarta, una quinta porción de capital y de trabajo, no se obtendría indefinidamente un aumento proporcional de productos. ¿Qué importan los términos exactos de las dos progresiones indicadas por Malthus? Basta para justificar sus doctrinas que la una de las progresiones, la que representa la propagación de nuestra especie, sea más rápida que la otra: resultado inevitable, si el hombre, como el bruto, no escucha más que sus instintos, y se imagina que la familia es un hecho que no debe caer bajo el imperio de la razón.

Tal es el resumen de las dos doctrinas, tomando de ambas lo que tienen de útil y digno de atención. Porque ideas bien singulares no han faltado por una y otra parte. Si un consejero sajón y, después de él, un escritor célebre ha llegado a proponer un medio preventivo y mecánico, pero demasiado ridículo, un economista adversario suyo ha tomado con gravedad la tarea de demostrar que una población permanece estacionaria cuando está bien alimentada. Para él, el instinto de la propagación y el principio regenerador no encuentran energía sino cuando disminuye el alimento. Esto es, dice, una ley general de la naturaleza orgánica. ¿Así el mundo se encuentra muy provisto de alimentos? No hay que temer un aumento; pero tampoco una disminución de la población. ¿Una parte del pueblo carece de alimentos y va a morirse de hambre? Admirad las leyes de la naturaleza. Estos hombres débiles, por esto mismo, sienten animarse sus instintos de propagación, y antes de morir salvan a la especie humana multiplicándose.

Es digno de observarse que esta teoría, que no es más que un abuso del argumento de analogía, haya nacido en Inglaterra, donde las clases ricas, gracias al derecho que tienen de hacer un hijo, es decir, darlo todo al primogénito, siendo los segundos carga para el Estado, no se imponen ordinariamente la menor violencia conyugal, y tenemos familias de 6, 7,

8 o 10 hijos. Sin embargo, nadie dirá que estos ingleses no tengan un alimento abundante y sólido.

Si examinamos de cerca las doctrinas que acabamos de reasumir, veremos que el espíritu de sistema anima a los dos partidos. Cada uno se apoya en hechos irrecusables, y por una atrevida generalización, cada uno ha sacado consecuencias excesivas. Así que, en un estudio en que era preciso tener una cuenta exacta de las circunstancias, y no marchar sino de distinción en distinción, ha sucedido necesariamente que, por una y otra parte, se ha llegado a generalidades que no son más que abstracciones tan desprovistas de razón como inhumanas. Por todas partes se encuentran errores, por todas se descubre algo de verdad: jamás el eclecticismo fue tan tópico y oportuno.

Que la especie humana pueda propagarse con una admirable rapidez es un hecho cierto que ningún hombre sensato puede contrariar. La población de la América del Norte se ha aumentado más del doble en menos de 25 años: ciertamente, lo que ha sucedido en América puede suceder en todas partes; más la organización física y los instintos del hombre no están profundamente modificados por el grado de latitud. En América, país nuevo, rico en tierras incultas, donde sólo faltan brazos, ánimo y un pequeño capital para formar una masa sobreabundante de subsistencias, este rápido aumento fortificaría el Estado y enriquecería la familia. ¿Sucedería lo mismo en las sociedades antiguas, en las que el territorio hace mucho está ocupado por una población muy numerosa? Esta es la cuestión. Si, como la América del Norte, la Europa puede bastar a las necesidades de una población doble, triple, cuádruple, décupla, los consejos de la escuela de Malthus son inútiles: la moral y el interés también, a la vez, los rechazan.

En efecto, ¿a qué retardar los matrimonios y prolongar los peligros del celibato y cercenar al hombre las delicias de la paternidad, si puede verse rodeado de niños gozosos y felices y educar para la sociedad trabajadores robustos y útiles ciudadanos? Si, por el contrario, llega un día para las antiguas sociedades en que, no teniendo espacio, los recién venidos no pudiesen vivir y alimentarse sino a expensas de la antigua población, y cayendo con ella en la miseria; si sucede en estas sociedades lo que en las familias, que felices mientras no cuentan más que dos o tres individuos, caen en la indigencia el día en que ocho o diez se reúnen a la mesa: ¿quién en este caso querría rehusar los consejos de la prudencia y no permitir a las sociedades el lenguaje que todo hombre sensato aconseja al que tiene derecho sobre él? ¿Cuántas veces un padre, un tutor, un amigo, no aparta del matrimonio a un joven que, en el ardor de sus pasiones, no calcula sus consecuencias ni prevé sus desgracias?

¿Cuántas veces no se ha representado a los jóvenes lo que hay de inmoral y de odioso en una ligereza que proporciona una familia que no puede alimentar, rodearse de hijos que no puede enjugar sus lágrimas, y que, en su desesperación, tal vez les desea la muerte? Nadie se ha atrevido hasta aquí a censurar estas ideas ni a tacharlas de locas e inhumanas.

Ahora bien, toda la cuestión se reduce a saber si el instinto de la reproducción de la especie humana, abandonado a sí mismo, podrá ser en los Estados un exceso, como sucede en una familia. Si el hecho es cierto, podrán criticarse algunas aplicaciones y consecuencias extremas de la doctrina de Malthus; pero no rechazar la teoría misma, porque, en el fondo, esta cuestión se reduce a esto: el ciego instinto de la reproducción, pudiendo conducir a resultados exorbitantes y desproporcionados con los medios de subsistencia, el hombre debe colocar este instinto, como todas sus inclinaciones, bajo el imperio de la razón.

Colocándonos, pues, en el terreno de la cuestión y en el punto de vista de los adversarios de Malthus, confesaremos voluntariamente que nadie conoce los justos límites de las fuerzas naturales que sirven a la producción, o que ayudan a la distribución de las riquezas. Un economista contemporáneo de Aristóteles o de Cicerón no hubiera podido calcular con las patatas para alimento de los hombres, ni para sus desalojamientos y emigraciones, con los medios de transporte que están en el día a nuestra disposición. No presumían que un mundo nuevo ofreciese algún día tierras fértiles a millones de europeos y que los franceses comiesen azúcar de las Antillas y arroz de la Carolina. Más tarde, una quinta parte del mundo ha venido a unirse a América, y quizá nuestros nietos puedan transportarse a la Nueva Zelanda tan fácilmente como podemos hoy ir del Havre a la Nueva Orleans. ¿Quién puede afirmar que no se han de descubrir nuevas sustancias alimenticias, que, en la misma extensión de terreno, los productos puedan bastar al alimento de una población doble o triple de la que pueden alimentar los productos actuales?

También puede ser que la producción de la riqueza sea más activa, y que la distribución sea más equitativa y fácil, a medida que, por efecto de una civilización siempre en aumento, cesen los obstáculos que aún oponen leyes imperfectas y costumbres perniciosas. En efecto, a la vista de los progresos actuales, ¿quién desespera de los venideros? El sistema hipotecario, indispensable al crédito de las propiedades rústicas, es muy incompleto: así vemos alejarse con temor los capitales que podrían fecundar nuestro suelo. Verdad es; pero no olvidemos que ayer la tierra no sólo se encontraba envuelta entre los lazos de las hipotecas ocultas, sino también en las cadenas de la feudalidad, de los fideicomisos y las amortizaciones. Las aduanas, que hubieran debido ser un origen abundante de renta para el tesoro, no tienen por objeto principal sino la protección de algunas empresas particulares que usurpan el nombre del trabajo nacional, como si los trabajadores tuviesen más interés en producir un género que otro, y en hacer la fortuna de un fabricante de medias o de cuchillos más bien que la de un constructor de relojes o de zapatos. Esta queja es fundada; pero cuando pensamos en los progresos que se han hecho de un siglo a esta parte, desde el día en que, en la misma nación, las aduanas interiores encadenaban las comunicaciones de una provincia con otra y en que, a pocos pasos de distancia, se veía a los de una misma nación, a unos, carecer de lo más necesario, y a otros, por falta de cambios, empobrecer en el seno de una abundancia estéril.

Las relaciones de los trabajadores con los capitalistas no se arreglan ciertamente con la equidad y prudencia necesarias; aquí el obrero, allí el capitalista, se encuentra a merced de un movimiento de humor, de un capricho, de una maquinación. Sin querer recordar la época de los gremios y quitar a la industria su más bella conquista, la libertad, siempre es tal que el legislador no puede dejar enteramente a las generalidades del derecho común las relaciones del obrero con el capitalista: después de haber arreglado tan minuciosamente el alquiler de las cosas, ¿por qué no podría fijar hoy su atención en el alquiler, tan importante, del trabajo, no para suprimir la libertad y dictar las condiciones, sino para fijar las garantías, apartar los abusos, simplificar las contestaciones a que da origen y confiar la decisión a una jurisdicción pronta, económica, y paternal?

Convengamos en que es preciso no abandonar estas observaciones; ¿pero quién podrá quitarnos un justo sentimiento de orgullo al comparar nuestra época con las pasadas? Hoy se han ocupado detenidamente de la condición de los trabajadores, de su suerte, de su porvenir, y se han propuesto toda clase de medios para asegurar la felicidad de las clases laboriosas. Esta preocupación general, signo de nuestro tiempo, ha dado origen entre nosotros a las salas de asilo, a las cajas de ahorros, a las sociedades de socorros y a numerosas instituciones benéficas. Hoy, el gobierno secunda los esfuerzos de los particulares, extendiendo las instituciones de los prohombres, contando a los obreros entre los electores, árbitros y jurados, asociándolos con los capitalistas en prueba de justicia y protección mutua: ha rendido homenaje a la dignidad del trabajo e iniciado a los obreros en el cuidado de la vida pública. Aplaudimos estas medidas y deseamos vivamente que se propaguen. Pero quisiéramos, suponiendo que fuese justo en nuestra época, recordar lo que eran, a los ojos de nuestros antepasados, esos proletarios que nos representan tan desgraciados hoy: apenas eran mirados como hombres; no había para ellos justicia ni piedad. La miseria los impelía al motín, pues se los perseguía como a bestias feroces, y se les imponían los suplicios más horrendos, sin que la sociedad se alarmase, como sucedería hoy, con penas más suaves.

De cualquier modo, admitamos, pues: 1.º que no conocemos los últimos límites de las fuerzas productivas de la tierra. 2.º Que estos productos pueden aún aumentarse y bastar a mayor número de hombres, cuando se hayan mejorado nuestras instituciones y nuestras leyes y no se opongan otros obstáculos al pleno desarrollo de las fuerzas productivas y a la buena distribución de los productos.

Desde luego debemos convenir en que no hay razón alguna para alarmarse del aumento de la población, si se considera la especie humana como una sola familia, como una familia patriarcal que nadie la turba ni divide, y nuestro globo entero como un solo dominio en el que una gran familia puede establecerse y distribuirse igualmente sin obstáculo alguno. La familia puede, pues, aumentarse o disminuirse: no le falta espacio; tiene tierras inmensas que aún no están ocupadas, y las que ya lo están pueden, con mayor cultivo y con la perfección de las instituciones sociales, bastar a mayor número de habitantes que los que alimentan hoy. Aplazamos, se nos dirá, a algunos millares de años estos tristes debates sobre el aumento de la población. La Providencia no ha entregado la tierra a la especie humana para que la mayor parte permanezca inculta o mal cultivada. Si para en adelante se siente el desarrollo de nuestra especie, ¿quién querrá penetrar en esos desiertos donde sólo han resonado los aullidos de las bestias o los gritos de algún salvaje? La especie humana no se propaga sino bajo el imperio de la necesidad: los que se encuentran bien en una parte no van a buscar fortuna a otra.

No nos remontemos a la historia del mundo antiguo; veamos sólo las colonias del Nuevo Mundo. ¿Hubieran abandonado las montañas de Suiza, las orillas del Rin, las playas de Irlanda, esos países tan queridos, tan amargamente llorados; hubieran sufrido una larga navegación, las fatigas del desmonte, las embestidas de los salvajes, los peligros de un clima desconocido, de una tierra inhabitada, si no hubiesen sido impulsados por el hambre, si un exceso de población no los hubiese arrojado fuera de su país natal? No contrariemos con nuestras teorías los decretos de la Providencia que prescriben al hombre crecer y multiplicarse. Cuando la tierra esté cubierta de habitantes, cuando la antorcha de la razón humana esparza su luz por todo el globo, y por todos los puntos de los dos hemisferios puedan elevarse hacia el Creador del universo himnos de reconocimiento, entonces será llegado el momento de investigar si este instinto de la propagación debe contenerse, debe reprimirse.

Ahora veamos lo que los adversarios de Malthus han dicho o han podido decir más acertado.

Pero ¿en qué descansa su sistema? En realidad, sólo en dos abstracciones. Primera abstracción: la tierra puede considerarse como un solo y gran dominio abierto igualmente a todos los hombres. Segunda abstracción: la especie humana no forma sino una gran familia, una familia patriarcal.

¿Estas dos proposiciones son conformes a los hechos generales de la humanidad, autorizados por la historia? No lo son, ni lo serán por mucho tiempo.

Pero dicen: si esto no es cierto, lo será aquello. Sea. Será cierto necesariamente algún día: concedo. Pero ¿cuándo? ¿En diez siglos, en veinte, en cincuenta? ¡Consuelo singular, como una risueña utopía, un idilio, una profecía para los hombres que tienen hambre, para sus hijos que les piden pan!

Hoy, la tierra está dividida en muchas porciones que ponen cada una mil obstáculos a los que quieren ocuparlas y establecerse en ellas. Allí, obstáculos naturales, enormes distancias, climas mortíferos, un suelo árido que exigiría inmensos trabajos de nivelación y de abonos antes de entregar al hombre sus tesoros; aquí, casi imposibilidad absoluta de medios de comunicación y de transporte. ¿Qué preparaciones, qué trabajo, qué ciencia y ánimo no se necesitan para establecerse con fruto en una tierra nueva? Véase, si no, lo que pasa cerca de nosotros en Argelia. ¡Qué historia más triste que la de los numerosos colonos que, en diversos puntos del globo, han perecido miserablemente, víctimas de su valor o de su temeridad!

Por otra parte, los obstáculos de las instituciones humanas: colonias hostiles y feroces, gobiernos bárbaros y pérfidos, leyes prohibitivas de toda clase, idiomas desconocidos, religiones fanáticas, antipatías de raza y de color.

Esta es la verdad, la historia, la historia antigua y la historia contemporánea.

A la vista de estos hechos le ocurre una reflexión al que no está preocupado por miras exclusivas de un sistema decantado. Se pregunta: ¿cómo es que la doctrina «dejad hacer, dejad pasar», en la población, la haya profesado hasta el más absoluto de los que la rechazan cuando se trata de la producción propiamente dicha? Proponedles aumentar

13

indefinidamente los productos, estimularse mutuamente, aun de nación a nación, por el aguijón de la libre concurrencia. Para ellos son estas diabólicas invenciones, sofismas de hombres inhumanos, teorías crueles que deshonran lo que llaman muy graciosamente economía política inglesa. Así, algún valor se necesita hoy para no desertar su puesto y defender los principios de la ciencia del incesante fuego de ataques enconados y pertinaces: enconados como el egoísmo, pertinaces como la ignorancia. Preguntad a ciertos hombres sobre la introducción de los nuevos productos, de las relaciones comerciales más fáciles; decidles que deseáis más libertad, y los veréis fruncir el ceño, palidecer de cólera y contestaros secamente acusándoos de falta de patriotismo e ilustración. Decidles, al contrario, que es preciso que el pueblo se case, que tenga muchos hijos, que esto es muy útil y moral, que no hay bastantes trabajadores en el país, y os admiraréis de su buena acogida, veréis la alegría en su rostro y agotar su retórica todas las formas laudatorias del lenguaje.

Quizá encontréis dificultad en poner acordes opiniones tan diversas. En vuestra sencillez diréis, ¿qué es esto? Por una parte no vemos que los belgas; los suecos; nos traigan sus herrerías, sus carbones, sus hierros, sus máquinas, en fin, su capital; y por otra es admirable ver a los trabajadores multiplicarse, y no contento con estimular por todas partes la población indígena, se abre de par en par las puertas del reino a los trabajadores extranjeros. ¿Qué dirán, en efecto, los que proponían prohibir la entrada en Francia, aplicar el sistema prohibitivo a los numerosos obreros belgas, ingleses, alemanes, suizos, italianos, que vienen a concurrir con los obreros franceses? ¡Con qué desdén rechazarían esta proposición! Francia, dirían, ha sido siempre hospitalaria; el obrero francés no teme la concurrencia; y por otra parte, ¿queríais exponeros a las crueles represalias de los valerosos franceses que han llevado su actividad hasta los puntos más lejanos del globo? No quiera Dios que os dejen de convencer estos argumentos. Sin embargo, aún no estáis satisfechos: aún os preguntáis, ¿por qué no se quiere una cantidad indefinida de capital, puesto que se desea una cantidad indefinida de trabajo ofrecido? ¿Por qué rehusar las máquinas, los útiles, las primeras materias del extranjero y, al mismo tiempo, acoger a los operarios? Y si os han dicho que quieren que los obreros franceses sean recibidos en el extranjero, contestad que quieren también máquinas francesas. Sin embargo, se responde con los derechos enormes de las máquinas extranjeras. ¿No os admira un himno en honor de la Alsacia porque proporcionaba máquinas a Alemania? Alemania, se ha dicho, es tributaria de la Alsacia. Tributaria es la palabra de moda, porque en la

14

apariencia los alemanes han llevado sus escudos a los alsacianos sin sacar valores correspondientes. De cualquier modo, ¿no diréis que es una contradicción? Y si lo es, ¿cómo explicarla?

La explicación es fácil. Entre los hombres unos son sencillos, otros muy diestros.

Los primeros no comprenden ni comprenderán jamás la cuestión. La economía social es para ellos un enigma. No conocen en este asunto más que los vivos amores de la juventud y el peligro de que de estas pasiones reprimidas no resulte algún desorden. Decidles que la moral nos aconseja, que la religión nos manda contener nuestros apetitos cuando no pudiésemos satisfacerlos sino a expensas de lo bueno y de lo justo; decidles que los niños tiemblan de frío, que lloran de hambre, y que no sólo son un espectáculo lastimoso, sino una temible tentación para los padres, que muchas veces no salen del afrentoso combate que pasa en su alma sino predispuestos al crimen, o lo que es aún más horrible, con el corazón petrificado por la desesperación que ahoga los sentimientos naturales y hace que los hijos no tengan padre ni madre. Os responderán tranquilamente que es preciso no desconfiar del porvenir; que, ante todo, se debe evitar por el matrimonio la corrupción de costumbres, y que la caridad viene en socorro de los infortunados. ¿Quién no conoce estos lugares comunes, y cómo se discute con hombres que repiten siempre las mismas cosas y sobre los que no hacen mella los razonamientos y los hechos?

Por el contrario, los más diestros conocen el fondo de las cosas: estos lugares comunes no son para ellos la expresión, sino el disfraz de la verdad. Aplauden el lenguaje de los más sencillos y se ríen a su costa. Saben que cuanto más trabajadores hay, siendo por otra parte iguales todas las cosas, los salarios bajan y suben los productos. Todo se explica por esta fórmula, y en particular, el pacto de alianza entre los más diestros y los más sencillos. Son del mismo dictamen, porque los unos no ven nada y los otros conocen demasiado el fondo de la cuestión. ¿Queréis que el padre de familias, en vez de cinco o seis hijos, no tenga más que dos o tres? Pues es preciso entonces subir el jornal de los obreros jóvenes y después el de los adultos; y si no queremos ver disminuir el número de compradores, ¿dónde encontraremos este aumento de salarios sino en la baja relativa de los productos? Vuestros consejos de prudencia se volverán en un fuerte impuesto contra nosotros. Hoy podemos ganar un millón en diez años y en vuestro sistema necesitaríamos la vida de un hombre para lograr el mismo resultado. Dejad, dejad multiplicarse a los trabajadores: es el único medio de hacer a los capitalistas dueños del mercado. Este razonamiento es incontestable en lógica. ¿Nos admiraremos de que, mientras se rehúsa la concurrencia de los útiles, de las máquinas del extranjero, se encuentre muy sencillo favorecer la de los operarios? Si los capitalistas pudieran fabricar y vender obreros como venden máquinas y útiles, nadie duda, a voz en grito, hubiesen pedido leyes prohibitivas contra los operarios extranjeros: los hubieran rechazado como hacen hoy con los bueyes y caballos de Suiza y Alemania.

En cuanto a nosotros, quisiéramos poder persuadir a los obreros, a los jóvenes que no poseen otra riqueza que su inteligencia y sus brazos, que deben guardarse de los consejos que les prodigan, por un lado, los egoístas y, por otro, los espíritus quiméricos. Quisiéramos poderles decir: la cuestión de la población a vosotros solos y exclusivamente interesa. En nuestras discusiones para nada entran los ricos. Por un lado, el principio aristocrático, siempre poderoso, los contiene e inspira una prudencia casi excesiva; por otro lado, ¿qué importa que sus familias sean numerosas? ¿Vemos a sus hijos miserables y sin pan? Aun los imprudentes encuentran recursos entre los parientes, en las uniones, en las profesiones liberales, en las carreras públicas: sus padres han podido darles una educación distinguida, y de aquí que tengan la aptitud y las esperanzas que vosotros no tenéis. Este es un hecho necesario y legítimo: las funciones que exigen muchos años de preparación, adelantos considerables, no serán jamás patrimonio del mayor número, y bueno es que no lo sean, porque la sociedad se degrada cuando el cultivo del talento no es un medio de influencia y una distinción.

Pero vosotros, cuyas familias no han ocupado aún los altos destinos de la sociedad, en vez de dirigir miradas envidiosas y formar votos impotentes hacia su cima, mirad donde estáis y prestadnos atención. No queremos traeros aquí teorías, generalidades, cálculos estadísticos que por lo menos son inútiles para vosotros. Sólo os pedimos un poco de atención y de buen sentido, aplicado no al mundo entero sino a cada uno de vosotros. Que penetre la prudencia en vuestros hogares y presida el establecimiento de cada familia, y no habrá que inquietarse por la suerte de la humanidad. Porque, ¿qué veis a vuestro lado? ¿Un país vasto, inculto, poco poblado, pero sano, fértil, donde nada se opone a la explotación, donde la tierra no necesita para producir sino capitales y brazos? Casaos a vuestro antojo; nada tenemos que deciros, si por otra parte las favorables condiciones del suelo y del clima no son vanas por las instituciones y las leyes. Si así fuese, sed prudentes. No os lisonjeéis ligeramente con reformas que no llegarán quizá en un siglo, mientras que vuestros hijos os pedirán pan dentro de cuatro o cinco años.

16

Hay más: las malas leyes son menos funestas que las costumbres perniciosas. Aquí podríamos citar hechos y ejemplos. ¡Triste espectáculo el de un pueblo sumergido en la abyección y la miseria, únicamente porque no quiere salir de él, porque prefiere la abyección a un esfuerzo, la miseria al trabajo! Por eso no miréis sólo al exterior, mirad también vuestra conciencia. En rigor podríamos reconocer en el individuo el derecho, el derecho legal, por supuesto, de estar ocioso, pero sólo por él y para él solo: que no quiera vivir a costa ajena, que renuncie a ser padre y marido, y si quiere que viva con andrajos y muera sobre un montón de paja. ¡Pero pensar en el matrimonio, dar vida a sus hijos y no trabajar! Yo no conozco tirano más odioso que un padre y un marido sano y robusto que sólo emplea sus fuerzas en ahogar los sollozos de su mujer y de sus hijos; y admiro la sangre fría de un juez que sólo condena a algunos días de prisión al ocioso que, después de entregarse a los placeres brutales de la taberna, trata a su familia con violencias y golpes.

Pero dejemos este punto que, a la verdad, no pertenece a la economía política. Es muy cierto que allí donde no faltasen las subsistencias, aunque la población no quisiese, con su trabajo, sacarlas de una tierra fértil que se las ofrece, es más bien la reforma de las leyes y costumbres, que no las doctrinas de Malthus, lo que es preciso proclamar. Conocemos humildemente que no es el economista, con sus cálculos, el que puede convertir a una vida activa y buena a una población salvaje o depravada. El interés puede contribuir a retener en el camino del bien a aquel que por más altas inspiraciones le sigue ya; pero no conduce a él al que ha roto todas las barreras de las afecciones naturales, del honor, de la religión, de las leyes; y si el interés tuviese tanto poder, el mundo sería un Paraíso: y ¡qué cosa más fácil que demostrar con hechos lo perjudicial del vicio!

A los obreros, y en particular a los proletarios de los países hace mucho tiempo habitados y explotados, quisiéramos dirigirnos: de ellos se trata esencialmente en las cuestiones que conciernen a la población, y también de la juventud laboriosa, de los obreros honrados, de que cuida el economista y que puede ilustrar.

Nosotros quisiéramos preguntarles: ¿qué país habitáis? ¿Es un país puramente agrícola y cuya industria consista en vender el exceso de los productos? No creas por esto que vuestra posición será más sencilla y segura. Examinémoslo.

¿Quién sois en ese país? ¿Sois pequeños propietarios o quinteros o colonos, dueños de vuestros útiles y de vuestros arriendos? Estoy seguro de que no sólo seréis honrados, sino que tendréis dignidad, respeto hacia vosotros mismos y vuestras familias. Vuestros matrimonios no serán precoces, imprudentes: muchas veces sólo se casará el hijo primogénito; los demás serán pocos, permanecerán en la familia a la vez como propietarios y trabajadores y tratarán de entrar en la iglesia, en el ejército, o emplearán sus trabajos en las grandes empresas agrícolas. Si viene a sorprenderos una carestía o una desgracia, reemplazaréis en vuestra mesa el pan con las patatas, venderéis vuestro cerdo y vuestras aves para comprar trigo, no compraréis vestidos nuevos, ni haréis gastos extraordinarios: en fin, haréis frente a la tempestad aumentando actividad y valor. Ya os veo felices como los aldeanos inteligentes y laboriosos de más de un cantón de Francia, de Suiza, de Italia. Las malas cosechas os servirán de instrucción y de advertencia. Entonces diréis: ¿qué nos hubiera sucedido, ¡gran Dios!, si nuestra familia hubiese sido dos o tres veces más numerosa? ¿Qué os hubiera sucedido? No tenéis que ir muy lejos para aprender, y si no los tenéis a vuestras puertas: abrid el libro de Malthus, esa vasta colección de hechos, y veréis lo que sucede bajo la plaga de una carestía a esas poblaciones imprevisoras, que en los tiempos normales se encuentran reducidas a lo estrictamente necesario.

Por el contrario, ¿habitáis un país puramente agrícola pero todo lleno de grandes propiedades y cultivo, y no sois más que jornaleros? Vuestra posición, tan sencilla en la apariencia, se complica y exige vuestra atención. Aquel dominio a que dedicáis vuestro trabajo no es en realidad sino una manufactura. Después de haber arreglado sus condiciones con el propietario que le alquila la máquina, el arrendatario debe asegurarse de que podrá recobrar sus adelantos y pagar el arriendo, y naturalmente querrá sacar el mayor provecho posible de su empresa. ¿Cómo os ha de ofrecer un salario elevado si os presentáis en tropel a su puerta? ¿Qué sucederá en caso de mala cosecha? Puede que el arrendatario la sufra también, y puede que la subida del precio le compense los pocos productos: esto depende de muchas circunstancias inútiles de enumerar aquí. ¿Pues qué podréis esperar si, por el excesivo número de obreros que se presentan en concurrencia, el arrendatario dicta la ley del mercado? Obligados por el hambre, seréis felices con conservar el mismo jornal en dinero, que nunca representará el jornal natural; y si, por las circunstancias, los obreros se encuentran abatidos por la miseria, bajarán vuestros jornales en dinero, porque seguramente el empresario, sabiendo que tenéis necesidad de él más que él de vosotros, no querrá hacer el papel del león de la fábula. No olvidéis que, en un país así constituido, si la concurrencia puede animar la oferta del trabajo, jamás anima la demanda. No se multiplican fácilmente estas grandes manufacturas agrícolas. Las familias proletarias pueden aumentarse en las ciudades; pero no se aumenta el número de grandes propietarios y arrendatarios: la extensión del terreno es la misma, y si el cultivo puede mejorarlas sucesivamente, estas mejoras son casi siempre lentas, y muchas veces no se realizan sino por las máquinas que disminuyen temporalmente o para siempre el trabajo humano. En este país, si la población es excesiva, es temible un día de carestía: se ven hombres macilentos, descarnados, vacilantes, vagar por la campiña y disputar a los animales el alimento más inmundo.

Los países puramente agrícolas, sin comercio, sin industria, en días desgraciados no tienen disponibles ni los socorros de las grandes capitales, ni los recursos y el atrevimiento del espíritu mercantil: no hay más que sufrir y morir. Es admirable su silencio y resignación.

Pero en la sociedad no es esto sólo lo más peligroso y complicado para las clases laboriosas. Dirigid, entre tanto, vuestras miradas a los países esencialmente industriales y manufactureros, allí donde la agricultura no es más que una ocupación secundaria, donde el capital, tomando las formas más diversas, se dedica a satisfacer aquí todas las necesidades generales de un pueblo civilizado, allí los caprichos de la moda y los gustos refinados de la opulencia. Seguid esta producción en sus diversas formas, en sus complicados fenómenos. Estas primeras materias tan numerosas, tan varias, es preciso sacarlas de las cuatro partes del mundo: sus mezclas no son siempre las mismas, sus dibujos es preciso renovarlos todos los años. La concurrencia vela sin cesar con su mirada sutil y penetrante. ¡Desgraciado el que se detiene un instante! Es atropellado por la turba que sigue su carrera. Reunirse al que os precede, arrollarle a los pies y pasar a los otros es el esfuerzo incesante de la industria: es su ley y su vida. Hay más: todos los que han estudiado profundamente estas grandes cuestiones sociales os dirán que la libertad regular y pacífica, cuando los individuos, obligados a conformarse con las indicaciones de la naturaleza, trabajan acordes con ella y aprovechan sus fuerzas en vez de contrariarlas, es reñida, tiránica y desordenada el día en que los gobiernos han querido hacer más que la Providencia y dar al norte las industrias del mediodía, o al contrario. La concurrencia de los individuos es entonces concurrencia de los Estados, y se forma en el dominio de la industria una mezcla singular de libertad y esclavitud. Las leyes naturales de la economía pública no son complicadas como las leyes positivas de cada nación, leyes variables como los intereses de la política, crueles como el interés personal en pugna con los intereses generales: leyes que para la libertad tan pronto son armas como trabas; que producen las represalias y el contrabando, los odios nacionales y las crisis comerciales; en fin, leyes de guerra y de desorden.

En medio de este caos, ¿qué harán los obreros, los que sólo viven con su jornal y que, en caso de desgracia, no tienen economías que consumir, ni una cabaña para abrigarse, ni un rincón de tierra que cultivar? ¿Pueden comprender las cuestiones tan complicadas de que ellos mismos son elemento, esas cuestiones que sólo un pequeño número de economistas comprende? ¡Ay! No es sólo la cruel experiencia la que hace conocer al obrero lo que hay de incierto y de precario en sus relaciones con esa industria artificial tan variable, tan incierta, tan caprichosa en sí misma. Hoy viene a alegraros un subido jornal; tenéis asegurada la felicidad de vuestra familia, animáis a que se case vuestro hijo, que trabaja en vuestra misma manufactura. ¡Imprudente! Quizá no sabéis que vuestro empresario recibe sus alimentos de los Estados Unidos, de Alemania, de Rusia, y que quizá mañana el espíritu de represalias cerrará las fronteras de esos Estados a sus productos o no los admitirá sino con grandes impuestos: no habéis considerado que los efectos que fabricáis no son sino un objeto de moda, un capricho, y que, muy buscados y pagados enormemente hoy, se abandonarán mañana por otra novedad que no sabréis fabricar.

Vosotros, que contáis en la destreza de vuestras manos y en la sagacidad de vuestra vista para obtener el jornal de un hábil obrero, no dudéis del golpe que vais a tener, del trastorno que producirá en vuestra industria un hombre, un solo hombre: y ¿cómo? con una idea. Porque esta idea produce una máquina más poderosa que vosotros, más regular en sus trabajos, más exacta en sus productos. A su lado, ¿qué sois vosotros? Lo que el andarín más vigoroso y activo al lado de un carruaje de vapor.

Entonces buscáis otra ocupación, otro trabajo. Pero ¿de qué proviene que vuestra destreza no es la misma y vuestra habilidad es dudosa? En que la división del trabajo ha desenvuelto una de vuestras facultades y embotado las demás. La división del trabajo, cuyos efectos económicos son tan maravillosos, en su resultado general tiene muchos inconvenientes entre los individuos, y añade las dificultades de su situación a las vicisitudes de la industria.

Por último, ¿quién os asegura que la guerra no vendrá de repente a extinguir el comercio y paralizar la producción de vuestro país? ¿Queréis saber la verdad? Decid más bien que no hay día en que pueda despertarnos el ruido siniestro de una noticia que ocasionará la ruina de vuestra industria. Porque uno de los fenómenos más complicados de toda sociedad civil es, seguramente, la producción industrial, de tal modo que origina las rivalidades nacionales, si se quiere tener en cuenta los elementos necesarios, las influencias que la dominan y las vicisitudes a que está expuesta. En este fenómeno tan complejo y variado se encuentra, por decirlo así, apremiado el obrero: figura, es parte, es un elemento esencial que no puede pasar ni aislarse de los demás elementos del mismo hecho. Obra con ellos y aumenta la reacción. Lo que hay de variable e incierto en el uno se une a lo que hay de incierto y de variable en los otros. Trabajo, importe del capital fijo, del capital circulante, forma y poder de uno y otro capital, concurrencia de los productores, de los consumidores, leyes económicas, relaciones de Estado a Estado, nada es cierto, permanente, inmutable, y uno solo de estos elementos no puede modificarse sin modificar más o menos, bien o mal, todos los demás.

¿Quiénes son los más expuestos de los que tienen el valor de aventurarse en un terreno tan movible, donde a cada paso puede abrirse un abismo? ¿Son los capitalistas? De ningún modo. El capitalista, a no ser por una loca impudencia, jamás lo coge desprevenido: si sufre pérdidas, salva una parte de su fortuna; si no percibe productos este año, puede esperarlos al año siguiente; sus economías y su crédito le sirven de mucho; a veces ni siquiera tiene que suprimir sus gastos de lujo para restablecer el equilibrio de su presupuesto doméstico; por último, si, obligado a plegar velas y dejar sus asuntos, se retirase sin ningún medio de existencia, puede encontrar en su retiro *otium cum dignitate*. Nada de esto sucede al trabajador, que sólo vive el día que trabaja. Le acomete la desgracia antes de verla venir. ¿Qué recursos le quedan? ¿La caridad pública o particular? ¿La emigración? ¿Entrar en el ejército?

La caridad, ciertamente, es un manantial que no se ha agotado. La caridad particular actual es a la vez ingeniosa y liberal. Socorre la desgracia respetándola, consuela sin envilecer; todos los infortunios la conmueven: para todos es activa, inteligente; lo mismo penetra en la choza del indigente que en el encierro del criminal. Para todos tiene consuelos y socorros; hasta tal punto que la crítica la ha tachado de ciega indulgencia y debilidad. No encuentra límites sino en sus deseos, o al menos en su poder. Sus medios no son infinitos, así que disminuyen a medida que aumentan el número de los desgraciados. Si tiene un pan, os lo ofrece de corazón; pero si todos los que la piden le presentan al mismo tiempo una mujer y muchos niños que alimentar, ¿qué puede la caridad entre esta turba de indigentes? A todos dará algo, pero no podrá darles lo necesario; y a pesar de sus nobles esfuerzos, verá esta población imprudente devorada por los sufrimientos, las enfermedades y la muerte.

Contad además la caridad pública legal, esa caridad material que los unos siempre dan con indiferencia, muchas veces con crueldad, y que los otros reciben sin reconocimiento, porque unos la miran como un motivo de orgullo, otros como un derecho; esa caridad necesariamente sin pudor ni reserva, y que con sus registros oficiales os degrada llamándoos socorrido. Así se llama del otro lado de la Mancha la cuota de los pobres. Tratad de saber si la historia de esta cuota es honrosa para la especie humana: qué sentimientos excita, qué relaciones establece entre los pobres y los ricos. Preguntad si los cinco millones de francos que Inglaterra gasta en socorros en el espacio de treinta años han sido un alivio siempre para la miseria, y si han hecho desaparecer el pauperismo. La población de Inglaterra propiamente dicha, que no es más que la mitad de la población de Francia, crece anualmente más que la población francesa. No hay cuota ni socorros que pueda evitar los padecimientos de una población que crece excesivamente.

Lo que he dicho de la insuficiencia de la caridad es aún más verdadero de la emigración, de la entrada en el ejército, en fin, de todo desplazamiento. Estos recursos, estos medios de escapar a la miseria, pueden concebirse por el hombre que está soltero y en la flor de su edad; pero un marido, un padre de familia rodeado de niños pequeños, ¿no serán para ellos medios crueles que condenan la humanidad y la moral? ¿Qué haréis? ¿Abandonaréis a la caridad pública, expondréis a las tentaciones de la miseria a vuestra mujer, vuestra hija, vuestros hijos, para escapar sólo del peligro? ¿Este es el objeto del matrimonio para vosotros? ¿Son estas sus obligaciones? Si, por el contrario, desnudos como estáis de recursos, os acompaña en esta peregrinación de miseria y de tristeza vuestra familia, ¿creéis que podrá sufrir las angustias, las privaciones, las fatigas? La historia os lo dice: el camino de esta emigración está sembrado de cadáveres. ¿Es esto para vosotros objeto de la misión conyugal? ¿Os han impelido al matrimonio la moralidad de estos consejos? ¡Será bueno y justo satisfacer una inclinación sin tener en cuenta sus consecuencias y resultados!

Ahora podréis comprender las teorías de Malthus. Es preciso repetirlas, porque a vosotros especialmente os interesa. ¿Podéis aún dudar que todo matrimonio precoz no sea para vosotros, muchas veces, una temeridad culpable? ¿Qué os ha dicho desde un principio Malthus? Si, cerrando los ojos a las consecuencias, dijo, no escucháis sino vuestras inclinaciones, sufriréis las consecuencias de vuestra imprudencia. La población será conducida a su nivel por los obstáculos represivos; es decir, por el hambre, los padecimientos y la muerte.

No son estas vanas declamaciones: es una verdad fundada en hechos irrecusables, en la experiencia de todos los días.

La conclusión es evidente. Si los obstáculos represivos son un suplicio para la humanidad y una vergüenza para la razón humana, apartadlos por el único medio que podáis. No establezcáis con ligereza nuevas familias; imitad aquel patriota que, al casarse, no quería dar salario a la tiranía; tampoco se lo deis a la miseria: caeréis fatalmente en poder de ese horrible demonio el día que celebréis un matrimonio imprudente.

Nadie os dice que no os caséis, sino que esperéis hacerlo como hombres razonables. Nadie os quiere quitar los goces de la paternidad; pero no por la impaciencia de un día los transforméis en horribles angustias.

En fin, a los obstáculos represivos sustituid lo que llama Malthus obstáculos preventivos; es decir, un trabajo incesante, orden y economía, una inalterable prudencia y una gran moralidad.

He aquí su sistema, contra el que tantas vanas y culpables declamaciones se han levantado. Si otros os dicen que os entreguéis sin pensar a ciegas inclinaciones, nosotros, al contrario, os aconsejamos que las dirijáis y contengáis con las luces de la razón y las leyes de la moral y la prudencia.

Si otros tratan de consolaros y de aseguraros con perspectiva de no sé qué reforma que tendría la sociedad y daría a la historia un solemne mentís, os recordaremos que estas son quimeras, sistemas arbitrarios mil veces refutados, y que ya es tiempo, por honor de la razón humana, de no hablar más de ellos. En último resultado, todos los sistemas sociales se resumen en una u otra de estas palabras: servidumbre y libertad. La historia nos presenta a la vez al hombre máquina y al hombre dueño de sí mismo. Escoged: somos una sociedad de hombres libres, y estos reformadores querían, bajo una u otra forma, conduciros a la servidumbre. ¡Y se han de creer posibles estos sueños en el siglo XIX! Si al menos estas utopías, reduciendo a la nada la libertad y la responsabilidad individual, asegurasen a las clases laboriosas un bienestar positivo... Y no sería bastante cierto, para compensar la pérdida de la libertad, garantizarnos la ración de un monje.

Pero esto no es más que una ilusión: porque si la población no se contiene con prudencia, con la repugnancia moral recomendada por Malthus, se extralimitaría en las sociedades industriales aún más que en las sociedades libres; ¿y qué prudencia, qué temor podría esperarse de hombres cuyo ser colectivo hubiese absorbido toda la responsabilidad moral y casi aniquilado la libertad? Añadamos que nada sería más afrentoso que una escasez en un país de igualdad absoluta de fortunas, y donde nadie tiene algo superfluo.

En tiempos de desgracias, los ricos propietarios, los grandes capitalistas, son la Providencia para los pobres. Son los únicos que pueden socorrer y proporcionarles trabajo: los unos por caridad, los otros por cálculo. Así, nada más estúpido que esas declamaciones que tienen por objeto inspirar a los pobres odio contra los ricos y representarles toda acumulación de capitales como un robo, toda gran casa como una intolerable oligarquía. Tanto como se declama contra esos grandes ríos que son la fuerza, la riqueza, el ornamento de los Estados, ¿sería prudente desear que esas masas imponentes, que llevan majestuosamente sobre sus olas las riquezas del país y dan brazos infatigables a la industria, rutas económicas al comercio, se transformasen en pequeños arroyuelos en los que nadie podría sostener una barca ni hacer mover una máquina? Entre los ricos hay hombres crueles, ambiciosos, egoístas: efectivamente, como entre los pobres, borrachos, holgazanes y ladrones. El odio y la envidia, ¿podrían aumentar a las clases laboriosas su poder y su dignidad, para dividir algún día con los capitalistas el imperio del mercado? Porque allí sólo pueden conducirlos el trabajo, la moralidad y la prudencia.

Ya he explicado en otra parte2 cuáles son las verdaderas relaciones de los trabajadores con el capitalista, y cuál es el salario propiamente dicho. He tratado de hacer comprender al mismo tiempo los servicios que traen al trabajo los grandes capitales y los peligros que amenazan a los pequeños; en fin, he tratado de indicar los medios naturales, practicables, legítimos que permiten escapar de tales peligros aprovechando esos servicios. Yo no puedo insistir aquí en tan importante cuestión; pero conozco la necesidad de repetir que si llega el momento en que los capitales no bastan a las necesidades de los obreros, la falta no es de los capitales, sino de los trabajadores mismos, que, sin tener en cuenta las vicisitudes del mercado, han multiplicado y extendido por su número toda demanda posible de trabajo. Añádase que, aun suponiendo que los capitalistas quisiesen sufrir solos la pena de la imprudencia de los operarios, ya pidiendo un trabajo que no necesitasen, ya asignando a otro útil un jornal superior al determinado por las circunstancias del mercado, este sacrificio, tan poco probable y tan poco natural, sería sólo una ruina para todos, sin provecho durable para nadie. Y digo sin provecho durable, porque, no deteniéndose el movimiento ascendente de la población, al cabo de pocos años el alivio temporal que hubiese resultado del consumo improductivo de todo capital acumulado no se encontraría sino cuando ocurriese un nuevo desastre a los obreros.

En fin, persuádanse las clases laboriosas de que su porvenir está en sus manos, y de que nadie puede realizar imposibles. Siempre que el número de obreros exceda habitualmente a las fuerzas del capital disponible, es inevitable la baja de los jornales. Que estos bajen quedando los mismos los productos o subiendo; o que los jornales no suban sino bajando los productos; que caigan los obreros en la miseria con la ruina de los capitalistas, o que caigan los capitalistas conservando sus riquezas y viendo aumentarse sus economías, lo cierto es que no puede asegurarse la suerte de los operarios sino con la prudencia y la moralidad en las relaciones de los dos sexos, y con un aumento de la población proporcionado a los medios de subsistencia con que los trabajadores pueden contar legítimamente y según todas las probabilidades.

Entonces podrán elevarse gradualmente las clases laboriosas, si saben al mismo tiempo usar con inteligencia de sus fuerzas y de sus medios. He manifestado en mi Curso de economía cómo cada familia de obreros podría mejorar su condición por un sistema equitativo de socorros mutuos y de gastos comunes: es cuanto hay que pedir de razonable al espíritu de asociación y de confraternidad. En estos límites puede proponerse el ejemplo de las comunidades religiosas y de los monasterios. Porque, aisladamente, es funesto a los que pueden gastar poco, a los que no pueden hacer adelantos, comprar sus provisiones por mayor y en tiempo útil, consagrar mucho espacio y cuidado a la economía doméstica. La multiplicidad de muebles para los pobres es inútil; y sin soñar una vida común, que no conviene a hombres que tienen mujer e hijos, y que destruiría el espíritu de familia, es una comunidad parcial, una comunión de compras, de provisiones, de leñas, de socorros, que no tiene nada de imposible ni de inmoral, y que no excede por sus combinaciones la inteligencia de las clases laboriosas. Si, en vez de prestar oídos a los sueños de hombres sistemáticos, tomasen consejo de la equidad y del buen sentido, podrían multiplicar y extender sin trabajo los ensayos ya realizados sobre esto mismo. Esto no es ruidoso, ni brillante, ni se necesita para hacerlo de un Josué que detenga el curso de la sociedad; pero tampoco son medios que conduzcan a la *cour d'Assises* ni a Charenton. Asociaciones voluntarias, temporales, de cinco, seis o diez familias, más o menos, para unir, no su trabajo, no su vida entera, no lo que hay de más personal en el hombre y más íntimo en la familia, sino una parte de sus ganancias, de sus gastos, de sus consumos, de su vida doméstica material y exterior, bajo el aspecto de socorros mutuos, no sería sólo para los trabajadores un medio de bienestar, sino un medio de educación y moralidad. Quizá viésemos un día alrededor de esos hogares domésticos una parte, por lo menos, de esos imprudentes y egoístas que pueblan hoy las tabernas y engruesan la bolsa del ambicioso comerciante que los envenena. Esto es lo que el hombre puede hacer con el espíritu de asociación. Es preciso no abdicar jamás su libertad personal, y aún menos debe exigirse, en su propio interés, el sacrificio de la libertad de otro.

Todo en las opiniones y en las costumbres de nuestra época llama a las clases laboriosas a un porvenir más feliz y digno. Nuestro movimiento social no puede hacerse por partes aisladas, porque no se cumple ni bajo las inspiraciones exclusivas del privilegio, ni bajo la ley brutal e inicua de la igualdad material, sino en nombre de la libertad y de la igualdad civil, y de los más nobles principios de nuestra naturaleza. Hay provecho, elevación para todos: para nadie degradación.

Las clases superiores han perdido odiosos privilegios, pero han ganado la libertad. Si les está prohibido maltratar a los plebeyos, tampoco pueden temer las cartas-órdenes del rey. La elevación del derecho de vecindad es el hecho más notorio de nuestra civilización y al que nadie puede contestar.

¿Sentirían y envidiarían esta elevación las clases laboriosas? Sería una temeridad. El derecho de vecindad procede del trabajo y no se recluta sino por el trabajo. Es una aristocracia siempre movible, siempre abierta y de las más legítimas, porque es hija de sus propias obras. Seguramente el derecho de vecindad de ningún modo está dispuesto a dejarse quitar las riquezas que ha ganado con el sudor de su rostro. Las defendería con el mismo ardor y perseverancia que las ha adquirido; y también conocemos que se encuentra entre la clase media más de un cruel egoísta. Pero, al considerar esta clase en general, ¿quién desconocerá sin injusticia sus simpatías por las clases laboriosas y la rapidez con que va a contribuir siempre a su bienestar y adelantos?

Este adelanto es común a todas las clases: es el resultado de un sentimiento general, una señal de nuestra civilización. Desde este punto de vista, todos estos sistemas, todos estos proyectos, producto de nuestros días y que pueden reasumirse bajo el nombre de organización del trabajo, toda esta política socialista en la que a talentos eminentes se ha visto hacer excursiones rápidas y fugitivas, son un hecho digno de atención. Es, entonces, una expresión, a la verdad exagerada, del sentimiento general que anima a la sociedad. Todo movimiento social, político, económico, literario, cualquiera que sea, es precedido por algunos precursores, niños aventureros que no saben lo que proclaman ni todo lo que les sigue, y dejan siempre tras sí hombres torpes y engañados que podrán compararse con los pescados que las olas abandonan en la orilla, a no ser que se hagan notables por sus impotentes griterías. Unos y otros, los primeros por su furia, los segundos por su desesperación, atestiguan igualmente que el movimiento es real. La sociedad, al progresar, no espera dejar tan atrás a las clases laboriosas que no quiera confiarles su dirección y someterse a sus consecuencias.

Lo principal es que los obreros comprendan sus intereses y su verdadera situación. El trabajo es libre y nadie puede sujetarle. En vez de quejarse, el operario debe confiar, porque sin libertad no sería como el obrero de las Antillas, sino una bestia, una de las cabezas de un rebaño. Pero la libertad, con sus ventajas y su dignidad, tiene también sus angustias y sus peligros. Eleva y sostiene las almas puras y los espíritus previsores: aparta de sí las almas corrompidas y los espíritus débiles y temerarios. Mirad esos vecinos que nos parecen hoy tan felices, tan ricos, tan poderosos: ¿cómo se han formado? ¡Cuántas luchas han tenido que sostener! ¿Trabajaban como los obreros de nuestros días en una sociedad amiga, bienhechora, generosa? ¿Tenían las simpatías universales y el espíritu de su siglo? Estaban rodeados de enemigos: debían crecer y engrandecerse en medio de una casta que los tenía a sus pies, con el corazón de hierro y el palo y la espada siempre en la mano. Y, sin embargo, ¿dónde está hoy ese terrible feudalismo que los despreciaba y que, como el patricio romano, mirándose *tamquam e cœlo demissa*, no veía en la unión de las dos razas sino la pareja monstruosa del hombre con el bruto?

Tales han sido los resultados del trabajo, del orden, de una perseverancia continua y sufrida, de una inalterable prudencia; de esas cualidades y virtudes que Malthus y sus discípulos recomiendan hoy a los obreros.

Se dirá quizá que los trabajadores tenían entonces medios artificiales, tales como las corporaciones, los gremios, los aprendizajes. Sin duda, entonces estos medios eran una necesidad, pero una necesidad política: era precisa una protección particular cuando los poderes públicos eran impotentes y no ofrecían seguridad a nadie. ¿Queréis poner hoy todas esas trabas? Volvednos, al mismo tiempo, el sistema feudal. La bandera de las corporaciones no puede desplegarse sino contra la bandera del privilegio armado. ¿Será preciso organizar una defensa y preparar las cargas cuando no hay ataque alguno?

Los gremios y aprendizajes no eran una institución general. Aun donde existieron, no abrazaban todos los oficios y todas las profesiones. Al contrario, el progreso ha sido general, y si se examina con atención se conocerá que ha sido más rápido allí donde las instituciones no han puesto trabas a los obreros.

No necesita la libertad socorros artificiales. Sólo pide al hombre, para que progrese, el empleo de las nobles facultades que **le** ha concedido la Providencia. Ser libre quiere decir ser razonable. El bruto no tiene libertad, y el hombre que, en los actos importantes de su vida, se entrega ciegamente a sus apetitos e imita al bruto, depone al momento su dignidad y su independencia.

Pellegrino Rossi.

LIBRO PRIMERO: OBSTÁCULOS QUE SE HAN OPUESTO AL AUMENTO DE LA POBLACIÓN EN LAS PARTES MENOS CIVILIZADAS DEL MUNDO Y EN LOS TIEMPOS ANTIGUOS

I. EXPOSICIÓN DEL ASUNTO: RELACIÓN ENTRE EL AUMENTO DE LA POBLACIÓN Y LAS SUBSISTENCIAS

Si deseáramos examinar cuáles serán los progresos futuros de la sociedad, naturalmente se ofrecerían dos cuestiones:

1. ¿Qué causas han impedido hasta ahora la propagación del género humano y su mayor felicidad?

2. ¿Qué probabilidad hay de evitar estas causas, ya en todo, ya en parte?

Este examen es muy vasto para que un individuo solo pueda emprenderlo con buen éxito. El objeto de este ensayo es principalmente examinar los efectos de una gran causa, ligada íntimamente con la naturaleza humana, que ha obrado constante y poderosamente desde el origen de las sociedades y, sin embargo, ha llamado poco la atención de quienes se han dedicado a este asunto. Es verdad que se han reconocido y justificado los hechos que demuestran la acción de esta causa; pero no se ha visto la unión natural y necesaria que existe entre esta y algunos de sus notables efectos, aunque en el número de estos haya que contar probablemente los vicios, las desgracias y la mala distribución de los bienes de la naturaleza, que siempre han deseado corregir los hombres ilustrados y benéficos.

Esta causa, creo yo, es la tendencia constante que se manifiesta en todos los seres vivientes a multiplicar su especie, aunque no lo permitan los alimentos con que cuentan.

Es una observación del doctor Franklin que no hay límite alguno en la facultad productiva de las plantas y los animales, sino que, al aumentar su número, se quitan mutuamente la subsistencia. Si en la superficie de la tierra, dice, existiese con exclusión de toda planta una sola especie, por ejemplo, el hinojo, bastaría para cubrirla de verdor. Y si no hubiese otros habitantes, una sola nación, por ejemplo, la inglesa, la hubiera poblado en pocos siglos.

Esto es incontestable. La naturaleza ha prodigado con mano liberal los gérmenes de la vida en los dos reinos; pero ha sido más parca en cuanto a territorio y alimento. Sin esta reserva, en algunos millares de años la tierra hubiera fecundado millones de mundos; pero una imperiosa necesidad reprime esta población exorbitante, y el hombre ha de someterse a su ley como todos los seres vivientes.

Las plantas y los animales siguen su instinto, sin que los detenga el reparo de las necesidades que sufrirá su prole. La falta de sitio y alimentos destruye en estos dos reinos lo que nace más allá de los límites asignados a cada especie.

Mas en el hombre los efectos de este obstáculo son muy complicados; guiado por el mismo instinto, le detiene la voz de la razón, que le inspira el temor de ver a sus hijos con necesidades que no podrá satisfacer. Si cede a este justo temor, es muchas veces por virtud. Si, por el contrario, le arrastra su instinto, la población crece más que los medios de subsistencia; bien que, llegando a este término, es preciso que disminuya. Así que la dificultad de alimentarse es siempre un obstáculo al aumento de la población humana, lo que se nota en cualquier parte en que los hombres están reunidos, presentándose bajo las variadas formas de la miseria o de su justo temor.

Para convencernos de que la población tiene esta tendencia constante a pasar más allá de los medios de subsistencia, y de que lo ha impedido este obstáculo, recorramos, desde este punto de vista, los diferentes períodos de la existencia social. Pero antes de emprender este trabajo, y para mayor claridad, determinemos, por una parte, cuál sería el aumento natural de la población si ningún impedimento lo estorbase; y, por otra, cuál puede ser el aumento de los productos de la tierra en las circunstancias más favorables a la industria agrícola.

Nadie podrá negar que no hay país conocido en que los medios de subsistencia sean tan abundantes y sus costumbres tan sencillas y puras que jamás la dificultad de proveer a las necesidades de una familia no haya impedido, o al menos retardado, los matrimonios; y que los vicios de las grandes ciudades, los oficios malsanos o el exceso del trabajo no hayan acortado la vida; no conociendo nosotros país alguno en que la población haya podido crecer sin obstáculo.

Podrá decirse que, además de las leyes que establecen el matrimonio, la naturaleza y la virtud prescriben al hombre unirse en época oportuna a una sola mujer; y que, si ningún obstáculo se opusiera a la unión permanente que sería su consecuencia natural, o si no existieran las causas que impiden el desarrollo de la población, llegaría esta más allá de los límites designados.

En los Estados del Norte de América, donde no faltan los medios de subsistencia, donde las costumbres son puras y donde los matrimonios precoces son más fáciles que en Europa, se ha observado que durante más de un siglo y medio se había duplicado la población antes de cada período de 25 años. Y, sin embargo, durante este intervalo de tiempo, en algunas ciudades el número de muertos había excedido al de los nacidos, de modo que era preciso que el resto del país les proporcionase constantemente con qué reemplazar su población, lo cual indica que el aumento era más rápido que el término medio general.

En los establecimientos del interior, donde la agricultura era la única ocupación de los colonos y donde no se conocían los vicios ni los trabajos malsanos de las ciudades, resultó que la población doblaba en 15 años. Este aumento, por grande que sea, podía ser muy ventajoso si la población no experimentase obstáculos. Para desmontar un país inculto es necesario un trabajo excesivo, y tales desmontes no son siempre saludables; por otra parte, los indígenas turbaban algunas veces estas empresas con incursiones que disminuían el producto del industrioso cultivador y, a veces, costaban la vida a individuos de su familia.

Según una tabla de Euler, calculada por una mortandad de 1 a 36, si los nacimientos son a los muertos como de 3 a 1, el período de aumento será de 12 años y cuatro quintos solamente. Y esto no es una suposición, puesto que se ha realizado muchas veces en cortos intervalos de tiempo. Sir W. Petty cree posible, con ciertas circunstancias particulares, que la población doble en diez años[5].

Mas, para huir de toda exageración, tomemos por base de nuestro razonamiento el aumento menos rápido, acreditado con muchos testimonios, y que es cierto proviene solo de los nacimientos.

Podemos, pues, sentar como cierto que, cuando no lo impide ningún obstáculo, la población va doblando cada 25 años, creciendo de período en período en una progresión geométrica.

No es tan fácil determinar la medida del aumento de las producciones de la tierra; pero al menos estamos seguros de que es muy diferente de la que es aplicable al aumento de la población. Un número de mil millones de hombres debe doblar en 20 años por el único principio de la población, tanto como un número de mil hombres. Pero no se obtendrá con la misma facilidad el alimento necesario para mantener a un mayor número, pues el hombre solo tiene un espacio limitado. Cuando una fanega de tierra se una a otra fanega, cuando, en fin, toda la tierra fértil esté ocupada, el aumento de alimento depende de la mejora de los terrenos ya cultivados, la cual, por la naturaleza de toda especie de terreno, no hará grandes progresos; antes, al contrario, los que haga serán cada vez menos considerables, en tanto que la población, mientras encuentra con qué subsistir, no reconoce límites, y sus progresos son una causa activa de nuevos aumentos.

Todo lo que se nos dice de la China y del Japón hace dudar de que los esfuerzos de la industria humana puedan allí doblar el producto de la tierra, aun tomando el período más largo. A la verdad, nuestro globo ofrece muchas tierras sin cultivo y casi sin habitantes; pero es discutible el derecho de exterminar estas razas esparcidas u obligarlas a retirarse a una parte de sus tierras insuficiente para sus necesidades. Si se trata de civilizarlas y dirigir su industria, sería preciso emplear mucho tiempo; y como, entretanto, el aumento de la población se determinaría por el alimento, sucedería que una gran extensión de tierras abandonadas y fértiles sería cultivada por naciones civilizadas e industriosas. Y cuando esto acaeciese, como sucede con el establecimiento de nuestras colonias, esta población, creciendo rápidamente y en progresión geométrica, bien pronto se impondría límites a sí misma. Si la América, como no se puede dudar, continúa creciendo en población, aunque con menos rapidez que en el primer período de sus establecimientos, los indígenas serán rechazados al interior de las tierras hasta que llegue a extinguirse su raza.

Estas observaciones, hasta cierto punto, son aplicables a todas partes del mundo en que el país no está del todo cultivado. No se puede concebir, ni por un momento, la destrucción y exterminio de la mayor parte de los habitantes de Asia y de África. Civilizar las diversas tribus de los tártaros y los negros y dirigir su industria sería, sin duda, una empresa larga y difícil, y de un éxito tal vez dudoso.

La Europa no está tan poblada como pudiera estarlo, y por eso puede esperarse que la industria sea mejor dirigida. En Inglaterra y Escocia se han dedicado mucho al estudio de la agricultura; y, sin embargo, en este país hay muchas tierras incultas. Examinemos hasta qué punto el producto de esta isla sería susceptible de aumento en las circunstancias más favorables que pueden suponerse.

Si admitimos que, con la mejor administración y el mayor estímulo para los cultivadores, el producto de las tierras pueda doblar en los primeros 25 años, es probable que vayamos más allá de la verosimilitud, y esta suposición, sin duda, excederá de los límites que razonablemente pueden asignarse a tal aumento de producto.

En los 25 años siguientes es imposible que siga la misma ley y que, al cabo de este segundo período, el producto actual se encuentre cuadruplicado; pues esto sería contrario a las nociones que tenemos sobre la fecundidad de la tierra. La mejora de terrenos estériles no puede ser efecto sino del trabajo y del tiempo; y es evidente, aun para quienes conocen ligeramente este asunto, que, a medida que se extiende el cultivo, las adiciones anuales que puede hacer el producto medio van disminuyendo continuamente con una especie de regularidad. Para comparar, entre tanto, el aumento de la población con el del alimento, hagamos una suposición que, por inexacta que sea, será mucho más favorable a la producción de la tierra que lo que acredita la experiencia.

Supongamos que las adiciones anuales que pudieran hacerse al producto medio no decrecieran y, permaneciendo constantemente las mismas, se añadiese cada 25 años al producto anual de la Gran Bretaña una cantidad igual a su producto actual. Seguramente el especulador más iluso no podrá suponer más, porque esto bastaría para convertir en pocos siglos todo el terreno de la isla en un jardín.

Hagamos aplicación de este supuesto a toda la tierra, de suerte que, al fin de cada período de 25 años, todo el alimento que rinde en la actualidad al hombre la superficie entera del globo se añada al que pueda proporcionar al principio del mismo período, lo cual es, sin duda, todo cuanto puede esperarse de los esfuerzos mejor dirigidos de la industria humana.

Podemos, pues, afirmar, partiendo del estado presente de la tierra habitada, que los medios de subsistencia, en las circunstancias más favorables a la industria, no se aumentan sino en una progresión aritmética.

La consecuencia incontestable de la comparación de estas dos leyes de aumento se conoce a primera vista. Supongamos de once millones la población de la Gran Bretaña y que el producto actual de sus campos basta para mantener esta población. Al cabo de 25 años la población será de veintidós millones, y, doblando también el alimento, bastará a su manutención. Después de un segundo período de 25 años, la población llegará a cuarenta y cuatro millones y los medios de subsistencia no podrán sostener sino a treinta y tres. En el período siguiente la población llegará a ochenta y ocho millones, no habiendo subsistencias sino para la mitad. Al fin del primer siglo la población será de ciento setenta y seis millones, y las subsistencias no llegarán a cincuenta y cinco millones, de modo que una población de ciento veintiún millones de habitantes tendría que morir de hambre.

Sustituyamos a esta ley, que nos ha servido de ejemplo, la superficie de la tierra, y desde luego se conocerá que no es posible, para evitar el hambre, recurrir a la emigración. Supongamos de mil millones el número de habitantes de la tierra; la raza humana crecería como los números 1, 2, 4, 8, 16, 32, 64, 128, 256, en tanto que las subsistencias como estos: 1, 2, 3, 4, 5, 6, 7, 8, 9. Al cabo de dos siglos la población sería a los medios de subsistencia como 256 es a 9; al cabo de tres, como 4.096 es a 13; y después de dos mil años la diferencia sería inmensa, incalculable.

Se ve, pues, que en nuestras suposiciones no hemos asignado límite alguno a los productos de la tierra. Los hemos concebido como susceptibles de un aumento indefinido, como queriendo sobrepasar todo límite, por muy grande que fuese el que se les designase. En esta misma suposición, el principio de la población, de período en período, es tan superior al principio productivo de las subsistencias que, para mantenerse al nivel, para que la población existente encuentre alimentos proporcionados, es preciso que, a cada instante, impida este progreso una ley superior que la dura necesidad la someta a su imperio; en una palabra, que uno de los dos principios contrarios, cuya acción es tan preponderante, esté contenido en ciertos límites.

II. OBSTÁCULOS GENERALES QUE SE OPONEN AL AUMENTO DE LA POBLACIÓN, Y MODO CON QUE OBRAN

De lo dicho hasta aquí puede deducirse que, en último término, el gran obstáculo a la población es la falta de alimentos, a causa de la diferencia entre las relaciones de las dos cantidades en sus aumentos respectivos; y este grande y último obstáculo, al que vienen a parar los otros, no obra de una manera inmediata sino en caso de que el hambre ejerza sus estragos.

Se componen los obstáculos inmediatos de las costumbres y enfermedades a que puede dar origen la falta de los medios de subsistencia, unidas con las causas físicas y morales, independientes de esta escasez, que tienden a quitar la vida prematuramente. Estos obstáculos a la población, que obran constantemente con más o menos fuerza en todas las sociedades humanas y que mantienen el número de individuos al nivel de sus medios de subsistencia, pueden ser colocados en dos clases distintas. Los unos obran previniendo el aumento de la población, y los otros la destruyen a medida que se forma. La suma de los primeros compone lo que se puede llamar obstáculo privativo, y la de los segundos, obstáculo destructivo.

Mientras es voluntario el obstáculo privativo, es propio de la especie humana y resulta de la facultad que le distingue de los demás animales, a saber: de la capacidad de prever y apreciar las consecuencias futuras. Los obstáculos que se oponen al aumento indefinido de las plantas y de los animales privados de razón son de una naturaleza destructiva; o, si son privativos, nada tienen de voluntarios. Pero el hombre, al tender la vista a su alrededor, no puede menos de conmoverle el espectáculo que le ofrecen muchas veces las familias numerosas; y, comparando sus medios de subsistencia, que son quizá los meramente necesarios, con los individuos con quienes tendría que dividirlos —que acaso podrían ser siete u ocho—, teme con razón no poder alimentar a sus hijos. Tal debe ser el motivo de su inquietud en una sociedad fundada sobre un sistema de igualdad, si semejante estado pudiera existir. En la actualidad se presentan otras consideraciones: ¿no se expone a perder su rango y a tener que renunciar a sus predilectas costumbres? ¿No tendrá que dedicarse a un trabajo más penoso o arrojarse a empresas más difíciles de lo que exige su situación presente? ¿Podrá acaso procurar a sus hijos la educación que él ha tenido? ¿Está seguro de que, si se aumenta su número, sus fuerzas bastarán para ponerlos al abrigo de la miseria y del desprecio que ella lleva consigo? ¿No tendrá, por último, más remedio que renunciar a su independencia y buscar recursos en las dádivas, siempre insuficientes, de la caridad?

Tales reflexiones se han hecho para impedir, como en efecto sucede, en toda sociedad civilizada, muchos establecimientos, siendo obstáculo a muchos matrimonios precoces; y, en este concepto, se oponen a la inclinación de la naturaleza.

Si de ello no resultan vicios, este es el menor de los males que produce el principio de la población; pues, como es una violencia impuesta a nuestras inclinaciones y, sobre todo, a una de las más imperiosas, produce sin duda momentáneamente un sentimiento penoso. Pero este mal es muy leve si se compara con los demás inconvenientes que detienen la población: es una privación como tantas otras que debe prescribirse un agente moral.

Cuando esta violencia engendra el vicio, los males que de aquí se siguen son bien manifiestos y el desarreglo de costumbres, llevado hasta el extremo de impedir el nacimiento de los hijos, envilece la naturaleza humana y le quita su dignidad. Si produce este efecto entre los hombres, aún más degrada el carácter de las mujeres, borrando los rasgos amables que constituyen su naturaleza; añadiéndose a esto que, de todas las personas desgraciadas, las que padecen mayores males y sufren más miseria son las víctimas deplorables de la prostitución, que tanto abunda en las grandes ciudades.

Cuando la corrupción general se extiende por todas las clases de la sociedad, su efecto inevitable es emponzoñar el manantial de la felicidad doméstica: debilitar los lazos de mutuo afecto que unen a los esposos entre sí, y a los padres con los hijos que les dieron el ser; perjudicar, en fin, los cuidados de la educación, siendo estas, sin duda, las causas activas que tienden a disminuir la felicidad en la sociedad y a atentar contra la virtud. Estos males son el resultado de los artificios que exige llevar a cabo una intriga y de los medios empleados para ocultar sus consecuencias; porque no hay clase de vicios a donde no arrastren semejantes prácticas.

Los obstáculos destructivos que se oponen a la población son de una naturaleza muy varia, comprendiendo todas las causas que tienden, de cualquier modo, a menguar la duración natural de la vida humana por el vicio o por la miseria. Así, pueden contarse en esta clase las ocupaciones malsanas, los trabajos penosos o excesivos que exponen a la inclemencia de las estaciones, la extremada pobreza, el mal alimento de los hijos, la insalubridad de las grandes poblaciones, todo género de excesos, de enfermedades y epidemias, la guerra, el hambre, la peste.

Si se examinan los obstáculos al aumento de la población que he colocado bajo estas dos clases generales, y que he llamado privativos y destructivos, se verá que pueden reducirse a los tres siguientes: la violencia moral, el vicio y los padecimientos.

Entre los obstáculos privativos, la abstinencia del matrimonio, unida a la castidad, es lo que yo llamo repugnancia moral (moral restraint).

El libertinaje, las pasiones contrarias al voto de la naturaleza, la violación del lecho conyugal, con todos los artificios empleados para ocultar las consecuencias de uniones criminales o irregulares, son obstáculos privativos que pertenecen manifiestamente a la clase de los vicios.

Entre los obstáculos destructivos, los que son una consecuencia inevitable de las leyes de la naturaleza componen exclusivamente esta clase, que designo con la palabra miseria (misery). Por el contrario, los que nacen de nosotros mismos, como las guerras, todo género de excesos y otros males evitables, son de una naturaleza mixta, que suscita el vicio e induce en seguida a la desgracia.

La suma de obstáculos privativos y destructivos forma lo que se llama obstáculo inmediato a la población. En un país en que la población no puede crecer indefinidamente, el obstáculo privativo y el destructivo deben estar en razón inversa uno de otro; es decir, que en los países malsanos o sujetos a una gran mortandad por cualquiera causa que sea, el obstáculo privativo tendrá poca influencia. Al contrario, en aquellos que gocen de mucha salud y en que el obstáculo privativo obre con fuerza, el obstáculo destructivo será muy débil y la mortandad muy escasa.

En todo país, los obstáculos que hemos enumerado obrarán con más o menos fuerza, aunque siempre de una manera constante; y, a pesar de la influencia de esta acción permanente, hay pocos países donde no se observe un continuo esfuerzo de la población a crecer más que los medios de subsistencia. Este esfuerzo perenne en su acción tiende constantemente a sumergir en la aflicción a las clases inferiores de la sociedad, impidiendo toda especie de mejora en su estado.

El modo con que obran estos obstáculos en el estado actual de la sociedad merece, por nuestra parte, alguna atención. Supongamos un país en que los medios de subsistencia sean los meramente suficientes al número de sus habitantes. El estímulo constante que tiende a fomentar la población y que, aun en las sociedades más viciosas, no cesa de tener efecto, no deja de aumentar el número de individuos más rápidamente que las subsistencias: el alimento que bastaba a once millones de hombres, por ejemplo, deberá entonces repartirse entre once millones y medio. Al momento el pobre vivirá con más dificultad, y muchos se verán reducidos al último extremo. Creciendo el número de obreros en una proporción mayor que la cantidad de trabajo ofrecido, el precio de este disminuirá; y, subiendo al mismo tiempo el de las subsistencias, sucederá necesariamente que el obrero, para vivir como antes, tendrá que trabajar más.

Durante este período de aflicción los matrimonios decaen y las dificultades de las familias se aumentan de tal modo que la población se detiene y permanece estacionaria. Al mismo tiempo, el bajo precio de los jornales, la abundancia de operarios y la obligación en que están de aumentar su actividad animarán a los cultivadores a emplear en la tierra una cantidad de trabajo mayor que antes, a desmontar terrenos incultos, a fecundar y mejorar con más cuidado los que estén cultivando, hasta que, en fin, los medios de subsistencia lleguen al punto en que estaban en la época que nos ha servido de partida. Entonces, volviendo a ser la situación del obrero menos penosa, el obstáculo a la población cesará al momento; y, tras un corto período, no dejarán de repetirse las mismas marchas retrógradas y progresivas.

Esta especie de oscilación no se manifestará probablemente a la vista de un observador vulgar y será muy difícil, aun con mucha atención, calcular sus períodos y su regreso. Sin embargo, considerando cuidadosamente este asunto, puede asegurarse que en todos los pueblos antiguos hay algo parecido a estas alternativas de comodidades y desgracias, aunque, a decir verdad, de un modo mucho menos marcado y regular de lo que aquí se ha descrito.

Una de las principales causas por las que no se han observado estas mutaciones es que los historiadores no se ocupan más que de las clases elevadas de la sociedad: no hay una obra en que los usos y modo de vivir de las clases ínfimas se retraten fielmente; y en estas clases es donde se conocen tales oscilaciones. Para hacer, desde este punto de vista, una historia completa de un pueblo durante un período determinado sería preciso que muchos se dedicasen, con una atención sostenida y minuciosa, a hacer observaciones tanto generales como particulares y locales sobre el estado de las clases ínfimas y sus causas de bienestar o de desgracias. Y, en seguida, para sacar de semejantes observaciones consecuencias seguras y aplicables a nuestro asunto, sería precisa una serie de historias escritas bajo estos principios y que abarcara muchos siglos.

Se ha comenzado no ha mucho, en algún país, a cultivar el estudio de la estadística, y estas constantes investigaciones derramarán sin duda mucha más luz sobre la estructura del cuerpo social. Pero, bajo este aspecto, puede decirse que la ciencia está aún en la infancia, y hay muchas cuestiones importantes en las que carecemos de datos, o, si los tenemos, son muy imperfectos. ¿Cuál es el número de matrimonios comparados con los adultos? ¿Hasta qué punto la dificultad de casarse favorece al vicio? ¿Cuál es la relación entre la muerte de los niños pobres y la de los ricos? Determinar las variaciones del precio real del trabajo; observar en los diferentes períodos el grado de comodidad y bienestar de que gozan las clases ínfimas de la sociedad; tener, en fin, registros exactos de los nacimientos, defunciones y matrimonios; particularmente este último dato, en el asunto que tratamos, es de la mayor importancia.

Una historia fiel del género humano en que se encontraran resueltas estas cuestiones daría mucha luz sobre el modo con que obra el obstáculo constante que detiene la población. Es muy probable que se conociesen entonces estos movimientos retrógrados y progresivos de que he hablado, aunque la duración de estas oscilaciones no sea regular por la influencia de diversas causas, las cuales son muy variadas: tal es el establecimiento o caída de algunas manufacturas, el ardor o la indiferencia hacia las empresas de agricultura, los años de abundancia o de escasez, las guerras, las enfermedades, las leyes relativas a los pobres, las emigraciones y otras muchas.

Pero una causa que ha encubierto estas alternativas es la diferencia entre el precio real del trabajo y el precio nominal. Esta rara vez baja al mismo tiempo en todas partes; pero se sabe siempre que es el mismo, mientras el precio nominal de las subsistencias sube gradualmente. Esto tendría lugar por lo general si el comercio y las manufacturas recibiesen bastante aumento para atender al empleo de los nuevos jornaleros presentados en el mercado y para precaver el aumento de oferta que debe ocasionar la baja del precio en dinero. Pero un aumento del número de obreros que reciben los mismos salarios en dinero debe necesariamente producir, por efecto de la concurrencia de demandas, una subida en el precio del trigo, que es, en efecto, una baja real del precio del trabajo.

Mientras dura esta baja gradual de subsistencias, el estado de las clases inferiores empeora en proporción; al contrario, los comerciantes de granos y los capitalistas se enriquecen por el bajo precio del trabajo; sus capitales crecen y están en estado de emplear mayor número de hombres. Sobre esto es preciso observar que la dificultad de sostener una familia numerosa ha debido producir perjuicios a la población. Llegará, pues, cierto tiempo en que la demanda de trabajo estará en gran proporción con respecto a la oferta; por consiguiente, el precio real del trabajo crece, si nada impide que se ponga a su nivel. Por eso los jornales y la condición de las clases inferiores experimentan bajas y altas, siguiendo movimientos retrógrados y progresivos, aunque no baje el precio nominal del trabajo.

Los pueblos primitivos, entre los que el trabajo tiene un precio fijo, están también expuestos a las mismas oscilaciones. Cuando su población se eleva al nivel que no puede sobrepasar, los obstáculos que impiden el aumento y los que lo destruyen obran con más fuerza. Las costumbres viciosas se intensifican, la exposición de los hijos es más común, la guerra y las epidemias son más frecuentes y mortíferas, obrando sin duda estas causas hasta que la población quede reducida al nivel de los medios de subsistencia. En esta época, el regreso de una especie de abundancia relativa producirá de nuevo el aumento de la población, y al cabo de cierto tiempo este crecimiento será detenido por la acción de las mismas causas que acabo de enumerar.

Voy ahora a seguir en diferentes países estos movimientos retrógrados y progresivos; para esto será preciso que la historia nos proporcione datos muy detallados sobre aspectos abandonados hasta aquí. Por lo demás, fácil es ver que los mismos progresos de la civilización tienden naturalmente a hacer menos sensibles estos movimientos. Me limitaré, pues, a establecer las siguientes proposiciones:

1. La población está limitada necesariamente por los medios de subsistencia.

2. La población crece invariablemente siempre que crecen los medios de subsistencia, a menos que no lo impidan obstáculos poderosos y manifiestos.

3. Estos obstáculos particulares, y todos los que, al detener el poder preponderante, obliguen a la población a reducirse al nivel de los medios de subsistencia, pueden comprenderse en tres clases principales: la repugnancia moral, el vicio y la miseria.

No creo que la primera de estas proposiciones necesite demostración. Las dos últimas resultarán del examen que vamos a emprender del estado de los pueblos antiguos y modernos, considerados bajo este aspecto, y este será el objeto de los siguientes capítulos.

III. OBSTÁCULOS QUE SE OPONEN AL DESARROLLO DE LA POBLACIÓN EN LOS ESTADOS ÍNFIMOS DE LA SOCIEDAD HUMANA

Todos los viajeros, de común acuerdo, suponen a los habitantes de la Tierra del Fuego en el grado más abyecto de la existencia social, a pesar de que sus costumbres y hábitos domésticos nos son casi desconocidos. La estéril comarca en donde habitan y el estado miserable a que se encuentran reducidos nos han impedido entablar con ellos relaciones mercantiles que hubieran proporcionado las noticias necesarias sobre su situación y su modo de vivir. Por lo demás, no es difícil calcular cuáles son los obstáculos que impiden el aumento de la población en una raza de pueblos primitivos cuya miseria se presenta ante todo; y que, muertos de frío y de hambre y cubiertos de andrajos, habitan en el clima más destemplado, sin haber sabido hallar medio alguno de mitigar sus rigores.

Casi en el mismo estado miserable se encuentran los naturales del país de Van Diemen, a quienes nos pintan también los viajeros como desprovistos de todo recurso; y en una situación más deplorable que la de todos los anteriores se hallan los de las islas de Andamán, situadas más al Este. Sabemos por algunas relaciones modernas que emplean todo el tiempo en buscarse el sustento; no ofreciendo sus bosques sino muy poca caza y vegetales de que puedan hacer uso se ven obligados a trepar por los peñascos o a vagar por la orilla del mar, a ver si la casualidad les depara algún pescado arrojado en la costa, recurso en verdad siempre precario y del que están absolutamente privados durante el tiempo de borrasca. Su estatura no pasa de cinco pies; son de vientre abultado, cargados de espaldas, de cabeza desproporcionada y de débiles miembros. Su aspecto hace patente la degradación en que se encuentran y la mezcla más espantosa de ferocidad y de miseria. Muchos han sido encontrados en la playa luchando con los horrores del hambre y en el último período de esta lastimosa existencia.

El estado de los habitantes de la Nueva Holanda es algo superior al de los pueblos de que acabamos de hablar; conocemos una parte, al menos, de estos pueblos por la descripción de un viajero que ha residido largo tiempo en Port Jackson y que menciona los hechos de que ha sido testigo ocular. El redactor del primer viaje de Cook, después de indicar cuán escaso era el número de naturales que se veían en la costa oriental de la Nueva Holanda y de atribuir esta falta de población a la esterilidad de aquel suelo, añade: «No es fácil decir la razón de ser el número de habitantes tan corto en comparación de los que puede mantener este país.

Puede ser que en los viajes sucesivos averigüemos si sus naturales se destruyen mutuamente peleando por su sustento, como los de la Nueva Holanda, si perecen de hambre, o si alguna otra causa se opone entre ellos a la multiplicación de la especie.»

Lo que M. Collins nos dice acerca de tales pueblos basta, a mi parecer, para dar una solución satisfactoria a estas cuestiones. En sentir suyo no son ni altos ni bien formados; tienen los brazos y las partes inferiores del cuerpo muy delgados, atribuyéndose esto a la falta de alimento. Los que habitan en las costas se sustentan con pescado y, alguna vez, con un gran gusano o larva que encuentran en los árboles bajos de la goma; los bosques están casi desprovistos de animales, siendo tan difícil cazarlos que los que viven en el interior no disfrutan de esta posibilidad. De modo que pasan el tiempo subiéndose a los árboles más elevados para encontrar allí miel o pequeños cuadrúpedos, como la ardilla o el didelfo. Cuando el tronco de estos árboles es muy elevado y desnudo de ramas, lo cual es frecuente en las florestas espesas, esta especie de caza es muy incómoda; pues es necesario entonces que con sus hachas o azuelas de piedra abran una muesca o escalón para colocar sucesivamente cada pie, teniendo que estar al mismo tiempo fuertemente cogidos del árbol con el brazo izquierdo. Se encuentran árboles agujereados así hasta la altura de noventa pies, altura a la cual ha tenido que llegar el hambriento habitante antes de haber podido alcanzar la primera rama y de encontrar la más mínima recompensa de sus afanes.

Poco es lo que suministran los bosques; además de este corto número de animales, solo algunas bayas, las batatas, las raíces del helecho y las flores de diferentes especies de Banksia son los únicos vegetales que producen.

Habiendo sido sorprendido un indígena que llevaba consigo a un joven por algunos colonos en la ribera del Hawkesbury, se arrojó a su canoa, abandonando en su precipitada huida la comida que tenía preparada y con la cual se iba a regalar. Consistía en un gran gusano ya empezado a comer, que acababa de sacar de un pedazo de madera húmeda y carcomida, siendo insoportable ciertamente el hedor que despedían tanto el gusano como el lugar de donde había salido. Llámase a este gusano en la lengua del país cabro; tomando por esto el nombre de Cabrogal una tribu que habita en el interior de estas tierras y que hace de este desagradable manjar su principal alimento. Los habitantes de los bosques amasan con la raíz del helecho, mezclada con algunas hormigas grandes y pequeñas, una torta alimenticia, a la cual añaden, cuando es la sazón, los huevos o ninfas de estos insectos.

En los países donde los hombres se ven obligados a recurrir a tales medios de subsistencia, en donde el alimento tanto animal como vegetal es muy escaso, y en donde el trabajo para obtenerlo es tan penoso, es evidente que la población debe ser escasa y estar dispersa. No pueden dejar de ser muy reducidos sus límites. Aún más, si tomamos en consideración las costumbres extravagantes y bárbaras de estos pueblos, el cruel trato que dan a las mujeres y la dificultad, por la situación en que se encuentran, de educar a los hijos, bien lejos de sorprendernos de que la población no traspase los límites actuales, deduciremos que los medios de subsistencia que ofrece dicho país, por mezquinos que sean, deben exceder a las necesidades del corto número de habitantes que logra escapar de tantas causas de destrucción de que están rodeados.

El amor se manifiesta en estos pueblos con actos de violencia y ferocidad. Entre las mujeres de una tribu enemiga es donde el joven habitante hace su elección; y, espiando cuidadosamente el instante en que el objeto de su deseo está sola y privada de sus protectores naturales, se aproxima sin ser apercibido, la aturde a fuerza de palos con su espada de madera dura, la hiere en la cabeza, en el espinazo y en las espaldas tan fuertemente que cada golpe la hace correr gotas de sangre. La arrastra en seguida de un brazo, a través de los bosques, sin cuidarse de las piedras ni de las astillas de madera de que está sembrado el camino, ansioso de conducir su presa al lugar en donde habita su tribu.

Allí, además de otros actos de barbarie, esta mujer es reconocida como propiedad suya, sustrayéndose rara vez a la potestad de su dueño. Los parientes de la mujer regularmente no vengan este ultraje, a no ser en el caso de que, usando de represalias, roben a su vez las mujeres a sus enemigos.

La unión de los dos sexos es demasiado precoz, habiendo visto los mismos colonos ejemplos vergonzosos de violencia ejercida por algunos habitantes contra jóvenes muy tiernas. La conducta de los maridos con sus mujeres es adecuada al modo con que en un principio manifiestan su cariño, llevando todas en su cabeza signos bien inequívocos de la ferocidad de sus tiranos. Y, como los matrimonios son precoces, se puede decir que sus maridos las golpean tan luego como sus fuerzas se lo permiten, y no es extraño ver a algunas de estas desgraciadas tener la cabeza hundida y señalada con tantas cicatrices que era imposible contarlas.

M. Collins, llevado por un movimiento de sensibilidad, dice con este motivo: «La condición a que se encuentran reducidas las mujeres es tal, que muchas veces, cuando veía a una niña en los brazos de su madre, pronosticando su porvenir y considerando las desgracias a que estaba destinada, juzgaba que quizá sería un acto de humanidad privarla inmediatamente de una vida tan lastimosa». Y, en otra parte, hablando de Bennelong, dice: «encuentro en mi diario que Bennelong, no sé con qué motivo, había golpeado cruelmente a su mujer un momento antes de su alumbramiento».

Una conducta tan brutal debe ser causa de abortos frecuentes, y la unión precoz, a la par que prematura, de los dos sexos, perjudica probablemente a la fecundidad. Generalmente son más los habitantes que tienen muchas mujeres que los que tienen una sola; pero lo más singular es que M. Collins no se acuerda de haber visto que ningún hombre tuviese hijos de más de una de sus mujeres. Él oyó decir a algunos del país que la primera mujer reclamaba como un derecho exclusivo el amor de su esposo, y que la segunda era una especie de esclava destinada a servir al marido y a su primera esposa.

Difícil se hace creer que tal derecho sea absolutamente exclusivo; quizá lo que suceda sea no permitir a la segunda mujer criar sus hijos. Mas, sea lo que fuere, si el hecho es cierto, prueba que hay un gran número de mujeres sin hijos. Este fenómeno solo puede explicarse por los duros tratamientos de que son víctimas o por alguna costumbre particular escapada a la observación de M. Collins.

Si durante la lactancia del hijo muere su madre, el padre coloca sobre este cuerpo muerto al niño vivo aún, y deja caer sobre él una gran piedra; en seguida, los amigos acaban de cerrarle la tumba. Esta ceremonia horrorosa fue practicada por Colebé, indígena conocido de los colonos; y, cuando se le reconvenía sobre esto, trataba de justificarse diciendo que, no pudiendo encontrar mujer alguna que reemplazara a la madre en calidad de nodriza, era por consiguiente abreviar los sufrimientos del niño el quitarle la vida de un solo golpe. M. Collins observa que esta práctica, muy admitida en estas comarcas, puede, en cierta manera, ser causa de la escasez de población.

Aunque quizá esta costumbre no ejerza toda la influencia que se le supone, sin embargo, sirve al menos para pintarnos de una manera sensible la dificultad de criar los hijos en el estado en que se encuentran dichos habitantes. Las mujeres, cuyo género de vida las obliga a mudar continuamente de lugar y que se encuentran sometidas a excesivos y continuos trabajos, raras veces pueden criar a la vez muchos hijos que se lleven poco en edad. Si nace uno antes que el anterior esté en disposición de bastarse a sí mismo y de caminar al lado de su madre, es casi seguro que uno u otro ha de perecer por falta de cuidado. La tarea de criar un solo hijo en la vida errante y penosa que llevan es tan incómoda y difícil que no debe admirarnos no pueda encontrarse mujer alguna que quiera encargarse de ello, mientras no se vea obligada por el irresistible instinto de la maternidad.

A estas causas, que se oponen a la generación naciente, es necesario añadir aquellas que la destruyen a medida que se forma. Tales son las guerras frecuentes a que se dedican estos pueblos y sus eternas enemistades, el espíritu de venganza que continuamente los arrastra al homicidio, la suciedad de sus habitaciones, el malísimo alimento y las enfermedades que de esto dimanan, particularmente las de la piel y una especie de viruela que hace grandes estragos entre ellos.18

Esta epidemia se manifestó en 1789. Difícil es formarse una idea del estado a que reduce las poblaciones: no se encontraba ningún viviente en las bahías y ensenadas tan pobladas antes, ni huella humana sobre la arena. Los naturales habían abandonado algunos muertos por enterrar a otros. Los huecos de las rocas se encontraban llenos de cadáveres en estado de putrefacción, y en muchos parajes, cubiertos los caminos de esqueletos.

M. Collins supo que la tribu de Colebé, el que antes nombramos, había sido reducida por el azote destructor a tres personas, que, para sustraerse de la muerte, fueron a reunirse a otra tribu.

Vista la influencia de tantas causas de despoblación, deberíamos naturalmente creer que los productos de la tierra, tanto animales como vegetales, unidos a los pescados encontrados en las orillas del mar, podrían ser más que suficientes para la conservación de algunos restos de naciones diversas que ocupan tan vasta extensión de terreno. Aparece, por el contrario, que en general la población llega tan exactamente al nivel del producto medio de las subsistencias, que el más pequeño déficit en ellas, que resulte de una mala cosecha o de cualquiera otra causa, sumerge a estos pueblos en la más cruel angustia. Las narraciones de los viajeros confirman que son frecuentes estos tiempos de calamidad, durante los cuales se encuentran los naturales del país tan extenuados que se asemejan a verdaderos esqueletos, próximos a morirse de hambre.

IV. OBSTÁCULOS QUE SE OPONEN AL DESARROLLO DE LA POBLACIÓN EN LAS NACIONES INDÍGENAS DE AMÉRICA

Dirijamos ahora nuestras miradas hacia las diferentes comarcas de América. En la época de su descubrimiento, la mayor parte de este vasto continente estaba habitado por pequeñas tribus salvajes, independientes unas de otras, viviendo, como las de la Nueva Holanda, de las producciones naturales de la tierra. En los bosques que cubrían el país no se encontraba, como en las islas del mar del Sur, gran abundancia de frutos y vegetales alimenticios, aumentándose muy poco, con el pequeño cultivo que ejercían algunas tribus cazadoras, los medios de subsistencia. Los habitantes de esta parte del mundo se sostenían, pues, principalmente, de los productos de la caza o de la pesca, cuyos recursos, sobre ser limitados, son siempre precarios. La pesca solo puede alimentar a los que se encuentran establecidos en las inmediaciones de los lagos, de los ríos o de la mar. La ignorancia, la indolencia de los salvajes y la imprevisión que los caracteriza, les privan muchas veces de la ventaja de guardar para lo sucesivo las provisiones que exceden a las necesidades del momento. Desde muy antiguo se ha observado que un pueblo cazador debe extender mucho los límites de su territorio para poder encontrar con qué alimentarse. Si se compara el número de animales salvajes que allí subsisten con el de los que pueden mantenerse empleando los medios conocidos y usados, se verá que es imposible que los hombres se multipliquen allí mucho, porque los pueblos cazadores, semejantes a los animales feroces por el modo con que proveen a su subsistencia, no pueden estar muy unidos. Sus tribus se hallan esparcidas sobre la superficie de la tierra; precisamente, para evitar contiendas, han de huir unas de otras, y esto no obstante, las vemos en guerras continuas.

Así, la escasa población de América, extendida sobre un vasto territorio, es el ejemplo evidente de esta verdad, que los hombres solo pueden multiplicarse en proporción de los medios de subsistencia. Pero la parte más interesante, la investigación que nos ocupa y hacia la cual deseo dirigir la atención del lector, es el examen de los medios por los cuales la población se sostiene al nivel de los cortos recursos que están a su alcance.

Frecuentemente se ve que la escasez de los medios de subsistencia en un pueblo no consiste solo en el hambre, sino que proviene de causas más permanentes, que son otras tantas calamidades o azotes destructores, introduciendo costumbres que muchas veces perjudican más al desarrollo de la población naciente que no a su conservación, cuando ha llegado a formarse.

Generalmente se ha notado que las mujeres americanas eran poco fecundas, atribuyéndose esta especie de esterilidad al desvío de los hombres respecto a ellas, siendo esto un rasgo notable del carácter de los salvajes de América, aunque no peculiar ni exclusivo de dicha raza. Todos los pueblos salvajes manifiestan poco más o menos la misma indiferencia, al menos todos aquellos que no tienen medios suficientes de subsistencia, y que fluctúan sin cesar entre el temor del enemigo y del hambre. No se ha escapado esta observación a Bruce en la pintura que hizo de los Gallas y Shangallas, naciones salvajes de las fronteras de Abisinia, y Le Vaillant considera el temperamento flemático de los hotentotes como la causa principal de la escasez de su población, atribuyendo esto, en su concepto, a los peligros y fatigas de la vida salvaje. Semejante vida absorbe toda su atención y no admite pasiones dulces y tiernas. Sin duda, es esta la verdadera razón de la frialdad de los americanos, que sería un agravio achacarla a vicio alguno de su organización; pues, a medida que cesan las penas y los trabajos, recobra en seguida en ellos el amor su justo imperio, lo cual se observa en las comarcas fértiles y en aquellas en que los habitantes están menos expuestos a los horrores de la vida salvaje. Algunas tribus situadas en las orillas de ríos abundantes en pesca, en sitios llenos de caza o en tierras muy fructíferas, no participan de la insensibilidad general, siendo sus costumbres, por no conocer freno alguno en sus pasiones, hasta disolutas.

Siendo cierto que esta apatía de los americanos no es un defecto orgánico, sino efecto de su género de vida, que propende a que los estímulos del amor sean menos frecuentes, lejos de atribuir a la primera causa la infecundidad de los matrimonios, debemos, al contrario, imputarla al modo con que viven las mujeres y a las costumbres entre ellos establecidas. «Se ha preguntado algunas veces si las artes y la civilización han mejorado el estado de los hombres, y en la vanidad de sus disputas, los filósofos han presentado dudas sobre este objeto. Mas que la civilización ha acrecentado el bienestar de las mujeres, es una verdad que no admite género alguno de duda». Así se expresa Robertson, y esta observación se ve confirmada por la historia de todos los pueblos salvajes. El desprecio y la degradación de las mujeres, es uno de los rasgos que caracterizan más completamente esta época de la existencia social. La suerte de este desgraciado sexo es tal en algunas tribus de América, que la palabra servidumbre aún no expresa perfectamente su abyección y su miseria. La mujer, propiamente hablando, solo es considerada como una bestia de carga, y mientras que los hombres pasan la vida entre la pereza y los placeres, su mujer está condenada a los trabajos más ásperos, que se suceden unos a otros sin ningún descanso, asignándoseles tarea sin consideración a su debilidad y sin el menor reconocimiento ni remuneración por sus servicios. En algunos distritos es tal la degradación en que se hallan sumidas, que muchas madres, llenas de horror de su situación, matan a sus hijas recién nacidas, para librarlas desde luego de tal desgracia.

Tanto abatimiento y la sujeción a un trabajo forzado, unido a la crueldad de la vida salvaje, son muy desfavorables a la preñez de las mujeres casadas, así como la disolución a que se entregan, antes de esta época, y los medios que emplean para abortar, perjudican sobremanera a su fecundidad. Un misionero, hablando de la costumbre de variar de mujer establecida entre los Natchez, nota fundarse esta en que las mujeres no dan hijos a sus maridos, es decir, que en general los matrimonios son infecundos a consecuencia de la vida desarreglada de las mujeres antes del matrimonio, como describe este mismo autor.

Las causas a que Charlevoix atribuye la esterilidad de las americanas son, el largo tiempo que crían, durante el cual viven separadas de sus maridos, y es ordinariamente muchos años, sus trabajos excesivos, que nunca cesan, sea cual fuere el estado en que se encuentren, y, en fin, la costumbre de muchas tribus que antes del matrimonio permiten la prostitución, agregándose a todo esto la gran miseria a que estos pueblos están reducidos, que amortigua en ellos el anhelo de tener hijos. Entre las hordas más degradadas es una máxima el que ninguna mujer debe encargarse de criar más de dos hijos. Si nacen dos mellizos, ordinariamente se abandona uno, porque la madre no puede alimentar a los dos. Desesperándose de poder conservar el niño cuya madre muere criándolo, se le sepulta con ella, según se practica en la Nueva Holanda.

Abrumados algunas veces los padres de necesidad, siéndoles insoportable sufrir a sus hijos, los abandonan o les quitan la vida. En general, se exponen los niños deformes, y en algunas poblaciones del Sur sufren la misma suerte los hijos cuyas madres no soportan bien las incomodidades de la preñez y los dolores del parto, por temor de que hereden la debilidad de su madre.

A semejantes causas debe atribuirse la de no encontrar entre los salvajes de América personas deformes. Aun cuando una madre pueda criar a todos sus hijos sin detrimento, la muerte arrebata un gran número por el trato cruel que se les da, que hace casi imposible a los que son de una organización delicada llegar a la edad viril. En las colonias españolas, en donde la vida de los indígenas es menos penosa, y no se les permite deshacerse de sus hijos, se ven muchos hombres contrahechos, pequeños, mutilados, ciegos y sordos.

La poligamia ha estado en todo tiempo permitida a los salvajes americanos, pero solamente sus jefes o caciques se prevalían de esta libertad, viéndose también a veces ejemplos entre los simples particulares en algunas de las ricas provincias del Sur, donde las subsistencias son más abundantes. La dificultad de mantenerse obligaba, en general, a las clases pobres a contentarse con una sola mujer, y a que los padres, antes de dar sus hijas en matrimonio, exigiesen de los pretendientes pruebas inequívocas de su destreza en la caza, y de la suficiencia de los medios con que contaba para alimentar a una familia. Las mujeres en América no se casaban muy jóvenes, lo cual provenía de la manera licenciosa con que se las permitía vivir antes del matrimonio.

Tales costumbres, efecto del temor de verse cargados de familia, y la muerte a que estaban expuestos los niños por los trabajos de la vida salvaje, no podían menos de influir poderosamente en paralizar el aumento de la población naciente.

Cuando el joven se ha salvado de todos los peligros de la infancia, otros nuevos escollos amenazan su edad madura. Las enfermedades, en esta época de la existencia social, son más raras, pero también más destructoras. Siendo extremada la imprevisión de los salvajes, y tan precarios sus medios de subsistencia, según la suerte que tienen en las cacerías o el producto mayor de las cosechas, pasan de repente de los horrores de la escasez a los excesos consiguientes a la abundancia. Su voracidad compensa entonces el rigor de su abstinencia, extremos igualmente dañosos. Se originan de esto males que diezman la juventud, sujeta a la consunción, a la pulmonía, al asma y a la parálisis, enfermedades ocasionadas, tanto por las fatigas de la guerra y de la caza, como por la inclemencia de las estaciones, contra las que sin cesar combaten.

Los misioneros nos cuentan las continuas enfermedades a que están sujetos los indígenas de la América Meridional, para las cuales no conocen ningún remedio, y que de otras perecen también muchos, por ignorar las recetas más simples y no resolverse a cambiar su comida grosera y malsana.

El jesuita Fauque refiere que en sus repetidas excursiones apenas encontró un viejo. Robertson piensa que la duración de la vida es más corta entre los salvajes que entre los pueblos civilizados. Casi lo mismo dice Raynal, respecto de los indígenas del Canadá, a pesar de su entusiasmo por tales naciones, confirmando esta opinión las observaciones de Cook y de La Perouse entre los salvajes de la costa N. O. de América.

Ejemplos bien notables, según Robertson, de esta especie de calamidades se encuentran entre las naciones salvajes. Este historiador cita con este objeto, entre otros, el testimonio de Alvar Núñez Cabeza de Vaca, viajero español, que residió cerca de nueve años entre los salvajes de la Florida. No conociendo especie alguna de agricultura, comen la raíz de algunas plantas que les cuesta mucho trabajo procurarse; cogen de cuando en cuando pescado y matan alguna caza, pero en tan pequeña cantidad que se ven frecuentemente atormentados del hambre hasta el punto de satisfacerla comiendo arañas, huevos de hormigas, lagartos, serpientes y, algunas veces, una especie de tierra grasienta; añadiendo dicho viajero: «estoy persuadido de que si su terreno presentase piedras, se las comerían». Separan y conservan las espinas de los pescados y los esqueletos de las serpientes, que muelen y se los comen; y el único tiempo del año en que no sufren hambre es aquel en que se encuentra una especie de higos chumbos, que tienen precisión de ir a buscar a gran distancia de su morada ordinaria. Este autor observa en otro lugar que dichos pueblos se ven frecuentemente reducidos a pasar dos o tres días sin alimento.

Ellis, en su viaje a la bahía de Hudson, describe lastimosamente los sufrimientos a que la escasez expone a los indígenas. Después de hablar del rigor del clima, dice: «por graves que sean los males que padecen a causa del frío, se puede asegurar que son menos crueles que los que producen la escasez de víveres y la dificultad en que se encuentran de proporcionárselos. Un hecho de verdad comprobada, que es sabido en las factorías, podrá demostrar cuál es su angustia, inspirando al lector sensible la más justa compasión». Pasa en seguida a contar la vida de un desgraciado indígena y de su mujer, que, en ocasión de faltar la caza, se comieron todas las pieles de sus mismos vestidos, habiéndose visto al fin reducidos a tan cruel extremidad que formaron el horrible proyecto de comer la carne de sus propios hijos, y lo verificaron devorando dos de ellos. En otra parte dice: «Sucede a veces que los indígenas que vienen en verano a comerciar con las factorías, por haberles faltado los que debían suministrarles los víveres, se ven obligados a pelar algunos millares de pieles de castor y comerse el cuero».

El abate Raynal, que en sus cotejos de la vida salvaje con la civilizada siempre raciocina de la manera más inconsecuente, considera a algunos de los salvajes como teniendo la certidumbre moral de encontrar a su alcance medios suficientes de subsistencia; y, en la pintura que hace de los pueblos del Canadá, dice «que aunque establecidos en un país abundante en caza y pesca, se ven privados de este recurso en ciertas estaciones, y a veces durante años enteros, causando entonces el hambre grandes estragos en estas naciones aisladas y harto distantes las unas de las otras para socorrerse mutuamente».

Haciéndose cargo Charlevoix de las dificultades y trabajos de los misioneros, observa que todas estas molestias, por penosas que fuesen, no equivalían a otro mal más cruel, en comparación del cual los otros nada eran. Este mal es el hambre, de la que dice ser cierto que los salvajes pueden soportarla con tanta paciencia como negligencia o imprevisión manifiestan para evitarla, sin que por eso dejen algunas veces de verse reducidos al extremo de no poder resistirla.

Es una costumbre general entre las naciones americanas, sin exceptuar las que han progresado algo en la agricultura, dispersarse por los bosques en ciertas estaciones del año y vivir durante algunos meses del producto de su caza, que es para ellos una parte importante de sus medios o rentas anuales. Permaneciendo en las poblaciones se exponían inevitablemente al hambre, sin que por entrar en los bosques aseguren evitar este azote. Algunas veces los cazadores más hábiles no consiguen cazar aun cuando no falta caza en los bosques. Privado de este recurso, el cazador o el viajero se halla expuesto a todas las angustias del hambre, y los indígenas, durante sus cacerías, se ven reducidos a pasar tres o cuatro días sin tomar alimento.

Un misionero refiere de algunos iroqueses que, en cierta ocasión de esta especie, después de haberse sostenido algún tiempo comiendo las pieles con que se cubrían, su calzado y la corteza de los árboles, al fin, reducidos a la desesperación, determinaron sacrificar a algunos de entre ellos mismos para salvar a los otros. De once que eran, solo escaparon cinco.

Los indígenas de la América Meridional viven oprimidos por la necesidad y son muchas veces destruidos por el hambre. Las islas de América, por ricas que pareciesen, no producían aun lo que exigía su población; un corto número de españoles que llegaron a una comarca sufrieron también la carestía. El imperio floreciente de Méjico no estaba mejor provisto, y Cortés probó muchas veces cuán difícil era mantener allí su escasa tropa. Las misiones mismas del Paraguay, no obstante la administración previsora de los jesuitas y a pesar de las epidemias que disminuían frecuentemente su población, no siempre se vieron exentas de necesidad. Se cita la misión de San Miguel, en la cual el número de indígenas había aumentado de tal modo que las tierras cultivables no producían ni la mitad de los granos necesarios para su conservación.

Frecuentemente largas sequías hacían perecer el ganado y perderse la cosecha, en cuyas circunstancias se vieron algunas misiones reducidas a la mayor miseria, y hubieran sido infaliblemente víctimas del hambre si las otras vecinas no las hubieran socorrido. Los últimos viajes a la costa N. O. de América confirman estas antiguas relaciones, demostrando especialmente que, en particular, la pesca, que parece ofrecer los recursos más inagotables, es muchas veces muy precaria. Aunque el mar de la costa de Nootka no está casi nunca cuajado por los hielos, se puede juzgar por el cuidado con que guardan las provisiones que el invierno no es muy propicio para la pesca, y que sin duda entonces sufren la escasez más cruel.

Esto es lo que sucedió en el invierno de 1786 a 1787, durante la permanencia de M. Mackay. Se sufrió allí una verdadera hambre causada por lo largo y riguroso de esta estación. El almacén de pescado seco estaba agotado, y no habiendo allí medio alguno de procurarse provisiones frescas, se puso a ración a todos los habitantes. Los jefes distribuían a los ingleses cada día aquello que les tocaba y que consistía en siete cabezas de arenques secos. El relato de estos padecimientos, consignados en el diario de Meares, estremece a la humanidad.

El capitán Vancouver cuenta que algunas poblaciones del Norte de Nootka viven miserablemente de mariscos y de una torta formada con la corteza interior del pinabete, y que cierto día algunos hombres de su tripulación encontraron, en una de sus excursiones, una cuadrilla de indígenas que llevaban platijas, mas no pudieron lograr que se las cedieran a precio alguno. El viajero, de esta especie de resistencia a todo ofrecimiento, sin ejemplo entre los salvajes, deduce cuán rara y difícil es una provisión de esta especie.

En 1794, según noticia de este mismo navegante, el pescado estaba tan escaso en el estrecho de Nootka que se vendía a un precio exorbitante, habiendo faltado las provisiones de invierno a causa de alguna negligencia o porque la estación había sido muy rigurosa. La Perouse nos pinta a los indígenas de las cercanías de Port-Français viviendo en el verano en la abundancia debida a la pesca, y expuestos en el invierno a morirse de hambre.

No se puede, pues, creer con Lord Kames que las tribus americanas no sean aún bastante numerosas para sentir la necesidad de la vida pastoril o agrícola, y es indudable que otra causa les ha impedido adoptar plenamente estos medios de procurarse recursos abundantes y, por consecuencia, el aumento de su población. Si el hambre solo hubiera inducido a los salvajes de América a cambiar su género de vida, no podría concebirse cómo hubiera quedado en su continente una sola nación de cazadores o pescadores.

En las vastas llanuras del Sur, el sol abrasador, que después de la estación lluviosa lanza sus rayos sobre las tierras inundadas, produce epidemias funestas, y los misioneros mencionan continuas pestes entre los indígenas, que causan en sus poblaciones una mortandad espantosa. Las viruelas, en particular, hacen allí grandes estragos, y bien sea por la falta de cuidados o sea por la estrechez de las habitaciones en donde se hacina a los enfermos, muy pocos son los que sanan de este contagio. A pesar de los esfuerzos de los jesuitas, los indígenas del Paraguay estaban continuamente expuestos a esta causa de aniquilamiento. Las viruelas y las fiebres malignas, que se llaman peste en dichas regiones, destruían las misiones más florecientes, a cuyo motivo atribuye Ulloa la lentitud en sus progresos, a pesar de gozar de una paz profunda.

Ni se crea que estas epidemias perdonan a los pueblos del Norte; al contrario, son allí bastante frecuentes, y las noticias del capitán Vancouver nos ofrecen una prueba evidente. Después de New Dungeness hacia el N. O. de América, en una línea de 150 millas de costa, no vio 150 habitantes; pero sí muchos pueblos enteramente desiertos, que cada uno de ellos hubiese podido contener cómodamente a todos los individuos que se ofrecieron a su vista en toda la extensión del tránsito. En sus incursiones al interior, sobre todo hacia Port Discovery, encontró esqueletos humanos por una y otra parte, no obstante que los cuerpos de los indígenas vivos no presentaban cicatriz alguna, ni manifestaban temor ni recelo. El viajero, por consecuencia, solo pudo conjeturar haber habido alguna epidemia a resultas de la viruela, que, habiendo aparecido sobre dicha costa, había dejado huellas de su tránsito en el rostro de los indígenas, de cuya enfermedad habían algunos perdido un ojo.

Los salvajes, a causa de su ignorancia y de su falta de organización social, pierden la ventaja que, para prevenir el contagio, les da su corta y diseminada población. En algunos cantones de América se edifican casas con el objeto de hospedar a muchas familias, y se ven a 80 o 100 personas habitar bajo el mismo techo. En donde las familias viven separadas, las chozas son muy pequeñas, cerradas, miserables, sin ventanas, y con puertas tan bajas, que solo arrastrándose es posible entrar por ellas. Son, por el contrario, en el N. O., las casas muy grandes. Meares describe una que pertenecía a un jefe del distrito de Nootka, en la cual vivían, comían y se acostaban 800 personas. Los viajeros aseguran unánimemente que nada iguala a la suciedad de tales habitaciones, ni a la falta de aseo de las personas que allí habitan. El capitán Cook las pintas llenas de miseria, de la cual cazan y comen, y afirma que su hedor es insoportable, así como el ruido y la confusión que allí reinan, asegurando La Perouse que ninguna caverna de animales salvajes es capaz de afectar tan desagradablemente el olfato.

Fácil es inferir cuál será el estrago de una epidemia cuando se manifieste en algunas de estas habitaciones. Y quizá la misma falta de aseo pueda engendrar tales enfermedades, porque no hay población donde pueda estar más inficionado el aire. Cuando escapa a la mortandad de su infancia y a los estragos de las enfermedades, el salvaje está expuesto a todos los peligros de la guerra, la cual, a pesar de la gran prudencia con que los americanos dirigen sus empresas militares, como es casi incesante, ocasiona bajas muy considerables. Tales naciones, aun las más salvajes, conocen muy bien el derecho de propiedad sobre el terreno que ocupan, y siendo para ellas de gran importancia no tolerar que otros se apoderen de su caza, la guardan con extremado afán, lo cual es origen de innumerables quejas.

Son continuas las hostilidades entre las naciones vecinas, pues el mero acrecentamiento de una tribu es considerado por las otras como una verdadera agresión, por suponerle necesario un aumento de territorio. Una guerra promovida por tal causa no puede concluir sino cuando, después de multiplicadas pérdidas, se encuentra restablecido el equilibrio de la población, o cuando la parte más débil ha sido exterminada.

Una irrupción hostil, que devasta sus cosechas o que les obliga a abandonar su territorio de caza, los reduce a la última extremidad, porque difícilmente tienen especie alguna de provisión susceptible de ser transportada. Muchas veces sucede que los habitantes del país invadido buscan un refugio en los bosques y en las montañas, donde la mayor parte perecen por falta de subsistencia. En tales ocasiones no procura cada uno más que su seguridad personal, sepárense los hijos de los padres sin que estos lo sientan, disuélvanse todos los lazos sociales hasta el extremo de vender un padre a su hijo por un cuchillo o un hacha. El hambre y toda especie de males acaban con los que ha perdonado la guerra, no siendo raro ver extinguirse de esta suerte tribus enteras.

Tal estado de cosas contribuye a fomentar la ferocidad guerrera que se nota entre los salvajes, y sobre todo en los de América, que no combaten por conquistar, sino para destruir, ni consideran segura su vida sino con la muerte del enemigo. Al ver el encarnizamiento con que se le persigue y la atrocidad con que se ejerce la venganza, se creería que el vencedor hace pruebas de los tormentos a que estaba él mismo destinado.

Los iroqueses expresan la resolución que han tomado de hacer la guerra por estas pocas palabras: «Vamos a comernos a esta nación», y cuando invocan el auxilio de un aliado le convidan a beber de un caldo hecho con la carne de sus enemigos. Entre los abénakis existe la costumbre de dividirse en diferentes partidas un cuerpo de guerreros cuando invade un país enemigo, y el jefe dice a cada una de ellas: «A vosotros os doy para comer esta aldea, a vosotros este pueblo, etc.», cuyo lenguaje se observa aún en algunas tribus que han renunciado al uso de comerse los prisioneros.

Semejante costumbre ha estado efectivamente establecida entre muchos pueblos de aquel continente, y conceptúo contra el sentir de Robertson que ha nacido de la convicción de su necesidad, aunque después razones de otra naturaleza la hayan podido conservar o renovar. Es, a mi parecer, juzgar poco favorablemente de la naturaleza humana, y en particular del hombre en el estado salvaje, imputar una costumbre tan odiosa a pasiones perversas, más bien que a la influencia imperiosa de la necesidad, que, lo mismo que en los pueblos civilizados, ha subyugado muchas veces a otros sentimientos. Cuando una vez ha estado fundada la costumbre por este motivo, el temor de llegar a ser presa de un enemigo voraz, ha podido animar en el salvaje un resentimiento tal, que esta pasión sola, independiente del hambre, ha bastado después para hacer devorar los prisioneros que han tenido la desgracia de caer en sus manos.

Nos hacen mención los misioneros de muchas naciones que se alimentan de carne humana siempre que pueden procurársela, y aunque puede que haya alguna exageración en sus narraciones, sin embargo aparecen confirmadas por los viajes modernos al N. O. de América, y por la descripción que hace Cook de la isla austral de la Nueva Zelanda. Los pueblos del estrecho de Nootka parece que también son antropófagos, y leemos que el jefe del distrito de Máquina gusta tanto de estos horrorosos banquetes, que mata cada luna a un esclavo para satisfacer su apetito desnaturalizado.

El amor a la vida se une en el corazón del salvaje al de la comunidad de que es miembro; la seguridad y el poder de su tribu son los únicos garantes de su existencia, y recíprocamente, él considera su bienestar como ligado con el de todos. Este sentimiento, que le domina, excluye ciertas ideas de honor y de arrojo familiares a los pueblos civilizados. Huir ante un enemigo dispuesto a hacer frente a su ataque, evitar un combate en donde peligraría su vida, forma parte de las leyes de honor a que obedece el salvaje americano.

Para resolverse a atacar a un enemigo que se defiende, es necesario tener casi certeza de vencerle, y aun entonces, todos temen ser los primeros en avanzar. El segundo objeto que debe tener presente un guerrero es el de debilitar o destruir las tribus enemigas, causando a la suya la menor pérdida posible, y procurar obtener este resultado por la astucia, la sorpresa y todas las estratagemas que puede suministrarle su ingenio, considerándose una locura atacar a su enemigo con fuerzas iguales. Morir en el combate, lejos de ser glorioso, es una mancha que oscurece la reputación de un guerrero, porque le expone a la nota de precipitación y temeridad; al contrario, aguardar sosegadamente a su presa, escoger el momento en que está confiada o incapaz de resistir, arrojarse sobre ella durante la oscuridad de la noche, incendiar las chozas del enemigo, asesinar a los habitantes desnudos, desarmados y sin defensa, son hazañas honoríficas cuya memoria se perpetúa, conservándose con esmero en cada tribu como un recuerdo glorioso.

Fácilmente se ve que esta manera de hacer la guerra debe su origen a la dificultad de educar, en medio de los peligros de la vida salvaje, ciudadanos capaces de defender la sociedad. Estas causas de destrucción pueden obrar en ciertos momentos con tanta actividad, que la población aparezca en un grado inferior respecto a las subsistencias. Mas el temor que tienen los americanos de ver debilitada su población, el deseo de aumentarla que sin cesar les domina, prueban también que el caso contrario es muy frecuente.

Es probable que si el deseo de acrecentamiento llegara a ser satisfecho, el país no podría sostenerlo. Una tribu que crece en fuerza cuenta con la debilidad de sus adversarios, y destruyéndolos es como asegura su conservación. Asimismo, la disminución del número de habitantes, lejos de dejar más descargados a los que quedan, los expone a las irrupciones de sus vecinos, y por lo tanto, a la devastación y a la miseria.

Los Chiriguanos no eran en su origen sino una pequeña parte de los Guaranos, hasta que dejaron el Paraguay, que era su país natal, para establecerse en los montes del Perú. Habiendo encontrado allí medios suficientes de subsistencia, se acrecentaron rápidamente, atacaron a sus vecinos, y ora por el valor, ora por la fortuna, llegaron a exterminarlos; se apoderaron de sus tierras, y se esparcieron en un extenso territorio. En pocos años su número creció de tres o cuatro mil a treinta mil, mientras que las tribus que les rodeaban disminuyeron unas tras otras por el hambre y por la guerra.

Estos ejemplos manifiestan cuán rápido es aún entre los mismos salvajes de América el acrecentamiento de la población, por poco que la favorezcan las circunstancias, explicándose con ellos bastante el temor que reina en cada tribu de ver disminuir el número de sus miembros, y el deseo de acrecentarla que se observa con frecuencia, sin que sea necesario acudir a la suposición de una superabundancia de alimentos.

Se puede asegurar que las causas que dañan a la población en América, y que acabo de recorrer, dependen de la abundancia o escasez de las subsistencias. Esto claramente lo prueba el mayor número de tribus, como de individuos que la componen, donde quiera que por la proximidad a lagos o a ríos, la fertilidad del suelo o la mejora del cultivo, se encuentra el alimento más abundante.

En el interior, en las provincias situadas a las márgenes del río Orinoco, se puede atravesar el país en diferentes direcciones y caminar muchas leguas sin encontrar una choza ni la huella de criatura humana. Aún son de mayor extensión los desiertos en algunos parajes de la América Septentrional, en donde es más riguroso el clima y el terreno menos fértil, atravesándose a veces muchos centenares de leguas de llanuras y bosques absolutamente deshabitados. Nos hablan los misioneros de viajes de doce jornadas, hechos sin encontrar alma viviente, y de dilatados países en donde había solo esparcidas tres o cuatro aldeas.

Algunos de estos desiertos, como no proporcionaban caza, estaban enteramente abandonados. Otros, menos desprovistos, solo los recorrían en ciertas épocas diferentes partidas, que acampaban allí deteniéndose más o menos tiempo, según la cacería; de modo que aquellas comarcas estaban solo habitadas debido a la cantidad de subsistencias que podían proporcionar.

Otros distritos hay en América que nos los representan como muy poblados, en comparación de los que acabo de indicar. Tales son las playas de los grandes lagos del Norte, y las riberas del Mississipí, la Luisiana, y muchas provincias de la América Meridional. Allí se encuentran poblaciones, en las cuales su extensión y cercanía eran proporcionadas a la gran cantidad de caza y de pesca que podía ofrecer su territorio, y a los progresos de sus habitantes en el arte de utilizar el terreno.

Los indígenas de los dos vastos y populosos imperios de Méjico y del Perú, traían su origen del mismo tronco que las naciones salvajes vecinas, habiendo vivido como ellas primitivamente. Mas desde que, por un concurso feliz de circunstancias, llegaron a hacer progresos en la agricultura, su población creció rápidamente, a pesar de la continencia de los hombres y los vicios destructivos de las mujeres. Sin duda se corrigieron por el cambio que sobrevino en el estado de estos pueblos, siendo natural que una vida más dulce y sedentaria aumentara su fecundidad, y permitiera criar una familia más numerosa.

En general, el continente de América, refiriéndonos a lo que dicen todos los que han escrito su historia, ofrece por todas partes el cuadro de una población esparcida sobre su superficie, en proporción a la cantidad de alimento que pueden proporcionarse los que la habitan, según el estado de su industria, llegando en todas partes, con cortas excepciones, al límite que no se puede traspasar. Esto lo comprueban las repeticiones frecuentes de hambres o sumas carestías en las diferentes comarcas de esta parte del globo.

Pero es claro que son necesarios otros estímulos más poderosos y un conjunto de circunstancias favorables para operar tal cambio, siendo muy probable que el arte de procurarse alimentos cultivando la tierra se inventara y perfeccionara desde luego en los países que son propicios a la agricultura y cuya situación y fertilidad permiten a los hombres reunirse en gran número, porque este es el medio de desarrollar sus facultades creativas.

En algunas naciones de América no se conoce la desigualdad de clases, de suerte que todas las calamidades de la vida salvaje se sienten con igualdad, y particularmente la del hambre. Pero en algunas naciones más meridionales, como en Bogotá, entre los Natchez, y sobre todo en Méjico y en el Perú, la distinción de clases estaba establecida. Por consecuencia, cuando llegaban a faltar los alimentos, las clases bajas, reducidas a un estado de servidumbre absoluta, sufrían exclusivamente y sobre ellas descargaba con especialidad el azote destructor.

La prodigiosa despoblación que se ha manifestado en las naciones indígenas de América después de su descubrimiento quizá aparezca a primera vista como un argumento contra lo que hemos dicho más arriba sobre la energía del principio de la población. Mas se verá, si se reflexiona sobre ello, que este fenómeno depende de las tres grandes causas que hemos manifestado. Los obstáculos que se oponen a la población, ya sea destruyéndola, ya impidiendo su aumento, pueden obrar con tanta fuerza que le impriman una marcha retrógrada.

La pasión de tales pueblos por los licores espirituosos, que Charlevoix llama un furor inaudito, debe considerarse como un vicio capaz de producir por sí solo la despoblación que se observa, obrando a manera de veneno que los enerva y los mata, ataca directamente las fuentes de la generación y promueve pendencias y altercados que casi siempre terminan de manera desdichada. Es necesario también añadir que en casi todas partes las relaciones de los europeos con los indígenas han abatido su valor; y dando a su industria una mala dirección han disminuido por lo mismo sus recursos y subsistencias.

En Santo Domingo, los indígenas descuidaban deliberadamente el cultivo de las tierras a fin de molestar con el hambre a sus crueles opresores. En el Perú y en Chile se obligaba a los naturales a penetrar en las entrañas de la tierra en lugar de fecundizar su superficie. En los pueblos del Norte, la pasión por el aguardiente les inducía a buscar pieles, lo que les impedía prestar atención a los medios de aumentar sus subsistencias y los obligaba a destruir rápidamente su caza.

En efecto, es probable que en todas las partes de América en que han penetrado los europeos, las especies de animales salvajes se hayan disminuido por lo menos tanto como ha aumentado la raza humana105. En todas partes, el gusto por la agricultura ha disminuido en lugar de incrementarse, a pesar de que los lazos formados entre los salvajes y los pueblos cultivadores parecían deber producir el efecto contrario. En ninguna parte de América, ya en el Norte, ya en el Sur, se oye decir que por la disminución del número de habitantes la vida haya llegado a ser más desahogada y los recursos más abundantes.

Se puede, pues, concluir con alguna seguridad, del cuadro que acabamos de presentar, que a pesar de tantas causas de destrucción como agobian a este vasto continente, la población de las diversas naciones que lo habitan está, con pocas excepciones, al nivel de los medios de subsistencia que pueden adquirir, según el estado actual de su industria.

V. OBSTÁCULOS A LA POBLACIÓN EN LAS ISLAS DEL MAR DEL SUR

El abate Raynal, al hablar del antiguo estado de las islas Británicas y de los isleños en general, se explica así: «en su seno han nacido esa multitud de instituciones extrañas que ponen obstáculos a la población: la antropofagia, la castración de los varones, la infibulación de las hembras, los matrimonios tardíos, la consagración de la virginidad, el aprecio del celibato y los castigos contra las hijas que se apresuraban a ser madres.»

De aquí, según este autor, que estas costumbres, efecto de una población excesiva, han pasado a los continentes, y en nuestros días aún se ocupan los filósofos de investigar su origen, sin conocer que una tribu salvaje del continente americano rodeada de naciones enemigas, o un pueblo civilizado y populoso cercado enteramente por otras naciones, se encuentran bajo diversos aspectos en una situación parecida a la de los insulares. El no ser tan visibles y determinados los obstáculos que impiden el aumento de la población, y la dificultad de observarlos con que en el continente, más que en las islas, se tropieza, no disminuye ni su realidad ni su importancia.

Un hombre que, obligado por la necesidad, deja la nación continental a que pertenece, no está seguro de encontrar en otros más, recursos. En cuanto a las islas, no hay ninguna cuyos productos no puedan aumentarse: esto es precisamente lo que puede decirse de todo el mundo; y tanto las islas como el resto de la tierra contienen exactamente tantos habitantes como su producto actual puede alimentar. Pero como en las islas, sobre todo en las muy pequeñas, el número de habitantes es muy limitado y no puede menos de conocerse, habrá alguna ventaja para buscar los obstáculos que detienen la población tomando por ejemplo aquellas acerca de las cuales tenemos relaciones claras y auténticas.

En el primer viaje de Cook se encuentra esta pregunta relativa a las pocas familias de salvajes de la Nueva Holanda: ¿cómo es que los habitantes de esta comarca se han reducido solo al número que puede ella alimentar? Con el mismo derecho puede preguntarse lo mismo sobre las islas populosas del mar del Sur y sobre los países más poblados de Europa y de Asia. Esta cuestión, en su generalidad, me parece muy curiosa y puede proporcionar mucha claridad sobre algunas circunstancias tan interesantes como oscuras de la historia social; y para resolverla acertadamente presentamos las investigaciones históricas contenidas en la primera parte de esta obra.

Son poco conocidas las grandes islas de la Nueva Guinea, de la Nueva Bretaña, de la Nueva Caledonia y de las Nuevas Hébridas. Es probable que estos pueblos, parecidos a las naciones salvajes de América, estén habitados por diferentes tribus guerreras. Sus jefes tienen poco poder y, como la propiedad no está bien asegurada, son escasas sus provisiones. No es más conocida la gran isla de la Nueva Zelanda; lo que de ella sabemos no es suficiente para darnos una idea ventajosa de su estado social.

El cuadro que presenta Cook de sus tres diferentes viajes está cargado de tonos sombríos. El estado perpetuo de hostilidad en que viven las tribus esparcidas en aquella isla tiene algo más de feroz que las guerras de los salvajes americanos. La costumbre de estos pueblos de comer carne humana y la afición que tienen a este atroz alimento está manifestada con las pruebas más incontestables. Cook, que nunca exagera los vicios de las naciones salvajes, dice, al hablar de los naturales del estrecho de la Reina Carlota:

«Si hubiese escuchado los consejos de nuestros pretendidos amigos, hubiera exterminado la raza entera de estos isleños, porque cada villa, cada aldea venía a pedirme que destrozase la aldea vecina. Jamás hubiera creído que el odio que anima a estos pueblos se pudiese manifestar tan claramente.»

Y en el mismo capítulo añade:

«Con mis propias observaciones y con los informes que me ha dado Taweiharooa, me inclino a creer que los habitantes de la Nueva Zelanda viven en un temor perpetuo de ser exterminados por sus vecinos. Apenas hay tribu que no crea haber recibido algún ultraje o alguna injusticia de parte de otra, y acuda incesantemente a la venganza. Quizá la esperanza de un buen banquete anime este sentimiento. El modo de ejecutar sus negros proyectos es siempre el mismo: velan por la noche a su enemigo; si le sorprenden indefenso —lo que creo no es muy fácil— matan a todos sin distinción de sexo ni edad. Concluida la mortandad, celebran su victoria en el campo de batalla, donde se sacian con los alimentos que tienen en abundancia; a veces también se llevan los cadáveres de los que han asesinado para devorarlos a su placer en sus propias moradas, con actos de ferocidad brutal que la pluma se resiste a describir. Dar cuartel o recibir prisioneros son prácticas extrañas a su código militar; la fuga es el único recurso de los vencidos. Este estado perpetuo de guerra y el modo destructivo de hacerla producen en estos pueblos una costumbre tal de circunspección que, de día y de noche, todos están alerta.»

Estas observaciones están consignadas en el tercer viaje de Cook, donde han debido corregirse los errores de los anteriores, y ellas prueban que la guerra en la Nueva Zelanda es el principal obstáculo de la población. Ignoramos si entre las mujeres existen costumbres con la misma tendencia, porque, si hay tales usos establecidos, es probable que sea cuando la necesidad del alimento acose mucho; pues cada tribu debe necesariamente desear acrecentar el número de sus individuos para aumentar sus medios de ataque y de defensa.

Solo puede decirse que la vida errante de los individuos de estas islas australes y el continuo estado de alarma en que viven, el cual les obliga a viajar y trabajar con las armas en la mano, son circunstancias desfavorables a la propagación y que impiden que las familias sean numerosas.

Mas, por poderosas que sean estas causas que se oponen al desarrollo de la población, los frecuentes cambios de escasez hacen ver que no bastan para mantener el número de habitantes bajo el nivel de las subsistencias.

«Lo que sucede en tiempo de escasez —dice Cook— nos lo han hecho conocer nuestras observaciones de un modo indudable.» El pescado es su principal alimento; y como solo a la orilla del mar y en ciertas ocasiones pueden cogerlo, es claro que para ellos es un recurso precario. En la continua alarma en que viven debe ser muy difícil secar y conservar el pescado, sobre todo si las bahías y ensenadas más abundantes son, como debe suponerse, el objeto común de sus querellas; y si, al disputarse su posesión, lo hacen con el encarnizamiento que caracteriza todas las empresas de un pueblo siempre ocupado en buscar medios de vivir.

Los vegetales con que se alimentan son la raíz del pinabete, las batatas, los clams y las patatas. Estas tres últimas las cultivan y no se encuentran en las islas de este Océano meridional, donde casi se ignora la agricultura. Cuando por una cosecha desgraciada les faltan estos débiles recursos, fácil es imaginar en qué triste aflicción se verán estos pueblos. En semejantes circunstancias es muy probable que la necesidad de saciar su hambre añada mucha fuerza a su deseo habitual de venganza, y se les pueda quizá sorprender «ocupados sin cesar en destruirse como su único recurso contra el hambre y la muerte.»

Si de las costas desiertas de la Nueva Zelanda dirigimos la vista a las playas populosas de Tahití y de las islas de la Sociedad, una escena nueva se presenta a nuestra vista, en la que desaparecen todos los temores de la escasez. Los viajeros, cuando tratan de estas comarcas, parecen describirnos el jardín de las Hespérides, según ponderan su asombrosa fertilidad. Pero bien pronto esta primera idea desaparece tras un momento de reflexión.

La abundancia y la felicidad han sido siempre consideradas como las causas más eficaces para aumentar la población. En un clima delicioso, donde hay pocas enfermedades, donde las mujeres no tienen trabajos excesivos, ¿cómo no habían de obrar estas causas con más energía que en los países menos favorecidos? ¿Y siendo así, cómo la población, circunscrita a estrechos límites, podría tener espacio necesario? Cook se admiró al ver que en Tahití, que no tiene más que cuarenta leguas de extensión, hubiera, según su cálculo, más de doscientos mil habitantes.

¿Cómo podría contener más de tres millones, número a que llegaría la población solo al cabo de un siglo, suponiendo que doblase en cada período de veinticinco años? Estas cuestiones son también aplicables a todas las islas del mismo archipiélago. Pasar de una a otra sería cambiar de lugar sin mejorar de situación. La naturaleza de estas islas y el estado imperfecto de su navegación excluyen toda emigración eficaz y toda importación de subsistencias verdaderamente útil.

Aquí se demuestra la dificultad en pequeña escala: tan clara, tan precisa, tan sencilla, que a nadie puede ocultarse; y sin haber lugar a responder, como se hace comúnmente, con ideas vagas y atrevidas de emigración o de mejora del cultivo, pues la una es imposible y la otra insuficiente. Estamos plenamente convencidos de que en este grupo de islas es imposible que la población vaya doblando cada veinticinco años. Y antes de haber investigado a qué estado ha llegado la sociedad, estamos seguros de que, a no ser un milagro que haga a las mujeres estériles, descubriremos en el modo de vivir de estos pueblos algunos obstáculos poderosos al aumento de su población.

Las narraciones sucesivas que tenemos de la isla de Tahití y de las que la rodean atestiguan la existencia de algunas sociedades conocidas bajo el nombre de Earee, que han excitado una gran sorpresa entre las naciones civilizadas. Estas sociedades han sido tan descritas que bastará recordar aquí que el infanticidio y la prostitución son sus leyes fundamentales. Se componen exclusivamente de personas de las clases más elevadas y, según M. Anderson, «esta vida licenciosa es tan conforme con sus gustos y principios, que en los dos sexos los más notables por su belleza pasan así su juventud, cometiendo sin pudor acciones que cubrirían de oprobio a las naciones más salvajes. Cuando una mujer Earee da a luz un hijo, se le aplica a la nariz un pedazo de lienzo mojado que le ahoga al momento.»

Sobre lo que observa el capitán Cook que es cierto que estas sociedades contribuyen mucho a evitar entre las clases superiores del pueblo el aumento de la población. La exactitud de esta observación es indudable. Entre las clases inferiores no se observan instituciones semejantes; pero los vicios autorizados por los grandes se difunden generalmente entre el pueblo. El infanticidio no es exclusivo de los Earees: está permitido a todos igualmente; y como la opinión de las primeras clases ha borrado la vergüenza, ya en lo que concierne al crimen, ya con relación a la declaración de pobreza, es una costumbre a la que se recurre más bien por conformarse con el uso que por el temor de la necesidad, estando establecido en estas islas, de una manera general y sin reserva alguna, como una costumbre común y familiar.

Con mucha oportunidad ha observado Hume que, generalmente, el permiso del infanticidio contribuye a aumentar la población en los países donde se practica. Al alejar el temor de una familia numerosa, anima al matrimonio, y el imperio de la ternura maternal hace recurrir solamente en el último apuro a este triste remedio. El establecimiento de las sociedades de Earees en Tahití y las islas vecinas es una excepción a esta regla y quizá tiene una tendencia contraria.

Entre las clases ínfimas del pueblo reinan la prostitución y los desórdenes; y aunque bajo este aspecto haya alguna exageración en las narraciones de los viajeros, no puede desecharse enteramente este testimonio. Cook, tratando de excusar a las mujeres de Tahití y restringir la imputación demasiado general que se les hace de llevar una vida licenciosa, reconoce al mismo tiempo que son muchas las que la llevan. Y con este motivo hace una gran observación, a saber: que las mujeres que se portan mal no pierden su rango en la sociedad y viven sin deshonra entre las mujeres virtuosas.

Por lo común, los matrimonios se hacen en Tahití sin más ceremonia que un presente o regalo que ofrece el novio a los parientes de la esposa. De parte de estos es una especie de mercado en el que conceden el permiso de empezar una unión con sus hijas, más bien que un verdadero contrato de matrimonio. Si el padre cree que su hija no está bastante pagada, no tiene escrúpulo alguno en quitársela a su primer marido para entregarla a otro más generoso. El mismo cónyuge tiene libertad de hacer una nueva elección: si su mujer llega a ser madre, puede matar al hijo y continuar viviendo con ella o dejarla a su voluntad. Sólo cuando se ha adoptado al hijo y se ha consentido en dejarle vivir es cuando los contrayentes se consideran ligados por los lazos del matrimonio. Y aun entonces puede el marido tomar otra esposa más joven que la primera. El separarse o mudar de mujer, es entre ellos un acontecimiento tan natural que no les produce sensación alguna. El libertinaje anterior al matrimonio tampoco le perjudica en nada.

Semejantes costumbres serían un obstáculo a la población suficiente para compensar el efecto del clima más delicioso y del suelo más fértil. Pero aún hay otros obstáculos: la guerra, y aun a veces las discordias civiles, que reinan entre los habitantes de las diferentes islas; y unas y otras son bastante destructoras. Además de los estragos del campo de batalla, es preciso contar el saqueo que hace el vencedor en el territorio del enemigo: coge los cerdos y las aves y les quita los medios de subsistencia. En 1767 y 1768 la isla de Tahití abundaba en cerdos y aves; en 1779 estos animales eran tan escasos que quienes los poseían no se resolvían a venderlos. Cook atribuye esta escasez a las guerras que, después de la primera época, habían asolado el país.

Cuando Vancouver volvió a Tahití en 1791, muchos de los amigos que había dejado en 1777 habían ya muerto. En este intervalo habían sobrevenido muchas guerras; los jefes de los distritos del oeste se habían unido al enemigo; el rey había sido depuesto y asolados sus estados. La mayor parte de los animales, de las plantas y de los pastos que el capitán Cook había dejado habían sido destruidos en estos saqueos.

Los sacrificios humanos usados en Tahití manifiestan claramente el estado de su barbarie, pero probablemente no son tan numerosos que disminuyan sensiblemente la población. Las enfermedades que tenían estos pueblos antes de la llegada de los europeos eran, por lo general, muy benignas; y aun después de que el comercio europeo los expuso a males más crueles, esta causa de destrucción no ha obrado con mucha violencia.

Los principales obstáculos que entre ellos detienen el aumento de la población son, al parecer, los vicios de la prostitución, el infanticidio y la guerra; y cada uno de estos obstáculos obra con una fuerza irresistible. Sin embargo, cualquiera que sea la energía de estas causas para impedir la población o destruirla, no han bastado para mantenerla al nivel de las subsistencias. «A pesar de la fertilidad de esta isla —dice M. Anderson— sobreviene muchas veces un hambre que, según se afirma, es causa de muchas muertes. Si esto es efecto de las guerras, de las malas estaciones o de un exceso inevitable de población, es lo que no he podido determinar. Pero la parsimonia con que aun en tiempo de abundancia usan estos pueblos los alimentos atestigua la verdad de este hecho.»

«En una comida con el jefe de Ulictea —dice Cook—, en el momento en que se levantaron los convidados, mucha gente del pueblo se precipitó para recoger las migajas que habían caído al suelo y las buscaban entre las hojas con el mayor cuidado. Iban diariamente a los buques personas que ofrecían sus servicios a los carniceros para que les diesen las tripas de los cerdos muertos, y por lo general no hacían mejores comidas.» «Es preciso convenir —añade Cook— que tienen un cuidado especial con toda especie de provisiones alimenticias y que no desperdician nada que pueda servirles de sustento, sobre todo la carne y el pescado.»

Según la narración de M. Anderson, la clase inferior del pueblo come pocos animales, a no ser pescados, osos marinos o algunas otras producciones del océano, porque el cerdo lo consumen rara vez. Sólo el rey o el jefe principal de la isla puede tenerlo todos los días en la mesa, porque es un verdadero lujo. Las clases inferiores, según su riqueza, lo comen una vez a la semana, cada quince días o cada mes. Cuando escasean los cerdos y las aves por efecto de la guerra o de un consumo excesivo, se prohíbe usar estos alimentos; esta prohibición dura algunos meses, a veces uno o dos años, y en este tiempo estos animales se multiplican y se hacen abundantes. Las nueve décimas partes de los Earees, es decir, de los principales de la isla, se alimentan de vegetales.

Como es tan marcada la distinción de rangos, y la vida y las propiedades de las clases inferiores están en poder de los jefes, fácil es comprender que a veces estos estén en la abundancia mientras sus vasallos perecen de hambre.

Por las últimas descripciones sobre Tahití, procedentes del viaje de los misioneros, parece que, después del último viaje de Cook, las causas de despoblación ya enumeradas han obrado con extraordinaria intensidad. Vancouver, que visitó esta isla en una época intermedia, habla de una rápida sucesión de guerras destructoras. Los misioneros han observado que el número de mujeres es muy reducido, lo que hace creer que han muerto más niñas que anteriormente. Esta circunstancia no ha podido menos que aumentar la prostitución, que, unida a las plagas de las enfermedades europeas, ha atacado la población en su origen.

Es probable que Cook haya exagerado el número de habitantes y que los misioneros lo hayan reducido; pero creo que ha habido una disminución real y considerable entre estas dos épocas de observación. Esto se prueba por la diferencia en las costumbres de estos pueblos en lo relativo a la economía de los alimentos. Cook y Anderson convienen en que practican una gran parsimonia en toda clase de víveres, y M. Anderson, que ha hecho muchas observaciones sobre este punto, nos habla reiteradamente de hambres frecuentes. Al contrario, los misioneros, admirados de la angustia que por esto experimentan las islas de los Amigos y las Marquesas, hablan de Tahití como gozando de la mayor abundancia y observan que, a pesar de la profusión de festines en la sociedad de los Earees, se siente más la necesidad en esta isla.

De aquí puede concluirse que, en la época actual, la población de Tahití está por debajo del nivel de las subsistencias, aunque no debe creerse que permanezca así por mucho tiempo. Los cambios que Cook observó en esta isla en sus diferentes visitas prueban que su prosperidad y su población están sujetas a notables oscilaciones. Y esto es precisamente lo que debe indicarnos la teoría. En ninguna época la población de estas islas ha debido estar estacionaria o crecer lentamente en una progresión regular; por el contrario, ha debido experimentar grandes mutaciones. Siempre el exceso de población sostiene entre los salvajes la afición a la guerra. Las agresiones suscitan los odios, de donde nacen devastaciones que duran y se propagan aun después de haber cesado la causa primera que las produjo.

La aflicción causada por una o dos malas cosechas, obrando sobre una población hacinada y reducida a una economía excesiva, y haciendo sentir con dureza la mayor necesidad, ha debido producir el infanticidio y la prostitución en una sociedad imperfecta. Y estas causas de despoblación debieron obrar con mayor fuerza aun después de la calamidad que las había producido. Una modificación de costumbres conforme al cambio gradual de circunstancias debería naturalmente restablecer muy pronto la población a su antiguo nivel, de suerte que no pudiese reprimirse sino con mucha dificultad y aun por medios violentos.

¿Hasta qué punto han producido este efecto las relaciones de Tahití con los europeos? Sólo la experiencia podrá enseñarlo. Si por resultado final viésemos que estos vínculos contenían la población dentro de sus justos límites, estoy persuadido de que, examinando cómo obraban para reprimirla, se conocería que era por medio de un aumento del vicio y de la miseria.

Menos conocidas son las otras islas del mar Pacífico; pero por lo que sabemos es cierto que el estado social de los principales grupos de islas es muy parecido al que se observa en Tahití. En las islas de los Amigos y Sandwich se encuentra el mismo sistema feudal, las mismas turbulencias, el mismo despotismo de los jefes, la misma degradación de los súbditos y casi las mismas costumbres de libertinaje y prostitución.

En el archipiélago de los Amigos, aunque el rey ejerza al parecer un poder absoluto, aunque se dice que la vida y la propiedad de sus súbditos están a su disposición, sin embargo los jefes superiores proceden como soberanos, contrarían los designios del rey y le dan frecuentes motivos de queja. «Pero —dice Cook—, cualquiera que sea la independencia de los grandes, tenemos pruebas suficientes de la servidumbre del pueblo, y es muy cierto que las clases inferiores no tienen más propiedad ni seguridad que la que cada individuo quiere concederles su jefe.» Este, trata al pueblo sin compasión; cuando se les sorprende cometiendo un robo en las naves, sus dueños, en vez de interceder por ellos, aconsejaban que se les diese muerte.

Cook, en su primer viaje a las islas Sandwich, creyó —y con razón— que las guerras exteriores y las conmociones internas eran muy frecuentes. Vancouver, que las visitó más recientemente, vio los vestigios de las devastaciones producidas por estas causas. Las discordias civiles habían trastornado los gobiernos existentes en la época del viaje de Cook. De todos los jefes que había conocido sólo vivía uno; y los informes recogidos por Vancouver le hicieron saber que muy pocos habían muerto de muerte natural, siendo la mayor parte víctimas de estas funestas disensiones.

El poder de los jefes sobre las clases inferiores del pueblo en las islas Sandwich es absoluto: el pueblo les obedece servilmente, y este estado de degradación influye profundamente en su espíritu y en su cuerpo. Las diferencias de rango son aún más marcadas que en las otras islas, y los jefes superiores tratan a los inferiores del modo más altanero y opresivo.

No se sabe si en el archipiélago de los Amigos y en las islas Sandwich se practica el infanticidio ni si existen sociedades parecidas a los Earees de Tahití; pero hay pruebas indudables de la prostitución de las mujeres del pueblo, y esto solo constituye un gran obstáculo a la población. Es muy probable que pocos de los Toutous o siervos, que emplean la mayor parte de su vida en seguir a sus jefes, contraigan matrimonio. Y la poligamia permitida a las clases elevadas no puede menos que fomentar y aumentar la prostitución entre las inferiores.

Supongamos fuese cierto que en las islas más fértiles de este Océano se sienta poco la necesidad. Como razonablemente no puede creerse que reine entre estos salvajes, sobre todo en estos climas, el freno moral y virtuoso, la naturaleza de las cosas nos obligaría a creer que el vicio y la guerra bastaran para reprimir la población. Todas las narraciones confirman esto mismo: en los tres principales grupos de las islas que acabamos de mencionar, el vicio es el obstáculo dominante. En la isla de las Pascuas, se ha observado una gran desproporción en el número de habitantes de los dos sexos. Esto manifiesta, sin otras pruebas, la existencia del infanticidio. La Perouse cree que las mujeres pertenecen en común al distrito que habitan, si bien el número de niños contradice esta opinión. La población de esta isla debe haber sufrido grandes oscilaciones desde la época de su descubrimiento por Roggewyn en 1722, aunque no hayan podido influir mucho sus uniones con los europeos. Cuando la visitó La Perouse, ya parece que se reanimaba su población, que se había debilitado mucho, ya por las sequías, ya por las guerras intestinas, ya por el infanticidio y la prostitución. Cook, en su segundo viaje, no la graduaba sino de seis a setecientas almas; La Perouse la hizo subir hasta dos mil; y por los muchos niños que vio, como por las casas que se construían, juzgó que la población se aumentaba.

En las islas Marianas, según el P. Gobien, una infinidad de jóvenes no se casan, viven como los individuos de las sociedades Earees de Tahití, y se distinguen con un nombre muy semejante. Se dice que en la isla Formosa no se permite que las mujeres sean madres antes de los treinta y cinco años. Si están encinta antes de esta época, las hace abortar la sacerdotisa, y hasta que el marido llega a los cuarenta años, su mujer continúa viviendo con sus padres, y no puede verla sino a hurtadillas.

Las visitas muy de corrido hechas en otras islas, y las narraciones imperfectas que nos han transmitido, no nos permiten entrar en grandes detalles sobre sus costumbres. Pero la conformidad de las ya observadas hace ver que, aunque no haya habido ocasión de notar los mismos crímenes, a la guerra y a los vicios relativos al comercio entre los dos sexos es preciso atribuir principalmente la disminución de la población que impide la multiplicación indefinida de la especie.

También conviene añadir que debe desconfiarse un poco de esos cuadros risueños de la felicidad y de la abundancia que imaginamos que reina en todas las islas del mar del Sur. En la misma Tahití es muy común la escasez: ya lo había observado Cook en su último viaje; y recientemente los misioneros afirman que en ciertas épocas del año en que no hay frutos es muy grande y sensible la necesidad. En Oheitaboo, una de las islas Marquesas, la necesidad se convertía en hambre y se extendía hasta a los animales; en Tongataboo, la isla más considerable del archipiélago de los Amigos, los jefes, para mantener la abundancia, cambian de domicilio y se retiran a otras islas. Los naturales sufren muchas veces la escasez de subsistencias; las islas Sandwich padecen muchas sequías; escasean mucho los cerdos y las batatas, y los viajeros son recibidos con mucha frialdad, bien distinto por cierto de la hospitalidad de los tahitienses. En la Nueva Caledonia sus habitantes se alimentan con arañas, y a veces tienen que comer pedazos de galoxia para apaciguar el hambre que los devora.

Estos hechos prueban también que, por mucha que sea la abundancia que reina en estas islas en algunas épocas, y por más obstáculos que la guerra, la ignorancia y otras causas opongan a su población, esta, en general, se nivela mucho con los medios de subsistencia. En un estado de sociedad en que la vida de los súbditos nada es para sus jefes, nos exponemos a cometer grandes errores en el juicio que formemos de la abundancia en que viven. Los propietarios pueden entregar sus cerdos y vegetales a los comerciantes de Europa, aun cuando sus vasallos y esclavos perezcan de necesidad.

No quiero concluir esto sin observar que la vida salvaje no tiene en realidad más ventaja sobre la vida civilizada que la de estar el pueblo más ocioso. Hay menos que hacer, y por consiguiente se trabaja menos. Cuando se reflexiona sobre la tarea penosa a que están condenados en una sociedad civilizada las clases ínfimas del pueblo, es preciso conocer que, bajo este aspecto, no pueden quejarse los salvajes; pero esta ventaja está compensada con otros goces que tienen los pueblos civilizados. Donde abundan las subsistencias, reina en sus hordas una desigualdad tiránica. Los ataques y violaciones de la propiedad son cosas comunes y establecidas por un uso que tiene fuerza de ley. Las clases ínfimas están en un estado de degradación que no hay con qué compararle entre los pueblos civilizados. Si viven en una perfecta igualdad, la dificultad de procurarse alimento y las fatigas continuas de la guerra someten al hombre a trabajos no menos penosos, aunque no repartidos con tanta desigualdad, que los que sufren las últimas clases de la sociedad en las naciones civilizadas.

Pero si en algo se asemejan sus trabajos, no sucede lo mismo con sus privaciones y sufrimientos. Nada manifiesta más esta verdad que la educación de los salvajes americanos. Allí se emplea todo lo que puede inspirar la paciencia en los tormentos, endurecer el corazón y ahogar la compasión. Al contrario, el hombre civilizado se dedica a adquirir desde la infancia la fuerza necesaria para sobrellevar los males que de tiempo en tiempo nos afligen, pero no exige que los sufra toda su vida: tiene que unir otras virtudes a esta especie de valor y de fuerza de alma. Si siente los males que los demás sufren, si los comparte aun con su enemigo, da vuelo a todas las afecciones sociales y extiende la esfera de los sentimientos y emociones agradables. Puede deducirse de estos dos géneros de educación, opuestos por su objeto y por los medios empleados para conseguirlo, que el hombre civilizado tiene esperanza de gozar, y el salvaje únicamente de sufrir.

El sistema de disciplina adoptado por los Lacedemonios, ese olvido de los sentimientos naturales, que ha sido objeto muchas veces de una vana admiración, no ha podido existir sino en un pueblo expuesto sin cesar a las privaciones que impone la guerra, y amenazado continuamente de crueles desgracias. Esta disposición no creo que indique mucha fuerza de alma natural o de verdadero patriotismo. Prueba sólo un estado de miseria o de costumbres salvajes, como presentaría Esparta y toda la antigua Grecia, no habiendo llegado al más alto grado de civilización. Las virtudes salvajes, como las mercaderías de comercio, vienen en mayor abundancia allí donde hay más necesidad o mayor demanda. Cuando con tanto ardor se recomienda el sufrimiento, la indiferencia a los trabajos y privaciones y los sacrificios más extravagantes, hay que augurar mal de la dicha de un pueblo y de la seguridad del Estado.

VI. OBSTÁCULOS A LA POBLACIÓN ENTRE LOS ANTIGUOS HABITANTES DEL NORTE DE EUROPA

La historia de las primeras emigraciones y de las primeras sociedades de los hombres, así como los motivos que las han producido, arrojará mucha claridad sobre este asunto, y hará ver de un modo sorprendente esta tendencia continua de nuestra especie a aumentarse más que los medios de subsistencia. Sin la influencia de esta ley, no podría comprenderse que se hubiera poblado la tierra: el estado natural del hombre no es un estado de actividad, sino de pereza y de reposo. Se ha necesitado, para hacerle salir de él, nada menos que el aguijón de la necesidad, aunque después la costumbre y las asociaciones de ideas hayan mantenido el espíritu de empresa, y le hayan aficionado a los combates y a la pasión de la gloria.

Sabemos que Abraham y Lot tenían tantos rebaños que la tierra en donde vivían no podía mantenerlos. Se suscitaron disputas entre los pastores; Abraham propuso a Lot separarse, y le dijo: ¿No está a tu disposición todo el país? Si quieres ir hacia la izquierda, yo tomaré la derecha; si eliges la derecha, yo iré a la izquierda.

Esta simple propuesta es un ejemplo bien claro de la acción de este principio que tiende a esparcir la población por toda la superficie de la tierra, y que en la serie de los tiempos ha obligado a buscar a los más infelices de estos habitantes en los desiertos calurosos del Asia y África, o en las frías regiones de la Siberia y del Norte de América, los débiles medios de subsistencia que les faltan. Los primeros emigrados no encontrarían otros obstáculos que los que podían nacer de la naturaleza del país que iban a habitar; pero cuando la tierra estuviese en gran parte poblada, aunque esta población fuese imperfecta, los poseedores de cada distrito no la abandonarían impunemente a los recién venidos, y los que ocupaban las partes del centro se verían obligados a desalojarlos a viva fuerza o a impedirles el paso: origen de discordias, de guerras siempre continuas.

Parece que las latitudes medias de Europa y Asia han estado de muy antiguo ocupadas por pueblos pastores. Y según la opinión de Tucídides, en aquel tiempo los estados civilizados de Europa no hubieran podido resistir a las fuerzas reunidas de los Escitas. Sin embargo, es imposible que un país inculto alimentase tantos habitantes como si las tierras estuviesen cultivadas. Una de las cosas que hacen tan temibles a los pueblos pastores, es la facilidad de moverse en masa, y que se ven precisados a practicar para mudar de pastos, porque una tribu, rica en rebaños, abunda en subsistencias, y puede en caso de necesidad comer además de las crías, las reses, que son su capital. Y como las mujeres en estas naciones viven mejor que en los pueblos cazadores, son por consiguiente, más fecundas. Los hombres, confiados en sus fuerzas y en la facilidad de proveer a sus necesidades renovando sus pastos, temen poco la carga de una familia, y todas estas causas reunidas no pueden menos de producir un gran aumento de población. Sobre todo, en los pueblos pastores debe sentirse mucho la necesidad de salir de los límites del país, y que las emigraciones sean muy frecuentes. Ocupan un vasto territorio: los que se ven molestados por el hambre forman colonias nuevas y pueblan insensiblemente las regiones desiertas más cercanas; y muy pronto animados de un nuevo ardor atacan y desalojan a los pueblos pacíficos. Impulsados por el estado penoso a que los reduce una población excesiva, llenos de esperanzas, ávidos de fortuna, estos belicosos aventureros deben sembrar el espanto entre las naciones dedicadas al cultivo; y que fijas en sus moradas han adquirido gustos y costumbres enteramente opuestos. O si chocan entre sí para desposeerse mutuamente de los lugares que habitan, pues es cuestión de vida o muerte, esta lucha se convierte en una guerra de exterminio.

De este modo han sido destruidas varias tribus, aunque también muchas han perecido por el hambre o por los males que llevan consigo estas empresas. Otras más felices han logrado formar nuevos establecimientos, que han sido después centro de otros enjambres. Sin duda que estas colonias estarán algún tiempo fieles a su metrópoli; pero después se debilitarán sus lazos, y según sus intereses o circunstancias, así formarán naciones amigas o enemigas.

La inmensa pérdida de hombres que producía esta lucha, nacida de la necesidad de lugar y alimento, estaba más que compensada por la fuerza del principio de la población, que en medio de esta costumbre constante de emigración podía ejercer libremente su influencia. La esperanza de mejorar su estado, la perspectiva del pillaje, la facultad en último recurso de vender sus hijos como esclavos, se unían a la indolencia natural de los pueblos casi salvajes, para aumentar la población que la guerra y el hambre en seguida venían a reducir a sus justos límites.

Las tribus que tenían un suelo fértil, aunque no pudiesen ocuparlo y mantenerse sino a fuerza de combates, no dejaban de multiplicarse en proporción de sus medios de subsistencia, de tal modo que toda la parte del globo que se extiende desde los últimos confines de la China hasta las riberas del mar Báltico ha estado poblada por esa raza de bárbaros, valientes, robustos, emprendedores, acostumbrados a los trabajos más duros, y que la guerra era sus delicias. Por esto, después que los diversos gobiernos estables en Europa y Asia han sido capaces por su número y destreza de oponer una barrera a esas hordas destructoras, se han visto condenadas a consumir en sus mutuas discordias la población excedente. Pero cuando la debilidad de los gobiernos estables o la fuerza de algunas hordas errantes y muy unidas cambió estas relaciones, la tempestad descargó sobre las provincias más bellas del universo. La China, la Persia, el Egipto y la Italia han estado en diferentes épocas sumergidas por este diluvio de bárbaros.

La caída del imperio Romano es un ejemplo bien conocido que confirma y esclarece lo que acabamos de referir. Por mucho tiempo los pueblos pastores de la Europa Septentrional fueron contenidos por la fuerza de las armas y el terror del nombre romano. La formidable irrupción de los cimbros, señalada con la destrucción de cinco ejércitos consulares, fue detenida en fin (finalmente), en su victoriosa carrera por Mario; y los bárbaros se vieron obligados por el completo exterminio de esta poderosa colonia a poner freno a su temeridad. Los nombres de Julio César, de Druso, de Tiberio y de Germánico, grabados en su memoria con caracteres de sangre, mantuvieron entre ellos el temor de pasar el límite del territorio del imperio: pero Roma triunfó de ellos sin vencerlos. Sus ejércitos fueron destrozados, sus colonias destruidas u obligadas a replegarse a sus domicilios; pero no por eso se abatió el vigor de los germanos, y esta nación indomable estuvo siempre dispuesta a emprender nuevas guerras. La debilidad de los reinados de Decio, Galo., Emilio, Valeriano y Galeno, abrió el imperio a los bárbaros. Los godos, que según se cree en pocos años se habían extendido desde la Escandinavia a las orillas del Ponto Euxino, seducidos por el atractivo de un tributo anual, consintieron en retirar sus tropas victoriosas. Mas apenas se conoció el secreto de la debilidad y riquezas de los romanos, cuando nuevos enjambres salidos del Norte vinieron a ejercer sus rapiñas en las fronteras del imperio, y llevaron el terror hasta las puertas de Roma. Los francos, los alemanes, los godos, y otras tribus menos considerables comprendidas bajo esta denominación, se arrojaron como un torrente y dirigieron sus ataques a diversos puntos. Sus latrocinios y rapiñas destruyeron las cosechas y los medios de preparar las del año siguiente. Un hambre general que duró mucho tiempo siguió a una peste que por espacio de quince años despobló las ciudades y provincias romanas. Si se juzga por algunas pérdidas locales, puede decirse con razón que la mitad de la especie humana pereció por los tres azotes reunidos de la peste, la guerra, y el hambre. Entre tanto, oleadas de bárbaros continuaron esparciéndose por estas desiertas provincias, y los valientes sucesores de los débiles emperadores que he nombrado, tuvieron que sostener trabajos comparables con los de Hércules para resistir el choque de esas hordas impetuosas y retardar la caída del Imperio. En el año 250 y siguientes, los godos renovaron sus desolaciones por mar y tierra, con éxitos varios, y acabaron por perder casi todos sus ejércitos aventureros, pero esto no impidió que en el año 269 dejara salir de su seno un pueblo inmenso de emigrados: hombres, mujeres y niños, buscando un sitio donde establecerse. Este cuerpo formidable, compuesto en un principio de trescientos veinte mil bárbaros fue por último destruido y dispersado por la prudencia y vigor de Claudio: su sucesor Aureliano detuvo y batió nuevas tropas de la misma especie que salían de la Ucrania: estableciendo la paz con la condición de retirarse los ejércitos romanos de la Dacia y ceder esta gran provincia a los godos y a los vándalos. Poco después una nueva invasión de los alemanes amenazó la capital del universo, necesitando conseguir Aureliano tres grandes y sangrientas victorias para liberar a Italia y exterminar aquellos bárbaros.

La firmeza de Aureliano contrarió por todas partes esta clase de empresas, que si bien después de su muerte parecían renacer con un nuevo furor, encontraron un fuerte obstáculo en la actividad de Probo. Sólo para librar la Galia de los germanos que la habían invadido, fue preciso, según se asegura, sacrificar unos cuatrocientos mil bárbaros. Aprovechándose de estas ventajas el emperador victorioso, penetró en la Germania: los jefes de esta comarca, atemorizados con su presencia, desanimados y abatidos por el mal éxito de la emigración que habían intentado, se sometieron a las condiciones que Probo quiso imponerles. Este emperador y después Diocleciano adoptaron el sistema de volver a poblar las provincias asoladas del Imperio, cediendo sus tierras a los bárbaros prisioneros o fugitivos, colocando de este modo esta población excesiva donde no pudiese hacer daño; pero estas colonias no fueron suficientes para servir de asilo a la población superabundante del Norte. La fogosidad de los bárbaros, siempre indómitos, sacudió más de una vez el yugo y no consintió en someterse a los trabajos tranquilos de la agricultura. El reinado fuerte de Diocleciano contuvo entretanto a estos pueblos y les obligó a respetar las fronteras del Imperio. Encerrados en sus propios límites, los godos, los vándalos, los borgoñones y los alemanes volvieron contra ellos su actividad y se batieron constantemente entre sí, dejando gozar a las provincias romanas de una paz duradera y ofreciéndoles un sangriento espectáculo, cuyo éxito, cualquiera que fuere, los deshacía de un terrible enemigo.

Bajo el reinado de Constantino, empezaron los godos a hacerse temer. Una larga paz había renovado sus fuerzas y la nueva generación había olvidado ya los desastres que había sufrido la anterior. Un gran número pereció en dos guerras sucesivas; y vencidos por todas partes, se refugiaron en las montañas, habiendo, según se cree, en una sola campaña perecido más de cien mil por frío y por hambre. Constantino siguió el plan que Probo y sus sucesores habían adoptado: concedió tierras a los bárbaros que, arrojados de su propio país, vinieron humildemente a pedírselas. Al fin de su reinado asignó, en las provincias de Panonia, de Tracia, de Macedonia e Italia, lo necesario para el establecimiento y subsistencia de un cuerpo de trescientos mil sármatas.

El valor de Juliano tuvo aún que luchar contra nuevos ejércitos de francos y alemanes. Estos pueblos, a favor de las guerras civiles que turbaron el reinado de Constantino, salieron de los bosques de la

Germania para esparcirse por la Galia, donde sus devastaciones fueron mucho más allá que sus conquistas; pero derrotados y repelidos por todas partes, fueron perseguidos hasta su patria en cinco campañas sucesivas. Juliano no tuvo más que presentarse para vencer; y aun en la Germania, en el seno de esa colmena, cuyos numerosos enjambres habían sido por tanto tiempo el terror del universo, los mayores obstáculos que encontró fueron los caminos impracticables y las vastas selvas desiertas.

Subyugada así y abatida por las armas victoriosas de Juliano, esta hidra presentó en pocos años nuevas cabezas. Fue preciso nada menos que el genio de Valentiniano, su valor y vigilancia, para proteger a los pueblos sometidos a su dominación contra las diversas irrupciones de los alemanes, borgoñones, sajones, godos y sármatas.

Por último, se decidió la suerte de Roma por una irresistible emigración de hunos que, viniendo del Este y del Norte, precipitó sobre el imperio la masa entera de los godos. Oprimiendo este peso enorme a las naciones de la Germania, las obligó, según se cree, a ceder sus selvas y sus tierras pantanosas a los fugitivos de la Sarmacia, o al menos a esparcir su población excedente por las provincias romanas. Cuatrocientos mil emigrados salieron de las mismas costas del Báltico que, en tiempo de la República, habían mantenido aquellas innumerables armadas de cimbros y de teutones, y que costó tanto resistirlas. A esta tropa emprendedora, destruida por la guerra y el hambre, le sucedieron otras: los suevos, los vándalos, los alanos y los borgoñones pasaron por última vez el Rin; los primeros conquistadores fueron echados o destruidos por los que les sucedieron; pero acumulándose nubes de bárbaros en la parte septentrional de nuestro hemisferio, y derramando el terror y el espanto, se esparcieron por el bello cielo de Italia, sumergiendo al Occidente en la mayor oscuridad.

Dos siglos después de que los godos pasaron el Danubio, se habían apoderado de la Tracia, la Panonia, la Galia, la Bretaña, España, África e Italia los bárbaros de diferentes nombres. A sus rápidas conquistas acompañaron horribles devastaciones e increíble destrucción de la especie humana, y el hambre y la peste, consecuencia de estas guerras furiosas, asolaron a Europa entera. Los historiadores de aquel tiempo, testigos de estas escenas de desolación, no encuentran expresiones para describirlas; pero, a falta de voces, los hechos y los trastornos ocurridos en esta parte del mundo pueden permitirnos concebirlas. Tantas catástrofes, esos males tan largos y profundamente sentidos en los países más hermosos de la tierra, esos trastornos, esos grandes fenómenos que nos sorprenden y maravillan, pueden atribuirse a una causa muy sencilla: el exceso de la población sobre los medios de subsistencia.

Así lo indica Maquiavelo al principio de su *Historia de Florencia*:

«Los pueblos que habitan la parte septentrional entre el Rin y el Danubio, viviendo en un clima sano y favorable a la multiplicación de la especie, se aumentan a veces hasta el punto de verse precisados a dejar en bandadas numerosas su país natal para buscar nuevas habitaciones. He aquí lo que se hace en estas provincias cuando están muy pobladas y quieren aliviarse de la carga que las oprime. Empiezan por dividir la nación entera en tres porciones, entre las que se reparte igualmente la nobleza y el pueblo, los pobres y los ricos. En seguida echan suertes, y la que resulta, sale del país para buscar fortuna, dejando a las otras dos más holgadas y en libertad de poder vivir cómodamente. Estas emigraciones causaron la caída del Imperio Romano.»

Gibbon supone que Maquiavelo representó estas expediciones de manera más regular de lo que en realidad eran; pero me parece que esta descripción es bastante fiel, siendo de presumir que, a consecuencia de estas disposiciones preventivas, habían prohibido los germanos por una ley expresa —de la que hacen mención César y Tácito— que las tierras cultivadas las poseyesen por más de un año los mismos propietarios. Las razones que en esta ley alega César parecen insuficientes; pero si a esto se añade la perspectiva de una emigración bien ordenada, según las formas descritas por Maquiavelo, la ley aparece plenamente justificada, adquiriendo una de las razones dadas por César mucha mayor fuerza. Esta razón es el temor que tenían estos pueblos de que algunos de sus moradores, viviendo mucho tiempo en el mismo suelo, acabasen por trocar los trabajos de la guerra por los de la agricultura.

Gibbon, acorde en esto con Hume y Roberston, rechaza fundadamente la suposición tan poco probable de que los habitantes del Norte de Europa fuesen en dicha época más numerosos que en la actualidad; pero al mismo tiempo niega la gran tendencia al crecimiento en estas naciones septentrionales, como si estos dos hechos estuviesen necesariamente ligados. Sin embargo, es menester hacer siempre la distinción que hay entre una población excesiva y una gran población. Las montañas de Escocia no están probablemente menos sobrecargadas de un exceso de población que el resto de la Gran Bretaña. Sería ciertamente un absurdo manifiesto sostener que el Norte de Europa, cubierto en otro tiempo de selvas y habitado por una raza de pastores que vivían principalmente del producto de sus rebaños, estuviese entonces más poblado que lo está en la actualidad.

Por los hechos que en la historia de la decadencia del Imperio Romano se refieren circunstanciadamente, y por el simple bosquejo que acabo de trazar, reconocemos sin dificultad entre estos pueblos la tendencia manifiesta a multiplicarse, y una gran facilidad para reparar las pérdidas que experimentaba su población.

Desde la primera irrupción de los cimbros hasta la ruina final del Imperio de Occidente, no cesaron jamás los esfuerzos de las naciones germanas por fundar colonias y ejercer el pillaje a su alrededor189. El número de los que perecieron durante este período por la guerra y el hambre es casi incalculable, de manera que no puede concebirse cómo una nación tan poco poblada haya sufrido tales pérdidas, a no ser que las hubiera reparado un poder superior.

Describiendo Gibbon los esfuerzos de Valentiniano para asegurar la frontera de la Galia contra las irrupciones de los bárbaros, dice: «Los germanos eran un enemigo cuyas fuerzas se renovaban constantemente por el agregado de intrépidos voluntarios que salían de las regiones más recónditas del Norte». Una fácil adopción de extranjeros era probablemente —añadía— el método empleado por algunas naciones de la Germania para reponerse en breve después de sangrientas derrotas. Pero con esta explicación no hace más que aplazar la dificultad, como colocando sobre la tierra una tortuga sin decirnos sobre qué descansa. ¿Cuál era esa inagotable reserva del Norte de donde salían sin cesar esas turbas de intrépidos guerreros?

Conceptúo también inadmisible la solución que da Montesquieu a este gran problema. «Estos enjambres de bárbaros que salieron en otro tiempo del Norte no existen en la actualidad. Las violencias de los romanos habían hecho retirar los pueblos del Mediodía al Norte; mientras subsistió la fuerza que los contenía, permanecieron allí; cuando ésta se debilitó, se esparcieron por todas partes.

» Lo mismo sucedió algunos siglos después. Las conquistas de Carlomagno y sus tiranías obligaron a replegarse por segunda vez los pueblos del Mediodía al Norte; en el momento en que decayó este imperio, volvieron otra vez del Norte al Mediodía. Y si en la actualidad cometiese un príncipe en Europa semejantes violencias, las naciones rechazadas al Norte, apoyadas en los límites del universo, estarían seguras hasta el momento en que inundasen y conquistaran Europa por tercera vez.»

En una nota manifiesta el autor a qué se reduce la famosa cuestión: «¿Por qué el Norte no está tan poblado como en otro tiempo?»

La solución que se da a esta pregunta se funda en un verdadero milagro. Porque, a no suponerse algún medio sobrenatural de subsistencias, ¿cómo estas naciones acumuladas en regiones estériles han podido vivir tanto cuanto duró el Imperio Romano? Esto no es fácil de concebir, y resulta imposible dejar de sonreír al considerar esas nubes de hombres deteniéndose valerosamente en los límites del universo y viviendo —sin duda de aire y de hielo— por muchos siglos, hasta poder regresar a sus países para encontrar un alimento más sustancioso.

Toda la dificultad desaparece si aplicamos a las naciones de la antigua Germania un hecho observado en América y conocido generalmente; quiero decir, si suponemos que, cuando no lo impiden la guerra y el hambre, la población crece hasta el punto de doblar en 25 o 30 años. La conveniencia o necesidad de esta aplicación resulta de los cuadros de costumbres germanas trazados por Tácito. Nos dice que estos pueblos no moraban en las ciudades, y que sus casas estaban aisladas, cuya precaución no solo le ponía al abrigo de los incendios, sino que los libraba de la plaga de las epidemias. Cada hombre tenía una sola mujer, costumbre bastante general, siendo los lazos del matrimonio muy respetados, y en este particular sus costumbres eran puras y dignas de elogio. La castidad de que se preciaban no estaba expuesta a las seducciones de los espectáculos y los festines; el adulterio era muy raro, la prostitución no se toleraba; la hermosura, la juventud ni la fortuna la disculpaban, porque allí no se lisonjeaba el vicio ni el arte de seducir gozaba de prestigio.

El infanticidio y la exposición de los niños eran acciones infames, siendo más fuertes en estos pueblos las costumbres que las leyes de otras regiones; cada madre criaba a sus hijos y no los entregaba a nodrizas o esclavas; los jóvenes de ambos sexos no eran afeminados ni gustaban de placeres vergonzosos. Casándose a la edad permitida, sus hijos eran como ellos fuertes y robustos; cuanto más extensa era la familia, más feliz resultaba la ancianidad, y no había que temer la falta de sucesión.

Costumbres tan favorables a la población, unidas a ese espíritu aventurero y de emigración tan propio para desviar el temor de la necesidad, presentan la imagen de una sociedad dotada de un principio de acrecentamiento irresistible. He aquí, pues, el origen inagotable de esos ejércitos y colonias cuyo choque tuvo que sostener el Imperio Romano, y bajo el cual sucumbió. Muy probable es que en algún tiempo la población de la Germania haya tenido dos períodos seguidos de doble aumento, o al menos uno en 25 años. Las guerras continuas de estos pueblos, el estado atrasado de su agricultura y, sobre todo, la costumbre adoptada por muchas tribus de rodearse de desiertos, se oponían absolutamente a semejante aumento.

Debió de haber épocas en que el país estuviese poco poblado, aunque muchas veces se halló sobrecargado de población. Sus inmensas selvas se reservaban para la caza, casi todas sus tierras para pastos, y solo una pequeña parte estaba muy mal cultivada. Cuando el hambre les hacía conocer la insuficiencia de sus medios de subsistencia, acusaban a la esterilidad de su país, que se negaba a alimentar tantos habitantes. Mas, en vez de dedicarse a roturar sus selvas, desecar los pantanos y hacer que el terreno pudiese sustentar una población creciente, era más conforme con sus costumbres marciales y su genio impaciente ir a otros climas a buscar víveres, pillaje y gloria.

Ora estas hordas aventureras penetraban, espada en mano, en un país incapaz de resistencia y fijaban allí sus domicilios; ora eran destruidas por fuerzas superiores; a veces los romanos las incorporaban a sus legiones o las distribuían en su territorio; a veces también, después de haber aliviado a su país con una larga ausencia, volvían cargadas de botín, dispuestas a reunirse para intentar nuevas empresas. La sucesión de las generaciones debía ser muy rápida en estos pueblos, porque apenas desaparecía una parte, ya por haberse fundado una colonia o por haber sido diezmada por la guerra y el hambre, cuando de inmediato surgían nuevos vástagos para reemplazarla.

Sentado esto, es imposible que el Norte estuviese jamás exhausto de habitantes. Cuando dice Roberston, al describir las calamidades producidas por estas invasiones, que duraron sin interrupción hasta que el Norte, a fuerza de enviar nuevos enjambres, se vio sin hombres y no pudo proporcionar más instrumentos de destrucción, fácil es reconocer que incurre precisamente en el mismo error que antes ha querido refutar: quiero decir, que habla de las comarcas septentrionales como si hubiesen estado realmente muy pobladas. En efecto, ¿cómo no juzgar que en alguna época determinada el número de sus habitantes bastó no solo a soportar todos los estragos de la guerra, sino a poblar con sus colonias la Tracia, la Panonia, la Galia, España, África, Italia e Inglaterra, de tal modo que apenas quedan huellas de algunos de los primeros habitantes de estas regiones? Mas el mismo historiador supone que estos diversos países han sido poblados en el espacio de dos siglos, y es bien cierto que en este intervalo se levantaron nuevas generaciones suficientes para reparar las pérdidas ocasionadas por estas frecuentes emigraciones.

La verdadera causa que los detuvo fue la imposibilidad en que se encontraban de penetrar en los lugares donde tenían designio de establecerse. Entonces los mejores países de Europa estaban ocupados por los descendientes de las tribus más valientes y emprendedoras de los germanos. No es muy probable que, en una época tan cercana a su partida, hubiese degenerado de tal modo el vigor de sus antepasados que se dejaran dominar por hordas menos numerosas y diestras en el arte de la guerra, aunque tal vez más temerarias y feroces.

Imposibilitados así por el valor y la misma pobreza de sus vecinos, los habitantes de Escandinavia volvieron a las expediciones marítimas, que abrieron una nueva carrera al espíritu aventurero y un nuevo medio de desembarazarse de una población excesiva. Antes del reinado de Carlomagno, estos pueblos eran muy temibles, y solo con gran esfuerzo pudo este príncipe contenerlos. Después de la división de su imperio entre sucesores débiles, estos mismos pueblos, semejantes a una llama devoradora, se esparcieron por la Baja Sajonia, la Frisia, Holanda, Flandes y toda la ribera del Rin hasta Maguncia.

Tras asolar las costas, penetraron en el corazón de Francia, saquearon e incendiaron sus mejores ciudades, impusieron enormes tributos a sus reyes y obtuvieron, en fin, por concesión expresa, una de sus más hermosas provincias. Se hicieron temer hasta en España, Italia y Grecia, y por todas partes llevaron la desolación, sin dejar por ello de volver, de tiempo en tiempo, sus armas unos contra otros y destruirse mutuamente.

Otras veces fundaron colonias en lugares desconocidos e inhabitados, para reparar, por un lado, las pérdidas humanas que, por otro, causaban sus devastaciones y continuos latrocinios.

Las guerras civiles y la mala administración de los reyes sajones en Inglaterra produjeron el mismo efecto que la debilidad de los reyes de Francia, y durante doscientos años las islas Británicas fueron asoladas y, en muchas ocasiones, subyugadas por las legiones del Norte. Durante los siglos VIII, IX y X, sus naves cubrieron el mar desde un extremo a otro de Europa, y las naciones hoy reputadas como las más poderosas por sus armas e industria fueron entregadas cobardemente a sus constantes pillajes. Por último, estas naciones aumentaron su fuerza hasta quitar a los pueblos del Norte toda esperanza de éxito en futuras invasiones. Estos cedieron lentamente y con repugnancia a la necesidad, y tuvieron que encerrarse en sus propios límites. Trocaron poco a poco su vida pastoril, así como el gusto por el pillaje y la costumbre de las emigraciones, por los trabajos sufridos del comercio y la agricultura, que, acostumbrándolos a ganancias más lentas, cambiaron imperceptiblemente sus costumbres y su carácter.

Entre los antiguos escandinavos, durante sus guerras y emigraciones perpetuas, nadie se abstenía de casarse por temor a no poder subvenir a las necesidades de su familia. No sucede así entre los modernos: este temor fundado es, como en otras partes, un obstáculo continuo a la frecuencia de los matrimonios. En este caso se encuentra Noruega, como observaremos en otro lugar, aunque en toda Europa esta causa se manifiesta con gran actividad, pues felizmente el estado tranquilo del mundo moderno no exige que las generaciones se sucedan con tanta rapidez.

Mallet, en el excelente compendio de la historia de los pueblos del Norte, puesto a la cabeza de su *Historia de Dinamarca*, observa que nadie prueba que la falta de espacio en su propio país hubiese sido causa de sus emigraciones. Y entre otras razones se apoya en que, después de ellas, el país ha estado mucho tiempo desierto e inhabitado. Así habrá sucedido sin duda, pero yo creo que solo ha sido en casos muy raros. El espíritu emprendedor y de emigración ha podido hacer salir a un pueblo de su país en busca de otro mejor; y, sin duda, en este caso ha tenido que dejar un territorio vacante que por algún tiempo habrá estado inhabitado. Y si su terreno o su situación tenía alguna desventaja —lo que al parecer manifiesta esta resolución—, se comprende bien que las tribus que lo rodeaban debieron preferir conquistar nuevas tierras con la punta de la espada, en vez de apoderarse de los terrenos abandonados. Esto parece muy conforme con el genio de los pueblos bárbaros: estas emigraciones en masa prueban que la sociedad no quería dividirse, y de ningún modo que no se encontrase en estrechez y necesidad.

La otra razón que da Mallet es que, en Sajonia, lo mismo que en Escandinavia, vastas extensiones de terreno están incultas y en su estado primitivo, sin haber sido jamás desmontadas ni cultivadas, y que, por las descripciones que tenemos del estado de Dinamarca en los tiempos antiguos, parece que solo las costas estaban pobladas, mientras el interior era una vasta selva. Bien se conoce que aquí el historiador incurre en el error común y confunde un exceso de población con una población grande. Las costumbres de los pueblos pastores, el hábito de la guerra y el espíritu aventurero les impiden entregarse al desmonte y cultivo de las tierras; y aun estas mismas selvas de que estaban rodeados, encerrando en reducidos límites el manantial de sus subsistencias, contribuían a producir entre ellos un exceso de población; es decir, establecían una relación desproporcionada entre su número, siempre creciente, y los cortos medios con que contaban.

Hay otra causa, desestimada generalmente, que obliga a los países pobres, fríos y poco poblados a tender, en general, a producir un exceso de población y a hacer emigrar a los pueblos. En los países cálidos y poco populosos, sobre todo en aquellos donde hay muchas ciudades y manufacturas, es muy raro que el hambre, por poco que dure, no produzca epidemias, ya bajo la forma de un contagio furioso y pestilente, ya bajo diferentes nombres de enfermedades menos violentas, pero que obran con más constancia. Al contrario, en los países pobres y fríos, donde la población está dispersa, sucede, por la cualidad antiséptica del aire, que la miseria causada por el hambre o por el mal alimento puede durar mucho sin producir estas consecuencias; y, por tanto, en estas comarcas se nota con mayor fuerza, y por períodos más largos, la necesidad de la emigración.

Tampoco quiero decir que todas las expediciones del Norte fuesen por falta de sitio y alimento. Mallet afirma positivamente que era costumbre en estos pueblos tener, todas las primaveras, una asamblea para decidir adónde se había de hacer la guerra2. Un pueblo tan aficionado a los combates y que tiene el derecho del más fuerte por un derecho divino, no podrá menos de encontrar ocasiones de satisfacer su pasión. Además de ese gusto puro y desinteresado por la guerra y las empresas, las disensiones intestinas, la persecución de un enemigo superior, el deseo de un clima más dulce y otras causas también pudieron dar lugar a las emigraciones. Mas, considerando esto bajo un punto de vista general, no puede menos de reconocerse, en el período de la historia que recorremos, un ejemplo muy a propósito para ilustrarnos sobre el principio de la población. Este principio me parece haber dado el primer impulso, haber proporcionado recursos y sugerir pretextos a estas embestidas y emigraciones que acarrearon la caída del Imperio Romano, y que, saliendo de las regiones poco pobladas de Noruega y Dinamarca, asolaron por dos siglos la mayor parte de Europa. Si no se supone en estos pueblos una tendencia a aumentarse casi igual a la que se observa en América, no hay medio alguno de explicar estos hechos. Por el contrario, concediendo este supuesto, fácilmente se indican los obstáculos que entre ellos han detenido la población. Para esto basta leer las circunstancias escandalosas de sus continuas guerras y detener un momento el pensamiento en la facilidad con que se prodigaba la vida en aquellos siglos de barbarie.

Otras causas obrarían sin duda; pero podemos atrevernos a asegurar que, entre los pueblos pastores del Norte de Europa, la guerra y el hambre fueron los principales obstáculos que mantuvieron la población al nivel de sus precarios medios de subsistencia.

VII. OBSTÁCULOS A LA POBLACIÓN EN LOS PUEBLOS PASTORES DE LA ACTUALIDAD

Acostumbradas las diferentes tribus de los pueblos pastores del Asia a vivir bajo tiendas o chozas movibles, y no en habitaciones fijas, tienen menos apego a los lugares que ocupan, que los antiguos pastores del Norte de Europa. El campo y no el suelo es la patria del tártaro: de manera que cuando están agotados los pastos de una comarca, la tribu se dirige a buscarlos a otra parte. En verano avanza al Norte, en invierno se vuelve al Sur, adquiriendo así en medio de la paz más profunda la práctica y conocimiento usual de una de las operaciones más difíciles de la guerra. Tales hábitos tienden fuertemente a infundir entre estos pueblos nómadas el espíritu de conquista y de emigración. La codicia del botín, el temor de un vecino poderoso, o sólo el inconveniente de tener pastos poco abundantes, han bastado en todo tiempo para inducir a las hordas de Escitas a avanzar arrojadamente hacia regiones desconocidas, con la esperanza de encontrar una subsistencia más copiosa y vecinos menos temibles.

En estas invasiones de los Escitas, sobre todo en las que se dirigieron contra los imperios civilizados del Mediodía, estos pueblos pastores estuvieron constantemente animados de un espíritu feroz y destructor. Cuando los del Mogol sojuzgaron las provincias septentrionales de la China, se deliberó en su consejo si se exterminara a todos los habitantes de aquella comarca populosa, a fin de convertir el país en dehesas para sus ganados, debiéndose sólo a la firmeza de un mandarín chino el que no se llevase a efecto tan funesta medida. Empero esta indicación acredita no solamente la inhumanidad de estos pueblos y el abuso que hacen del derecho de conquista, sino también la fuerza de la costumbre que predomina entre estos pastores y la grande dificultad que encuentran de pasar de la vida pastoril a la de labradores. Sería muy difícil seguirles ni aun rápidamente en sus emigraciones y en sus conquistas en el Asia, en el pronto acrecentamiento de ciertas tribus y la extinción total de algunas de ellas. Durante las formidables irrupciones de los hunos, de la invasión tan dilatada de los del Mogol, de las sangrientas victorias de Tamorlán y de Aurengzeb, y de la ruina de sus imperios, no son muy fáciles de conocer las causas que disminuyeron su población. Si leemos la historia de estas devastaciones durante las cuales el más ligero motivo o un simple capricho era suficiente para mandar pasar a degüello a un pueblo entero, bien lejos de buscar los obstáculos capaces de detener la población en sus progresos, nos sorprenderemos al ver que ofreciese ésta, sin cesar, a la cuchilla de los conquistadores, nuevas generaciones que destruir. Mas útil será, pues, ocuparnos del estado actual de las naciones tártaras y de las causas ordinarias que impiden su acrecentamiento. Las vastas comarcas en que habitan en la actualidad los descendientes de los mogoles y de los tártaros, amantes todavía de las costumbres de sus antepasados, ocupan casi todas las regiones interiores del Asia, disfrutando de las ventajas de un apacible clima; y cuyo terreno es naturalmente muy fértil. Apenas se encuentran desiertos, no obstante de haberse algunas veces titulado así ciertas llanadas sin árbol alguno y en que no crece ni un arbusto, a las cuales los rusos llaman steppes, aun cuando estos llanos estén cubiertos de una yerba frondosa, muy a propósito para pastos. El general defecto del territorio consiste en la falta aguas, si bien se asegura que los terrenos en donde se encuentra bastarían, si estuvieran bien aprovechados, para alimentará un número cuatro veces mayor que el de los habitantes actuales en toda la extensión del país considerado como desierto.

Cada horda o tribu tiene un cantón particular que le pertenece y que encierra los pastos de verano e invierno y es probable que la población de toda la comarca que ellos ocupan esté distribuida en los diversos distritos poco más o menos en proporción de su fertilidad. Volney describe exactamente esta distribución cuando habla de los beduinos de Siria. «En los cantones estériles, es decir, poco guarnecidos de plantas, las tribus son escasas y están muy distantes, tales son el desierto de Suez, el del mar Rojo y la parte interior del gran desierto llamada el Nedjed. Cuando el terreno está mejor provisto, como entre Damasco y el Eufrates, las tribus constan de más individuos sin estar tan separadas; en fin, en los cantones cultivables tales como el bajalato de Alepo, el Haran y el país de Gaza, los campos son numerosos y próximos.» La Gran Tartaria ofrece, como la Siria y la Arabia, esta especie de distribución fundada sobre la cantidad de alimentos que pueden procurarse los habitantes de cada cantón, según el estado actual de su industria y de sus costumbres; y en verdad esta distribución se encuentra en todos los países del mundo, aunque entre las naciones cultas sea menos sensible a causa del comercio que existe entre ellas. Los tártaros mahometanos que habitan la parte occidental de la Gran Tartaria cultivan una porción de terreno que ocupan, mas con tanta negligencia que los productos de esta industria no sean el principal manantial de sus subsistencias.

La dejadez y el espíritu guerrero de los bárbaros dominan en estos pueblos que no se someten fácilmente a adquirir por el trabajo los que ellos creen poder procurarse por el robo y el pillaje. Cuando los anales de la Tartaria no presentan guerras y revoluciones sangrientas, ofrecen conmociones intestinas y mutuos ataques hechos con objeto del botín que han interrumpido constantemente el orden y los trabajos pacíficos, pues los tártaros mahometanos viven únicamente de la rapiña y del saqueo, tanto en tiempo de paz como de guerra.

Los usbekos, dueños de Korasan, abandonan las mejores dehesas del país de los sartes y de los turcomanos, tributarios suyos, únicamente porque sus vecinos son muy pobres y demasiado vigilantes para ofrecerles ocasiones fáciles de pillaje. Viven generalmente de la rapiña, haciendo sin cesar irrupciones en el territorio de los persas y de los usbekos de la Gran Bujaria. Ni la paz, ni las treguas pueden contenerlos, toda su riqueza consiste en esclavos y en otros efectos preciosos que pueden arrebatar. Los usbekos y los turcomanos sus súbditos nunca están unidos: su mutua envidia fomentada muchas veces por los príncipes de la familia reinante produce en el estado una agitación continua. Los turcomanos están siempre en guerra con los kurdos y los árabes que vienen frecuentemente a destrozar sus ganados y a arrebatarle sus mujeres y sus hijos. Los usbekos de la Gran Bujaria que pasan por los más civilizados de todos los tártaros mahometanos, no por esto ceden a los otros en el espíritu de rapiña.

Están constantemente en guerra con los persas y ocupados en devastar las ricas llanuras de Korasan. Aunque habitan en un país extremadamente fértil, y aunque algunos de ellos, descendientes de los antiguos poseedores del terreno, se dedican a las artes pacíficas del comercio y de la agricultura: ni esta fertilidad natural, ni el ejemplo que tienen a su vista, pueden inducirles a cambiar de hábitos. Prefieren mejor robar y degollar a sus vecinos que aprovecharse de recursos con que les brinda la tierra. Los tártaros de la horda de Casatchia, en el Turkestán, viven en un estado continuo de guerra con sus vecinos del Norte y del Este. En invierno dirigen sus incursiones hacia el país de los kalmukos los cuales en esta estación se extienden por las fronteras de la Gran Bukaria y hacia las regiones del Sur de esta comarca, no cesando además de incomodar a los cosacos de Yaik y a los tártaros Nogais. En verano traspasan los montes de las águilas y se arrojan sobre la Siberia. Ordinariamente padecen mucho en estas incursiones y todo el botín que cogen no equivale a lo que hubieran podido proporcionarse con un ligero trabajo; pero prefieren exponerse a mil peligros y a todas las fatigas que trae consigo este género de vida, que dedicarse seriamente a la agricultura.

La vida de otras tribus de tártaros mahometanos es tan semejante a esta, que es inútil ocuparnos de ella. Basta con presentar al lector el cuadro trazado en la historia genealógica de los tártaros y las interesantes notas que la acompañan. Su autor que era un kan de Korasan nos ofrece el mismo en su conducta un ejemplo muy notable de la ferocidad con que se hacen la guerra en su país, bien la emprendan por motivos de política, de venganza o de avaricia. Dicho Kan hizo frecuentes incursiones en la Gran Bukaria seguidas todas de estragos en las provincias y de destrucción total de las aldeas y ciudades que atravesaba, y cuando era tal el número de prisioneros que embarazaban su marcha, los hacía perecer sin el menor escrúpulo. Como su conato era someter a los turcomanos súbditos tributarios suyos, convidó a los principales de entre ellos a una fiesta solemne y degolló hasta 2.000 de los mismos. Incendió y saqueó sus aldeas con la barbarie más inhumana, y ejerció tales devastaciones que el daño refluyó sobre sus mismos autores; que fueron después víctimas de la falta de víveres.

Los tártaros mahometanos aborrecen en general el comercio y se ocupan continuamente en despojar a los comerciantes que caen en sus manos; protegiendo tan solo el tráfico de esclavos, los cuales forman la parte principal de su botín y son considerados como la mayor riqueza; de estos guardan los que necesitan para el cuidado de sus ganados o en la clase de mujeres y concubinas y venden los restantes.

Los tártaros de la Circasia y del Daghestan, así como otras tribus vecinas del Cáucaso viviendo en un país pobre y montañoso están al abrigo de las invasiones, y por consecuencia su país abunda en habitantes. Cuando por los medios ordinarios no pueden procurarse esclavos, se los arrebatan los unos a los otros, y algunas veces hasta venden a sus mujeres y a sus hijos. La práctica de este comercio, tan extendida entre los tártaros mahometanos, es quizá una de las causas de sus guerras perpetuas; porque desde el momento que encuentran ocasión de fomentar este comercio, no respetan ya ni alianzas ni tratados de paz.

Los tártaros paganos, los kalmukos y los mogoles no tienen esclavos; llevan una vida muy pacífica y tranquila, contentándose con el producto de sus rebaños, que constituyen toda su riqueza. Raras veces emprenden la guerra con objeto del botín, ni invaden el territorio de sus vecinos sino para vengar algún ataque personal. Sin embargo, también realizan campañas destructivas: las invasiones de los tártaros mahometanos los obligan a la defensa y a las represalias. Existe un odio inveterado entre las tribus de kalmukos y las de mogoles, aunque procedan originariamente de una misma sangre; y estos odios, fomentados por la política artificiosa del emperador de China, estallan con tal violencia que una u otra de estas naciones rivales debe sucumbir necesariamente.

No viven más sosegadamente los beduinos de Arabia y de Siria que los habitantes de la Gran Tartaria. El estado propio de pueblos pastores proporciona naturalmente motivos de guerras perpetuas. Los pastos que consume una población en un momento cualquiera del año solo constituyen una pequeña parte de sus posesiones, pues ocupa sucesivamente durante él una vasta extensión de terreno; y como de toda ella necesita para subsistir y, por consiguiente, la considera propiedad exclusiva, toda violación de territorio, aun en la parte más distante, se estima como justa causa de guerra. Las alianzas y las relaciones de parentesco hacen estas guerras más generales: la sangre derramada debe vengarse; y como los accidentes de esta naturaleza se repiten con frecuencia a lo largo de los años, la mayor parte de las tribus mantienen entre sí enemistades y viven en un estado de hostilidad permanente232. En los tiempos anteriores a Mahoma, la tradición cuenta mil setecientas batallas; y, como nota Gibbon, una tregua parcial de dos meses que fue religiosamente observada caracteriza todavía más el hábito constante de la guerra y de la anarquía.

La pérdida de hombres causada por tales costumbres parecerá quizá suficiente para contener la población dentro de sus límites. Pero está probado que tales hábitos la reprimen aún más eficazmente al impedir el desarrollo de la industria y, en particular, de aquella que tiende a multiplicar las subsistencias. Si se trata, por ejemplo, de abrir un pozo o de construir un depósito, es necesario realizar ciertos adelantos de trabajo y recursos; y la guerra puede, en un solo día, destruir la obra de muchos meses y los frutos de todo un año. Aquí los males se engendran mutuamente: la escasez de alimentos ha dado origen a las costumbres guerreras, que a su vez tienden a disminuir los medios de subsistencia.

Hay tribus que, por la naturaleza de los lugares que ocupan, están condenadas a la vida pastoril. Pero aquellas que habitan terrenos aptos para el cultivo solo se inclinan a ella cuando se ven rodeadas de ladrones y merodeadores. Los aldeanos de las provincias limítrofes de Siria, Persia y Siberia, expuestas a incursiones continuas de un enemigo saqueador, no están más seguros que los tártaros y árabes errantes. Más que la fertilidad del suelo se requiere un cierto grado de seguridad para estimular a un pueblo a trocar la vida pastoril por la agrícola; y cuando esta seguridad no existe, el cultivador sedentario se halla más expuesto a las vicisitudes de la fortuna que quien lleva una vida errante y transporta consigo toda su propiedad. Bajo el gobierno turco, a la vez débil y opresivo, es frecuente ver a los aldeanos abandonar sus pueblos para adoptar la vida pastoril, esperando así escapar más fácilmente del pillaje de sus propios dueños y vecinos.

Puede decirse de los pueblos pastores, así como de los dedicados a la caza, que si la necesidad bastara para hacerles cambiar de hábitos, serían pocos los que permanecieran en dicho estado. A pesar de las guerras continuas de los árabes beduinos y de los obstáculos que opone a su desarrollo un género de vida duro y penoso, la población asciende entre ellos hasta el último límite que les imponen los medios de subsistencia, y se ven por ello obligados a una abstinencia que difícilmente soportarían otros pueblos no habituados desde la infancia. Según la narración de Volney, las clases inferiores entre los árabes viven en un estado continuo de miseria y hambre: las tribus del desierto reconocen que la religión de Mahoma no se ha hecho para ellos, pues dicen: ¿cómo podremos hacer abluciones sin agua?, ¿cómo dar limosnas sin riquezas?, y ¿por qué se nos prescribiría ayunar el mes de Ramadán si lo hacemos todo el año?

El poder y la riqueza de un jeque consisten en el número de individuos que componen su tribu; procura por su interés aumentar la población sin atender a los medios de mantenerla, pues la consideración que se le concede depende del número de sus hijos y parientes. En un estado de sociedad en el que el poder proporciona los medios de subsistencia, cada familia particular obtiene su fuerza e importancia de su número de miembros. Estas ideas producen un efecto semejante a una recompensa concedida a la población y, unidas a un espíritu de generosidad que da lugar a una especie de comunidad de bienes, elevan el número de habitantes casi hasta el último límite posible, reduciéndolos a la más severa abstinencia.

Quizá el uso de la poligamia produzca el mismo efecto en los países donde la guerra hace perecer a gran número de hombres y, según Niebuhr, multiplica las familias hasta el punto de que muchas caen en la más espantosa miseria. Los descendientes de Mahoma se hallan en gran número en todo Oriente, y la mayoría vive en extrema pobreza, pues todo mahometano se considera invitado a la poligamia por un principio de obediencia al profeta, que entiende como deber procrear hijos para glorificar al Creador. Felizmente, el interés particular corrige en este caso, como en otros, lo absurdo del precepto, y el árabe aprende, a pesar suyo, a ajustar el rigor de su obediencia a la debilidad de sus recursos. De nada sirve que el hombre sea impulsado directamente a aumentar la población; pues si algo pone de manifiesto los males que ello acarrea, es el estado actual de estos pueblos. Se observa generalmente que no son hoy más numerosos que en épocas anteriores, de lo cual puede deducirse con seguridad que el crecimiento considerable de algunas familias ha producido la extinción de otras. Gibbon señala, respecto a Arabia, que «la medida de la población está determinada por la de los medios de subsistencia, y que el número de habitantes de esta vasta península puede ser inferior al de los individuos de una sola provincia fértil e industriosa». Cualesquiera que sean los estímulos al matrimonio, es imposible sobrepasar esta medida. Mientras los árabes no modifiquen sus costumbres y el país que habitan no mejore su cultivo, será inútil prometer el paraíso a todo hombre que tenga diez hijos: poco crecerá la población por este medio, pero la miseria y la desgracia general se agravarán considerablemente. Los estímulos directos a la población no pueden en modo alguno cambiar las costumbres ni contribuir a mejorar la tierra; quizá produzcan el efecto contrario, pues al acrecentar la pobreza aumentan también la inquietud, fomentan la afición al pillaje y multiplican los motivos de guerra.

Entre los tártaros que viven en terrenos fértiles y abundantes en rebaños, el saqueo resulta más lucrativo que entre los árabes. La resistencia es mayor, en proporción a la fuerza de las tribus, y el uso de hacer esclavos es muy común, de modo que la guerra arrebata un gran número de hombres. Por una parte, el rico botín; por otra, la disminución de consumidores, colocan a algunas tribus afortunadas de bandidos en una situación muy favorable, comparada con la de sus vecinos menos emprendedores. Pallas ofrece una descripción detallada de la situación de dos tribus errantes sujetas a Rusia: una subsiste casi exclusivamente del pillaje; la otra vive tan pacíficamente como le permite la turbulencia de sus vecinos. Resulta interesante observar los distintos obstáculos que estas diversas costumbres oponen al crecimiento de la población.

Los kirghis, según Pallas, viven con relativa comodidad en comparación con otras tribus errantes sometidas a Rusia. El espíritu de libertad e independencia que reina entre ellos, unido a la facilidad con que obtienen tantos rebaños como necesitan para alimentarse, impide que alguno se ponga al servicio de otro: todos se tratan como hermanos, y los ricos, en consecuencia, se ven obligados a servirse de esclavos. Aquí puede preguntarse cuáles son las causas que impiden a las clases inferiores aumentar hasta caer en la extrema pobreza.

Pallas no indica si entre estas causas figuran ciertas costumbres viciosas o el freno impuesto al matrimonio por temor a una familia numerosa; pero lo que expone acerca del gobierno civil de estos pueblos y de la licencia derivada del espíritu de rapiña basta quizá para explicar el fenómeno. El kan no ejerce su autoridad sino mediante un consejo compuesto por los principales del pueblo; y aun así, sus decretos son violados impunemente. De este modo, aunque las leyes prohíben robar a los vecinos —kazalpacos, bujarienses, persas, turcomanos, kalmukos y rusos—, se apoderan sin reparo de su ganado, mercancías o personas. No temen confesar tales infracciones; antes bien, se glorían de ellas como de empresas honorables. Ya cruzan la frontera solo para probar fortuna, ya se agrupan bajo un jefe y saquean caravanas enteras; y aunque muchos kirghis perecen en estas expediciones o son reducidos a esclavitud, la nación apenas lo lamenta. Los particulares que realizan estas rapiñas por cuenta propia disfrutan de los frutos de sus saqueos y conservan como propias las mujeres y rebaños capturados; en cuanto a los esclavos varones y las mercancías, los venden a los ricos y a los comerciantes extranjeros.

Tales costumbres y las frecuentes guerras que produce en esta tribu su genio ligero y turbulento deben dar tanta influencia a las causas violentas que destruyen la población, que impidan obrar a las demás, como puede concebirse fácilmente. Puede muy bien suceder que el hambre nazca a veces de sus guerras devastadoras, de sus incursiones fatigosas, de largas sequías o de la mortandad del rebaño. En tiempos ordinarios, la proximidad de la pobreza es señal de una expedición de pillaje, y el kirghis que la acomete vuelve bien provisto o pierde la libertad y la vida. El que se resuelve a vivir rico o morir, y a quien le son indiferentes los medios, no puede permanecer mucho tiempo pobre.

Los kalmukos, que antes de la emigración de 1771 habitaban las fértiles llanuras del Volga bajo la protección de Rusia, observaban un género de vida distinto. Pocas veces tenían guerras sangrientas; el poder del kan era absoluto249 y la administración más regularizada que entre los kirghis; de suerte que las rapiñas particulares eran eficazmente reprimidas. Las mujeres kalmukas son muy fecundas. Los matrimonios estériles son bastante raros, y se ve comúnmente a tres o cuatro niños jugar delante de cada choza. Por lo cual dice Pallas que puede deducirse naturalmente que debieron multiplicarse mucho durante los ciento cincuenta años que habitaron, en el seno de la tranquilidad, las llanuras del Volga. Los motivos que les han impedido aumentarse tanto como pudiera esperarse son los accidentes ocasionados por las frecuentes caídas del caballo, las escaramuzas continuas que sus príncipes sostienen entre sí y con sus vecinos; pero sobre todo, el gran número de individuos de las clases inferiores que mueren de hambre, de miseria y de males de todo género, siendo los niños siempre las primeras víctimas.

Cuando esta tribu se puso bajo la protección de Rusia, acababa de separarse de los soongares y era entonces poco numerosa. La posesión de las fértiles llanuras del Volga y una vida más tranquila que la que habían llevado hasta entonces la acrecentaron en poco tiempo, de tal modo que en 1662 contaba cincuenta mil familias. Desde esta época hasta 1774, año de su emigración, parece que el número de individuos de esta tribu se aumentó muy lentamente, siendo probable que la cantidad de sus pastos no permitiese a estos tártaros acrecentar su población más allá del límite alcanzado. Cuando las abandonaron, al descontento del pueblo siguió la irritación del kan contra Rusia, quejándose de que faltaban pastos para sus numerosos rebaños; y en esta época la tribu se componía de cincuenta y cinco a sesenta mil familias.

La suerte que corrió en su emigración es la que han debido sufrir frecuentemente las tribus errantes que, por una causa u otra, han buscado una nueva mansión. Fue en invierno cuando se puso en marcha: perdió mucha gente por el frío, el hambre y toda clase de males; un gran número de los que la componían cayó en poder de los kirghis; y los que pudieron llegar al lugar de su destino, aunque al principio fueron recibidos amistosamente por los chinos, después fueron tratados con la mayor dureza.

Antes de esta emigración, las clases bajas entre los kalmukos vivían en la mayor miseria, estando habitualmente reducidas a hacer uso de toda especie de animales, plantas y raíces que pudieran suministrarles algún alimento. Era muy difícil que esta gente pobre matase alguna res, a no ser enferma o robada; y en este último caso la comían inmediatamente para no ser descubiertos. Los caballos inútiles por heridas o por el uso, las reses muertas de enfermedad —exceptuando las de epidemias contagiosas— eran para ellos un excelente manjar. Los más pobres comían la carne de animales en plena putrefacción y algunas veces hasta el estiércol de sus rebaños. Los niños morían en gran número como consecuencia del mal alimento; en invierno el pueblo sufría mucho frío y mucha hambre, y la tercera parte de sus carneros perecía generalmente, a pesar del cuidado que tomaban en conservarlos; pues cuando después de las nieves o las lluvias sobrevenían grandes heladas que impedían apacentar el ganado, la mortandad era general en los rebaños y los pobres quedaban a merced del hambre.

Las fiebres malignas, producidas principalmente por un alimento corrompido y por las exhalaciones pútridas, unidas a la viruela —que estos pueblos temen como la peste—, disminuían considerablemente su número; pero, en general, su población se hallaba tan ajustada al límite de las subsistencias, que el hambre y las enfermedades que de ella se originan podían considerarse como el gran obstáculo al acrecentamiento de esta tribu.

Si se atraviesa la Tartaria durante el verano, encontrará el viajero vastas regiones sin habitantes; verá la hierba secarse por falta de hombres que la recojan o de rebaños que la consuman, y deducirá quizá que el país podría alimentar a un número mucho mayor de habitantes, aun suponiendo que no renunciasen a la vida pastoril. Pero esta conclusión sería muy precipitada. Cuando se trata de la fuerza de un caballo o de un animal sometido al trabajo, se entiende hablar de ciertas partes de su cuerpo y de la proporción entre ellas. Si el animal tiene débiles las piernas, importa poco que el resto del cuerpo sea vigoroso; si le falta fuerza en los riñones o en las caderas, inútilmente podrá emplear sus miembros. Este mismo razonamiento puede aplicarse a la tierra. Los bienes que produce con profusión en los años de abundancia no pueden aprovecharse plenamente por el corto número de hombres que puede alimentar en los años de escasez.

Cuando la previsión dirige la industria humana, la población que el terreno puede sostener se regula por el producto medio del año; pero entre los animales y entre los hombres no civilizados, la población debe ser siempre inferior a este término medio. Un tártaro encontraría muy difícil recoger y transportar consigo la provisión de heno necesaria para alimentar a sus rebaños durante el invierno, pues esta carga entorpecería su marcha y lo expondría al ataque de sus enemigos. Un solo día de desgracia le haría perder el fruto de todos sus trabajos de verano, porque parece práctica constante en sus recíprocas invasiones quemar y destruir el forraje y las provisiones que no pueden transportarse. Por consiguiente, el tártaro no hace provisiones de invierno sino para la parte de su ganado que considera más valiosa, y deja que las demás subsistan con lo que queda de verdor en las dehesas despojadas; cuyo alimento, unido al rigor de la estación, hace perecer a muchos.

La población de cada tribu se determina por la de sus rebaños; y el número medio de tártaros, como el de los caballos libres del desierto, se reduce de tal modo por la recurrencia periódica del frío y de la escasez del invierno, que no basta para consumir las abundantes producciones del verano.

Las sequías y los años adversos producen, en proporción a su frecuencia, casi los mismos efectos. En Arabia y en gran parte de la Tartaria aquellas son frecuentes. Suponiendo que se repitan cada seis u ocho años, la población no puede nunca exceder mucho el número que pueden sostener los productos de los años malos. Esto es exacto en cualquier estado de la sociedad; pero el estado pastoril parece estar sujeto, más que ningún otro, a la influencia de las estaciones. La mortandad del ganado es un mal que se hace sentir durante más tiempo que una mala cosecha de granos. Pallas y otros viajeros rusos mencionan las epizootias como muy frecuentes en Tartaria.

Como entre estos pueblos es muy honroso tener familia, y las mujeres son útiles para el cuidado de la casa y de los rebaños, no es probable que la falta de medios para sustentar a los hijos impida con frecuencia los matrimonios. Pero como la costumbre es comprar las mujeres a sus padres, los pobres no se encuentran muchas veces en condiciones de conseguirlas; y el monje Rubruquis dice, hablando de esta práctica, que cuando los padres retienen a sus hijas hasta poder venderlas, estas se casan muy tarde. Entre los tártaros mahometanos, los cautivos reemplazan a las mujeres; pero entre los paganos, que no tienen esclavos, la dificultad de comprarlas debe disminuir el número de matrimonios en las clases pobres, tanto más cuanto que el precio se mantiene alto a causa de la poligamia de los ricos.

Se dice que los kalmukos son poco celosos, y el número de los que entre ellos se ven atacados de enfermedades venéreas permite suponer que no están exentos del libertinaje.

En suma, puede inferirse de lo expuesto en este capítulo acerca de los pueblos pastores, que los principales obstáculos que mantienen entre ellos la población al nivel de los medios de subsistencia son la dificultad de adquirir mujeres, los vicios del libertinaje, las epidemias, las guerras, el hambre y las enfermedades engendradas por la miseria. Los tres primeros obstáculos y el último han obrado, al parecer, con menor fuerza entre los antiguos pastores del Norte de Europa.

VIII. OBSTÁCULOS QUE ENCUENTRA LA POBLACIÓN EN VARIAS COMARCAS DEL ÁFRICA

Como mal cultivadas y poco pobladas nos pinta Mungo Park las partes que recorrió del África, en donde existen hermosos y vastos desiertos enteramente inhabitados, observando en general que las fronteras de los varios estados que visitó estaban poco pobladas o enteramente desiertas. Las pantanosas orillas del Gambia, del Senegal y otras inmediatas al mar, regularmente por su insalubridad, se hallaban desprovistas de habitantes. Mas no sucede lo mismo en otras partes del país: al ver su admirable fertilidad, los numerosos rebaños que podrían servirles para el trabajo y el alimento, al pensar en la facilidad de multiplicar allí las comunicaciones por la navegación interior, es imposible no deplorar —dice M. Park— que todos estos dones de la naturaleza permanezcan sin empleo, y que sus habitantes no se hayan aprovechado de la abundancia que les ofrece esta tierra inculta y salvaje.

Fácil es indicar las causas de esta especie de abandono e ineptitud. Consisten en costumbres comunes a muchas naciones negras, que nos ha descrito Park. En un país dividido en pequeños estados, casi todos independientes y celosos unos de otros, es fácil comprender —dice este viajero— que muchas veces los más frívolos pretextos o las más leves ofensas sean causa de continuas guerras. De estas hay en África dos especies: una llamada *Killi*, que es una lucha abierta y manifiesta, y otra *Tégria*, que consiste en el robo y el pillaje. Esta última es muy común, sobre todo al principio de la estación seca, cuando han concluido los trabajos de la siega y son abundantes las provisiones; contiendas que, sin más objeto que el pillaje, dan lugar a prontas represalias.

El saqueo y, por consiguiente, la incertidumbre de la propiedad produce un efecto funesto sobre el trabajo: prueba de ello es la soledad que reina en las fronteras de las provincias. Por otra parte, el clima no convida a la actividad; y como no hay muchos medios de sacar partido del exceso de los productos, no debe, por consiguiente, admirarnos que estas naciones se contenten con cultivar solo el terreno necesario para vivir. Estas causas son suficientes para explicar el estado inculto de las tierras de África.

En estas guerras continuas y en estas incursiones destinadas al saqueo deben perecer muchos hombres; e independientemente de estos medios violentos de destrucción, cree Park, así como Buffon, que es muy rara la longevidad entre los negros. La mayor parte —dice— tiene a los cuarenta años los cabellos blancos y el rostro cubierto de arrugas, y muy pocos llegan a los cincuenta o sesenta años, atribuyendo la brevedad de la vida de estos pueblos al abuso de los placeres del amor. Quizá haya en esto alguna exageración; pero aun atribuyendo a esta causa una influencia moderada, no puede menos de reconocerse que, adelantándose la época de la pubertad en los habitantes de estos climas cálidos, debe probablemente ser también más temprana la de su muerte.

Las negras, según Buffon, son muy fecundas; pero Park dice que tienen la costumbre de alimentar a sus hijos dos o tres años, y como durante este tiempo sus maridos se separan de ellas y viven con otras mujeres, resulta que son pocos los hijos que tienen. Generalmente está establecida la poligamia en las naciones negras; y por consiguiente, a menos que se suponga un número de mujeres superior a la proporción natural, es preciso que muchos hombres no se casen. Estos, por lo regular, son los esclavos, que tienen que vivir en el celibato; y según Park, su número es tres veces mayor que el de los hombres libres. Ningún señor puede vender los esclavos que emplea en el servicio de su casa ni los que en ella nacen, a menos que lo haga impelido por la necesidad, es decir, para alimentarse él y su familia; y debe creerse que procurará impedir que su número exceda del que necesita emplear. Los esclavos comprados y los prisioneros de guerra están enteramente a disposición de sus señores, que los tratan con la mayor crueldad. Es natural que, si por consecuencia de la poligamia los hombres libres necesitan mujeres, no tengan escrúpulo alguno en apoderarse de las de sus esclavos. Sin duda será muy pequeño el número de mujeres célibes; pero las circunstancias no permitirán que el aumento de la población sea muy grande en proporción del número de matrimonios.

En todo tiempo ha sido África el principal mercado de esclavos. Las demandas de esta clase de comercio para todas las partes del mundo han sido grandes y continuas, sobre todo desde que se introdujeron los esclavos africanos en las colonias europeas. Sin embargo, como observa Franklin, es difícil conocer el vacío producido por la exportación de negros, que durante un siglo no ha cesado de cubrir el suelo de América. En efecto, a pesar de esta constante emigración, a pesar de las pérdidas causadas por las guerras continuas y, en fin, a pesar de los vicios y obstáculos de todo género que han detenido el progreso de la población, parece que siempre esta se ha elevado hasta el límite de los medios de subsistencia. Park dice que los años de escasez y aun de hambre son muy frecuentes en África, y cuenta cuatro causas de esclavitud en esta parte del mundo, entre las cuales se encuentra el hambre, que coloca inmediatamente después de la guerra.

El permiso de vender sus esclavos domésticos concedido a los señores solo en un caso extremo manifiesta bien esta necesidad. En tres años consecutivos de escasez, en las orillas del Gambia, cayó un gran número de personas en la esclavitud. Muchos hombres libres se presentaban al doctor Laidley suplicándole que los uniese a su cadena para ser alimentados. En la estancia que hizo Park en Manding vio a algunos pobres en la mayor aflicción. Por las tardes, cinco o seis mujeres iban a la casa de Mansá a recibir una ración de trigo. «Veis ese muchacho —dijo el Mansá al viajero, señalándole un hermoso niño de cinco años—, su madre me lo ha vendido para que alimente a su familia durante cuarenta días; y he comprado otro en las mismas condiciones.» El señor de Sufita, aldea de Jalluka, dijo a M. Park que no podía presentarle ningún artículo de subsistencia, porque reinaba en el país la mayor escasez, y que en la última recolección los habitantes de Kullo habían estado veintinueve días privados de trigo, y que durante este tiempo tuvieron que alimentarse del polvo amarillo que hay en las cáscaras de *nilta*, especie de sensitiva, y de las simientes de bambú, que molidas y bien apretadas se parecen bastante al arroz.

Se dirá quizá que, puesto que por la relación de Park hay en África muchas tierras incultas, la escasez deberá atribuirse a la falta de población; pero si así fuese, sería muy difícil explicar las emigraciones anuales. Lo que falta a las naciones negras es la seguridad en la propiedad y, por consiguiente, la industria. Sin estos bienes, un aumento de población no serviría sino para aumentar los trabajos. Si para poblar estos lugares casi desiertos se estableciese una gratificación en favor de los niños que naciesen, el efecto sería probablemente aumentar las guerras, la exportación de esclavos, la miseria y la desgracia, con muy poco aumento real de la población.

Las costumbres de algunas naciones y las preocupaciones de todas obrarían hasta cierto punto como semejante gratificación. Los negros *chavgallas*, según dice Bruce, contenidos y rodeados por todas partes de enemigos activos y poderosos, en medio de una vida dura y penosa, y entregados a continuas alarmas, no son muy apasionados a las mujeres. Estas, y no los hombres, son las que mantienen la poligamia. Porque aunque estos pueblos forman naciones distintas, cada una de ellas se subdivide en familias que combaten y roban por su propia cuenta; de donde proviene que las mujeres traten de aumentar sus familias por los medios posibles, y que sus importunidades obliguen a sus maridos a asociarse con otras rivales. Lo mismo sucede entre los *gallas*: la primera mujer con quien se casa un hombre no obsequia a su marido, sino a otra con quien desea que él se case. El argumento principal que emplea para obligarle a este arreglo es que, reuniéndose sus familias, serán fuertes, y que el número de sus hijos no les permitirá caer sin resistencia en poder de sus enemigos.

Es muy probable que este deseo de tener familias numerosas produzca un efecto contrario, y que la pobreza y los males que esta engendra impidan criar hasta la edad adulta a niños que hubieran llegado a ella si no hubiesen sido tan numerosos.

Bruce, apasionado por la poligamia, hace en su favor el único argumento que podría defenderla, si descansase sobre hechos exactos. Dice que en los países donde está establecida, la relación de los nacimientos de las niñas con los niños es de dos o tres a uno. Un hecho tan extraordinario exigiría pruebas menos vagas que aquellas en las que se apoya el autor; aunque, a decir verdad, no puede dudarse que en estos climas hay menos hombres que mujeres. En la misma Europa, donde se sabe que nacen más varones que hembras, se observa finalmente la misma diferencia; con mucha más razón en los países cálidos, malsanos y en estado de barbarie, donde los hombres están sujetos a mayores desgracias, su número debe ser más pequeño. Las mujeres están menos expuestas a las influencias perniciosas de un sol ardiente y de un aire cargado de vapores; están más al abrigo de los males que son consecuencia del desorden y del libertinaje, y por lo regular no sufren los trastornos de la guerra. Donde los pueblos no gozan jamás de paz, esta causa única basta para explicar la desproporción que se observa entre los dos sexos, sobre todo si sucede —como entre los *gallas* de Abisinia— que no se deja en ninguna expedición de matar atrozmente a los varones y perdonar a las mujeres.

La desproporción nacida de estas causas es la que, en su origen, ha autorizado la poligamia y quizá ha hecho admitir con ligereza una relación entre los nacimientos de uno y otro sexo en los climas cálidos enteramente diferente de la que se observa en los climas templados.

Siguiendo las preocupaciones que continuamente hay en esta materia, cree Bruce que el celibato de las mujeres es fatal a la población que lo tolera. Observa, con respecto a la ciudad de Jidda, que la falta de subsistencias producida por la afluencia de muchos hombres en un lugar desprovisto de lo necesario rara vez permite a sus habitantes valerse del privilegio que la ley de Mahoma les concede; por consiguiente, la mayor parte solo tiene una mujer; de aquí proviene —dice— la escasez de población y la multitud de mujeres que viven en el celibato. Pero es evidente que la poca población de este país estéril proviene de la escasez de subsistencias, y que aun cuando cada hombre tuviese una docena de mujeres, la población no podría crecer de un modo permanente por esta causa.

Dice Bruce que en la Arabia Feliz, donde las subsistencias están a bajo precio, donde los frutos que sirven generalmente para alimento del hombre se reproducen espontáneamente y sin trabajo, no cuesta sostener muchas mujeres más que mantener el mismo número de esclavas. El alimento es el mismo para unas que para otras, así como su vestido, que consiste solo en una camisa de percal azul. Por consiguiente, dice, está prevenido el celibato de las mujeres, y la población crece con la poligamia cuatro veces más que crecería sin ella. Y con todo eso, no le parece que la Arabia esté muy poblada.

Que la poligamia tienda a disminuir el celibato de las mujeres no puede ponerse en duda. Pero ¿hasta qué punto aumenta esta circunstancia el número de habitantes? Aquí varía la cuestión. Puede elevar la población hasta los últimos límites que prescriben las subsistencias; pero en este caso es preciso observar que la extrema miseria que produce no es favorable a la industria, y en un clima malsano no puede menos de aumentar mucho la mortandad.

Según la narración de Bruce, toda la costa del mar Rojo, desde Suez hasta Bab-el-Mandeb, es malsana, sobre todo la parte situada entre los trópicos. Las fiebres violentas llamadas *nédad* son las enfermedades más terribles, pues por lo común al tercer día ocasionan la muerte. Los extranjeros se atemorizan a la vista de estas desgracias.

Jidda y todas las partes de la Arabia vecinas del mar Rojo son también insalubres. En Gondar, capital de la Abisinia, hay igualmente calenturas perpetuas, y sus habitantes tienen un color cadavérico. También en la Siria, uno de los países más hermosos del universo, hay constantemente calenturas pútridas y de mala calidad; y en los países bajos de la Abisinia, las tercianas malignas producen muchas muertes; y finalmente, en todas estas comarcas son muy destructivas las viruelas, sobre todo en las naciones limítrofes a la Abisinia, donde a veces destruyen tribus enteras.

El mal alimento, la poca limpieza y la pobreza producen en las enfermedades efectos bien conocidos. Pues Bruce nos dice que los habitantes de Tehagaesa, cerca de Gondar, a pesar de sus triples cosechas, están en la mayor miseria. En Adowa hace la misma observación, que es extensiva a todos los arrendadores de Abisinia. Las tierras se sacan a públicas subastas; por lo general el propietario proporciona las simientes con la condición de dividir los frutos, y un señor se cree muy indulgente cuando no le hace pagar un cuarto adicional por indemnización del riesgo que puedan correr sus adelantos, quedando al cultivador apenas lo necesario para mantener miserablemente a su familia.

Nos dicen que los agowes, una de las naciones más populosas de la Abisinia, viven en un estado de necesidad y miseria inexplicable. Vimos, dice Bruce, una multitud de mujeres arrugadas y quemadas por el sol, que apenas parecían figuras humanas, andar errantes aquí y allá bajo un sol abrasador, cada una con uno o dos hijos sobre la espalda, cogiendo granos de cañas, con los que hacen una especie de pan. Las mujeres agowes se casan muy pronto; hay muchas que son madres a los once años y pocas que sean estériles. En Dixan, ciudad limítrofe a la Abisinia, el único comercio conocido es la venta de los niños. Anualmente se exportan quinientos para la Arabia, y según dice Bruce, el cuádruplo en tiempo de escasez.

En Abisinia no está establecida con regularidad la poligamia. Bruce, acerca de esto, se expresa así: «Por más que digan los jesuitas sobre el matrimonio y la poligamia de los abisinios, es una verdad incontestable que estos pueblos no conocen el matrimonio». Mas sin detenernos a examinar esto, es bien sabido que hay pocas mujeres en Abisinia que vivan en la continencia y el celibato, de modo que su fecundidad no encuentra más obstáculo que su libertinaje. Y en verdad que, según la tabla del viajero que nos proporciona estos datos, este obstáculo debe tener mucha influencia.

La guerra en este país es un medio que contiene la población en sus justos límites y que obra como una causa muy activa para reprimir su exceso. Durante cuatro siglos no ha cesado, según Bruce, de desolar sus desgraciadas comarcas, y su ferocidad la hace aún más espantosa. Bruce, a su entrada en Abisinia, vio por todas partes ciudades arruinadas y arrasadas hasta sus cimientos. Estas huellas habían dejado el Ras Miguel en su marcha hacia Gondar. Durante las guerras civiles de que fue testigo este viajero, se mencionan hechos semejantes. «Los rebeldes —dice— habían empezado por asolar el país de Dembeá; quemaron todas las ciudades de la llanura del Sur al Oeste, y entre Miguel y Fasis lo convirtieron en un desierto. A veces subía el rey a lo alto de una torre del palacio y contemplaba con dolor las llamas que devoraban sus ricas ciudades». En otra parte dice: «Todo el país de Daquesa fue destruido: hombres, mujeres, niños, todo fue exterminado sin distinción de edad ni de sexo. Las casas se arruinaron y el país quedó como devastado por un diluvio. La misma suerte tuvieron las ciudades pertenecientes al rey. Por todas partes se oían gritos y gemidos, pero nadie se atrevía a proponer medios de socorro». En la provincia de Maitcha le dijeron que se encontraba un anciano, y que sería sin duda extranjero, porque los del país mueren muy jóvenes en la guerra.

A pesar del cuadro que ha trazado Bruce de la Abisinia, puede asegurarse que la fuerza prolífica eleva la población al nivel de las subsistencias, puesto que este principio tiene su efecto aun con los obstáculos de la guerra, de la peste, del libertinaje y de los excesos a que conducen los estragos de estas tres causas de destrucción.

Entre las naciones limítrofes de la Abisinia, es en general la vida muy corta. Dice Bruce que una mujer changalla, a los treinta años, está más arrugada y vieja que una europea a los sesenta. Y en estas comarcas, como entre los pueblos pastores de los países septentrionales durante sus emigraciones, se suceden las generaciones con una rapidez singular. La única diferencia que en esto hay entre dos naciones tan lejanas es que nuestros antepasados del Norte morían fuera de su país, mientras que los africanos mueren en el suyo. Yo creo que, si en estos países hubiese datos exactos, se vería que, comprendiendo los que perecen en la guerra, muere al menos cada año una persona por cada diecisiete o dieciocho, en vez de una por treinta y cuatro o treinta y seis, que es la relación general en Europa.

La descripción que hace Bruce de algunas partes del país que atravesó al volver a Europa es aún más atroz, y manifiesta que no depende la población del número de nacidos, sino de las subsistencias y de las demás circunstancias naturales y políticas que influyen en el producto del suelo.

«Después de seis horas y media —dice Bruce— llegamos a Garigana, cuyos habitantes habían muerto el año anterior de hambre. Todo el suelo estaba cubierto de los huesos insepultos de estos desgraciados. Nos acampamos en medio de sus restos fúnebres, porque estaban esparcidos».

He aquí algunas observaciones que hace el mismo autor con motivo de alguna que otra ciudad que encontró al paso. «La fuerza de Teawa consistía en veinticinco soldados de caballería, y sus habitantes eran cerca de mil doscientos; todos árabes miserables y desnudos, sin recursos, como los que vivían en las aldeas. Tal era el estado de Teawa. La consecuencia de esta situación era esperar que los árabes de Daveina la atacasen; en efecto, cierta noche una tropa numerosa de caballería quemó sus casas; los huesos de los habitantes se esparcieron por el suelo, y esta ciudad ofreció el mismo aspecto que la de Garigana».

«No se encuentra agua entre Teawa y Beyla. En otro tiempo había pozos de donde se surtían Ingedidema y otras poblaciones que en su alrededor tenían vastos campos de maíz. Pero los árabes de Daveina, que son el azote del país, destruyeron a Ingedidema y a todas las aldeas circunvecinas; cegaron sus pozos, quemaron sus mieses y redujeron a los habitantes a morirse de hambre».

Poco después de haber salido de Sennaar, dice: «Aquí empezamos a ver los efectos de la sequía; había poco trigo sembrado, y este tan tardío que apenas empezaba a salir. Muchos se ocupaban en recoger granos de yerbas para hacer mal pan, de modo que los hombres parecían verdaderos esqueletos. Nada aumenta tanto el peligro de los viajes y la animosidad contra los viajeros como el hambre, cuando reina en los países que se atraviesan».

«Llegamos a Eltic, ciudad apartada media legua del Nilo, junto a una vasta llanura dedicada enteramente a los pastos, excepto las orillas del río, que están cubiertas de árboles. Vimos muchos campos de trigo, y el pueblo se ocupaba también, como los anteriores, en recoger simientes de yerbas».

En tales circunstancias naturales y políticas, un poco más de previsión, de industria y de seguridad podría sin duda mejorar el estado de estos pueblos y, por lo mismo, acrecentar su población. Pero solo el aumento de nacidos, sin otro medio, no haría más que agravar su miseria, y la población nada ganaría.

Lo mismo puede decirse del Egipto, en otro tiempo tan floreciente y poblado. No es el principio de aumento el que ha sido alterado en este país y cuya disminución ha causado esta decadencia: el principio de industria y de previsión es el que se ha debilitado. A esta causa y a la falta de seguridad bajo un gobierno opresivo es preciso atribuir el estado actual de esta célebre comarca. El principio de acrecentamiento es en Egipto tan activo como nunca, pues mantiene la población exactamente al nivel de las subsistencias, y aunque fuese más poderoso, no podría hacer más.

Los restos de las obras antiguas, los lagos, los canales y los acueductos destinados a dirigir el Nilo en sus inundaciones, a servir de depósito en los años que está muy bajo y de salida para las aguas sobrantes cuando ha subido mucho, hacen ver que los antiguos trataban, a fuerza de arte e industria, de fertilizar muchas tierras con las inundaciones de los ríos, cosa que no hacen los habitantes actuales. Estos eran otros tantos medios de evitar, al menos hasta cierto punto, la aflicción producida por las inundaciones irregulares.

Dícese que el gobernador Petronio, supliendo con el arte a los dones de la naturaleza, hizo que reinase la abundancia en Egipto en un tiempo en que la inundación fue tan poco considerable que casi se esperaba una escasez. Como una excesiva inundación no es menos perjudicial para el cultivador, los antiguos, por medio de acequias, dirigían las aguas sobrantes a las áridas arenas de la Libia y hacían habitables estos desiertos. Todas estas obras se han arruinado y, por una consecuencia de la mala administración general, han causado más mal que bien.

La causa de este descuido, y por lo mismo de la disminución de los medios de subsistencia del país, es evidentemente la ignorancia y la dureza extrema del gobierno, unida a la miseria del pueblo, que es su consecuencia. Los mamelucos, en quienes reside el principal poder, no piensan sino en enriquecerse, y para esto toman el camino más corto. Se apoderan de las riquezas dondequiera que las encuentran, despojan al legítimo poseedor y, sin cesar, imponen nuevas contribuciones arbitrarias. La ignorancia y torpeza de estos jefes, unidas a la continua alarma en que viven, les impiden conocer que más les convendría permitir a los pueblos enriquecerse, pues cuanto más tuvieran, más podrían robarles.

De semejante gobierno no hay que esperar que emprenda ninguna obra pública, ni que bajo su influencia se atreva ningún particular a tratar de medios de mejora que supondrían algún empleo de capitales, porque sería la señal cierta de su ruina. Por consiguiente, nadie debe extrañar que las antiguas obras estén abandonadas, que el terreno permanezca sin cultivo, que los medios de subsistencia disminuyan y que, por consiguiente, se reduzca aún más la población.

Pero es tal la fertilidad del Delta, debida a las inundaciones del Nilo, que aun sin capitales que le fecunden, sin derecho de sucesión y sin casi ninguna propiedad, este país mantiene una población que, comparada con su extensión, es muy considerable. Y se mantendría cómodamente si la propiedad fuese más segura y la industria tomase mejor dirección, mejorando poco a poco y extendiendo su cultivo para volver, en fin, el país a su antigua prosperidad. Puede decirse con certeza que en Egipto no es la falta de población la que ha paralizado la industria, sino, por el contrario, la falta de industria la que ha detenido la población.

Las causas inmediatas que la reducen al nivel de tan escasos medios de subsistencia son bien manifiestas. No se da a los aldeanos sino lo indispensable para no morirse de hambre. Un pan malo, amasado con el doura, sin levadura ni harina, agua y cebolla, es todo su alimento. La carne y la grasa, que buscan con ahínco, únicamente las logran muy raras veces, y solo los que tienen alguna consideración entre ellos.

Sus habitaciones son chozas de tierra, donde no puede entrar ningún extranjero sin sofocarse con el calor y el humo, y en las que causan muchos estragos las enfermedades que provienen de la poca limpieza, la humedad y los malos alimentos. A estos males físicos se añaden un estado de alarma perpetuo, el temor de ser cogidos por los árabes, las visitas de los mamelucos, las venganzas que se transmiten en las familias y todos los males de la guerra civil.

En 1783 fue la peste muy asoladora. La escasa inundación del Nilo en 1784 y 1785 causó un hambre horrible. Volney nos pinta un cuadro horroroso: las calles del Cairo, que en un principio estaban cubiertas de mendigos, quedaron, por la fuga o muerte de estos, bien pronto desiertas. Muchos desgraciados, para librarse del hambre, se esparcieron por los países vecinos. Los egipcios inundaron las ciudades de la Siria; en las calles y plazas públicas no había más que esqueletos extenuados y agonizantes.

Se emplearon los medios más espantosos para apaciguar el hambre; los alimentos más repugnantes se devoraban con ansia. Volney asegura haber visto, al pie de los muros de la antigua Alejandría, dos miserables hambrientos arrojarse al cuerpo de un camello y disputar a los perros su carne ya podrida. Se cree que, en dos años, pereció de este azote la sexta parte de la población.

IX. OBSTÁCULO S A LA POBLACIÓN EN LA SIBERIA SEPTENTRIONAL Y MERIDIONAL

Los habitantes de las regiones más septentrionales del Asia se alimentan principalmente de la caza y de la pesca, por lo que los obstáculos al incremento de su población son casi idénticos a los de los pueblos indígenas de América, con la diferencia de que los estragos de la guerra son en aquellos menos sensibles que los que ocasiona el hambre. M. de Lesseps, que llevó de Kamtschatka a San Petersburgo los manuscritos del desgraciado La Pérouse, hace una descripción lastimosa de los males producidos por la escasez de alimentos en estos tristes climas. Observa, al hablar de Bolcheretsk, aldea de Kamtschatka, que las grandes lluvias son nocivas en este país, que causan inundaciones considerables y ahuyentan el pescado, de donde resulta que el hambre viene a afligir a los pobres kamtschatkales, como sucedió el año último en todas las aldeas de la costa del O. E. de aquella península.

Este funesto azote fue tan general que obligó a los habitantes a abandonar sus moradas y a trasladarse con sus familias a las márgenes del Kamtschatka, con la esperanza de encontrar allí más recursos, por ser el pescado más común en esta ribera. M. Kasloff (el oficial ruso que llevaba M. de Lesseps) se había propuesto dirigir su camino por la costa occidental, por haber recorrido la del Este; pero la noticia de esta hambre le determinó, a pesar suyo, a retroceder, por no exponerse a ser detenido o quizá perecer en la mitad del camino por la dificultad de procurarse perros y víveres en la costa del O. E.

Estos viajeros tomaron otra ruta y, sin embargo, en el curso de su viaje casi todos los perros que formaban el tiro de sus trineos murieron por falta de alimento; y a medida que moría uno de estos perros, era en seguida devorado por los otros.

En Okotsk, ciudad de mucho comercio, los habitantes aguardan en la primavera, con toda la impaciencia del hambre, el momento en que se rompen los hielos del río Okotska. Cuando M. de Lesseps pasó por allí, estaba casi agotada la provisión de pescado seco y la carne a un precio exorbitante. Habiéndose tirado la red y cogido un número prodigioso de pececillos, todo el mundo se llenó de alegría y se repartieron desde luego entre los más hambrientos. Al referir esto dice M. de Lesseps, lleno de sentimiento: «No pude contener las lágrimas al considerar la avidez de estos desgraciados; familias enteras se disputaban el pescado y lo devoraban crudo a nuestra presencia».

Grandes son los estragos que las viruelas causan en toda la Siberia septentrional, pues según M. de Lesseps, en Kamtschatka perecieron las tres cuartas partes de los naturales.

Pallas confirma esta noticia y, al hablar de los ostiaquos del Obi, cuyo género de vida es casi el mismo, advierte que esta enfermedad destruye un gran número de ellos y debe ser considerada como el principal obstáculo a su acrecentamiento. Los estragos de las viruelas proceden del calor, la suciedad y el aire corrompido de sus habitaciones subterráneas. Hacinadas en una misma choza tres o cuatro familias ostiacas, no puede imaginarse cosa más repugnante que el modo con que viven: ni se lavan nunca las manos, ni limpian jamás los restos de pescado corrompido, ni los excrementos de los niños. Fácil es, despúes de esta descripción, dice Pallas, formarse una idea del mal olor, de los vapores fétidos y de la humedad de sus chozas.

Los ostiaquos no tienen muchos hijos, pues es muy raro el que haya tres o cuatro en una familia. La razón que de esto da Pallas es el gran número de los que mueren por el mal alimento, añadiéndose también a esto el estado de servidumbre penosa en que se encuentran las mujeres, y que debe ciertamente influir en su fecundidad.

Los samoyedos no parecieron a Pallas tan sucios como los ostiaquos, y esto proviene de que en el invierno salen más frecuentemente a caza. Pero la condición de las mujeres es peor, de suerte que este obstáculo a la población es muy grande.

Casi de lo mismo vive el resto de los habitantes de estos climas crueles, siendo casi todos generalmente miserables. Con lo dicho se puede formar una idea de las principales causas que mantienen la población al nivel de las subsistencias.

Hay en las comarcas meridionales de la Siberia y en los distritos vecinos al Volga algunas comarcas que los viajeros rusos nos suponen de una fertilidad extraordinaria. El suelo se compone en general de un excelente terruño, tan rico que rehúsa el abono en vez de necesitarlo, porque si se emplea produce el trigo tan espeso que se cae al suelo y se echa a perder. El único modo de volver a esta tierra su fecundidad es dejarla cada tres años uno en barbecho. Con esta precaución se asegura que algunas partes de este terreno parecen inagotables.

Mas, a pesar de esta aparente facilidad de proporcionarse un abundante alimento, muchos de estos ricos distritos están escasamente poblados y quizá en ninguno el aumento de población está en razón de la fertilidad del terreno.

Estas comarcas parecen estar sujetas a la especie de imposibilidad moral de acrecentamiento de que habla J. Stewart. Si la naturaleza del gobierno o los hábitos del pueblo se oponen a que se establezcan nuevos arriendos o a que se subdividan los antiguos, una parte de la sociedad debe sufrir la escasez en medio de una abundancia aparente. No basta que un país tenga la facultad de producir muchos alimentos, sino que es menester que el estado social sea tal que se empeñe en repartirlos bien.

El motivo que aquí retarda la marcha de la población es que hay poca demanda de trabajo. De esto resulta que los productos de la tierra no se reparten de manera que haga participantes de la abundancia a las clases inferiores, que no pueden gozar sino por este medio mientras no varíe la división de las tierras. El género de cultivo adoptado en este país es tan sencillo que exige pocos jornaleros. En algunos parajes se acostumbra a sembrar el grano sin ningún trabajo previo.

El trigo alforfón (morisco) se cultiva generalmente, porque aunque se siembra muy claro, la semilla de un año basta para la cosecha de cinco o seis, y cada año esta cosecha rinde doce o quince veces la cantidad confiada a la tierra. El que cae al suelo durante la siega es suficiente para producir la cosecha siguiente, bastando pasarle una vez la reja en la primavera. Se continúa recogiendo de este modo hasta que se encuentra alguna disminución en la fertilidad del terreno. Una advertencia muy exacta es que no hay ninguna especie de grano cuya cultura sea más a propósito para la indolencia de los habitantes de los llanos de la Siberia.

Con tal sistema de agricultura y pocas o ninguna manufactura, la demanda de trabajo estará pronto satisfecha. El precio del trigo será muy bajo, pero aún mucho más el del trabajo. El arrendador podrá hacer grandes provisiones para el alimento de sus hijos, mas los gajes del obrero no bastarán para educar a su familia con comodidad.

Supongamos que, admirados de la falta de población en un terreno tan fértil, tratásemos de procurar el remedio dando un premio por los niños que nazcan, poniendo así al manufacturero en estado de criar un gran número de ellos. ¿Cuál sería la consecuencia de esta operación? Nadie demandaría el trabajo de estos niños sobrantes. Aunque bastara quizá un real para pagar el alimento diario de un hombre, ninguno ofrecería un cuarto a estos recién venidos en pago de su jornal.

El arrendador hace todo lo que quiere, todo lo que considera necesario para el cultivo de sus tierras con su familia y uno o dos jornaleros, que es costumbre tener, no sirviéndole para nada los nuevos trabajadores, y sin que haya esperanza de que salga de su indolencia y acometa nuevas empresas, únicamente para ocuparlos o para darles gratuitamente de qué alimentarse.

En este estado de cosas, cuando la demanda limitada del trabajo está plenamente satisfecha, ¿en qué vendrán a parar aquellos brazos ociosos? Se encontrarán tan completamente privados de los medios de subsistencia como si vivieran en el país más estéril; necesitarán ir a otra parte para buscar trabajo o tendrán que morirse de miseria. Pero aun suponiendo que, salvando su mala suerte por medio de alguna corta ocupación casual, logren, aunque con dificultad, mantenerse, es claro que no tendrán medios suficientes para casarse y aumentar la población.

Se dirá que si hay muchas tierras buenas sin uso, no faltará quien haga nuevos establecimientos, de manera que la población excedente creará allí su propia subsistencia y aumentará la demanda, como en los Estados Unidos de América. Esto es lo que sucedería, sin duda, en circunstancias favorables, si, por ejemplo, en primer lugar, el país fuera de naturaleza que pudiera suministrar todos los otros materiales, así como el trigo. Segundo, si estas tierras pudiesen comprarse en pequeñas porciones y la propiedad fuese garantizada por un gobierno libre; y tercero, si los hábitos de trabajo y de acumulación fuesen generalmente dominantes en las masas del pueblo.

La falta de una sola de estas suposiciones bastaría para poner obstáculos a la población o para detenerla enteramente; un terreno que produce las mayores cosechas podría ser enteramente impropio para grandes establecimientos por falta de agua y de leña. Las acumulaciones individuales se emplearían lentamente y con repugnancia para fecundizar la tierra, si las bases del arriendo estuviesen mal garantizadas o sujetas a condiciones humillantes, y la fácil producción de un suelo fértil no tendría el efecto de procurar un aumento constante y una distribución conveniente de las cosas necesarias para la vida, bajo la influencia de los hábitos inveterados de pereza y de imprevisión.

Es evidente que todas estas circunstancias favorables no han existido en Siberia; y aun suponiendo que la naturaleza del suelo no ofrezca ningún defecto, las dificultades morales y políticas, propias para impedir un rápido acrecentamiento de población, no pueden ceder sino lentamente a los esfuerzos mejor dirigidos. En los Estados Unidos, el aumento rápido del capital agrícola se debe en gran parte a los salarios subidos o al alto precio del trabajo común. Se consideran como precisas treinta o cuarenta libras esterlinas, por lo menos, de capital propio, para poner a un joven activo en estado de empezar una plantación por su cuenta en los establecimientos del interior, y puede ahorrarse dicha suma en pocos años sin mucha dificultad en los Estados Unidos, porque el trabajo está muy demandado y pagado a un precio excesivo.

Mas en Siberia, el jornalero supernumerario que acabo de pintar, viviendo apenas de lo que gana diariamente, no podría reunir con facilidad los fondos necesarios para edificarse una casa, comprar instrumentos para el trabajo y el cultivo, y vivir, en fin, él mismo hasta que produjesen sus tierras. Aun los hijos de un gran arrendador tendrían dificultad de proporcionarse los fondos suficientes.

En un país donde la venta de los granos es poco extensa o el precio muy bajo, el cultivador es siempre pobre. Aunque esté en estado de proveer cómodamente a la subsistencia de su familia, no puede realizar un capital para dividirlo entre sus hijos y proporcionarles así los medios de emprender nuevos cultivos. Por pequeña que sea la suma que para esto se necesite, el arrendador no sabe cómo adquirirla. Si recoge más granos que ordinariamente, no encuentra compradores para esta porción sobrante, ni puede convertirla en ninguna propiedad permanente y transmisible a sus hijos, y con la que estos logren en lo futuro alimentos u ocupación. Por consecuencia, se contenta con producir a lo más aquello que basta a las necesidades de su familia y a lo que se puede despachar regularmente en el mercado.

Si tiene una familia numerosa, sucederá probablemente que muchos de los que la componen vendrán a parar en simples jornaleros. Desde entonces no podrán estos contribuir al aumento de la población mejor que el pobre obrero, privado de medios de subsistencia y cuya descripción acabamos de hacer.

No es, pues, un estímulo directo para procrear y educar hijos lo que podrá hacer crecer la población en estas comarcas. Lo que convendrá será nuevas demandas de los productos agrícolas, que no se podrán obtener sino por medio de la mejor división de estos productos. Para este efecto sería menester introducir manufacturas, inspirar el gusto por ellas a los cultivadores y proporcionar ya a estos, ya a nuevos colonos, capitales que les permitan ocupar y cultivar todas las tierras, aumentando así el mercado interior.

La emperatriz Catalina II empleó estos dos medios para acrecentar la población de sus estados. Fomentó a la vez a los manufactureros y a los cultivadores. Proporcionó a los extranjeros dedicados a una de estas profesiones capitales sin interés por cierto número de años. Estos esfuerzos bien dirigidos, unidos a los que había hecho Pedro I, tuvieron, como era de esperar, grandes resultados. Los pueblos sometidos a la dominación de los zares, sobre todo en Asia, después de haber permanecido lánguidamente durante una larga serie de siglos en un estado de población casi estacionario, tomaron por fin vuelo y se aumentaron más rápidamente.

Aunque las más bellas provincias de la Siberia no estén pobladas debido a su fertilidad, la agricultura florece en algunas y se recogen muchos granos. En una escasez general, que tuvo lugar en 1769, la provincia de Isetsk se encontró en estado, a pesar de la medianía de su cosecha, de mantener a las fábricas de fundición y herrerías del Ural y de preservar del hambre a las provincias vecinas. En el territorio de Krasnoiarsk, en las márgenes del Yenissei, la abundancia de granos es tal, a pesar de la indolencia y mala conducta de los habitantes, que hasta ahora no se ha visto nunca faltar la cosecha.

Pallas observa con razón que si se reflexiona sobre el estado en que se encontraba la Siberia hace doscientos años, y si se calcula que entonces solo era un desierto desconocido, menos poblado que los de la América septentrional, no se podrá menos de admirar su estado actual y el número de rusos que habitan este país, muy superior al de los naturales.

Cuando Pallas estaba en Siberia, los artículos de subsistencia se vendían a un precio muy bajo en los distritos fértiles, sobre todo en los alrededores de Krasnoiarsk. Un pud (algo más de dos arrobas) de trigo candeal se vendía por cerca de un real, y por poco más una vaca. Estos precios tan bajos, debidos a la falta de salida de los productos de la tierra, eran quizá lo que más retardaba el desarrollo de la industria. Desde esta época los precios han subido mucho, lo cual da a entender que se ha llenado el objeto y que la población ha hecho rápidos progresos.

Pallas se queja todavía del modo con que los agentes subalternos cumplían las órdenes de la emperatriz. Nota que los propietarios a quienes este cuidado estaba confiado enviaban muchas veces colonos que, por su edad, por su estado de salud y por sus hábitos, parecían poco a propósito para el objeto a que eran destinados. A los mismos alemanes que se habían establecido en los distritos del Volga les faltaba industria y actividad, y esto era ciertamente un punto muy esencial.

Se puede decir con seguridad que la importación de industria es más necesaria a la población que la importación de hombres. Si fuese posible cambiar de repente los hábitos de todo un pueblo y dirigir voluntariamente su industria, jamás tendría necesidad un gobierno de favorecer nuevos establecimientos. Pero no hay nada más difícil que hacer semejante cambio. Serán necesarios muchos años y muchas circunstancias favorables para que un aldeano de Siberia tenga la actividad e industria de un jornalero inglés. El gobierno ruso no ha dejado de hacer esfuerzos para obligar a los pueblos pastores de la Siberia a dedicarse a la agricultura, pero la mayor parte lo rehúsa obstinadamente, insistiendo en preferir una vida irregular y perezosa.

Otros muchos obstáculos se oponen al acrecentamiento de las colonias rusas. Las comarcas bajas están frecuentemente llenas de pantanos que las hacen malsanas, y los animales están sujetos a graves y frecuentes epizootias. Por fértiles que sean los distritos vecinos al Volga, las sequías son tan frecuentes que de tres cosechas hay raramente una buena306. Los colonos de Saratov, después de algunos años de establecimiento, se vieron por esta razón obligados a mudar de domicilio, y la emperatriz les hizo cesión de la cantidad de un millón de rublos, destinada a edificar sus casas.

Motivos de conveniencia o seguridad obligan a situar las casas de una colonia de manera que estén todas contiguas o unas junto a otras, y no diseminadas en las diferentes suertes de alrededor. Bien pronto, por consiguiente, falta sitio en las inmediaciones, y las tierras lejanas permanecen en un estado de cultivo muy imperfecto. Esta observación que hizo Pallas acerca de la colonia de Kotchesnaia le obligó a proponer a la emperatriz que hiciese transportar a otro lado una parte de esta colonia, a fin de que los restantes estuvieran con más comodidad.

Esta proposición parece indicar que difícilmente se hacían estas divisiones espontáneamente, y que los hijos de los colonos no encuentran siempre dónde establecerse y formar nuevas familias. En la colonia floreciente de los hermanos moravos de Sarepta se observa que los jóvenes no se pueden casar sin el permiso de sus sacerdotes, que generalmente no se los concedía sino muy tarde. Parece, pues, que aun en estas nuevas colonias el obstáculo privativo contribuye eficazmente a detener el aumento de la población.

Este acrecentamiento solo puede ser rápido en donde el precio real del trabajo sea muy elevado, como sucede en América. Mas si se considera el estado de la sociedad en las provincias rusas que examinamos y la falta de salidas que es su consecuencia, se reconocerá que el precio real del trabajo no puede ser muy alto. Así que su aumento, circunstancia que acompaña de ordinario al establecimiento de nuevas colonias, es la verdadera causa que produce su acrecentamiento.

X: OBSTÁCULOS A LA POBLACIÓN EN TURQUÍA Y EN PERSIA

Fácil es, consultando a los viajeros, formarse una idea de las causas que disminuyen la población en la parte asiática del Imperio turco; y como las costumbres de sus estados de Europa y Asia no son esencialmente diferentes, no hay necesidad de hacer distinción entre ellas.

La causa fundamental de la débil población de Turquía, comparada con su extensión, depende incontestablemente de la naturaleza de su gobierno. La tiranía, la debilidad, las malas leyes, su peor administración y la incertidumbre de la propiedad, que de aquí se sigue, oponen a la agricultura obstáculos tales, que sus productos disminuyen de año en año y, por consiguiente, también su población. El miri, o el impuesto general de las tierras que se paga al Sultán, es en sí muy moderado; pero, por una serie de abusos inherentes al gobierno turco, los bajás y sus agentes han encontrado medio de hacer esta contribución ruinosa. Aunque sea imposible aumentar directamente la cuota establecida, han introducido una multitud de medios indirectos que producen el mismo efecto.

En Siria, según Volney, tienen a su disposición la mayor parte de las tierras, y cuando las conceden a arrendadores las gravan con las más onerosas condiciones, y exigen la mitad, y a veces las dos terceras partes de la cosecha. En la recolección arman trampas sobre supuestas pérdidas; y como tienen el poder en su mano, hacen lo que quieren. Si falta la cosecha, no dejan de exigir la misma suma, y ponen en venta para cobrarse todo lo que el arrendador posee. A estos medios de opresión permanente se añaden una multitud de extorsiones de otra naturaleza. Y a una población entera, bajo pretexto de una ofensa imaginaria, se le impone una contribución. Ya se exigen dádivas por la llegada de un nuevo gobernador; ya piden para sus caballos heno, paja y cebada; y se multiplican las comisiones, porque los soldados portadores de las órdenes viven a expensas del desgraciado cultivador, al que tratan con la mayor insolencia.

El efecto de estos pillajes es que los pobres habitantes no puedan pagar el miri, y se ven obligados a vivir a expensas de su aldea o a refugiarse en las ciudades. Sin embargo, el miri es inalterable: de un modo o de otro es preciso que se pague entero. La porción de los que abandonan sus hogares la tienen que pagar los demás habitantes; si sobrevienen dos años de sequía y hambre, se abandona la aldea, y en este caso la cuota que ella pagaba recae sobre las tierras vecinas.

El subsidio de los cristianos está sujeto a los mismos abusos: de tres, cinco y once piastras que era primitivamente, ha subido a treinta y seis y cuarenta, que, reduciendo a los contribuyentes a la mayor miseria, les obliga a huir. Se ha observado que estas exacciones han crecido mucho en los últimos cuarenta años, y desde esta época data la decadencia y la despoblación del país, y la escasez del numerario, que ha sido absorbido por Constantinopla.

El alimento de los aldeanos es solo una galleta de cebada, cebollas, lentejas y agua. Para no perder nada de sus frutos, dejan todos los granos silvestres que encuentran mezclados con ellos, lo que a veces tiene fatales consecuencias. En las montañas del Líbano y de Naplus, en tiempo de carestía, tienen por recurso las bellotas, que hacen cocer y tostar entre el rescoldo.

Consecuencia de esta extrema miseria es que la agricultura se halla en el estado más deplorable. El cultivador está casi siempre sin instrumentos, y los pocos que tiene son muy malos. Su arado, por lo común, no es más que una rama de árbol, en forma de horquilla y sin ruedas. Para la labor se emplean asnos y vacas, y rara vez bueyes, porque esto sería anunciar demasiada riqueza. En los distritos expuestos a las incursiones de los árabes, como en Palestina, el labrador siembra con el fusil en la mano; rara vez se deja madurar el grano, pues antes de que sazone lo cogen y ocultan en los subterráneos. Necesitan poco para sembrar las tierras porque solo cultivan las necesarias para vivir. Toda su industria se limita a cubrir las primeras necesidades. Para tener un poco de pan, cebollas, una mala camisa azul y una capa de lana, no se necesita mucho. «El aldeano vive angustiosamente, pero al menos no enriquece a sus tiranos; y la avaricia despótica se encuentra castigada por su propio crimen.»

Este cuadro del estado de los habitantes de Siria, trazado por Volney, es bastante conforme al de los demás viajeros; y según Eton, representa muy bien la miserable condición de los aldeanos en la mayor parte del Imperio turco. Todos los destinos se subastan o se consiguen por intrigas del serrallo y a precio de oro. Por consiguiente, los bajás destinados a las provincias ejercen en ellas la omnímoda plenitud del derecho con que se consideran de causar extorsiones, no excediéndoles en esto sino sus mismos oficiales, así como a estos todavía les sobrepujan sus agentes subalternos.

El bajá hace sus exacciones de dinero, no solo para poder pagar el tributo, sino para indemnizarse de lo que le cuesta su destino, para sostener su rango y estar dispuesto a los accidentes imprevistos. Como representa al Sultán y, por consiguiente, reúne en su persona todo el poder civil y militar, tiene a su disposición toda clase de medios; y siempre prefiere los más expeditos. Incierto del porvenir, trata a su provincia como una posesión pasajera y procura recoger en un día la renta de muchos años, sin pensar jamás en su sucesor y sin cuidarse del estrago que puede causar a la renta fija.

El labrador está necesariamente más expuesto a estas vejaciones que los habitantes de las ciudades. Sus ocupaciones le fijan más en el terreno y sus productos no pueden ocultarse fácilmente; las condiciones con que posee sus campos y con que puede transmitirlos son inciertas. Cuando muere, sus bienes van al Sultán; y los hijos del difunto propietario no pueden tener nada sino comprándolo muy caro. Estas costumbres hacen que se dediquen muy pocos al cultivo. Abandonan muchas las campiñas y se refugian en las ciudades, en las que son tratados con menos crueldad y donde pueden adquirir bienes susceptibles de ocultarlos a los ojos de los raptores.

Para completar la ruina de la agricultura, han establecido a veces un precio fijo por el que está obligado el labrador a proporcionar el trigo a las ciudades. Es una máxima de la política turca, nacida de la debilidad del gobierno y del temor de las conmociones populares, mantener bajo el precio del trigo en las grandes ciudades. Cuando escasea la cosecha, todos los que tienen trigo han de venderlo al precio fijo, bajo pena de muerte; y si no lo hay en las cercanías, sacan contribución a los distritos vecinos. Cuando Constantinopla carece de víveres, diez provincias, por lo menos, quedan hambrientas para proporcionarlos. En Damasco, durante la escasez de 1784, el pueblo pagaba el pan solo a seis dineros la libra, mientras las aldeas se morían de hambre.

Inútil es detenerse en manifestar los efectos que debe producir en la agricultura semejante sistema de gobierno. Las causas que disminuyen los medios de subsistencia son bien manifiestas, y casi con mayor certidumbre pueden indicarse los obstáculos que mantienen la población al nivel de estos decrecientes recursos, pues del conjunto de todo género de vicios y calamidades provienen los predichos obstáculos.

Se observa por lo general que en Turquía las familias cristianas tienen más hijos que las familias mahometanas que usan la poligamia. Esto parece muy extraño; pues aunque la poligamia, distribuyendo las mujeres desigualmente, tiende a disminuir la población del país, los jefes de las familias que tienen muchas mujeres debieran naturalmente tener más hijos que los que solo tienen una. Volney explica este fenómeno diciendo que la poligamia y los matrimonios precoces de los turcos los debilitan desde su juventud y, por consiguiente, a los treinta años algunos no pueden ya tener hijos. Hace además mención de un vicio contrario a la naturaleza, que es muy común en estos pueblos, y le considera como perjudicial a la población. Pero según él, las cinco causas principales de despoblación son:

1. La peste, que nunca cesa enteramente de ejercer sus estragos en este imperio.
2. Las enfermedades terribles que casi siempre la siguen, al menos en Asia.
3. Las enfermedades endémicas y epidémicas que en Asia hacen tantos estragos como la peste y son muy comunes.
4. El hambre.
5. En fin, las enfermedades que ésta produce y que causan una gran mortandad.

Describe en seguida más detalladamente los estragos de la peste en diferentes comarcas del imperio, y concluye diciendo que, si ha disminuido el número de mahometanos, ha sido debido solo a esta causa. Añade que, siguiendo el mismo rumbo, la población turca debe extinguirse en el espacio de un siglo. Pero esta aserción y los cálculos que refiere son erróneos. El aumento de la población en los intervalos de las épocas de mortandad es probablemente mucho mayor que el que el autor supone. Mas, por otra parte, en un país donde el trabajo del labrador se reduce solo a llenar sus necesidades, donde no se siembra sino para no morirse de hambre, donde, por consiguiente, no puede reservar nada de los productos, la pérdida de un gran número de hombres no se reemplaza fácilmente, porque no se conocen sus efectos sino en un país industrioso donde está asegurada la propiedad.

Según Zoroastro, legislador de los persas, plantar un árbol, cultivar un campo, dar la vida a un hijo, son tres acciones meritorias. Las descripciones de los viajeros prueban que este último mérito no siempre puede tenerlo las clases ínfimas del pueblo. En este caso, como en otros muchos, el interés particular de los individuos corrige los errores del legislador. Chardin afirma que en Persia es tan costoso el matrimonio, que solo los hombres ricos se casan: los demás temen arruinarse. Los viajeros rusos confirman esta narración: dicen que la gente del pueblo tiene que dilatar sus matrimonios y que solo los ricos se casan cuando quieren.

Las convulsiones que durante muchos siglos han conmovido a Persia no han podido menos de afectar lastimosamente a su agricultura. Muy cortos han sido los intervalos de reposo entre las guerras exteriores y las disensiones intestinas. Y aun en medio de la paz más profunda, las provincias de las fronteras han estado constantemente expuestas a las devastaciones de los tártaros.

De esperar era el efecto de este orden de cosas: la relación de las tierras incultas con las cultivadas es, según Chardin, de diez a uno; y el modo en que los dependientes del Shah y los propietarios particulares tienen de dar sus tierras a los labradores no es a propósito para reanimar la industria. Además, los cereales en este país están muy expuestos a perderse por el granizo, la sequía, la langosta y otros insectos, lo cual motiva el desvío de los capitales hacia la industria agrícola.

La peste no se extiende mucho por Persia; pero los viajeros rusos dicen que las viruelas hacen grandes estragos.

No entramos en más detalles sobre los obstáculos que experimenta la población en Persia, pues son casi idénticos a los que acabamos de indicar en Turquía. Y si bien es verdad que la peste causa grandes estragos en este último país, también lo es que en Persia las guerras intestinas, que son muy frecuentes y quizá no menos destructoras, arrebatan una gran parte de la población.

XI. DE LOS OBSTÁCULOS QUE SE OPONEN A LA POBLACIÓN EN EL INDOSTÁN Y EL TÍBET

En las ordenanzas de Menu, legislador de la India, que W. Jones ha traducido y que denomina *Instituciones de derecho indio*, se estimula sobremanera el matrimonio, siendo un heredero varón reputado como el mayor de los bienes.

«Por medio de un hijo se considera un hombre superior a todos los demás; por medio de un hijo goza de la inmortalidad, y en seguida, por medio del hijo de este, llega hasta las mansiones del Sol.»

Como el hijo exime a su padre del infierno llamado Put, el mismo Brama denomina, por tanto, Putra a los hijos.

Menu asigna propiedades especiales a cada uno de los diferentes ritos nupciales.

«El hijo de una bramina o de una mujer casada según la primera ceremonia, si practica actos de virtud, rescata de pecado a diez de sus antepasados, diez de sus descendientes y también a sí mismo; es decir, redime veinte y una personas.»

El hijo de una mujer casada según Daiva rescata siete ascendientes y siete descendientes; el de una mujer casada según Archa, tres de unos y tres de otros; y el de una según Praja Patva, seis y seis. La calidad de jefe de familia se considera como una dignidad muy eminente. Los sabios adivinos, los manes, los dioses, los espíritus y cuantos ejercen la hospitalidad, ruegan por el bienestar de los jefes de las familias. Un primogénito que no se ha casado antes que su hermano menor pasa por un hombre sospechoso. Estas leyes tienden a presentar el matrimonio como un mandato divino; pero al parecer prefieren una sucesión de herederos varones a una numerosa descendencia.

El padre que tiene un hijo solventa su deuda respecto a sus antepasados; y este hijo, que al nacer ha redimido la deuda del padre y le ha granjeado la inmortalidad, es solo el que se reputa debido al sentimiento obligatorio, mientras los demás hijos los considera el sabio procedente del amor a los placeres.

Se permite en ciertos casos a una viuda tener de su hermano o de algún pariente próximo del marido difunto un hijo, pero jamás dos. Conseguido el objeto, deben vivir el cuñado y la cuñada como un suegro con su nuera.

Por doquiera en estas ordenanzas toda especie de sensualidad se reprueba altamente, y la castidad se ordena como un deber religioso. «Es culpable el hombre a quien su temperamento arrastra a los placeres sensuales; cuando le contraría y le subyuga, merece la bienaventuranza celestial.»

Ya pueda o no un hombre conseguir los goces, el renunciarlos le conviene mucho más que el disfrutarlos.

Se puede razonablemente suponer que estos preceptos puedan contrabalancear hasta cierto punto el estímulo que las otras leyes citadas dan a la población, pues propende a que cualquiera se contente con un hijo o se mantenga, sin pena, en el celibato; tanto más cuanto en dicho código parece que la perfecta castidad dispensa de la obligación de tener descendientes.

Muchos millares de bracmanes han evitado desde su juventud la sensualidad; no han tenido sucesión, y por esto no han dejado de ir al cielo.

«A la manera de estos hombres morigerados va al cielo, aunque no tenga hijos, la mujer que después de haber perdido a su marido se dedica a la piedad y a virtudes austeras.»

El permiso concedido a un hermano o al próximo pariente de proporcionar un heredero al marido difunto solo tiene lugar en las mujeres de condición servil. A las de clases más elevadas no les es dado ni aun nombrar a otro hombre. «Deben continuar hasta la muerte perdonando injurias, practicando los ejercicios más religiosos, huyendo de los placeres carnales y observando con esmero las más rígidas reglas de virtud.»

Independientemente de estos preceptos positivos sobre la necesidad de sujetar las pasiones, otras circunstancias han podido contribuir a disminuir el efecto de las ordenanzas hechas para fomentar el matrimonio.

La división del pueblo en castas o en clases, y la continuación del mismo oficio en cada familia, han debido servir para hacer conocer claramente a cada individuo los medios futuros de subsistencia; y por la ganancia que reportaba su padre, deducir si tendrá en la suya con que mantener a una numerosa familia; pues si bien es cierto que un hombre puede descender a una clase inferior cuando las ocupaciones propias de la suya no le producen lo necesario para vivir, también lo es que este descenso se mira como una especie de degradación, y no es probable que un hombre se case con el presentimiento de la necesidad de abatirse y de someterse a esta deshonra.

Además de esto, la elección de mujer es, según parece, cosa muy difícil, pudiendo acontecer que un hombre permanezca largo tiempo célibe antes de haber encontrado una compañera tal como la desea el legislador. Por de contado no se puede elegir de las diez familias marcadas por grandes, por ricas que sean en vacas, cabras, ovejas o granos. Tampoco se pueden escoger las jóvenes que tienen demasiados o muy pocos cabellos, las que son muy habladoras, las de malos ojos, o cuyo nombre es desagradable, o que padecen alguna enfermedad, las que no tienen hermano o cuyo padre no es muy conocido, y todavía otras muchas. Cuán reducida parecerá esta elección al considerarla circunscrita al siguiente retrato: «Una joven cuya figura sea sin defectos, de nombre agradable, que ande con gracia como el feníptero o el elefante joven, que tenga la suficiente cabellera, los dientes de un regular tamaño y toda ella muestre dulzura y amabilidad.»

Por tanto, no se verá en parte alguna, nos dice, que un bramina o un chatiya tome una mujer de la clase servil, aun cuando le sea muy difícil hacer una boda decente, lo cual da a entender que esta dificultad es muy grande.

Otro obstáculo al matrimonio que dimana de las costumbres indias es que un hermano mayor que no se casa parece condenar a todos sus hermanos al celibato. Porque el hermano menor que se casa antes que el primogénito se expone a una especie de deshonra, toda vez que el legislador le designa entre aquellos de quienes debe uno apartarse.

Las costumbres y el carácter de las mujeres indias nos las pinta el legislador de manera muy desagradable, presentándonos, entre otros muchos juicios muy duros, el siguiente: «A consecuencia de su pasión por los hombres, de su inconstancia, de su poco afecto y de su natural perverso, por mucho cuidado que se tome en guardarlas, conciben bien pronto odio a sus maridos.»

Si este retrato es fiel, deben atribuirse estos vicios a la privación de toda especie de libertad y al estado de degradación a que la poligamia reduce a las mujeres. Sea lo que fuere, los casos de esta especie manifiestan bastante que, a pesar de las leyes contra el adulterio, el comercio ilícito entre los sexos no es raro en la India. Es de advertir que estas leyes no se aplicaban a las mujeres de los bailarines y de los cantores públicos, ni a ninguna de las clases bajas en que, por lo común, los hombres traficaban con las intrigas de las mujeres. Se puede concluir que tales desórdenes están en alguna manera tolerados, y que el uso de la poligamia entre los ricos aumenta, para los pobres, la dificultad de encontrar mujeres, obstáculo que deberá ser mayor para los esclavos.

Del conjunto de estas circunstancias se puede concluir que las predichas restricciones influían en la India sobre la población. Sin embargo, los hábitos y las opiniones de este pueblo han debido tender a favorecer los matrimonios precoces y obligar a tomar mujeres a todo hombre que tuviese la menor esperanza de poder sostener una familia. El efecto de estas disposiciones fue reducir naturalmente a las clases inferiores a la mayor indigencia y acostumbrarlas a contentarse con el alimento más frugal y parco. Esta frugalidad se aumentó y difundió aun entre las clases superiores por la opinión que la elevó al grado de las más eminentes virtudes. Así es que la población estrechó el límite de las subsistencias, y que los alimentos que todo el país podía producir llegaron insensiblemente a distribuirse entre la mayor parte del pueblo en porciones tan pequeñas como lo pudo permitir la necesidad de alimentarse. En este estado de cosas, una mala cosecha no puede dejar de sentirse sobremanera; y por lo mismo, en todos los tiempos la India ha estado, como era de esperar, sujeta a las hambres más espantosas.

Una parte de las ordenanzas de Menu está expresamente dedicada a los conflictos en tiempo de calamidades. Se dan instrucciones a las diferentes clases sobre la conducta que deben observar durante estos tristes períodos. Se nos habla muchas veces de bracmanes acosados cruelmente por el hambre y de algunos hombres virtuosos de la antigüedad a quienes el extremo a que se vieron reducidos les absolvió de ciertos actos impuros e ilegítimos.

«Ajigarta, muriendo de hambre, se vio en la precisión de vender a su hijo para comprar ganado, y no se le consideró culpable, debido a que él buscaba un remedio al hambre. Vamadera, que conocía bien lo justo y lo injusto, se creyó inmaculado, aunque en la angustia del hambre concibió el deseo de comer carne de perro. Viswamitra, mejor instruido que nadie para distinguir el bien del mal, estando próximo a morir de hambre, resolvió comerse los muslos de un perro que había recibido de Chodala.»

Pues que se vieron reducidos a tal extremo estos hombres grandes y virtuosos, y de la clase más elevada, a quienes todos estaban obligados a asistir, ya puede fácilmente calcularse cuáles debieron ser los sufrimientos de las clases inferiores.

Tales ejemplos prueban claramente que en la época en que estas ordenanzas fueron redactadas se sufrían a veces hambres horrorosas, siendo de creer que aun después han sobrevenido en circunstancias especiales. Un jesuita dice que le es imposible describir circunstanciadamente los sufrimientos de que fue testigo durante los años de hambre de 1737 y 1738; pero lo que cuenta de la mortandad causada por esta plaga basta para inspirar horror. Otro jesuita dice en términos más generales: «Cada año bautizamos un millar de niños que sus padres, ya por no poder alimentarlos, ya porque están próximos a morir, nos los venden a fin de desembarazarse de ellos.»

Los obstáculos destructivos que contienen la población se experimentan sobre todo en la clase de los sudras y entre aquellos seres aún más miserables, que son la escoria de las otras clases y a los que no se permite vivir en el recinto de las ciudades.

Esta parte de la población sufriría mucho por las epidemias que provienen de la indigencia y del mal alimento, y la mortandad de los hijos debía ser muy considerable. Un hambre los arrebataba probablemente por millares antes que alcanzasen sus estragos a las clases medias. El abate Raynal dice, sin precisar su fuente, que las chozas de estas clases desgraciadas, luego que se frustra la cosecha de arroz, son quemadas y sus habitantes, por recelo de que consuman alguna parte del producto, son asesinados por los mismos dueños del terreno.

La dificultad de criar una familia, aun en las mismas clases medias y elevadas, o el temor de ser degradados de su casta, ha motivado que los habitantes de alguna parte de la India recurran a los medios más crueles. En las fronteras de Junapore, distrito de la provincia de Benares, hay una tribu en la que está establecida la costumbre de quitar la vida a las niñas, obligando a las madres a hacerlas morir de hambre. Y se alega como razón, en este pueblo, el gran gasto que exigiría el casamiento de sus hijas. En otro de este distrito, en donde no se usaba esta práctica cruel, se veían muchas personas de este sexo envejeciendo en el celibato.

Se podría creer que semejante costumbre debería propender a la extinción de la raza que la ha adoptado; sin embargo, parece que el corto número de hijas sustraídas a esta barbarie y los matrimonios contraídos con personas de otras tribus bastan para mantener la población. La Compañía Inglesa de las Indias Orientales ha obligado a este pueblo a renunciar a esta odiosa práctica.

En la costa de Malabar, los negros no contraen matrimonios regulares.

La sucesión por derecho hereditario pasa al hermano de la madre o, en su defecto, al hijo de la hermana, pues el padre es considerado siempre como incierto.

En las familias braminas, si hay muchos hermanos, se casa solo el mayor; los menores habitan con mujeres nayres sin matrimonio; si el mayor no tiene hijos, entonces se casa el que le sigue. Entre los nayres, cada mujer tiene dos, cuatro o más hombres que viven con ella. Las castas ínfimas, tales como las de los carpinteros, herreros y otras, imitan a las superiores, con la diferencia de que los que se reúnen a una sola mujer son todos próximos parientes, a fin de no alterar el orden de la sucesión.

Montesquieu menciona esta costumbre de los nayres de Malabar y la explica suponiendo que fue instituida con objeto de debilitar el espíritu de familia en esta casta, a fin de que, siendo guerreros de profesión, estuviesen más libres y pudieran marchar adonde su deber los llamase. Yo creo más bien que este uso provino del temor de la pobreza, que trae consigo una numerosa familia, mayormente habiendo sido también adoptado por otras castas.

En el Tíbet, según la reciente narración de Turner, se encuentra establecida con mucha generalidad una costumbre semejante. Este autor, sin afirmarlo de una manera muy positiva, se inclina a creer que este uso se deriva del temor de un exceso de población en un país poco fértil. Es probable que sus viajes por Oriente le hubiesen dado lugar a observar los efectos inevitables de una población excesiva. Turner es de los pocos que han considerado este asunto bajo su verdadero punto de vista. Se expresa con este motivo con energía e indica, a propósito de esta costumbre, las observaciones siguientes:

«En verdad, un exceso de población en un país poco fértil debe ser la mayor de las calamidades y producir un estado de guerra y de perpetua necesidad. Los hombres más activos e industriosos se ven obligados a salir del país y a ejercer, como aventureros, el oficio de comerciantes o de soldados. Si, al contrario, se quedan, no pueden menos de perecer en el primer año de hambre. Reuniendo así familias enteras en un mismo lecho conyugal, quizá se pueda lograr detener el desarrollo de la población, calmar los temores —que no son quiméricos aun en los países más fértiles—, evitar costumbres odiosas que son su consecuencia y que han prevalecido bastante en las comarcas más ricas, más productivas y populosas de la tierra. Yo he visto, sobre todo en China, a una madre, no sabiendo cómo sobrellevar las necesidades de su familia, exponer a su hijo y matarle ella misma, asegurándome que, por odioso que sea, era sin embargo harto frecuente este crimen.»

En casi todas las partes del globo, los individuos adquieren, por consideraciones de interés personal, hábitos que tienden a reprimir el exceso de población; sin emgbargo, en el Tíbet será quizá el único país en donde el gobierno fomenta estos hábitos y en donde se esfuerza en disminuir la población antes que en aumentarla.

En la primera edad, el butéa adquiere distinción por el celibato, y al contrario, el matrimonio le impide casi infaliblemente llegar a los honores y a los primeros destinos. La ambición y el espíritu religioso se unen para evitar el acrecentamiento de la población. Las clases superiores, ocupadas enteramente de sus deberes eclesiásticos y políticos, dejan a los labradores y a los artesanos el cuidado de propagar la especie.

Sucede también que el retiro religioso está muy en práctica, y el número de conventos y monasterios es muy considerable. Los hombres y las mujeres están enteramente separados; reglamentos rigurosos impiden que las personas de uno y otro sexo, que viven en estos retiros, pasen jamás una noche fuera de su recinto; se previenen cuidadosamente los abusos y se procura, en lo posible, hacer respetar las órdenes sagradas de entrambos sexos.

La nación está dividida en dos clases: la una dedicada a los negocios del mundo, la otra a los del cielo. Jamás los legos van a interrumpir a los clérigos, ocupados en sus santos deberes. Mientras que ellos velan por los intereses espirituales, los legos se ocupan de enriquecer al Estado por su trabajo y sostener la población.

Pero aun estos solo contribuyen a mantener la población de una manera muy limitada. Todos los hermanos de una misma familia, sin distinción de número ni edad, ponen sus bienes en común con una sola mujer, elegida por el mayor y considerada como la dueña de la casa. Cualesquiera que sean las ganancias de cada uno de ellos, todas refluyen en la masa general.

El número de maridos así reunidos no es limitado. Sucede frecuentemente que en una familia solo hay un hijo varón vivo, y casi nunca sucede, según M. Turner, que se encuentren más hermanos que los que este viajero vio en una familia que le hizo notar un hombre de categoría cuando estaba en Tichu-Lombu, y que se componía de cinco hermanos que vivían con la misma mujer en perfecta armonía. Esta reunión no se circunscribe a las clases inferiores, sino que se practica también en las familias más opulentas.

Dedúcese que semejante costumbre, unida al celibato de un cuerpo numeroso de eclesiásticos, debe obrar como obstáculo restrictivo de una manera muy eficaz. Y todavía parece, por la relación de Turner, que la población del Tíbet, a causa de la esterilidad del suelo, está al nivel de las subsistencias. Esto aparece igualmente probado por el gran número de mendigos que se ve en Tichu-Lombú. Con este motivo, y aludiendo a la caridad que los alimenta, M. Turner hace una observación que, como de ordinario, es tan exacta e importante, que no se puede dejar de recordar:

«Así, yo descubrí maravillosamente, en un lugar donde la vida me había parecido tan tranquila y regular, tanta holgazanería e indigencia, de las que hasta entonces no había podido formarme idea. Mas no me sorprendí cuando consideré que en todas partes donde reina una caridad indiscreta no pueden jamás faltar objetos avariciosos en que ejercerla, y que debe atraer constantemente más necesitados que medios para socorrerlos. Es imposible que en Tichu-Lombú ninguna criatura humana sufra necesidad. Esta disposición benéfica hace acudir una multitud de hombres, hasta musulmanes, los más fuertes y de mejor porte, que se contentan con recibir a título de limosna lo que basta para vivir estrictamente. Y he visto además que hay más de trescientos indios, goseinos y sumniasos que reciben aquí diariamente su alimento de la liberalidad del Lama.»

XII. OBSTÁCULOS A LA POBLACIÓN EN LA CHINA Y EL JAPÓN

Las relaciones que últimamente se han hecho de la población de la China son tan extraordinarias que muchos lectores no han querido darles crédito, porque, en su concepto, se ha incurrido en algunos errores de cálculo, o en algún equívoco de palabras, o quizá porque el mandarín de quien el caballero Q. Staunton obtuvo los datos se dejó llevar por el deseo de exagerar el poderío de su patria. Lo cierto es que esta especie de orgullo nacional es común a todos los países, y sobre todo a la China; y no cabe duda de que una u otra de estas conjeturas es muy probable. Sin embargo, es preciso observar que la relación de Staunton no difiere esencialmente de otras, fundadas en buenos testimonios, y lejos de contradecirse, se corrobora por lo que señalan los viajeros acerca de la fertilidad de esta comarca.

Según Duhalde, el censo hecho al principio del reinado de Kang-hi dio 14,052,872 familias y 59,788,364 hombres en estado de tomar las armas, no comprendiéndose en este número los oficiales de la corte, los príncipes, los mandarines, los soldados que habían cumplido su servicio, los letrados, licenciados, doctores, bonzos, los jóvenes de menos de veinte años, ni la multitud de hombres que vivían en los buques, en el mar y en los ríos.

Se cree comúnmente que el número de hombres aptos para la milicia es a toda la población como uno a cuatro. Si se multiplica 59,788,364 por cuatro, el producto será 239,153,456. Pero, en la apreciación general de esta relación, se supone a un joven capaz de tomar las armas antes de los veinte años. Sería, pues, preciso tomar un multiplicador mayor que cuatro. Además, en las excepciones se incluyen casi todas las clases elevadas y una gran parte de las inferiores; y habidas en cuenta todas estas consideraciones, se verá que el cálculo de Duhalde no se aleja mucho del de Staunton, que hace ascender la población total de la China a 333 millones.

En el estado presentado por Duhalde, el número de familias parece muy pequeño respecto al número de hombres capaces de tomar las armas. Pero esto se explica por una costumbre que Staunton dice ser general en la China, a saber: la de hallarse muchas veces en una misma habitación una familia compuesta de tres generaciones reunidas con sus mujeres y sus hijos. Cada generación, formando una pequeña familia dentro de la grande, ocupa una habitación reducida y camas separadas unas de otras por medio de esteras colocadas a cielo raso. Todos comen en una misma habitación364; hay además muchos esclavos en la China que se cuentan como parte de la familia a que pertenecen. Estas dos circunstancias eliminan la aparente contradicción de las narraciones que examinamos.

Para explicar esta excesiva población, ninguna necesidad hay de suponer con Montesquieu que el clima de la China es especialmente favorable a la producción de individuos de la especie humana, y que las mujeres son más fecundas que en ninguna otra comarca del universo. Las causas que producen este efecto se reducen a las siguientes:

Primeramente, la fertilidad del suelo y su situación en la parte más cálida de la zona templada, que es la más favorable a las producciones de la tierra. Duhalde trata extensamente, en un capítulo particular, de la abundancia que reina en la China. Dice que allí se encuentra todo lo que los demás países pueden producir, y una infinidad de cosas que no se encuentran en otras partes. Esta abundancia, añade, debe atribuirse a la profundidad del terreno productivo, al trabajo asiduo del cultivador y al cúmulo de lagos, ríos y canales que riegan el país.

En segundo lugar, el gran aumento que ha tenido la agricultura desde el principio de la monarquía, la cual ha dirigido constantemente los trabajos del pueblo hacia la mayor producción posible de los artículos de subsistencia. Duhalde asegura que lo que mantiene al labrador en los trabajos penosos a que se dedica no es solo su interés, sino el respeto que tiene al arte que profesa y el aprecio que siempre le han manifestado los emperadores, habiendo uno de los que más han brillado dejado el arado para sentarse en el trono, y otro inventado el arte de desecar los terrenos bajos, de hacer desagües en la mar y de fertilizar el suelo con estos canales de evacuación. Este mismo publicó muchos tratados de agricultura, sobre los abonos, la labor y el riego; otros muchos emperadores han manifestado su celo por este arte y han hecho leyes en su favor. Pero ninguno le manifestó su estimación de un modo más patente que el emperador Wen-ti, que reinó ciento setenta y nueve años antes de Jesucristo. Este príncipe, viendo al país arruinado por la guerra, resolvió excitar a sus súbditos al cultivo, tomando él mismo el arado y cultivando con sus propias manos las tierras pertenecientes a la corona, lo que obligó a los ministros y grandes de su corte a dedicarse al mismo trabajo.

Este es, según se cree, el origen de la gran fiesta que se celebra anualmente en la China el día en que el sol entra en los quince grados de Acuario, época que los chinos consideran como el principio de la primavera. En dicho día, el emperador traza él mismo algunos surcos con gran solemnidad para animar a los labradores con su ejemplo; y en cada villa los mandarines repiten la misma ceremonia. Los príncipes y demás personajes ilustres manejan el arado después de que el emperador ha realizado esta ceremonia, a la cual precede el sacrificio de la primavera, que el emperador, en calidad de soberano pontífice, ofrece a Kang-ti con el objeto de obtener la abundancia para el pueblo.

El emperador que reinaba en tiempo de Duhalde celebraba esta fiesta con una solemnidad extraordinaria, mostrando además en todas las ocasiones su respeto por la agricultura. Para fomentarla, mandó a los gobernadores de todas las ciudades que le diesen a conocer cada año al labrador que, en su respectivo distrito, se distinguiese más por su aplicación a la agricultura, por su buena reputación, por la unión con su familia, por su concordia con sus vecinos, por su frugalidad y por su aversión a toda especie de prodigalidades. Quiso que los jefes en sus provincias respectivas honrasen públicamente al labrador activo e imprimiesen una nota deshonrosa al que abandonase sus tierras.

En un país con un gobierno patriarcal, donde el emperador es venerado como el padre del pueblo y el origen de toda instrucción, es natural que estas instituciones produzcan un efecto considerable. Por su rango han colocado al labrador más arriba del fabricante, y por consiguiente la ambición de las clases bajas es poseer alguna porción de tierra. El número de obreros es muy pequeño en la China en comparación con el de los labradores, pues, con muy pocas excepciones, la superficie entera del territorio está exclusivamente dedicada a la producción del alimento del hombre. Se ven muy pocos pastos, campos de avena, habas o nabos silvestres para los animales. Se destina muy poca tierra a caminos, que son escasos y estrechos, porque las principales comunicaciones se hacen por agua.

No se permiten tierras públicas incultas ni terrenos abandonados por negligencia del propietario o por capricho o afición a la caza, y jamás se dejan en barbecho las tierras labrantías. Gracias a la influencia fecunda de un clima cálido, el suelo produce a veces dos cosechas por año, porque se conoce el arte de adaptar la cultura a la naturaleza de cada terreno y suplir los defectos que padecen por medio de mezclas de tierras, abonos, riegos y toda clase de auxilios. El trabajo dirigido a este objeto rara vez se interrumpe por la necesidad de satisfacer exigencias de lujo. Hasta los soldados, excepto en guardias y ejercicios, se ocupan casi siempre en los trabajos de la agricultura, aumentándose además los medios de subsistencia al destinar para alimento algunos animales y vegetales que en otras partes no se emplean con este fin.

Lo que acerca de esto refiere Staunton está conforme con lo que Duhalde y los demás jesuitas habían dicho anteriormente. Todos nos aseguran del mismo modo la constante tarea de los chinos en el abono, cultivo y riego. Todos observan que así consiguen que produzca la tierra una gran cantidad de alimentos para el hombre, deduciendo evidentemente cuál sea el efecto que este sistema debe producir respecto de la población.

Por último, han contribuido mucho los estímulos dados a los matrimonios, los cuales han hecho necesaria la división del producto inmenso de este vasto imperio en porciones muy pequeñas, de lo que ha resultado ser la China quizá más populosa con relación a sus medios de subsistencia que ningún país del mundo.

Los chinos dicen que el matrimonio tiene dos objetos: 1.º perpetuar los sacrificios en el templo de sus padres; 2.º la multiplicación de la especie. Duhalde refiere que el respeto y la obediencia de los hijos, sentimientos que son el principio de este gobierno, continúan después de la muerte de los padres, haciéndoles los mismos honores que en vida. Consiguientemente a estas máximas, el padre padece suma vergüenza e inquietud mientras no casa a todos sus hijos, y el primogénito, aunque no tenga patrimonio, se afana por casar a sus hermanos por el recelo de que la familia se extinga y sus antepasados se vean privados de los debidos honores.

Staunton observa que, como todo lo que se recomienda y practica generalmente acaba por considerarse como un deber sagrado, el matrimonio se mira en la China de esta forma, y nadie se retrae de él por pocas esperanzas que tenga de subsistir. Pero muchas veces esta esperanza no se cumple, en cuyo caso los padres se consideran dispensados de educar a sus hijos. La facultad de abandonarlos coadyuva a facilitar los matrimonios y, por lo mismo, produce un aumento de población. La confianza en este extremo arbitrio disminuye el conflicto de establecer casa, al paso que la ternura paternal va después influyendo eficazmente para que no se emplee este medio sino en el caso de la mayor necesidad. Por lo demás, el matrimonio entre los pobres es una medida de prudencia, porque los hijos, sobre todo los varones, están obligados a mantener a sus padres.

El efecto de estos estímulos al matrimonio entre los ricos es subdividir la propiedad, lo que por sí mismo contribuye mucho a aumentar la población. Menos desigualdad hay en la China entre las fortunas que entre los rangos. La propiedad está dividida en porciones pequeñas a causa de la repartición igual que los padres hacen de ella a sus hijos, siendo muy raro que un solo hijo herede toda la fortuna de su padre. La costumbre tan general de casarse precozmente contribuye también a que apenas haya sucesiones colaterales. La acción constante de estas causas tiende a nivelar las fortunas, de suerte que hay pocos que puedan vivir sin trabajar, y los bienes entre los chinos rara vez llegan a la tercera generación.

El efecto del fomento de los matrimonios con relación a los pobres ha sido reducir el precio del trabajo a una suma muy baja y, por consiguiente, condenarlos a la extrema miseria. Staunton observa que al obrero no se le abona en rigor sino lo necesario para poder vivir, y que, a pesar de la reunión de las familias, que comen como los soldados la galleta, y de la economía consiguiente a la parsimonia que reina en estas comidas, el pueblo solo puede alimentarse de vegetales y rara vez prueba la carne.

Duhalde, después de describir los penosos trabajos de los chinos, su destreza e ingenio para ganar con qué vivir, conviene en que, a pesar de su templanza y su laboriosidad, el número prodigioso de habitantes que contiene este país es causa de que muchos perezcan de miseria. Pobres hay que, no pudiendo ocurrir a las necesidades de sus hijos, los abandonan en las calles, siendo este desagradable espectáculo muy frecuente en las grandes ciudades como Pekín y Cantón.

El jesuita Premare, escribiendo a un amigo del mismo instituto, le dice:

«Voy a contaros de paso una cosa que os parecerá una paradoja, y sin embargo es la pura verdad; a saber, que el más rico y floreciente imperio del mundo es, no obstante, en cierto modo, el más pobre y miserable de todos. La tierra, por extensa y fértil que fuese, no basta para alimentar a sus habitantes: se necesitarían cuatro países como éste para que estuviesen cómodamente. En la ciudad de Cantón hay, sin exagerar, más de un millón de almas, y en una aldea que solo dista de ésta tres o cuatro leguas, hay, según dicen, más habitantes que en Cantón. ¿Quién podrá contar los de esta provincia? ¿Y qué será de todo el imperio compuesto de quince grandes provincias, casi todas igualmente pobladas? ¿A cuántos millones deberá ascender? ¿Se consideraría feliz la tercera parte de este inmenso pueblo si tuviese bastante arroz con que alimentarse?

» Sabido es que la extremada miseria conduce a excesos terribles, y por tanto no se sorprende uno cuando está en la China y ve por sí mismo las cosas, que las madres maten o expongan muchas veces a sus hijos, que los padres vendan a las hijas por nada, que las gentes sean interesadas y que haya muchos ladrones. De admirar es que no sucedan cosas todavía más funestas, y que en los tiempos de escasez, que no son muy raros, no perezcan de hambre millones de almas recurriendo a medios de extremada violencia, de los que se refieren mil ejemplos en las historias de Europa.

126

» Por lo demás, no puede acusarse a los pobres de la China, como en la mayor parte de Europa, de desidia ni de que podrían ganar su vida si quisiesen trabajar. Las fatigas y la aflicción de estos desgraciados son increíbles. Un chino pasará todo un día removiendo la tierra con sus brazos; a veces estará en el agua hasta las rodillas, y por la tarde se dará por contento si come una pequeña escudilla de arroz y bebe el agua insípida donde se ha cocido; ésta es su vida ordinaria.»

Muchos de estos hechos los ha repetido Duhalde. Aunque se les suponga algo exagerados, prueban hasta qué punto está la China hacinada de habitantes y cuán grande es su miseria. La población que dimana naturalmente de la fertilidad del suelo y de los estímulos dados a la agricultura es un bien apreciable; pero la que procede de fomentar los matrimonios no solo ha recargado al país de un cúmulo de miserables, sino que ha menoscabado la felicidad que los demás podrían gozar. Se gradúa el territorio de la China ocho veces mayor que el de la Francia. Suponiendo la población de la Francia en veintiséis millones, aumentada ocho veces, daría doscientos ocho millones. Si se observan en seguida las causas eficaces de población de que acabo de hablar, se verá que no es imposible que, en la misma extensión, la población de la China sea a la de la Francia como trescientos treinta y tres es a doscientos ocho, es decir, en algo más que tres a dos.

Es tan vehemente por todas partes la tendencia a regenerarse que, en general, jamás se encuentra dificultad en explicar por qué en tal o cual país la población sea tan crecida. Es difícil e interesante indicar las causas que detienen la población en su progreso. La fuerza prolífica duplicaría la población de la China en veinticinco años tan fácilmente como puede verificarlo en América; mas indudablemente lo ha impedido la imposibilidad de alimentar en su suelo este número adicional de habitantes. ¿Qué hace, pues, en la China esta fuerza superflua? ¿Y con qué trabas o con qué medios de aniquilamiento se ha contenido la población por sí misma al nivel de los recursos alimenticios?

Por mucho que en la China se estimulen los matrimonios, nos engañaríamos si creyésemos que los obstáculos privativos dejen de obrar allí sobre la población. Duhalde dice que pasa de un millón el número de bonzos: hay dos mil en Pekín que no son casados; además, trescientos cincuenta mil establecidos en los templos en virtud de una patente imperial. Este autor cuenta entre los letrados cerca de setenta mil célibes386.

Aunque los pobres se casen con solo tener la más ligera esperanza de poder alimentar a su familia, y aunque el permiso del infanticidio les induzca a arrostrar en esto toda clase de riesgos, jamás se impondrían probablemente esta carga si previesen el conflicto de tener que exponer a sus hijos y venderse ellos mismos como esclavos. Porque muchas veces debe suceder, según la miseria del pueblo, que estos recelos sean muy fundados. Pero sobre todo entre los esclavos es donde los impedimentos deben retardar la población, pues según Duhalde hay una inmensa multitud de esclavos procedentes de la miseria general, a causa de la cual, a veces, un hombre vende a su hijo, a su mujer y a sí mismo por muy poco.

El modo ordinario de efectuar estas ventas consiste en dar su persona en prenda con facultad de rescate, viéndose en las casas muchos criados de ambos sexos sujetos por esta especie de contrato. Hume, al hablar de la esclavitud entre los antiguos, observa que en general cuesta menos un esclavo adulto que criarlo desde niño, observación que puede aplicarse con mayor razón a los chinos. Todos los escritores convienen en que son muy frecuentes las hambres en la China, y que en estas épocas de carestía es muy probable encontrar fácilmente esclavos en venta, casi por sola su manutención. Así es que quizá jamás convendrá al dueño animar a sus esclavos a tener hijos, por lo que es de suponer con razón que en la China, como en Europa, la mayor parte de los criados se mantienen en el celibato.

El obstáculo a la población que depende de los enlaces viciosos entre los sexos es de poca consideración en la China, pues las mujeres son modestas y retiradas y el adulterio muy raro. Sin embargo, es bastante general el concubinato, y en las grandes ciudades están empadronadas las mujeres públicas. Pero son pocas y, según Staunton, su número está debido a los célibes y casados que no viven con su familia. El obstáculo destructivo que depende de las enfermedades es sin duda mayor, aunque no tanto como era de suponer. El clima de la China, por lo general, es muy sano; y uno de los misioneros asegura que a lo sumo se sufre en cada centuria la peste o alguna epidemia, si bien esta aserción no es exacta, porque otros aseguran ser más frecuentes. En ciertas instrucciones de los mandarines relativas a la sepultura de los pobres, que por lo común no tienen cementerios propios, se dice que, en los tiempos de epidemias, los caminos se hallan cubiertos de cadáveres que infestan el aire; y poco después se menciona los años de contagio, de modo que esto induce a creer que son bastante frecuentes. El día primero y quince de cada mes los mandarines convocan al pueblo y le dirigen un discurso paternal.

En uno de estos discursos que nos ha transmitido Duhalde, se les recomienda no echar en olvido aquellos años que sobrevienen de tiempo en tiempo en que reinan enfermedades epidémicas juntamente con la carestía de granos. «En estos tiempos de desolación —dice el mandarín— tenéis obligación de compadeceros de vuestros hermanos y de repartir entre ellos lo que podáis economizar.»

Es probable que, como sucede casi siempre, en los niños hagan mayor estrago las epidemias. Un jesuita, hablando de los que la miseria condena a muerte al nacer, se expresa así: «Apenas hay año que no reciban el santo bautismo en nuestras iglesias de Pekín cinco o seis mil niños, cuya cosecha es más o menos abundante a proporción del número de catequistas que podemos dedicar. Si hay suficiente número, no se limita su cuidado al de los niños moribundos que son abandonados, pues tienen otras ocasiones de ejercer su celo, especialmente cuando las viruelas o enfermedades populares arrebatan una infinidad de niños.»

Y es ciertamente indudable que la extremada pobreza de las clases inferiores del pueblo engendra enfermedades que acaban con muchos niños, aun de aquellos que sus padres, a pesar de su miseria, no han podido resolverse a sacrificar.

Es difícil, ni aun por meras conjeturas, determinar el número de los niños que son abandonados; pero sabemos por los mismos autores chinos que esta costumbre es muy común, y han sido vanos los esfuerzos del gobierno para reprimirla. En la instrucción citada más arriba, que es obra de un mandarín célebre por su sabiduría y humanidad, se propone la fundación de un hospital de niños expósitos, y se menciona cierto establecimiento de esta clase, que lamentablemente fue abandonado. El autor habla del gran número de niños expuestos y de la miseria que obligó a ello. «Vemos —dice— padres tan pobres, que apenas pueden mantener a sus hijos, por lo que se expone un gran número en la capital, siendo éste muy considerable en las principales ciudades de provincia y en las plazas de gran comercio, aunque también son abandonados muchos en los distritos menos poblados y en el campo. Estando en las ciudades las casas muy contiguas, este abuso se advierte mucho más; pero sin embargo, en todas partes estos desgraciados niños necesitan de nuestros socorros.»

La última causa del hambre que aquí se enumera, y que se reputa como la más eficaz, es la gran cantidad de granos que se consume en la fabricación del aguardiente. Pero esto es un grave error repetido por el abate Grosier en su *Historia general de la China*. Esta causa produce un efecto enteramente contrario, puesto que el consumo de granos para otros usos que el alimento humano impide que la población llegue al último límite de las subsistencias. Y como en tiempo de escasez puede sustraerse de dichos consumos el grano que en ellos se emplea, este auxilio viene a ser una reserva de mucha mayor cuantía que la de los graneros públicos. Este consumo, establecido de un modo regular y permanente, produce precisamente el mismo efecto que podría conseguirse segregando del país una porción de terreno con sus habitantes.

En los años de mediana abundancia, el resto de la nación quedaría en el mismo estado que antes, sin ventaja ni perjuicio. Pero en tiempo de escasez, el producto de la porción de tierra segregada volvería en forma de subsistencia, que no tendría que dividirse entre aquellos que antes la habían habitado. Si la China no tuviese fábricas de aguardiente, indudablemente estaría más poblada; pero cuando faltase la cosecha tendría menos recursos que actualmente, siendo esto una de las causas que contribuyen a que las hambres no sean tan frecuentes ni tan crueles.

El estado del Japón se parece en tantos puntos al de la China, que si nos propusiéramos describirlo detalladamente, habríamos de repetir gran parte de lo dicho. Montesquieu atribuye la gran población del Japón a su considerable número de mujeres. Pero la verdadera causa, tanto en el Japón como en la China, es sin duda el trabajo y la industria perseverante de los habitantes de estos países, dedicados constantemente a la agricultura como su principal objeto.

Al leer el prefacio de la obra de Thunberg sobre el Japón, parece muy difícil fijar cuáles sean los obstáculos que pueden detener la población en un país donde se vive en tanta abundancia. Pero la obra contradice al prefacio, y la estimable *Historia del Japón* de Kaempfer demuestra con evidencia estos obstáculos. En los extractos que hace de dos cronicones publicados en el Japón, se encuentra una noticia muy curiosa de las diversas especies de mortandades, de pestes, de hambres, de guerras sangrientas y destructivas que ocurrieron después de la época en que comienzan estos anales.

El carácter de los japoneses se distingue del de los chinos en que son más belicosos, más turbulentos, menos frugales y más ambiciosos. Según se deduce de la relación de Kaempfer, el obstáculo que el infanticidio opone a la población entre los chinos equivale al que en el Japón presentan el libertinaje, las guerras y las conmociones interiores. En cuanto al obstáculo destructivo que proviene de las enfermedades y del hambre, se mantiene equilibrado en ambos países.

XIII. OBSTÁCULOS A LA POBLACIÓN ENTRE LOS GRIEGOS

Es cosa reconocida por todos que los griegos y los romanos tuvieron, en el primer período de su existencia, circunstancias muy favorables para aumentar su población. La propiedad estaba dividida con bastante igualdad, y todo su afán se dirigía principalmente al cultivo del terreno. La agricultura no solo es, como dice Hume, el trabajo más necesario para que subsista una nación numerosa, sino que es el único por el que puede existir. Las artes y las manufacturas, que en los tiempos modernos parecen alimentar a tanta gente, no tienen la menor influencia sobre la población, pues solo tienden a aumentar la cantidad de productos de la agricultura y a facilitar su distribución.

En los países donde, por la influencia de diversas causas, la propiedad territorial está dividida en grandes porciones, las artes y las manufacturas son absolutamente indispensables para obtener una gran población: sin ellas, Europa estaría despoblada. Pero donde la propiedad está dividida en pequeñas porciones no son tan necesarias; su división sola basta para llegar inmediatamente a un importante objeto, que es la distribución. Si en este caso la demanda de hombres es siempre la misma para la guerra y la defensa del Estado, este motivo, unido al amor a su familia, debe bastar para obligar a cada propietario a cultivar lo mejor que le sea posible la porción de terreno que posea, a fin de alimentar una numerosa posteridad.

La antigua división de Grecia y Roma en muchos estados pequeños dio a este estímulo una nueva fuerza. En un pueblo en que el número de ciudadanos libres no excedía de diez o veinte mil, cada uno debía conocer la importancia que tenía su trabajo en la comunidad. Sabiendo que el Estado del que él era miembro estaba rodeado de vecinos celosos, y que para su defensa no podía contar sino con la fuerza interior, hubiera creído faltar a su deber de ciudadano si hubiese abandonado el cultivo de sus tierras. Estas causas dieron mucha preponderancia a la agricultura, sin el concurso de las necesidades artificiales que entre nosotros la animan. La población siguió el aumento de los productos de la tierra, y aun hizo progresos más rápidos; y cuando la guerra no reprimió el exceso, se repartió por fuera y formó numerosas colonias. La necesidad de recurrir a este medio, unida a la pequeñez de los estados, hacía esto manifiesto a todo hombre capaz de reflexionar, e hizo conocer bien pronto a los filósofos y legisladores la tendencia que tiene la población a aumentarse más allá de los medios de subsistencia. No perdieron de vista, como sucede muchas veces con los políticos modernos, un asunto tan inmediatamente ligado a la paz y a la felicidad social. Y por atroz que fuese el medio que propusieron, preciso es confesar su gran penetración y que conocían muy bien que, si no se refrenaba la facultad de poblar, se trastornarían bien pronto sus sistemas de felicidad e igualdad republicana.

La facultad de formar colonias está necesariamente limitada. Después de cierto tiempo es muy difícil o casi imposible, a no ser por circunstancias muy particulares, encontrar un terreno vacante. Es, pues, preciso tener a mano otro remedio.

Muy probable es que en Grecia haya prevalecido la práctica del infanticidio desde los primeros tiempos. En las partes de América donde está establecido, proviene al parecer de la dificultad de criar muchos hijos en la vida salvaje y vagabunda, y expuestos al hambre y a guerras perpetuas. Se cree que tuvo el mismo origen entre los antiguos griegos, y que Solón, al permitir la exposición de los hijos, no hizo más que sancionar una costumbre.

Dos fueron los objetos de este legislador. El primero y principal fue evitar un exceso de población capaz de producir la pobreza y el descontento universal. El segundo, nivelar la población con las subsistencias que el país podía producir, apartando el temor de tener una numerosa familia, que es el principal obstáculo al matrimonio. El efecto de esta costumbre en China manifiesta que llena mejor el segundo de los objetos que el primero. Pero si el legislador no conoció esta verdad, o si una costumbre inveterada hizo preferir a los padres la muerte de sus hijos a la pobreza, semejante práctica debió parecer a propósito para llenar a la vez el doble objeto que tenía, a saber: mantener plena y constantemente la justa relación entre los víveres y los consumidores.

La importancia de esta relación, y las consecuencias a que conduce la falta o el exceso de población, la debilidad o la pobreza, han sido bien conocidas por los políticos griegos, quienes han imaginado diversos proyectos para mantener en este punto un justo equilibrio.

Platón, en el *Libro de las leyes*, quiere que en su república el número de ciudadanos libres, o el de sus habitaciones, no pase de 5.040. Para mantener este número, cada jefe de familia elegirá un sucesor entre sus hijos y le transmitirá la porción de tierra que posea. Casará a sus hijas conforme a las leyes, y a los demás hijos los dará en adopción a los ciudadanos que no tengan ninguno. Si el número de hijos es demasiado excesivo o pequeño, el magistrado tratará y velará para que el número de familias no exceda nunca del prefijado. Según Platón, hay muchos medios para conseguir esto. Puede reprimirse o animarse la procreación, según la necesidad, por el honor o la ignominia, o por exhortaciones convenientes a las circunstancias.

Entra después en grandes detalles en su *República filosófica*. Propone dar a los ciudadanos más distinguidos las mejores mujeres, y a los otros las mujeres de menos mérito, y no educar sino los hijos de los primeros. En ciertos días de fiesta, fijos por la ley, los desposados deberán reunirse para casarse con solemnidad. Por lo demás, el magistrado determinará el número de matrimonios y, tomando en consideración los estragos causados por la guerra, las enfermedades y otras causas, tratará de proporcionar el número de ciudadanos a los recursos del país y a las demandas del Estado. Los hijos de los mejores ciudadanos se confiarán a nodrizas que habiten un barrio separado; los demás, y los que nazcan mutilados o contrahechos, serán sepultados en un lugar oscuro e ignorado.

Pasa en seguida a examinar a qué edad conviene casarse, y fija la de 20 años para las hembras y 30 para los varones. Una mujer podrá tener hijos desde los 20 hasta los 40 años, y un hombre desde los 30 hasta los 55. Hacerlo más tarde o más temprano es un delito que debe considerarse igual al de tener hijos fuera del matrimonio, por una viciosa incontinencia. Dos personas de la edad legal que tengan hijos sin haber cumplido las ceremonias prescritas cometen también igual delito, y sus hijos no son legítimos, sino desaprobados por la ley como profanos e incestuosos. Pasada la edad prescrita, Platón concede mucha libertad en el comercio de los dos sexos, aunque tengan algún hijo, porque en este caso será expuesto, cualquiera que sea el deseo o la situación de los padres.

Estas citas manifiestan muy bien que Platón conocía plenamente la tendencia de la población a aumentarse más allá de los medios de subsistencia. Sin duda que los medios que para ello emplea son execrables; pero esto mismo, y el empleo que de ellos hacía, prueban que comprendió muy bien la gran dificultad que tenía que vencer. No ha podido menos de considerar la guerra como muy destructiva, puesto que tenía a la vista una pequeña república. Sin embargo, propone matar a los hijos de los ciudadanos de poco mérito, a todos los nacidos fuera de la edad y formas prescritas por la ley, y además de estas precauciones quiere que el magistrado arregle el número de matrimonios. Preciso es que su experiencia y razonamientos le hubiesen convencido muy bien de la gran energía de la fuerza prolífica y de la necesidad de ponerle trabas.

Aún más claramente ha visto Aristóteles esta necesidad. Fija la edad del matrimonio en 37 años para los hombres y en 18 para las mujeres, lo que equivale a condenar a una infinidad de mujeres al celibato. Aunque ha retardado tanto para los hombres el momento del matrimonio, aun teme que haya muchos hijos y quiere limitar su número en cada familia.

Para esto es preciso que, si una mujer aparece encinta después de haber llegado a este número limitado, el hijo muera antes de nacer. Desde la edad de 54 o 55 años no se permite a los hombres tener hijos, porque lo mismo los hijos de los ancianos que los de los hombres demasiado jóvenes son imperfectos de cuerpo y espíritu. Después de la edad prescrita, los dos sexos pueden vivir unidos, porque, así como en la república de Platón, a ningún hijo que nazca de este comercio puede permitírsele vivir.

Al discutir las ventajas de la república propuesta por Platón en su *Tratado de las leyes*, observa Aristóteles que este autor no ha atendido bastante a lo concerniente a la población. Le acusa de inconsecuencia por haber establecido la igualdad en las propiedades y no haber limitado el número de los hijos. Es preciso, dice con razón, gran exactitud en las leyes de los países donde está admitida la igualdad de la propiedad. En los gobiernos ordinarios, un aumento de población solo produce el efecto de subdividir la propiedad territorial; pero en una república donde está establecida la igualdad, los supernumerarios se verían absolutamente abandonados, porque, estando las tierras divididas en partes iguales y en cierto modo elementales, no serían susceptibles de una nueva división.

En otro pasaje, dice este autor que es preciso siempre que el número de hijos sea limitado, y que para este límite se tengan presentes las muertes y las causas de esterilidad; pues si se deja libre a cada uno, según es costumbre, tener los hijos que pueda, sobrevendrá de inmediato la pobreza y, con ella, el vicio y los trastornos. Estas razones obligaron a Feidón de Corinto, uno de los más antiguos escritores políticos, a proponer una ley directamente contraria a la de Platón: limitó la población y no igualó las propiedades.

También Faleas de Calcedonia, que había propuesto la igualdad de bienes como una medida saludable, se opone a las instituciones de Platón y dice que los que quieren arreglar así las fortunas deben saber que también es preciso limitar al mismo tiempo el número de hijos. Porque, añade, si estos se multiplican más que los medios para mantenerlos, la ley necesariamente será infringida, y muchas familias pasarán de repente de la opulencia a la miseria, revolución siempre peligrosa para la tranquilidad pública.

Aristóteles ha conocido claramente que la fuerte tendencia de la raza humana a reproducirse debe, si no tiene obstáculo alguno, trastornar todo sistema fundado en la igualdad de la propiedad. El mejor argumento que puede proponerse contra semejante sistema es la necesidad de usar de los medios propuestos por el filósofo de Estagira.

Otra observación relativa a Esparta manifiesta que entendía muy bien el principio de la población. La imprevisión que había presidido en esta república las leyes de las sucesiones hizo que las tierras recayesen en muy pocas manos, resultando de esto una gran disminución de habitantes. Para obviar este inconveniente y reemplazar los hombres que la guerra quitaba a cada momento, los reyes predecesores de Licurgo habían adoptado la costumbre de naturalizar a los extranjeros. Y, según Aristóteles, hubiera sido mejor haber aumentado el número de ciudadanos, aproximándose un poco a la igualdad en la repartición de las tierras. Mas la ley relativa a los hijos era enteramente opuesta a esta mejora. El legislador, queriendo tener muchos ciudadanos, había animado la procreación por todos los medios posibles: el que tenía tres hijos estaba exento de la guardia nocturna, y el que tenía cuatro, libre de toda carga pública. Pero es muy cierto, dice Aristóteles, que el nacimiento de muchos hijos, mientras no se mudara la división de las tierras, solo produciría un aumento de pobreza.

Este autor conoció el error en que han caído, desde Licurgo, muchos legisladores, pues estimular el nacimiento de los hijos sin poder mantenerlos es obtener un pequeño aumento de población a costa de mucha miseria y sufrimientos.

El legislador de Creta (Carondas), así como Solón, Feidón, Platón y Aristóteles, comprendió la necesidad de reprimir la población para evitar la pobreza general. Es de creer que la opinión de estos hombres y sus leyes **tuviese** mucha influencia y que, por lo tanto, el obstáculo privativo que proviene de la tardanza en contraer matrimonio y de otras causas obró eficazmente en los estados libres de Grecia.

En cuanto al obstáculo destructivo, basta echar una ojeada sobre la historia de sus guerras para formarnos de él una idea; pero la peste se unió a este azote al menos una vez en Atenas. Y Platón, que, como ya hemos visto, supone que en su república las enfermedades podrían disminuir la población. Las guerras de estos pueblos eran no solo continuas, sino sangrientas. En sus pequeños ejércitos, que probablemente combatían cuerpo a cuerpo, había proporcionalmente más muertos que en los grandes ejércitos modernos, en los cuales es corto el número de los que perecen. Además, como todos los ciudadanos de estas pequeñas repúblicas eran militares y servían en todas las guerras, las pérdidas que estas ocasionaban eran de gran consideración y de difícil reparo.

XIV. OBSTÁCULOS A LA POBLACIÓN ENTRE LOS ROMANOS

Los estragos de la guerra en los pueblos de Italia durante los primeros esfuerzos de los romanos para adquirir preponderancia han sido, al parecer, mayores que en los pequeños estados de Grecia. Wallace, en su *Disertación sobre el número de hombres*, dice «que, siguiendo atentamente la historia de Italia en esta época, es admirable que se hayan podido levantar tantas tropas para hacer la guerra sin interrupción, hasta el momento en que Italia estuvo enteramente subyugada». Tito Livio se admira también de que los ecuos y los volscos, tantas veces vencidos, se encontrasen siempre en estado de presentar en campaña nuevos ejércitos.

Esto se explica únicamente suponiendo, como es probable, que las pérdidas constantes ocasionadas por las guerras produjesen la costumbre de no sujetar el principio de la población a ninguna traba y que, por consiguiente, el número de jóvenes que llegaba a la edad de tomar las armas era mucho mayor, en relación con la población total, que en los estados menos belicosos. Esta rápida sucesión de jóvenes fue, sin duda, lo que en estos pueblos, así como en Germania, hizo que siguiesen, sin agotarse jamás, nuevos ejércitos a los que perecían.

Debe creerse, por lo tanto, que en los primeros tiempos, así en Italia como en Grecia, estaba en práctica el infanticidio. Una ley de Rómulo prohibía exponer a los hijos antes de los tres años cumplidos, lo que prueba que se les exponía a veces desde su nacimiento. Pero no se admitió esta práctica sino cuando las pérdidas ocasionadas por la guerra no dejaban suficientes huecos para la generación nueva. Así, aunque pueda considerarse como uno de los obstáculos destructivos que impedían a la población recibir su completo acrecentamiento, puede decirse que, en aquel estado de cosas, contribuía más a favorecerla que a detenerla en su progreso.

Entre los romanos, que desde el principio de la república tuvieron que sostener guerras continuas y sangrientas, esta especie de obstáculo destructivo debió obrar con una fuerza prodigiosa. Pero esta causa, por activa que se la suponga, no hubiera jamás producido, sin el concurso de otras mucho mayores, esa necesidad de hombres que se experimentó en tiempo de los emperadores y que obligó a Augusto y a Trajano a dar diferentes leyes para estimular el matrimonio y las familias numerosas.

Cuando se destruyó insensiblemente la igualdad de bienes establecida en un principio en el territorio romano y se repartieron las tierras entre un pequeño número de ricos propietarios, los ciudadanos, privados por este cambio de los medios de subsistir, no tuvieron otro recurso para no morirse de hambre que vender a los ricos su trabajo, como ahora se ve en los estados modernos. Pero este recurso se les quitó por el gran número de esclavos, que, creciendo con el lujo, bastaron para todos los empleos de las artes y de la agricultura. En tales circunstancias, lejos de admirarse que los ciudadanos libres fuesen menos numerosos, apenas puede comprenderse cómo quedó alguno que no fuese propietario.

Y verdaderamente muchos no existían sino a favor de una costumbre extraña que produjo la situación violenta de esta sociedad política, cuál era el uso de distribuir a los ciudadanos pobres grandes provisiones gratuitas de trigo. En tiempo de Augusto, doscientos mil disfrutaron de este beneficio, y es muy probable que algunos no tuviesen otro recurso. Créese que se hacían estas distribuciones a los que habían llegado a la edad viril; pero no había bastante para una familia y era excesivo para un hombre solo, sin ser suficiente para poner a los ciudadanos pobres en estado de multiplicarse.

Por la manera con que habla Plutarco del uso de exponer los niños, tal como estaba establecido entre los pobres, puede creerse que se hacían morir muchos, a pesar de las gracias concedidas a los padres de tres hijos. Esto se confirma por el pasaje en que Tácito, al hablar de los habitantes de Germania, hace alusión a esta costumbre de los romanos. Y, verdaderamente, ¿qué podría esperarse de semejante ley en un pueblo sin otro recurso que la caridad, compuesto de individuos incapaces de proveer a sus propias necesidades y mucho menos de mantener una mujer y dos o tres hijos?

Si se hubiesen enviado fuera del país la mitad de los esclavos y, por consiguiente, el pueblo romano hubiera podido dedicarse a las artes y a la agricultura, el número de ciudadanos habría crecido rápidamente, y este aumento hubiera sido más eficaz que todos los que podían ofrecer las leyes.

Quizá los derechos concedidos a los padres de tres hijos y otras leyes semejantes hayan tenido algún efecto entre las clases superiores de los ciudadanos romanos; y, en verdad, la naturaleza misma de estas leyes, consistiendo casi todas en privilegios, indica al parecer que fueron hechas principalmente para estas clases. Pero las costumbres viciosas de toda especie, propias para impedir el aumento de la población, eran al parecer tan dominantes en esta época que ninguna ley podía bastar para corregirlas.

Montesquieu observa con razón «que la corrupción de las costumbres acabó con la censura establecida para destruirla»; pero añade que, «cuando esta corrupción es general, la censura no tiene bastante poder». Treinta y cuatro años después de la promulgación de la ley de

Augusto sobre el matrimonio, los caballeros romanos pidieron que se derogase. Y, haciendo una valuación de casados y de célibes, se vio que el número de estos había crecido, prueba bien clara de la ineficacia de la ley.

En muchos países, las costumbres viciosas que impiden el aumento de la población no son la causa, sino el efecto de la escasez de matrimonios. Pero en Roma la depravación de las costumbres, al parecer, obró directamente para impedirlos, al menos en las clases superiores. No pueden leerse los discursos de Metelo Numídico en su censura sin experimentar un sentimiento de indignación y disgusto. «Si pudiésemos estar sin mujeres —decía este magistrado— ninguno de nosotros tendría esa carga tan incómoda. Pero, puesto que tal es el orden de la naturaleza que con ellas no se puede vivir cómodamente y sin ellas no se puede vivir, pensemos más bien en hacer duradera nuestra salud que en un corto placer».

Las leyes positivas para fomentar el matrimonio y la población, cuando se dictan solo al hacerse sentir la necesidad y no son secundadas, como en China y en otras partes, por la influencia de la religión, rara vez corresponden al objeto con que se promulgan y solo consiguen manifestar la ignorancia del legislador. Pero la necesidad aparente de estas leyes indica casi siempre una gran depravación moral y política; y en los países en que se ven obligados a ejecutarlas, puede estarse persuadido de que, independientemente de las costumbres viciosas que allí dominan, existen instituciones políticas desfavorables al trabajo y a la industria, y por lo mismo, a la población.

Por este motivo, creo yo con Wallace que Hume se ha equivocado cuando ha dicho que el universo sometido al pueblo romano nunca estuvo tan poblado como durante la larga paz que disfrutó en los reinados de Trajano y Antonino. Bien sabido es que las guerras jamás despueblan un país donde la industria y el trabajo continúan en vigor, y que la paz no puede aumentar la población de un pueblo que no sabe dónde encontrar medios de subsistencia. La razón de las leyes relativas al matrimonio bajo el reinado de Trajano es un indicio de la continuación de las costumbres viciosas y del decaimiento de la industria, lo cual parece enteramente incompatible con el supuesto de un aumento considerable de población.

Quizá se dirá que los muchos esclavos compensaban el pequeño número de ciudadanos romanos; pero es de creer que el trabajo de estos esclavos no estaba dirigido hacia la agricultura con la suficiente intensidad para que pudiese bastar al alimento de una gran población. Cualquiera que fuese el estado de las otras provincias, se conoce generalmente que la agricultura de Italia estaba en decadencia: la perniciosa costumbre de importar trigo en gran cantidad para distribuirlo al pueblo dejó a la industria agrícola en un estado de abatimiento permanente, del que siempre se resintió.

Hume dice: «Que cuando los autores romanos se quejaban de que Italia, que en otro tiempo había exportado trigo, era entonces dependiente de las provincias para este alimento necesario, jamás atribuían este cambio a un aumento de población, sino al abandono del cultivo y de la agricultura.» Y en otra parte dice: «Todos los antiguos atestiguan que había una afluencia perpetua de esclavos en Italia, adonde se les enviaba desde las provincias más lejanas, en particular desde Siria, Sicilia, Capadocia, Asia Menor, Tracia y Egipto. Y, sin embargo, el número de habitantes de Italia no aumentaba, y los autores de aquel tiempo se quejaban sin cesar de la decadencia de la agricultura y de la industria.»

Por tanto, no es muy probable que la paz de Trajano y de los Antoninos hubiese influido sobre las costumbres del pueblo hasta el punto de cambiar enteramente este orden de cosas.

Esto nos manifiesta que esta remesa continua de esclavos es la mayor prueba que puede alegarse para demostrar que la esclavitud es contraria a la propagación de la especie. La necesidad de esta afluencia es una refutación suficiente de la observación de Wallace, quien pretende que entre los antiguos los esclavos contribuían a aumentar más la población que entre los pueblos modernos las clases bajas.

Cierto es, como dice este autor, que no todos nuestros obreros se casan, que un gran número de sus hijos mueren o están enfermos e inútiles, por la miseria y el abandono de sus padres; sin embargo, a pesar de estos obstáculos, no sé si podría citarse un solo caso en que las clases inferiores, abandonadas a su libre desenvolvimiento, no hubiesen poblado tanto como lo permitía la demanda que se les hacía de su trabajo.

Para comprender bien los obstáculos a la población propios de la esclavitud, que obligan a realizar remesas constantes de esclavos, es preciso recurrir a la comparación empleada por Wallace y Hume: el uno para manifestar que conviene al señor cuidar de sus esclavos y criar los hijos de estos; y el otro para probar que el señor tiene muchas veces más interés en que sus esclavos no tengan hijos que en animarlos a la propagación.

Si fuese fundada la opinión de Wallace, los esclavos habrían mantenido fácilmente su número solo por el nacimiento de sus hijos, y bien sabido es que esto no se logró por este medio. Por ello debe ser cierta la opinión de Hume.

«Costaría sin duda mucho más criar un niño en Londres hasta que fuese útil para servir, que comprar un joven de la misma edad en Escocia o Irlanda, criado en una pobre alquería, cubierto de andrajos y alimentado de harina de avena y patatas. Los señores estarían dispuestos, en los países ricos y populosos, a desanimar a las esclavas a ser madres, a impedir su embarazo o su alumbramiento, y por último a deshacerse de su fruto.»

Wallace conviene en que el número de esclavos ha sido casi siempre mayor que el de esclavas, circunstancia que ha debido oponerse a su multiplicación. Parece, pues, que el obstáculo privativo que frena la población ha obrado con más fuerza en Roma que en Grecia. Como, por otra parte, los esclavos eran tratados con crueldad, mal alimentados, y muchos de ellos encerrados en prisiones, casas de trabajo o de corrección, estrechas y malsanas, puede creerse que el obstáculo destructivo derivado de las enfermedades obraba también con fuerza, y que las epidemias causarían más estragos entre los esclavos que entre las demás clases de la sociedad.

Establecer que la esclavitud es desfavorable a la propagación de la especie en los lugares en que está establecida no basta para decidir sobre la población absoluta de estos territorios, ni para resolver la cuestión, aún más compleja, de la población antigua y moderna. Bien sabido es que ciertas comarcas pueden alimentar contingentes de esclavos sin que sufra su población. Si estos contingentes se importaban en un país exactamente en proporción a la demanda de trabajo, la cuestión relativa al número de habitantes se resolvería del mismo modo que cuando se trata de las naciones modernas; pues la población se regularía siempre según el número de individuos que este pueblo pudiese emplear y alimentar.

Así, en los países donde está establecida la esclavitud doméstica, como en los demás, si se considera una extensión de territorio suficiente para comprender la importación y exportación en nuestros cálculos, puede erigirse en principio —con la salvedad de pequeñas variaciones dependientes del lujo o de las costumbres frugales— que la población es siempre proporcional a la cantidad de alimentos que produce la tierra. Ninguna causa física ni moral, a menos que obre con extremada violencia y de manera excepcional, puede producir sobre la población un efecto considerable y permanente si no es por su influencia sobre la producción y distribución de los medios de subsistencia.

No se ha atendido bastante a este principio al tratar de la población en las naciones antiguas y modernas, pues de una y otra parte se han hecho valer causas físicas y morales de las que no podía deducirse consecuencia alguna en favor de una u otra opinión. También se ha olvidado que cuanto más poblado y productivo es un país, tanto menos probable es que aumente su población, porque los obstáculos a este aumento son necesariamente más numerosos y enérgicos que en otros lugares. Estos obstáculos son los que mantienen allí la población en un estado estacionario o de crecimiento muy lento. De donde se deduce que el descubrimiento de muchos obstáculos de esta naturaleza, ya entre las naciones antiguas, ya entre las modernas, de ningún modo prueba la escasez de su población.

Por consiguiente, las viruelas y otras enfermedades desconocidas entre los antiguos, y que hoy causan grandes estragos, no pueden servir para probar la inferioridad de la población moderna. Sin embargo, se ve que Hume y Wallace consideraban de mucho peso este argumento.

El mismo error cometieron respecto de las causas morales. Wallace alega los estímulos directos al matrimonio entre los antepasados como una de las principales causas de la gran población del mundo antiguo. Sin embargo, la necesidad de leyes positivas para fomentar el matrimonio indica más bien una falta que un exceso de población. En Esparta, sobre todo, aparece por un pasaje de Aristóteles, citado en el capítulo anterior, que las leyes destinadas a estimular el matrimonio, sobre las que Wallace insiste con mayor énfasis, fueron promulgadas precisamente con el objeto de remediar este mal. En un país muy poblado, ningún legislador pensaría en dictar leyes para fomentar directamente el matrimonio y la multiplicación de los hijos. Examinando los restantes argumentos de Wallace, se verá que no tienen mayor fuerza.

Algunas de las causas indicadas por Hume no son del todo satisfactorias; antes bien, proporcionan argumentos en su contra. Presenta como un argumento contra la población superior de estos pueblos el número de lacayos, camareros y otras personas célibes en las naciones modernas. Pero, si alguna consecuencia se deduce de este hecho, es precisamente la contraria de la que saca el autor. Cuando la dificultad de criar una familia es tan grande que muchas personas de ambos sexos renuncian al matrimonio, es natural suponer que la población se halla estacionaria, pero no inferir que sea muy numerosa en términos absolutos. En efecto, dicha dificultad puede provenir de que la población absoluta sea muy grande y estén cerrados todos los medios de subsistencia; pero también puede ocurrir que esta dificultad se haga sentir en un país poco poblado, reducido igualmente a un estado estacionario.

La relación del número de célibes con el total de habitantes es un indicio por el que puede juzgarse si la población es estacionaria, progresiva o retrógrada; pero esta relación nada nos manifiesta sobre el estado absoluto de la población y, aun bajo el primer aspecto, quizá sea un indicio engañoso. En algunos países meridionales, por lo general, se contrae matrimonio a edad muy temprana; hay pocas mujeres célibes y, sin embargo, no solo la población es escasa, sino que tampoco crece. O bien, en este caso, el efecto del obstáculo privativo es suplido por la gran energía del obstáculo destructivo.

La suma de los obstáculos que pueden colocarse bajo estas dos clases es, sin contradicción, la causa inmediata que detiene la población. Pero en algún país no se puede obtener exactamente esta suma, y la valuación de dos o tres obstáculos aislados no ofrece ningún resultado seguro, porque sucede muchas veces que el exceso de acción de un obstáculo se compensa con la falta de acción del otro. Las causas que afectan el número de nacimientos o de muertes obran o no sobre la población media, según las circunstancias; mas las que influyen en la producción y distribución de los medios de subsistencia afectan necesariamente a la población. Solo cuando carecemos de un censo exacto pueden estas causas proporcionarnos resultados seguros.

Los obstáculos a la población, considerados en este cuadro rápido de la sociedad, pueden colocarse claramente en las clases siguientes: la violencia moral, el vicio y la miseria.

El obstáculo privativo que he designado con el nombre de violencia moral ha podido obrar, sin duda, y sería temerario sostener que no ha tenido parte en el efecto general de reprimir el principio de la población; pero es preciso reconocer que, por lo común, ha producido muy poco en comparación con los demás obstáculos. Entre estos, los privativos que pertenecen al vicio han influido considerablemente entre los antiguos romanos durante los últimos tiempos de su existencia y en algunos otros pueblos. Sin embargo, la acción de los obstáculos de esta especie ha sido, según parece, menor que la de los obstáculos destructivos.

El principio de población se ha desplegado con muchísima fuerza, y el exceso de producción que de ello ha resultado ha sido destruido por causas violentas, entre las cuales es preciso contar, en primer lugar, la guerra, que domina a todas las demás y se presenta bajo el más terrible aspecto; y en seguida vienen el hambre y las enfermedades funestas. En la mayor parte de las comarcas que hemos recorrido, rara vez la población se ha ajustado con exactitud a la cantidad media y permanente de las subsistencias. Por lo general, se la ve oscilar entre estos dos puntos extremos; por consiguiente, las variaciones entre la escasez y la abundancia han aparecido muy marcadas, tal como era de esperar al trazar el cuadro de las naciones más atrasadas en la civilización.

LIBRO SEGUNDO: DE LOS OBSTÁCULOS QUE SE OPONEN A LA POBLACIÓN EN LOS DIVERSOS ESTADOS DE LA EUROPA MODERNA

I. OBSTÁCULOS A LA POBLACIÓN EN NORUEGA

Los registros de nacimientos, matrimonios y defunciones nos servirán de gran utilidad en nuestro examen acerca de los diversos estados de la Europa moderna. Cuando estos registros sean exactos, darán a conocer con bastante certeza si los obstáculos que detienen la población son del género preventivo o del destructivo. Y siendo muy semejantes las costumbres de la mayor parte de las naciones europeas, por hallarse en circunstancias bastante parecidas, es de esperar que sus registros ofrezcan poco más o menos los mismos resultados. Sin embargo, algunos calculadores, fiándose en exceso de esta coincidencia, han cometido el error de creer que la ley de la mortalidad era igual en todas partes, cuando por el contrario varía mucho en las diferentes comarcas de un mismo país, y en determinados límites depende de circunstancias cuya modificación está al alcance del hombre.

La Noruega, en casi todo el siglo anterior, no ha sufrido ninguna pérdida de hombres en la guerra. Resistiendo su clima a las epidemias, la mortalidad es menor en un año común que la de ningún otro país de Europa donde existen registros exactos. La relación de muertes anuales con toda la población es, por término medio, de 1 a 48. Sin embargo, no parece que la población de Noruega se haya aumentado con mucha rapidez, aunque ha tomado algún incremento en estos diez o quince últimos años. Bien que hasta esta época sus progresos habían sido muy lentos, porque sabemos que este país ha estado poblado desde muy antiguo y que en 1769 solo contaba con 723,141 habitantes.

Antes de entrar en el examen detallado de la economía interior de este país, podemos asegurar que, habiendo obrado con bastante lentitud los obstáculos destructivos de la población, los preventivos deben haberlo hecho con mucha fuerza. Y en efecto se ve por los registros que la relación de matrimonios anuales a toda la población es de 1 a 180, es decir, menor que la que dan los registros de otros países, exceptuando solo la Suiza.

Entre las causas que han influido en este país para disminuir el número de matrimonios, es preciso contar la costumbre de alistarse en el ejército, puesta en práctica hace ya algunos años. En Dinamarca y en Noruega todo hijo de arrendador o marinero es soldado. Antiguamente, el comandante de un distrito podía tomar los paisanos de la edad que juzgase conveniente, y prefería en general los de 25 a 30 años. Una vez alistados, ninguno podía casarse sin un certificado del ministro de la parroquia, en que constara que tenía lo suficiente para mantener a su familia. Después de estar asegurado con este certificado, era necesario todavía tener permiso del oficial. La dificultad de obtenerlo, como la de conseguir el certificado, y también los gastos que esto ocasionaba, hacían que los que no se encontraban en circunstancias muy favorables pospusieran el matrimonio hasta después de los diez años de servicio. Así pues, como se podía ser alistado hasta la edad de 36 años, y los oficiales empezaban a escoger a los de más edad, resultaba que estos paisanos no podían considerarse como libres para casarse hasta una edad muy avanzada. El ministro de la parroquia no tenía ningún poder legal para impedir a un hombre casarse no estando en el ejército; pero la costumbre había consagrado este derecho, y frecuentemente rehusaba el pastor unir a aquellos que no tenían medio alguno probable para hacer frente a las necesidades de una familia.

Pero en la actualidad no existen ya los obstáculos de esta naturaleza, bien provinieran de la ley, bien de la costumbre. Cualquiera tiene amplia libertad para casarse cuando le acomode, sin necesitar permiso del oficial ni del párroco. Y en los alistamientos se toma primero a los jóvenes de 20 años, después a los de 22, siguiendo así progresivamente hasta tener el número de hombres prescritos.

Los oficiales, en general, se quejan de este cambio, diciendo que en Noruega un joven a los 20 años aún no está bien desarrollado y no puede ser buen militar. Muchos creen que en la actualidad los aldeanos se casan muy pronto y que tendrán más hijos que los que el país podrá alimentar.

Mas, independientemente de los reglamentos sobre el servicio militar, la situación de la Noruega opone grandes obstáculos a los matrimonios precoces. No existiendo en este país ninguna gran ciudad manufacturera que pueda emplear a la población sobrante, y teniendo cada pueblo tantos brazos como necesita, es difícil que, cambiando de lugar, pueda esperar un individuo mejorar mucho su posición. A no ser que se le proporcione algún medio de emigrar al extranjero, el aldeano de Noruega acostumbra por lo general a habitar en el pueblo en que ha nacido. Además de esto, como la mortalidad es muy pequeña, se tarda mucho en hallar viviendas desocupadas y oficios en que emplearse; teniendo, por lo tanto, que esperar largo tiempo antes de adquirir lo indispensable para mantener a su familia.

Hay generalmente en las granjas de Noruega cierto número de jornaleros casados que tienen allí su ocupación, y cuyo número es proporcionado a la extensión de la granja; y se les da el nombre de colonos. El arrendador les da una casa y una cantidad suficiente de tierra para el sostén de su familia. En cambio, están obligados a trabajar para él, y a un precio bajo y convenido, siempre que los necesita. Este es casi el único medio de mantener una familia, si se exceptúan los lugares próximos a las ciudades y las playas del mar. Es tan escaso el número de hombres reunidos y las ocupaciones tan poco variadas, que cada individuo ve distintamente cuáles son sus recursos y conoce la necesidad de esperar una plaza vacante antes de decidirse a contraer matrimonio. Si, seducido por la abundancia de materiales que tiene a su disposición, se resolviera a edificar él mismo una casa, el arrendatario, provisto de un número suficiente de obreros, no le cedería terreno; y aunque tuviese alguna ocupación en los tres o cuatro meses de verano, no conseguiría mantener a su familia todo el año. Es probable que en casos de esta naturaleza, en que la impaciencia de casarse inducía a los jóvenes a edificar y a fiarse de su fortuna, los párrocos usasen de su derecho negándoles el consentimiento.

Así sucede que los jóvenes de ambos sexos se ven obligados a permanecer junto a los arrendadores en calidad de criados solteros, hasta que quede vacante una plaza de colono. También hay muchos de estos criados célibes en las granjas y en las casas de familias notables, aunque no los necesiten para su servicio. La división del trabajo en Noruega no es muy grande. Cada familia se proporciona lo necesario para su economía doméstica; no solo se hace en las casas la cerveza, el pan y el lavado de la ropa, sino hasta las especias, la manteca y el queso, y se matan los toros y carneros que necesitan. Los arrendadores, y en general toda la gente del campo, hilan el lino y la lana, y tejen sus lienzos y sus paños. Aun en las grandes ciudades, como en Christiania y Dronthein, puede decirse que no hay mercado. Cuesta mucho proporcionarse un trozo de carne fresca, y en el rigor del verano no se encuentra en venta una libra de manteca. Hay ferias en ciertas épocas del año donde se vende toda especie de provisiones susceptibles de conservarse, y hay que aprovechar esta ocasión, porque rara vez se vuelven a vender al por menor estos géneros. Los que permanecen poco tiempo en estas ciudades, y los comerciantes al por menor que no tienen tierras en arriendo, se lamentan mucho de una costumbre tan incómoda. Las mujeres de negociantes que tienen tierras considerables dicen que la economía doméstica de una familia noruega es tan extensa y complicada, que exige para su cuidado la más continua atención, y no les deja tiempo para ocuparse en otra cosa.

Claro es que estas costumbres exigen muchos criados, y aun dicen que no son muy diligentes y que se necesitan para el mismo trabajo mayor número que en otros países. De donde resulta que en cada casa se encuentran dos o tres veces más criados que los que se acostumbran en Inglaterra; de suerte que un arrendador que, por su posición, no se distingue de los jornaleros que emplea, tiene a veces una servidumbre de veinte personas, contando su familia.

Hay, pues, muchos más recursos o medios de subsistencia para un célibe que para un hombre casado. De este modo, las clases ínfimas no pueden multiplicarse mucho, y no empezarán a desarrollarse sino cuando los capitales del comercio o la división y mejora de los arriendos ofrezcan nuevos empleos a los obreros casados. En los países completamente poblados, este asunto está siempre envuelto en la oscuridad. Cada uno cree tener siempre igual derecho a ser empleado que su vecino; se lisonjea con que, si sale mal de un negocio, será más feliz en otros, y se casa por lo tanto confiando solo en su fortuna. La consecuencia de esta confianza es que el exceso de población que de ella dimana esté frecuentemente reprimido por los obstáculos destructivos, por la miseria y las enfermedades. Aun es esto más claro en Noruega. El número de familias adicionales que puede sostener una nueva demanda de trabajo está señalado distintamente. La población es tan escasa que aun en las ciudades es imposible que se cometa error alguno respecto de esto. En el campo todo el mundo sabe si las tierras se dividen o se mejoran, y si de ello resulta la creación de nuevas plazas de colonos. El que puede obtener una de ellas se casa y tiene con qué sostener a su familia; el que no la puede lograr permanece soltero. De este modo siempre está evitado el exceso de población, y el hombre no nace, como en otras partes, para estar sometido a causas destructivas.

No puede dudarse que la influencia del obstáculo preventivo, nacida del estado de sociedad que acabo de describir, y las dificultades producidas por los alistamientos, han contribuido esencialmente a mejorar en Noruega la situación de las clases bajas, y la han hecho superior a lo que podía esperarse de la naturaleza del clima y del terreno. En las orillas del mar, donde la pesca ofrece la esperanza de un alimento suficiente, y en donde por consecuencia el obstáculo preventivo no obra con la misma fuerza, el pueblo es pobre y miserable, y está en una situación muy deplorable en comparación de los aldeanos del interior.

Casi todo el terreno de Noruega es poco a propósito para el cultivo del trigo, a causa de la temperatura, que tiene cambios repentinos y perjudiciales. Hay particularmente en el mes de agosto tres noches llamadas noches de hierro, que destruyen la esperanza de las mejores cosechas. En este caso el pueblo padece; pero como apenas hay trabajadores independientes, exceptuando los colonos de que he hablado, que todos acostumbran a tener ganado, y a los cuales, si les es sensible verse precisados a mezclar la corteza interior del abeto con su harina, compensan esto por otro lado comiendo queso, manteca, tocino, carne y pescado salado, que es en lo que consisten sus provisiones de invierno. Cuando más se siente la escasez del trigo es en los dos meses antes de la recolección; pero entonces ya empiezan a dar leche las vacas, y hasta los maisonniers tienen dos o tres de ellas generalmente, lo cual es un gran recurso para la familia, sobre todo para los niños. En el verano de 1799 los habitantes de Noruega disfrutaban del contento y la abundancia, mientras los suecos, sus vecinos, se morían de hambre. Noté también, entre otras cosas, que los muchachos de los colonos y de los arrendadores estaban más gordos, más robustos y tenían las pantorrillas más fornidas que los jóvenes de la misma edad y de la misma clase en Inglaterra.

También es verdad que Noruega debe la ventaja de tener una mortandad muy pequeña a la influencia del obstáculo preventivo, más bien que a la salubridad del aire, pues no hay nada en el terreno ni en el clima por lo que pueda suponerse alguna cualidad particular tan favorable a la salud. Como sucede en todos los países, la mortandad mayor es entre los niños; y habiendo pocos en Noruega, resulta que habrá proporcionalmente allí menos mortandad de ellos que en otras partes, suponiendo un clima igualmente favorable.

Se observará quizá, y con razón, que una de las principales causas que disminuyen la mortandad en Noruega es que hay pocas ciudades, y aun las que existen son pequeñas, y muy escaso el número de individuos empleados en manufacturas malsanas. Se ven en otras partes aldeas dedicadas enteramente a la agricultura, en donde el obstáculo preventivo obra con menos fuerza que en Noruega, y sin embargo la mortandad es también muy escasa. Pero conviene tener presente que este cálculo solo se aplica a las poblaciones en particular, mientras que en Noruega la relación de 1 a 48 está establecida para todo el país. La población sobrante de estas aldeas acostumbra regularmente a emigrar a las ciudades, de manera que la muerte de una gran parte de los que han nacido en estas aldeas no aparece en los registros. Al contrario, en Noruega todas las defunciones están comprendidas en un solo cálculo; y si han nacido más individuos que los que el país puede sostener, a esto habrá seguido una gran mortandad bajo una u otra forma; y si las enfermedades han perdonado a los habitantes, habrán perecido de hambre. Es bien sabido que un alimento escaso o malo engendra dolencias en los climas más puros y saludables. Así, suponiendo que no haya habido emigración alguna fuera del país, y en el interior ningún recurso extraordinario, únicamente la fuerza del obstáculo preventivo es la que ha podido hacer menor la mortandad en Noruega que en ningún otro país, cualesquiera que por otra parte sean la pureza del aire y la salubridad de las ocupaciones habituales del pueblo.

Noruega estaba antiguamente dividida en tierras o granjas de gran extensión, llamadas gores. Como la ley de sucesiones establece la

149

división igual de los bienes entre los hermanos, es admirable que estas propiedades no estén aún más subdivididas. Esta es una prueba de la lentitud con que se aumenta la población. Muchas de estas tierras primitivas han sido divididas en diferentes porciones, a veces muy pequeñas; pues generalmente, a la muerte de un padre de familia, una comisión procede, por una cantidad muy baja, a la valuación de la tierra. Si después de esta tasación el hijo mayor puede pagar a sus hermanos y hermanas su parte de herencia, ya sea hipotecando los fondos o de otra manera, se le adjudica toda la propiedad. La fuerza de la costumbre y la indolencia le obligan a seguir en la administración de su heredad las huellas de sus antecesores, introduciendo por lo regular pocas mejoras.

Hay para esto un gran obstáculo en Noruega, que es una ley llamada derecho del Odel, por la cual todo descendiente directo puede retraer un fundo vendido a un extraño, entregando el precio de la compra. Antiguamente lo disfrutaban también los colaterales, y no había tiempo limitado para usar de él; de manera que el comprador no podía nunca considerarse libre de toda especie de reclamaciones. Después se fijó el espacio de veinte años para hacer valer este derecho; en 1771 se redujo a diez años, y se privó a los colaterales de este derecho de retracto. Pero es preciso que este espacio de tiempo corra sin interrupción; porque si en el curso de los diez años un pariente que tiene derecho a retraer manifiesta al comprador que no lo renuncia, aunque no pueda hacerlo valer por entonces, es necesario seis meses más de posesión para poner al comprador al abrigo de toda demanda ulterior. A esto se añade que, en la línea directa, un hermano mayor puede reclamar los fundos que su hermano ha retraído. Estas leyes, aunque enmendadas, son un gran obstáculo para la mejora de las tierras. Antes de modificarse, cuando el retracto podía tener lugar en todo tiempo y se hacían sin embargo muchas ventas de fundos, estas leyes impedían toda mejora. Esto basta para explicar cómo, durante una serie de siglos, la población ha aumentado tan lentamente en Noruega.

Otra dificultad impide el desmonte y el cultivo, y es el temor que tienen los comerciantes de madera de que se destruyan los bosques. Cuando se divide una granja entre los hijos y los nietos, como cada uno de ellos tiene un derecho igual a los bosques, cada uno derriba y corta cuanto puede. Por consiguiente, las maderas se quitan antes de que puedan servir para la construcción, y se perjudican mucho los bosques. Para prevenir estas pérdidas, los comerciantes madereros compran a los arrendadores muchos bosques con la condición de que no dividirán sus tierras ni establecerán nuevos colonos, o al menos que, si se reparten entre la familia, no tendrán ningún derecho sobre los bosques. Se asegura que los comerciantes que hacen estos tratos no son muy rigurosos en su ejecución, con tal que los arrendadores y colonos pobres solo tomen madera para la edificación de sus habitaciones. Por lo demás, los arrendadores que venden grandes porciones de bosques están obligados por la ley a reservarse el derecho de apacentar allí sus ganados y de cortar la madera de construcción necesaria para su propia casa, para los reparos de la misma y para su abrigo.

Una porción de terreno que rodea la habitación de un colono no puede cercarse para el cultivo sin un doble permiso: primero, del propietario del bosque, declarando que aquel lugar no es propio para la producción de madera de construcción; y segundo, del magistrado, para certificar la verdad de la declaración del propietario.

Aparte de estos obstáculos que podemos llamar artificiales, la naturaleza presenta otros difíciles de superar que nos hacen presumir que nunca serán en este país el cultivo y la población proporcionados a su extensión. Aunque los habitantes de Noruega no sean un pueblo nómada, aún conservan algo de los pueblos pastores, y su subsistencia depende mucho del ganado. Los terrenos cultivados al pie de las montañas no pueden producir granos; el único uso a que se les puede destinar es el de apacentar en ellos los rebaños durante los tres o cuatro meses del verano. Por consiguiente, en esta época los arrendadores envían todos sus ganados bajo la custodia de alguno de su familia, y entonces hacen la manteca y el queso para la venta y para su consumo particular. Pero su mayor dificultad es alimentar sus rebaños en el invierno, por lo que les es absolutamente necesario destinar una parte considerable de sus mejores tierras a la siembra del heno. Si dedican mucha tierra al cultivo, necesitan disminuir proporcionalmente el número de sus ganados, lo que haría completamente inútil una gran parte de los terrenos. Es una cuestión muy difícil saber si, compensado todo esto, podría el país en este caso sostener una población mayor.

Sin embargo, a pesar de estos obstáculos, Noruega es susceptible de muchas mejoras, y efectivamente ha tenido un gran progreso en estos últimos años. He oído decir a un profesor de Copenhague que lo que había atrasado la agricultura en Noruega era el no haber arrendador alguno que, estando en una situación superior a la de los aldeanos, pudiera dar ejemplo en los métodos de mejora y salir de la ciega rutina que, de generación en generación, se ha transmitido a los cultivadores. Lo que he visto en Noruega me hace creer que este atraso debe tener cada vez menos influencia. Muchos comerciantes capaces, y generales muy instruidos, se ocupan de la dirección de sus tierras. En los alrededores de Christiania, el sistema de agricultura se perfecciona visiblemente, y lo mismo en las cercanías de Dronthein, donde se ha introducido el uso de los prados artificiales, que son de mucha importancia en un país donde se necesitan tantas provisiones de invierno para el ganado. El cultivo de las patatas ha tenido casi en todas partes un resultado favorable, generalizándose su uso cada día más, a pesar de que en las comarcas más distantes aún manifiesta el pueblo alguna repugnancia hacia este alimento.

Más común que antiguamente es hoy la costumbre de dividir las heredades; y como no hay bastante salida de frutos para fomentar el cultivo completo de posesiones muy extensas, debe contribuir su división a la mejora general de las tierras. Los que son jueces en esta materia convienen en que, de algún tiempo a esta parte, la agricultura ha progresado en Noruega; y los registros prueban que la población ha seguido a paso acelerado esta marcha. Por un término medio de diez años, desde 1774 a 1784, la relación de los nacidos a los muertos ha sido de 147 a 100. Pero este aumento debió de ser demasiado rápido, porque en el año 1785 hubo hambres y enfermedades, excediendo mucho los muertos a los nacimientos, y en los cuatro siguientes, sobre todo en 1789, fue muy corto el exceso de los nacidos. Mas en los cinco años desde 1789 hasta 1794, la relación de los nacidos a los muertos fue casi de 150 a 100.

Muchas personas instruidas y de buen juicio manifiestan, con este motivo, sus temores, tanto por las nuevas ordenanzas sobre alistamientos como, en general, por el sistema que parece seguir la corte de Dinamarca para fomentar a toda costa la población. Desde 1785 Noruega no ha tenido un solo año de mala cosecha; y es temible que llegue a haber uno, pues la escasez sería extrema, a causa de una multiplicación tan rápida.

Yo creo que Noruega es el único país de Europa donde el viajero oye explicar el temor de un exceso de población, y donde se comprende el peligro que pueden correr las clases ínfimas. Esto proviene de que su población es muy escasa y, por consiguiente, se conocen de inmediato sus diversas variaciones. Si solo considerásemos una aldea de la que no se pudiera emigrar, el observador menos atento comprendería que, si todos los individuos se casasen a los veinte años, las tierras no bastarían, aun con todas las mejoras posibles, para dar trabajo y alimento a todos los que llegasen a la edad viril. Pero al considerar una multitud de comarcas reunidas en un solo reino vasto y populoso, la extensión del objeto y la facultad de cambiar de lugar envuelven todos los razonamientos en la confusión y la oscuridad. Se desconoce en este caso una verdad evidente, pues por una consecuencia inaplicable se atribuye a la totalidad de un país la facultad de alimentar un número de hombres mucho mayor del que puede sostener cada una de las partes que lo componen.

II. OBSTÁCULOS A LA POBLACIÓN EN SUECIA

La situación de Suecia es, bajo muchos aspectos, semejante a la de Noruega. Así, también como en este último país, una parte considerable de la población se dedica a la agricultura, y en muchos lugares los obreros casados que trabajan para los arrendadores tienen, como los propietarios de Noruega, cierta porción de tierra para su manutención, mientras que los jóvenes solteros de ambos sexos viven con las familias de los arrendadores en calidad de criados. Sin embargo, esto no está establecido en Suecia de un modo tan general y completo como en Noruega. Por esta razón, unida a la extensión y al mayor número de habitantes del país, a las ciudades más populosas y a la variedad de ocupaciones útiles, el obstáculo privativo no ha obrado con la misma fuerza para contener la población; por consiguiente, también el obstáculo destructivo ha tenido más energía; en otros términos, la mortandad ha sido mayor.

Una memoria de M. Wargentin, inserta en las *Memorias compendiadas de la Academia Real de Ciencias de Estocolmo*, estableció la mortandad media, comparada con la población entera de Suecia, durante nueve años que concluían en 1763, en la relación de 1 a 34¾. M. Wargentin proporcionó al Dr. Price la continuación de estas tablas; y el término medio de veinticuatro años dio por resultado la relación de 1 a 34 $\frac{3}{5}$, que es apenas menor que la anterior. Y a la verdad, es una mortandad considerable en un país donde el número de personas ocupadas en los trabajos de la agricultura es proporcionalmente tan grande como en Suecia. En la tabla de este país por Cantzlaer se ve que los habitantes de las ciudades no son a los del campo sino como 1 a 13; mientras que en los países más poblados esta relación es a veces de 1 a 3 o aún mayor. La elevada mortandad de las ciudades no puede, por tanto, afectar mucho en Suecia la relación de la mortandad general.

La mortalidad media de las ciudades está, según Süssmilch, en la relación de 1 a 40. En Prusia y en Pomerania, donde hay muchas grandes ciudades insalubres y los habitantes de las ciudades están con los del campo en la relación de 1 a 4, la mortandad es menor de 1 por 37. He dicho que en Noruega era de 1 por 48, y por consiguiente mucho menor que en Suecia, aunque sea mayor la relación de los habitantes de las ciudades a los del campo. Es verdad que en Suecia las ciudades son mayores y más enfermizas; pero no hay razón para creer que la campiña sea menos favorable a la duración de la vida. Las montañas de Noruega, por lo general, están inhabitadas: solo los valles están poblados; muchos no son sino gargantas profundas y estrechas, cuyo fondo está cultivado entre las rocas hasta la cima de una gran altura que intercepta por muchas horas los rayos del sol. Esta situación debe ser menos favorable que el suelo de Suecia, que es más despejado y seco.

No puede explicarse la elevada mortandad de Suecia sino suponiendo que las costumbres del pueblo y los estímulos del gobierno han fomentado la población y, por consiguiente, han producido las enfermedades que son el efecto inevitable de la pobreza y del mal alimento. La observación confirma, al parecer, esta conjetura.

Suecia no produce lo suficiente para alimentar a su población. Tiene anualmente un déficit en granos que, por un cálculo hecho entre los años 1768 y 1772, puede estimarse en 440,000 toneladas, cantidad que se ha importado del extranjero, además de la gran cantidad de tocino, manteca y queso.

Se cree que en Suecia la destilación de granos consume más de 400,000 toneladas. Cuando el gobierno la ha prohibido, las tablas de importación han mostrado una disminución; y no se nota el aumento en los años de mala cosecha, que, como es sabido, son muy frecuentes. En los años de mayor abundancia, en que se ha dejado libre la destilación, se asegura que generalmente se han importado 380,000 toneladas. De donde se sigue que los suecos consumen todo el producto de los mejores años y además cerca de 400,000 toneladas, y que en los años malos su consumo disminuye casi en toda la cantidad que falta de cosecha. La masa del pueblo es demasiado pobre para poder comprar la misma porción de trigo cuando su precio sube mucho. No hay, pues, escasez suficiente para animar a los comerciantes de trigo a importarlo en gran abundancia. El efecto de un déficit de la cuarta o tercera parte de la cosecha es obligar al obrero a contentarse con tres cuartos o dos tercios menos de la cantidad que antes necesitaba, y a suplir lo demás con otro alimento que le sugiere la necesidad, que siempre es la madre de la industria. Ya he explicado antes por qué es difícil suponer que no haya algo más de importación en los años de escasez, aunque las tablas de Cantzlaer no proporcionen indicio alguno. Según ellas, la mayor importación tuvo lugar en 1768 y subió a 590,265 toneladas de granos; pero esta gran importación no es sino de 150,000 toneladas sobre el término medio de la necesidad. ¿Qué es semejante cantidad para suplir un déficit de un cuarto o un tercio de la cosecha? Muy poca sería la importación total comparada con semejante déficit.

La población de Suecia, en la época en que escribió Cantzlaer, era de cerca de dos millones y medio; calcula cuatro toneladas., por hombre; y según esta cuenta, las necesidades anuales de Suecia subirían a diez millones de toneladas.

Cuatrocientas o quinientas mil toneladas serían muy pocas para suplir un déficit de dos millones y medio o tres millones. Y si consideramos solo la diferencia entre la importación extraordinaria y la importación media, se verá que el recurso de Suecia en tiempo de escasez es muy limitado. De todo esto se deduce que la población de Suecia debe resentirse mucho de las variaciones entre la escasez y la abundancia.

Por esto no debe admirarnos una observación tan curiosa como instructiva de M. Wargentin sobre este asunto. Los registros de Suecia le han hecho ver que los nacimientos, matrimonios y defunciones aumentan o disminuyen según la naturaleza de la cosecha de granos. En las tablas de nueve años escoge, por ejemplo, los siguientes:

	Años	Matrimonios	Nacimientos	Defunciones
Años de mayor esterilidad	1757	18.799	81.878	68.054
	1758	19.584	83.299	74.370
Años de mayor fertilidad	1759	23.210	85.579	62.662
	1760	23.383	90.635	60.083

Se ve que en 1760 los nacidos fueron a los muertos como 15 a 10; mientras que en 1758 esta relación fue solo de 11 a 10. Al consultar las tablas de la población total correspondientes a los años ,1757 y 1760, de M. Wargentin, se ve que en 1760 el número de matrimonios es a toda la población como 1 a 101, y en 1757 aproximadamente como 1 a 124. En 1760 los muertos son a toda la población como 1 a 39; en 1767 como 1 a 32; y en 1758 como 1 a 31.

Haciendo algunas observaciones sobre los registros de Suecia, dice M. Wargentin que en los años de enfermedades ha muerto anualmente una persona por cada 29; que en los años sanos una por cada 39; y que, tomando un término medio, la mortandad puede apreciarse en 1 por 36. Mas esta conclusión no es exacta, porque el promedio entre 29 y 39 es 34; y las tablas que ha publicado este autor contradicen la mortandad media de 1 por 36, y prueban que ha sido poco menos de 1 por 34¾.

La relación de los matrimonios anuales a toda la población es, por un término medio, cercana a 1 a 112; variando entre los dos extremos de 1 a 101 y 1 a 124, según la probabilidad que ofrece cada año de poder atender a la manutención de una familia. Por lo demás, es probable que las variaciones de esta relación se extiendan mucho más allá de estos límites, pues solo se fundan en las tablas de nueve años.

En otra memoria que ha publicado M. Wargentin en la misma colección, observa nuevamente que en Suecia los años más fértiles en subsistencias son también los más abundantes en nacimientos.

Si se realizaran en otros países observaciones exactas, es muy probable que se advirtieran diferencias del mismo género, aunque menos considerables. En cuanto a Suecia, estas diferencias prueban que la población tiene una gran tendencia a aumentarse, que no solo sigue con mucha rapidez el progreso medio de las subsistencias, sino que basta que estas reciban un aumento ocasional y momentáneo para que la población se eleve luego proporcionalmente; de donde se sigue que supera sin cesar la cantidad media de aumento, pero tiene luego que refrenarse por los retornos periódicos de un déficit en las subsistencias, déficit que engendra la mayor escasez y las enfermedades que son su consecuencia.

Pues, a pesar de esta tendencia constante y tan manifiesta a poblar más allá de los justos límites, el gobierno —¡cosa más extraña! — y todos los que en Suecia se ocupan de economía política dirigen sus miras a aumentar cada vez más la población. Cantzlaer dice que el gobierno, no pudiendo ni obligar a los extranjeros a establecerse en el país, ni aumentar a voluntad el número de nacimientos, se ha ocupado desde el año 1748 de todos los medios de aumentar la población que están a su alcance. Supongamos por un momento que el gobierno hubiera podido obligar a los extranjeros a establecerse sobre su suelo y aumentar a su antojo el número de nacimientos; ¿cuál sería la consecuencia de esto? Que, si los extranjeros no introducían un nuevo sistema de agricultura, tendrían que morirse de hambre, o aumentar el número de suecos que pereciesen por falta del alimento necesario. Y si se hubiese aumentado el número de nacimientos, las tablas de M. Wargentin prueban claramente que solo resultaría un aumento de la mortandad, y bien podría suceder que la población total, en vez de aumentar, disminuyese; porque las epidemias que engendran el mal alimento y el hacinamiento de la población no se detienen siempre en el instante en que han eliminado el exceso de población, sino que a veces arrebatan una parte muy considerable de la que el país puede mantener con facilidad.

En los climas de latitud muy elevada es preciso que los principales trabajos de la agricultura se ejecuten en el espacio de pocos meses. En estos meses de verano es inevitable que haya falta de brazos; pero conviene distinguir cuidadosamente esta necesidad momentánea de la demanda real y efectiva de trabajo, que debe bastar para la ocupación y manutención del obrero durante todo el año, y no solo por dos o tres meses. En el estado ordinario de las cosas, la población de Suecia satisface plenamente esta demanda efectiva; y si se añade algo por la importación de extranjeros o por nacimientos adicionales, solo se conseguirá aumentar la desgracia y la miseria común.

Algunos autores suecos dicen que en su país un número dado de hombres y de días produce solo la tercera parte de lo que producirían en otros países, y por tanto se quejan amargamente del escaso adelanto de la industria nacional. No es fácil para un extranjero decidir sobre semejantes acusaciones; pero creo que en este caso se debe culpar menos a la industria nacional que a la naturaleza del clima y del terreno. Durante gran parte del año, la actividad de los habitantes está paralizada por el rigor del clima; después, cuando pueden dedicarse a los trabajos de la agricultura, la mala calidad del terreno y la gran extensión necesaria para obtener un producto determinado obligan a emplear una cantidad proporcionalmente mayor de trabajo. Todo el mundo sabe que en Inglaterra una granja muy extensa y de mal terreno exige más trabajo para producir lo mismo que una finca de excelente suelo; y no puede negarse que, en general, el suelo de Suecia es naturalmente poco fértil.

He recorrido toda la costa occidental de Suecia; regresando de Noruega he atravesado el país para volver a Estocolmo; y desde allí he subido por la costa oriental hasta llegar a los límites de Finlandia; y en estos viajes puedo asegurar que no he encontrado ninguna de las señales que esperaba hallar de la imperfección de la industria nacional. En lo que he podido juzgar, rara vez he visto inculto un terreno que se hubiera cultivado en Inglaterra, y he visto muchas llanuras labradas que en Inglaterra nunca habrían soportado el arado. Estas tierras son aquellas en las que se encuentran, cada quince o treinta pies, grandes trozos de piedra y roca, donde es preciso volver el arado si no se quiere levantarlo o pasarlo por encima. Se hace de uno u otro modo según la magnitud del obstáculo. El arado es muy ligero y es conducido por un solo caballo. Cuando se labra entre troncos o cepas poco elevadas, la costumbre general es saltarlos; quien maneja la punta del arado ejecuta este movimiento con gran destreza y no detiene al caballo en su marcha.

En cuanto al valor de los bosques, se acusa con razón a suecos y noruegos de desmontarlos con excesiva precipitación, sin asegurarse previamente de su aprovechamiento. El resultado de esta imprudencia es que, por una buena cosecha de centeno debida al abono de las cenizas producidas por la quema de los árboles, se destruyen excelentes bosques de construcción y se vuelve aquella tierra inútil para todo cultivo. La costumbre general, después de la cosecha de centeno, es introducir los rebaños a pastar, para que consuman la hierba que crece espontáneamente; si el terreno es bueno, el ganado impide que los abetos vuelvan a crecer y propagarse; pero si es malo, no puede mantenerse allí, y al esparcir el viento las semillas de los árboles vecinos se reproducen nuevamente espesos retoños.

Al hablar de estos terrenos inútilmente desmontados, tanto en Suecia como en Noruega, no puedo menos de hacer algunas observaciones que antes no se me habían ocurrido sobre el estado de la antigua población de estas regiones. Es muy probable, por varias razones, que esta población haya sido mayor que la actual; pero también parece posible lo contrario al observar el aspecto de estas tierras, lo que hace pensar que el suelo hoy cubierto de selvas estuvo cultivado hace mil años. Las guerras, las pestes o, quizá, el mayor de los azotes, un gobierno tiránico, pudieron exterminar a los habitantes por la muerte o la huida. Veinte o treinta años de negligencia en Suecia y Noruega bastarían para cambiar por completo el aspecto del país. No he podido dejar de hacer esta reflexión; pero el lector sabe que no la presento con suficiente fundamento como para sostenerla con certeza.

Para tratar de la agricultura de Suecia es preciso observar que, aun sin considerar el escaso adelanto de la industria nacional, existen en las instituciones políticas del país circunstancias que se oponen a los progresos naturales de su cultivo; hay incluso impuestos gravosos sobre algunas tierras en favor de los dominios de la corona. La posta es sin duda muy útil y cómoda para los viajeros, pero ocasiona a los colonos una gran pérdida, tanto de hombres como de caballos. Los economistas suecos han calculado que el trabajo que se ahorraría con la simple abolición del sistema de postas produciría anualmente 300,000 toneladas de granos. La gran distancia de los mercados en Suecia y la escasa división del trabajo, que es su consecuencia inevitable, causan también una considerable pérdida de tiempo y de esfuerzo. Si bien el aldeano sueco muestra mucha actividad y diligencia, carece en general del conocimiento necesario para la rotación de cultivos en un mismo terreno, así como para el uso adecuado de abonos y otros medios de mejora de la tierra.

Si el gobierno procurase eliminar estos obstáculos, si fomentara y orientara la industria de los arrendadores y proporcionara instrucciones seguras para el cultivo de las tierras, haría por la población mucho más de lo que podría lograrse con el establecimiento de quinientas casas de niños expósitos.

Las principales medidas que ha adoptado con este fin han sido, según Cantzlaer, la fundación de colegios de medicina y de casas para expósitos y mujeres parturientas. Los colegios de medicina, donde se admite gratuitamente a los pobres, pueden producir grandes beneficios y probablemente se ajustaban a las circunstancias particulares de Suecia; pero el ejemplo de los hospitales fundados en Francia con el mismo objeto hace dudar de que tales establecimientos sean siempre útiles. Las casas para parturientas han producido casi siempre efectos perjudiciales, pues, tal como se administraban, fomentaban el vicio. Las casas de expósitos ya cumplan o no el fin que se proponen, son siempre contrarias al bien público. En otro capítulo tendré ocasión de examinar con mayor detalle la influencia de estos establecimientos.

Con todo, el gobierno sueco no solo se ha dedicado a fundar este tipo de establecimientos, sino que ha adoptado otras muchas medidas para el aumento de la población. Por un edicto de 1776, declaró el comercio interior de granos completamente libre, y para Escania, que producía más de lo que consumía, la exportación quedó exenta de derechos. Hasta esta época, la agricultura de las provincias meridionales había estado atrasada por la falta de salida de sus granos, que procedía de la dificultad de transportarlos y venderlos fuera a precio alguno. Las provincias del Norte tienen también a veces dificultades semejantes, aunque menos conocidas, porque estas provincias nunca producen la cantidad de granos que consumen. Pero, en general, es preciso observar que no hay obstáculo más perjudicial para los progresos del cultivo que la dificultad de dar salida a los productos, porque obliga al arrendador, en los años de abundancia, a contentarse con un precio muy inferior al precio medio.

Pero lo que quizá ha contribuido más que ninguna otra causa a aumentar la población en Suecia es la abolición, realizada en 1748, de la ley que limitaba el número de personas por cada *hemman* o quinta. El objeto de esta ley fue, al parecer, obligar a los hijos de los propietarios a emprender el desmonte y cultivo de nuevas tierras, pues se creyó que este era el mejor medio de hacer fructíferas todas las tierras del país. Pero la experiencia enseñó que, careciendo estos hijos de fondos suficientes para semejantes empresas, tenían que ir a buscar fortuna a otra parte, y esta razón, según se dice, hizo emigrar a muchos. Mientras un padre podía dividir los fondos del cultivo en tantas porciones como juzgase conveniente, el gobierno animaba tales divisiones; y considerando la vasta extensión de las quintas en Suecia —extensión tal que una sola familia no basta en absoluto— se comprende que, bajo muchos aspectos, convenía dividirlas.

La población de Suecia en 1751 era de 2,229,661. En 1799, según el estado que me comunicó en Estocolmo el profesor Nicander, sucesor de M. Wargentin, había ascendido a 3,043,731. Este es, sin duda, un aumento considerable de población, y necesariamente es consecuencia de un aumento proporcionado de los productos del país, porque la importación de granos no ha aumentado y no es de creer que la condición del pueblo haya empeorado.

Sin embargo, este aumento se ha verificado a pesar de haber encontrado obstáculos periódicos que lo han detenido, o al menos retardado en su marcha. No puedo, con los datos de que dispongo, determinar con precisión cuántas veces se han hecho sentir estos retrasos en los últimos cincuenta años; pero al menos puedo indicar algunas épocas desfavorables para la población. La memoria de M. Wargentin, ya citada, prueba que los años 1757 y 1758 fueron estériles y que la mortandad excedió la relación media. También el año 1768, a juzgar por el aumento de la importación, fue poco productivo. Las tablas adicionales que M. Wargentin proporcionó al Dr. Price manifiestan que los años 17,71, 1772 y 1773 fueron muy mortíferos. Aún debió serlo más el año 1789, pues en los estados que he recibido del profesor Nicander este año influía de manera esencial en la relación media de los nacimientos con las muertes en los veinte años que concluían en 1795. Esta relación, cuando se incluye el año 1789, es de 100 a 77, y de 100 a 75 cuando se excluye; diferencia muy notable producida por un solo año en un período de veinte.

Para concluir esta enumeración, debo decir que el año 1799, que fue aquel en que estuve en Suecia, debió de ser uno de los más destructivos. En las provincias vecinas de Noruega, los aldeanos decían que no recordaban otro tan malo y que el ganado había sufrido mucho durante el invierno a causa de la sequía del año anterior. En el mes de julio, casi un mes antes de la cosecha, una parte considerable del pueblo se alimentaba de un pan hecho con la corteza interior del abeto y acederas secas, sin ninguna mezcla de harina que aumentase su valor nutritivo. El rostro descolorido y el aspecto triste de los aldeanos mostraban lo insalubre de este alimento. Muchos habían muerto ya, a pesar de que los efectos de este régimen aún no se habían manifestado por completo, y es probable que después se presentasen bajo la forma de epidemia.

La paciencia con que las clases más ínfimas del pueblo sueco sufren semejantes calamidades es verdaderamente admirable. Esto proviene de que saben que no pueden apoyarse más que en los recursos de su industria, y también de la convicción de que solo están sometidos a la ley de la necesidad y no al capricho de los gobernantes. Ya he dicho antes que la mayor parte de los obreros casados cultivan una porción de tierra. Cuando, por una mala estación, falta la cosecha o perecen los rebaños, comprenden claramente la causa de la necesidad que padecen y la soportan como un designio de la Providencia; todos están dispuestos a sobrellevar con paciencia los males que creen consecuencia de las leyes generales de la naturaleza. Pero si la vanidad o una beneficencia aparente del gobierno o de las clases superiores llegase a persuadir a los más humildes de que los bienes de que disfrutan proceden de los gobernantes o de los ricos, entonces es fácil que los consideren también como autores de sus males, y desde ese momento perderán la paciencia. Aunque, para evitar mayores desgracias, sea lícito reprimir por la fuerza los actos de violencia que el descontento inspire, este mismo descontento puede estar justificado, y sus consecuencias deberán atribuirse a quienes lo provocaron.

Aunque los suecos soportaron el hambre cruel del año 1799 con una resignación extraordinaria, se asegura que el edicto por el cual el gobierno prohibió la destilación de granos produjo una especie de sublevación. Ciertamente, esta medida tenía por objeto el bien del pueblo; y la manera en que fue recibida es una prueba clara de la distinta impresión que causó un mal procedente de la naturaleza y una simple prohibición impuesta por el gobierno.

Los períodos de enfermedad que en Suecia han retardado los progresos de la población deben, por lo general, atribuirse a los malos alimentos a los que la necesidad ha obligado a recurrir; y la causa de estos regresos de escasez son las malas cosechas. Estos años se sienten con especial dureza en un pueblo que no dispone de provisiones de reserva, ya sea en un excedente destinado a la exportación o en una ración habitual suficientemente abundante para permitir algún ahorro. Ocurre, en efecto, que el país está, por lo común, tan poblado como lo permiten sus productos antes de la época de la escasez, y que en ese momento se encuentra sin recursos. Esto demuestra claramente que, si Suecia puede sostener una población de nueve a diez millones, como afirman algunos economistas del país, solo sería necesario lograr que el terreno produjese el alimento suficiente para ese número de habitantes: en cuanto esto se consiguiera, puede asegurarse que no faltarían bocas para consumir esas producciones, sin necesidad de recurrir a casas de expósitos ni a establecimientos para mujeres parturientas.

A pesar de la elevada mortandad del año 1789, los estados que el profesor Nicander me ha comunicado muestran que la salubridad general del país ha mejorado: la mortandad media de los veinte años que concluyen en 1795 ha sido de 1 por 37, en lugar de 1 por 35 como en los veinte años anteriores. En este último período, el aumento de la población no ha crecido en la misma proporción; es preciso, pues, que la influencia del obstáculo privativo haya sido la causa de la disminución de la mortandad. Según M. Wargentin, citado por Süssmilch, cinco matrimonios existentes producían anualmente un niño; mientras que en el último período de veinte años la relación de los matrimonios existentes con los nacimientos anuales era de 51 a 10, y, excluyendo los nacimientos ilegítimos, de 53 a 10. Esto demuestra que, durante este último período, los matrimonios no han sido tan precoces ni tan fecundos como en el anterior.

III. OBSTÁCULOS A LA POBLACIÓN EN RUSIA

Son tan extraordinarios los resultados que aparecen en las tablas de nacimientos, matrimonios y defunciones en Rusia, que es imposible no sentir desconfianza acerca de ellas; y, sin embargo, llaman mucho nuestra atención la regularidad y armonía que ofrecen las de distintos años.

En un escrito presentado en 1768 a la Academia de San Petersburgo por B. F. Hermann, y publicado en las Memorias de dicha Academia, se encuentra un estado comparativo de los nacidos, muertos y casados en diferentes provincias y ciudades del imperio, cuyos principales resultados son los siguientes:

Los nacimientos son a las defunciones:
En San Petersburgo como 13 a 10
El gobierno de Moscú 21 a 10
El distrito de Moscú 21 a 10
Tver 26 a 10
Novogorod 20 a 10
Pskov 22 a 10
Riazan 20 a 10
Voronesch 29 a 10
El arzobispado de Vologda 23 a 10
Kostroma 20 a 10
Arkhangel 13 a 10
Tobolsk 21 a 10
La ciudad de Tobolsk 13 a 10
Vologda 12 a 10
Revel 11 a 10

Algunas de estas relaciones son excesivas. En Voronesch, por ejemplo, los nacidos son a los muertos como 3 a 1, proporción mayor, según creo, que la que se ha observado jamás en América. Sin embargo, el término medio de estas proporciones se ha confirmado en cierto modo por lo que se ha visto posteriormente. M. Tooke, en su descripción del imperio de Rusia, establece, según las tablas o registros de 1793, la relación general de los nacimientos con las defunciones en todo este vasto país en 225 a 190, es decir, de 2¼ a 1.

De la comparación de los matrimonios y nacimientos anuales, deduce M. Hermann los resultados siguientes:

Un matrimonio produce:

En San Petersburgo: 4 hijos

En el gobierno de Moscú: 3 hijos

En Tver: 3 hijos

En Novogorod: 3 hijos

En Pskov: 3 hijos

En Riazan: 3 hijos

En Voronesch: 4 hijos

En Vologda: 4 hijos

En Kostroma: 4 hijos

En Arkhangel: 4 hijos

En Revel: 4 hijos

En el gobierno de Tobolsk: 4 hijos

En la ciudad de Tobolsk:

desde 1768 a 1778: 5 hijos

desde 1779 a 1783: 5 hijos

en 1783: 6 hijos

M. Hermann observa que en Rusia la fecundidad de los matrimonios no es mayor que en otras partes, aunque la mortandad sea mucho menor, como lo prueban las relaciones siguientes, fundadas en un cálculo aproximado del número de habitantes en cada gobierno.

Mueren anualmente:

En San Petersburgo: 1 por 28

En el gobierno de Moscú: 1 por 32

En el distrito de Moscú: 1 por 74

En Tver: 1 por 75

En Novogorod: 1 por 68⅞

En Pskov: 1 por 70⅘

En Riazan: 1 por 50

En Voronesch: 1 por 79

En el arzobispado de Vologda: 1 por 65

En Kostroma: 1 por 59

En Arkhangel: 1 por 28⅕

En Revel: 1 por 29

En el gobierno de Tobolsk: 1 por 44

En la ciudad de Tobolsk: 1 por 32

en 1783: 1 por 28¼

Sacando como consecuencia de esta tabla, dice M. Hermann que en la mayor parte de las provincias rusas la mortandad se expresa anualmente por la relación de 1 a 60,457

Este término medio es tan elevado, y algunas de las proporciones indicadas para cada provincia en particular tan extraordinarias, que no parecen muy exactas. Sin embargo, han sido con poca diferencia confirmadas por las tablas o registros posteriores, que, según M. Tooke, establecen la mortandad general en Rusia en la razón de 1 por 58. Pero aun el mismo M. Tooke duda de la exactitud de estos registros; y he sabido por una persona respetable que las omisiones en las tablas de los muertos son probablemente mucho mayores que en las de los nacidos, resultando de aquí que el gran exceso de nacimientos y la escasez de mortandad sean más aparentes que reales.

Se cree que en la Ucrania muchas madres entierran en secreto a sus hijos sin que tenga conocimiento de ello el párroco. Las numerosas levas se llevan consigo un gran número de hombres cuya muerte no consta en ningún registro. Las frecuentes emigraciones de familias enteras que se trasladan a diferentes partes del imperio, y la deportación de criminales a Siberia, son causa de que muchas personas mueran en el camino o en parajes donde no están regularizados los registros de defunciones; atribuyéndose finalmente algunas omisiones a la negligencia de los popes de las parroquias, que, teniendo gran interés en anotar cuidadosamente los nacimientos, no muestran el mismo cuidado respecto de las defunciones.

Añádase a esto que probablemente la población de cada provincia se calcula por el número de aldeanos que pertenecen a cada distrito; y debe considerarse que muchos de ellos obtienen permiso para residir en distintas ciudades. De donde resulta que, si bien de su nacimiento se toma nota en su provincia, no sucede lo mismo con su defunción. La mortandad aparente de las ciudades no aumenta en proporción por esta causa, porque se calcula solo después de un empadronamiento efectivo. Las tablas de mortalidad urbana expresan con exactitud el número de los que mueren sobre una base conocida de habitantes cuya residencia es cierta. Pero en las provincias, aunque las tablas pretenden expresar el número de muertos en relación con toda la población calculada, presentan en realidad el número de defunciones correspondiente a una población mucho menor, porque una gran parte de la que se computa se halla ausente.

Se ha visto por un censo verificado en San Petersburgo el año 1784 que el número de hombres ascendía a 126,827, y el de las mujeres solamente a 65,619, de modo que el número de varones era casi doble que el de mujeres. Esto proviene de los que acudían a la ciudad para ganarse la vida, dejando a sus familias en el campo, donde estaban establecidas, y también en parte de la costumbre que tienen los señores de mantener a su alrededor, en Moscú y San Petersburgo, un número muy elevado de aldeanos para el servicio de sus casas.

La relación de los nacimientos en toda la población de Rusia no difiere de la de otros países, pues es de 1 por 26.

Según la memoria ya citada de M. Herman, la relación de los niños que mueren antes de llegar a cumplir un año es, en San Petersburgo, de 1/5; en el gobierno de Tobolsk, 1/10; en la ciudad de Tobolsk, 1/8; en el arzobispado de Vologda, 1/14; en Novogorod, 1/31; en Voronesch, 1/34; y de 1/5 en Arkhangel. La mortandad de niños en algunas provincias es, pues, extraordinariamente pequeña y, como no admite muchos errores, sirve para dar mayor crédito a la escasez de la mortalidad general. En Suecia la proporción de los niños que mueren antes de cumplir un año es, en todo el país, aproximadamente de 1 a 5.

La proporción de los matrimonios anuales con toda la población de Rusia es, según M. Herman, de 1 a 100 en las ciudades, y en las provincias casi de 1 a 70 u 80. Dice M. Tooke que en los quince gobiernos donde había registros era de 1 a 92.

Esta relación es muy diferente de la que se observa en otros países. Es verdad que en San Petersburgo es de 1 a 140, y esto explica perfectamente lo que arriba se dijo del reducido número de mujeres en comparación de los hombres.

Los registros de San Petersburgo se consideran seguros y exactos, y en general atestiguan la salubridad del clima. Pero se nota aquí un hecho enteramente contrario a lo que se ha observado en otros países: se ve mayor mortandad en las niñas que en los niños. Desde 1781 hasta 1785 vinieron al mundo más de 1,000 niños, y solo murieron de estos en el primer año, mientras que fallecieron 310 niñas, cuya relación es de 10 a 21. Esto es difícil de concebir y debe atribuirse en parte a causas accidentales, porque en el periodo anterior la proporción era de 10 a 14. Pero aun esta misma relación es extraordinaria, pues se observa generalmente en todas las edades, exceptuando la de la gestación, que la mortandad es mayor en los hombres que en las mujeres. El clima de Suecia no es muy distinto del de Rusia, pues M. Wargentin observa, con motivo de las tablas de Suecia, que la menor mortandad que se manifiesta entre las mujeres no es simplemente el resultado de una vida más ordenada y menos laboriosa, sino el de una ley de la naturaleza que obra de un modo constante desde la infancia hasta la vejez.

Según M. Krafft, la mitad de los niños que nacen en San Petersburgo llegan a la edad de 25 años, lo que indica que allí las circunstancias son mucho más favorables para la infancia y la juventud de lo que en una gran ciudad puede esperarse comúnmente. Pero a partir de los 20 años la mortandad es, por lo general, mucho mayor que en otras ciudades de Europa, y se atribuye con razón esta diferencia al uso excesivo del aguardiente. Entre los 10 y 15 años es tan pequeña la mortandad que apenas muere 1 niño por cada 47 y 1 niña por cada 29. De 20 a 25, por el contrario, es tan grande que muere 1 hombre por cada 9 y 1 mujer por cada 13. Las tablas manifiestan que esta mortandad extraordinaria proviene principalmente de los dolores del costado, fiebres ardientes y consunciones. Los dolores del costado arrebatan casi ¼; las fiebres ardientes ⅓, y las consunciones 1/6 de toda la población. Estas enfermedades se llevan cinco séptimos de todos los que mueren.

La mortandad general fue, según M. Krafft, de 1 por 37. En el periodo anterior había sido de 1 por 35, y en el siguiente, durante el cual hubo epidemias, fue de 1 por 29. Esta mortandad no es muy considerable para una gran ciudad; pero puede deducirse de un pasaje de las memorias de M. Krafft que se han omitido, o al menos no se han registrado con exactitud, las defunciones de los hospitales, cárceles y establecimientos de expósitos. Así, no puede dudarse que la inclusión de estas muertes en los registros produciría una diferencia notable en la salud aparente de la ciudad.

Solo en la casa de expósitos la mortandad es extraordinaria. Como no se publican tablas regulares y las noticias verbales están siempre sujetas a grandes inexactitudes, no puedo valerme plenamente de los informes recogidos con este objeto. Pero lo que he podido obtener como más fiable respecto a este establecimiento de San Petersburgo prueba que el número medio de muertos allí era mensualmente de 100. El invierno anterior a la época de estas observaciones, el de 1788, se habían sepultado a veces 18 personas por día. El número medio de niños recibidos en la casa de expósitos es diariamente de 10. A los tres días de su ingreso se le envía al campo para su crianza. Pero como muchos entran ya en estado agónico, es evidente que mueren muchos. Increíble parece que el número de niños admitidos sea tan grande como se afirma; sin embargo, lo que yo mismo he visto me induce a creer que no hay mucha exageración, ni en esto ni en la mortandad antes mencionada. Estuve en el establecimiento hacia el mediodía: se acababan de recibir cuatro niños; uno estaba muerto y a otro le quedaba muy poco tiempo de vida.

Profundizando un poco más en este asunto, se verá que estos establecimientos no sólo faltan a su objeto inmediato, sino que fomentan eficazmente las costumbres libertinas, desaniman los matrimonios y debilitan, por lo tanto, el medio principal de sostener y acrecentar la población. Todos los hombres instruidos con quienes he hablado en San Petersburgo coinciden en afirmar que la casa de expósitos ha producido estos resultados. La falta de una joven que llega a ser madre se ha hecho tan común que se considera como una cosa insignificante. Un comerciante inglés de San Petersburgo me contó que una joven que vivía con su familia, al cuidado de una mujer reputada como muy severa, había enviado seis niños a la inclusa sin haber perdido por esto el empleo que ocupaba.

Sin embargo, debe observarse que en general no es fácil que una misma persona tenga seis hijos de un comercio ilícito; pues donde quiera que reine el libertinaje, los nacimientos no son tan considerables con relación a la población como los que produciría exclusivamente el matrimonio. El menor número de estos, y la disminución en los nacidos que es su consecuencia, sobrepuja a la incitación a casarse que resulta de la perspectiva que se ofrece a los padres de poder desembarazarse de los hijos que no podrían mantener.

Considerando la extraordinaria mortandad que hay en estos establecimientos, y la tendencia manifiesta con que conspiran a favorecer las costumbres licenciosas, se puede deducir con fundamento que, para detener la población, no puede hacer cosa más a propósito una persona a quien le sean indiferentes los medios, que establecer un número considerable de hospitales de niños expósitos en donde se les admita sin distinción ni límites. Si examinamos en seguida, bajo otro aspecto, el resultado de estas instituciones, fácil será conocer que pueden alterarse los sentimientos morales en una nación donde se estimula a las madres a que abandonen a sus hijos, y se las persuade de que el afecto a los que acaban de dar a luz es sólo una vana preocupación que debe sacrificarse al bien del país. Algunos infanticidios que el miedo a la deshonra produce de tarde en tarde, son rescatados a muy alto precio si, para evitarlos, es menester despojar a la masa del pueblo de los sentimientos más honestos y de aquellos que más cuidadosamente se deben conservar.

Suponiendo que los hospitales de expósitos correspondan al objeto de su institución, la esclavitud de Rusia los haría más justificables que en otras partes. Porque todo niño criado en estos hospitales se considera como libre, y por lo tanto debe probablemente ser más útil al Estado que si perteneciera a un dueño particular. Pero en los países donde no hay esclavos, aun el mejor éxito no impide que estos hospitales sean perjudiciales a los miembros de la sociedad que no pertenecen a ellos. El verdadero estímulo para el matrimonio es el alto valor del trabajo y un aumento de ocupaciones para todos los que tienen alguna actividad. Pero si la mayor parte de los oficios y aprendizajes se encuentran ocupados por expósitos, debe suceder que disminuya considerablemente la demanda de trabajo para aquellos de nacimiento legítimo, y, por consiguiente, tengan más dificultad en sostener una familia y se les prive, por lo tanto, del estímulo más eficaz para el matrimonio.

Rusia tiene muchos recursos naturales y produce en la actualidad más de lo que consume. Para aumentar su población no le falta sino algo más de libertad en el ejercicio de su industria, y mayor facilidad para dar salida a los productos de las provincias del interior. El mayor obstáculo para el desarrollo de su población es el estado de vasallaje, o mejor dicho, de verdadera servidumbre a que están reducidos los aldeanos, y la ignorancia e indolencia que de ello se derivan. La fortuna de un magnate ruso se mide por el número de aldeanos que posee. Generalmente estos vasallos le valen como los rebaños, y no son simplemente siervos de corvea (adscripti glebae). La renta del señor consiste en una capitación sobre los varones. Cuando el número de aldeanos se aumenta en una tierra poseída de este modo, se reparte el terreno en ciertas épocas, se desmontan porciones incultas y aun algunas veces se dividen también partes de las ya cultivadas. Se entrega a cada familia el terreno necesario para mantenerse y pagar la contribución. El interés manifiesto del aldeano es no mejorar la porción que le ha cabido en suerte, y no aparentar que gana más de lo que necesita para pagar su impuesto y sostener a su familia; porque, si no lo hace así, debe esperar naturalmente que en la inmediata repartición su campo actual se considerará suficiente para la manutención de dos familias y perderá así la mitad. Fácil es conocer que esto debe disminuir mucho la actividad del labrador. Cuando a alguno de estos se le priva de una parte de la tierra que disfrutaba anteriormente, se queja de no poder pagar la capitación y solicita para sí y para sus hijos el permiso de ir a las ciudades para ganar con qué satisfacerla. Generalmente se pide con ahínco esta licencia, y los señores la conceden sin dificultad porque les da esperanza de algún corto aumento en el impuesto que constituye su renta. De aquí proviene que las tierras queden a medio cultivar y se agote el principal manantial de la población.

Dirigí algunas preguntas en San Petersburgo a un personaje ruso con respecto a la administración de sus tierras. Me dijo que nunca se tomaba el trabajo de saber si estaban bien o mal cultivadas, y se explicó como un hombre que no tiene en esto ningún interés directo: «Me es igual —dijo en francés—, no me produce esto ventaja ni perjuicio alguno». Permitía a sus vasallos pagar sus impuestos donde quisieran y como quisieran; y si lo hacían con regularidad, nada más les exigía y se daba por satisfecho. Es cierto también que, por esta facilidad, sacrificaba la población futura de sus tierras y, por lo tanto, el aumento de sus rentas, dejándose llevar por consideraciones sugeridas por la indolencia o el interés del momento.

Sin embargo, es verdad que durante estos últimos años muchos señores rusos han atendido más a la mejora y población de sus tierras, animados por las máximas y el ejemplo de la emperatriz Catalina, que hizo los mayores esfuerzos para que progresara la civilización en sus Estados. El gran número de alemanes que procuró establecer allí sirvió no sólo para sustituir ciudadanos a esclavos, sino, lo que es sin duda más importante, para dar ejemplo de trabajo y de algunos métodos o medios de dirigirlo que los rusos desconocían.

Generalmente el resultado ha coronado sus esfuerzos. No puede dudarse que bajo el reinado de esta emperatriz, y aun después de él, el cultivo y la población han hecho rápidos progresos en todas las provincias del imperio ruso.

En 1763, por el censo que resultó de la capitación, subió el número de habitantes a 14,726,696 almas. Por otro de la misma especie hecho en 1783 llegó a 25,677,000. De modo que, suponiéndolos exactos, indican un acrecentamiento muy extraordinario; pero se cree que el último se hizo con más exactitud que el anterior. Comprendiendo en el cálculo las provincias no sujetas a capitación, el número de habitantes en general se apreció en 20,000,000 en 1763 y en 39,000,000 en 1799.

En una edición posterior de la obra de M. Tooke sobre Rusia, se encuentra una tabla de defunciones, nacimientos y matrimonios de la Iglesia griega en el año 1799, sacada de un periódico alemán muy notable. Esta tabla está fielmente extractada de las relaciones generales hechas en el sínodo. Contiene todas las parroquias, exceptuando la de Bruzlaw, que no pudo reunirse por algunas dificultades particulares concernientes al registro de difuntos. He aquí los resultados de esta table:

	Hombres	Mujeres	Total
Nacimientos	531,015	460,900	991,915
Defunciones	275,582	234,807	530,389
Matrimonios	257,513	257,513	257,513
Exceso de nacimientos	255,432	196,093	451,525

Para calcular la población, M. Tooke multiplica los fallecimientos por 58. Pero como esta tabla aparece más precisa que las anteriores, y la relación de las defunciones con los nacimientos es muy elevada, es factible que el número 58 resulte excesivo para tomarlo aquí por multiplicador. Se observa en esta tabla que los nacimientos son a las defunciones casi como 183 a 100; los nacimientos a los matrimonios como 385 a 100; y las defunciones a estos últimos como 210 a 100.

Estas relaciones son mucho más verosímiles que las que resultan de las tablas anteriores.

IV. OBSTÁCULOS QUE SE OPONEN A LA POBLACIÓN EN LOS PAÍSES DEL CENTRO DE EUROPA

Algunos creerán quizá que me he detenido en examinar los estados del Norte de Europa mucho más de lo que requiere su importancia política. Lo he hecho así porque la organización interna de estos estados es, bajo muchos aspectos, esencialmente distinta de la de Inglaterra; y porque el conocimiento directo, aunque ligero, que he adquirido podía proporcionarme algunas observaciones nuevas. En las partes centrales de Europa, la división del trabajo, la distribución de las diversas ocupaciones y la relación de los habitantes de las ciudades con los de la campiña difieren muy poco de lo que sucede en Inglaterra; de tal modo que sería inútil buscar en las costumbres o en los hábitos que allí reinan rasgos suficientemente marcados para presentar obstáculos a la población que le sean peculiares. Llamaré, pues, la atención del lector principalmente sobre ciertas consecuencias que pueden sacarse de los registros de nacimientos, muertes y matrimonios. Estos datos proporcionan en muchos puntos importantes más información sobre la economía interior de una nación que las observaciones del viajero más exacto.

Uno de los fenómenos curiosos e instructivos que presentan estos registros es, a mi parecer, la manera en que los matrimonios dependen de los muertos. Montesquieu dice con razón que donde se encuentra sitio para que dos personas vivan cómodamente, se forma un matrimonio. Pero en muchos de los países de Europa, en el estado actual de esta parte del mundo, no es de esperar, si se consulta la experiencia, que los medios de atender a la manutención de una familia experimenten un aumento repentino y considerable. Así, para dar lugar a un nuevo matrimonio, es preciso que, por lo general, se extinga uno antiguo. Así se ve que, excepto en el caso de que por cualquier motivo haya una gran mortandad, o cuando se produce en el Estado algún cambio favorable al cultivo y al comercio, el número de matrimonios anuales se regula principalmente por el número de muertos. Estas dos cantidades influyen recíprocamente una sobre otra. Pocos países hay donde las masas del pueblo tengan suficiente previsión para dilatar sus matrimonios hasta la época en que cuenten con esperanzas fundadas de poder educar convenientemente a todos sus hijos. Así, en algunos lugares, una parte de las muertes es debida a que el número de matrimonios es excesivo; y en todas partes una gran mortandad, ya provenga de esta causa, o del gran número de ciudades y manufacturas, o de la insalubridad del aire, impide siempre que aumente el número de matrimonios.

Esta observación se verifica de una manera muy notable en algunas ciudades de Holanda. Sussmilch cree que la relación media de los matrimonios anuales con el número total de habitantes es de 1 a 107, y de 1 a 113 en los países donde la población no ha disminuido por pestes o guerras, y donde no ha habido un aumento repentino en los medios de subsistencia. Crome, que ha escrito recientemente sobre estadística, toma el término medio entre 1 por 92 y 1 por 122, y cree que la relación media de los matrimonios con los habitantes es de 1 por 108. Sin embargo, en los registros de 22 poblaciones holandesas, cuya exactitud ha reconocido Sussmilch, se ve que de cada 64 individuos hay anualmente un matrimonio. He aquí, sin duda, una desviación notable de la relación media. La primera vez que vi citada esta proporción me sorprendí en extremo: aún no había advertido la gran mortandad que reina en estas ciudades, y no estaba suficientemente satisfecho de los esfuerzos que hace Sussmilch para explicar este fenómeno. Este autor lo atribuye a la diversidad de profesiones y comercios, y en general a los numerosos medios de ganarse la vida que se ofrecen en Holanda; pero es evidente que, hallándose este país desde hace mucho tiempo en el mismo estado, no hay razón para creer que cada año surjan muchas profesiones nuevas o medios distintos de subsistencia: así, en las ocupaciones antiguas, las plazas deben hallarse habitualmente ocupadas. La dificultad desaparece desde que se advierte que la mortandad en estas ciudades es de 1 por 22 o de 1 por 23, en lugar de ser de 1 por 36, como sucede comúnmente donde los matrimonios guardan la relación de 1 a 108. Los nacimientos, pues, eran casi iguales a las muertes: el número extraordinario de matrimonios no provenía de que los habitantes dispusieran de nuevos medios de subsistencia, ni de que por esta razón se produjera aumento alguno de población, sino que dimanaba de la rápida disolución de los matrimonios antiguos por causa de las muertes, y de los empleos de fuerza y actividad que, por consiguiente, quedaban vacantes y ofrecían medios para sostener una nueva familia.

Se preguntará ahora cuál de estas circunstancias tiene mayor influencia sobre la otra. ¿Es el gran número de matrimonios, es decir, el aumento excesivo de población, el que obra con más fuerza para producir la mortandad, o es ésta, producida por la insalubridad de las ocupaciones y del clima, la que ha tenido más poder para multiplicar los matrimonios? En el caso particular de que se trata, esta última suposición me parece mejor fundada, sobre todo porque en Holanda el pueblo, en general, no se encontraba en un estado muy miserable. Es probable que la gran mortandad proviniera de la naturaleza pantanosa del suelo, de los numerosos canales que lo atraviesan, del gran número de hombres dedicados a ocupaciones sedentarias, y del reducido número de aquellos que disfrutan de los trabajos saludables de la agricultura.

Lo dicho anteriormente acerca de Noruega nos ofrece un contraste curioso y muy notable. La mortandad es allí de 1 por 48, y los matrimonios de 1 por 130. En las poblaciones de Holanda la mortandad es de 1 por 23, y los matrimonios de 1 por 64. Hay entre la mortandad y los matrimonios una diferencia mayor que el simple doble. Se observa con precisión la relación entre estas cantidades, y se demuestra hasta qué punto depende la una de la otra. Puede afirmarse, en conclusión, que a menos que una mejora repentina en el estado de la agricultura proporcione de improviso nuevos medios de subsistencia, un aumento en el número de matrimonios no puede tener otro efecto que aumentar la mortandad; y, recíprocamente, que una mortandad progresiva haga crecer el número de matrimonios.

En Rusia, hasta cierto punto, ha tenido lugar esta mejora repentina de la agricultura; y por consiguiente el número de matrimonios es muy grande, aunque la mortandad sea reducida; pero a medida que progrese la población, si se mantiene la misma relación de matrimonios, la mortandad crecerá inevitablemente, o, si esta permanece igual, será preciso que disminuya la proporción de matrimonios.

Sussmilch ha proporcionado algunos ejemplos muy notables de esta disminución gradual del número proporcional de matrimonios, a medida que la población progresa y se crean ocupaciones que permiten a cada individuo procurarse medios de subsistencia.

En Halle, en 1700, el número de matrimonios anuales era con respecto a la población total como 1 a 77. En los 55 años siguientes, esta relación disminuyó gradualmente, según el cálculo de Sussmilch, hasta quedar reducida a 1 a 167, diferencia verdaderamente notable. Si este cálculo fuera exacto, probaría con qué fuerza obraban los obstáculos opuestos al matrimonio y cómo estos dependían de los medios de subsistencia; pero como el número de habitantes se deduce aquí de un cálculo y no de un censo efectivo, las relaciones indicadas podrían no ser rigurosamente exactas y depender en parte de circunstancias accidentales.

En la ciudad de Leipzig, en 1620, los matrimonios anuales fueron a la población como 1 a 82; desde 1751 a 1756, como 1 a 120. En Augsburgo, en 1510, la relación fue de 1 a 86; en 1750, de 1 a 123. En Danzig, en 1705, fue de 1 a 89; en 1745, de 1 a 118. En el ducado de Magdeburgo, en 1700, fue de 1 a 87; desde 1752 a 1755, de 1 a 125. En el principado de Halberstadt, en 1690, fue de 1 a 88; en 1756, de 1 a 112. En el ducado de Cleves, en 1705, fue de 1 a 83; en 1755, de 1 a 100. En la comarca de Brandeburgo, en 1700, esta proporción fue de 1 a 76; en 1755, de 1 a 108.

Podrían citarse muchos otros ejemplos de la misma naturaleza; pero los mencionados bastan para nuestro propósito. Cuando los medios de subsistencia aumentan repentinamente en un país, ya sea por una gran mortandad o por los progresos acelerados del cultivo, de las artes y del comercio, hay lugar para nuevos matrimonios, que son muchos más que los que la muerte ha disuelto. Pero a medida que se van ocupando los nuevos empleos de fuerza y actividad, y a medida que desaparece el espacio necesario para un aumento ulterior de población, disminuye el número de matrimonios, y el simple reemplazo que antes se producía desaparece poco a poco: tal es el resultado que se desprende de los hechos que acabamos de exponer.

En los países que durante largo tiempo han estado completamente poblados, donde no se crea ningún nuevo manantial de subsistencias, el número de matrimonios se regula principalmente por el de los muertos, y la relación de este número con la población total permanece casi constante en distintas épocas.

Lo mismo se observa de manera constante en los países donde existe un aumento anual de los medios de subsistencia, siempre que este aumento sea uniforme y permanente. Supongamos que dicho aumento sea tan regular que durante medio siglo permita que el número de matrimonios exceda al de los disueltos por la muerte: la población no dejará de crecer, quizá incluso con mayor rapidez; pero es fácil comprender que, en este caso, la relación de los matrimonios con la población total se mantendrá invariable durante todo ese período.

Sussmilch se ha propuesto determinar esta relación en diferentes países y en diversas circunstancias. En las ciudades de la Marca de Brandeburgo hay anualmente un matrimonio por cada 109 personas. En las poblaciones agrícolas, según la opinión de este autor, esta relación varía entre 1 por 108 y 1 por 115. En las ciudades de la Marca la mortandad es mayor, y quizá pueda apreciarse en 1 por 98. En las aldeas holandesas ya mencionadas, 1 por 64. En Berlín, 4 por 110. En París, 1 por 137. Según Crome, en París y Roma, ciudades que abundan en célibes, esta relación no es más que 1 por 160.

De cualquier modo, es necesaria gran precaución para aplicar una relación general de esta naturaleza, cualquiera que sea; porque rara vez crecen de manera uniforme el alimento y la población. Pues desde que varían las circunstancias en un país, ya sea por las modificaciones que experimentan la población y las subsistencias, o por los cambios ocasionados en las costumbres del pueblo respecto de la prudencia y la propiedad, es evidente que la misma relación que tiene lugar en cierta época no se mantiene en otra.

Nada es más difícil que fijar sobre esto reglas sin excepción. En general puede decirse que, cuando aumenta la facilidad de ganarse la vida, ya provenga de una mortandad anterior o se deba al progreso del cultivo y del comercio, esta mayor facilidad tiende a producir una relación más elevada de matrimonios respecto de la población. Pero puede suceder perfectamente que este efecto no se produzca. Supongamos, por ejemplo, que el pueblo de que se trata haya estado en un gran abatimiento, y que la mortandad se deba en gran parte a la imprevisión común en semejante estado. Podría ocurrir que una mejora repentina en su situación les infundiera cierto orgullo y afición a la limpieza y a la decencia; en este caso el número de matrimonios no aumentaría, pero se criaría un mayor número de hijos, y la población adicional que exigiera el nuevo orden de cosas se obtendría por una disminución del número de muertos y no por un aumento del número de nacidos.

Del mismo modo, si en un país la población ha estado durante largo tiempo estacionaria, de tal manera que apenas sea susceptible de aumento, puede suceder que un cambio de costumbres, producido por una mejor educación o por otra causa, haga disminuir el número proporcional de matrimonios. En este caso, como las enfermedades que produce la miseria harían perecer a menos niños que antes, la disminución de matrimonios quedaría compensada por la menor mortandad, y la población mantendría su nivel con un número más reducido de nacimientos.

Es preciso, pues, tomar en consideración estos cambios de costumbres. La regla más general que puede establecerse en este asunto es que todo estímulo directo al matrimonio produce necesariamente un aumento de la mortandad. En todas partes es tan grande la tendencia al matrimonio que, aun sin ningún aliciente, cuando hay lugar nunca queda vacante; de modo que los estímulos, o bien son enteramente inútiles, o bien producen matrimonios excesivos. De ello debe resultar, por consiguiente, un aumento de la miseria y de la mortandad. Montesquieu dice en sus *Cartas persas* que, en las guerras de Francia anteriores a la época en que escribía, el temor de tener que ingresar en la milicia obligaba a un gran número de jóvenes a casarse sin contar con medios para mantener a su familia, y que de estos matrimonios habían nacido muchos niños que casi todos habían sido víctimas de la miseria, del hambre y de las enfermedades.

Con un ejemplo tan claro del efecto inevitable de los estímulos directos al matrimonio, resulta muy admirable que este autor, en su *Espíritu de las leyes*, haya creído que aun Europa se encontraba entonces en la necesidad de leyes que favorecieran la propagación de la especie humana.

Sussmilch adopta ideas semejantes. Considera el caso en que el número de matrimonios deje de crecer porque no pueda aumentar el alimento; observa que en algunos países los matrimonios contraídos están exactamente en proporción con los muertos, y sin embargo insiste en que es uno de los principales deberes del gobierno fijar su atención en el número de matrimonios. Cita los ejemplos de Augusto y Trajano, y cree que un príncipe o un hombre de Estado merecería el nombre de padre del pueblo si pudiera aumentar la relación de los matrimonios respecto de la población, de suerte que en vez de ser de 1 por 120 o 125, fuese de 1 por 80 o 90. Pero como, según resulta de los mismos ejemplos citados, en los países que durante largo tiempo han estado poblados es la muerte el más poderoso de los estímulos al matrimonio, el príncipe u hombre de Estado que lograse aumentar tanto el número de matrimonios merecería quizá con mayor justicia el título de destructor que el de padre.

La relación de los nacimientos anuales con la población total depende principalmente del número proporcional de matrimonios. Así, en los países donde la población no es susceptible de un gran aumento, los nacimientos, al igual que los matrimonios, dependen principalmente de las muertes; y allí donde la población no disminuye, los nacimientos reemplazan los vacíos causados por la muerte y aumentan la población tanto como lo permiten las mejoras de la agricultura, del comercio y de las artes. En casi toda Europa, en los intervalos entre pestes, epidemias y guerras destructivas que periódicamente han ejercido sus estragos, los nacimientos han superado a las muertes; pero como la mortandad varía mucho según los países y las circunstancias, se observará que los nacimientos varían de la misma manera, aunque no en igual grado, porque no todos los países admiten en la misma medida un exceso de nacidos.

El término medio de mortandad más aproximado para todos los países, comprendiendo ciudades y aldeas, es según Sussmilch de 1 por 36. Pero Crome considera que esta medida, que pudo ser exacta en tiempo de Sussmilch, ya no lo es en la actualidad, porque en la mayor parte de los estados de Europa las ciudades han aumentado en número y extensión. Se cree también que cuando escribía Sussmilch este cálculo era algo bajo, y que hoy la relación de 1 por 30 se aproxima más a la realidad. En efecto, es bastante probable que la relación indicada por Sussmilch sea reducida, porque este autor, como otros muchos escritores de estadística, muestra una marcada inclinación a excluir de sus cálculos los años afectados por epidemias. Sin embargo, Crome no ha sustentado con pruebas suficientes la medida que propone en sustitución de la de Sussmilch. Se apoya en la autoridad de Büsching, quien estableció la mortandad de 1 por 30 en todos los países de la monarquía prusiana; pero este promedio se deducía únicamente de los registros de tres años, periodo demasiado breve para obtener un resultado sólido, y además esta relación se ve contradicha por observaciones posteriores citadas por el propio Crome. Así, se observa en los registros de cinco años que concluyen en 1784 que la mortandad era solamente de 1 por 37. En ese mismo periodo, los nacimientos fueron a las muertes como 131 a 100. En Silesia, la relación media de mortandad desde 1781 hasta 1784 fue de 1 por 30, y la de los nacimientos a los muertos de 128 a 100. En Güeldres, desde 1776 hasta 1781, la mortandad fue de 1 por 27, y los nacimientos se situaron en la relación de 1 por 26. Estas dos provincias de la monarquía prusiana son aquellas donde la mortandad resulta mayor; hay otras en las que es muy reducida. Desde 1781 hasta 1784, la mortandad media de Neuchâtel y Valangin no fue más que de 1 por 44, y los nacimientos de 1 por 31. En el principado de Halberstadt, desde 1778 hasta 1784, la mortandad fue aún menor, a saber, de 1 por 45 o 46, y la relación de los nacidos a los muertos de 137 a 100.

La conclusión general que extrae Crome de estos hechos es que los estados de Europa pueden dividirse en tres categorías, a cada una de las cuales puede aplicarse una medida distinta de mortandad. En los países más ricos y poblados, donde el número de habitantes de las ciudades está respecto de los del campo como 1 a 3, la mortandad puede estimarse en 1 por 30. En los países que se hallan en un estado medio de población y civilización, la mortandad debe calcularse en 1 por 32. Por último, en aquellos que están muy poco poblados, puede considerarse justa la relación de 1 por 36 indicada por Sussmilch.

Estas relaciones parecen establecer una mortandad general elevada, aun incluyendo en el cálculo los años epidémicos. Es muy probable que las costumbres de aseo, que se han extendido en los últimos años en casi todas las ciudades de Europa, hayan compensado con una mayor salubridad el efecto perjudicial que produce su crecimiento.

V. OBSTÁCULOS A LA POBLACIÓN EN SUIZA

La situación de Suiza es tan diferente de la de los otros estados de Europa, y los datos existentes sobre este país son tan curiosos y adecuados para esclarecer los principios expuestos en esta obra, que conviene tratar este asunto por separado y considerarlo con una atención particular.

Hace unos 35 o 40 años, se difundió, según parece, en Suiza cierta alarma respecto de su población. Las memorias de la Sociedad Económica de Berna, cuyo establecimiento era entonces relativamente reciente, estaban llenas de escritos en los que se deploraba la decadencia de la industria, de las artes, de la agricultura y de las manufacturas, y en los que se anunciaba el peligro inminente de que llegasen a faltar brazos. La mayor parte de los autores de estos escritos consideraban la despoblación como un hecho tan evidente que no requería demostración. Creían, por lo tanto, hallar remedios a este supuesto mal en hacer venir del extranjero matronas, fundar establecimientos de expósitos, dotar a mujeres solteras, impedir la emigración y estimular a los viajeros a establecerse en el país.

Sin embargo, en esta misma época apareció una memoria de M. Muret, párroco de Vevey, que revela una sólida instrucción y que, antes de entregarse al estudio de los remedios, consideró necesario asegurarse de la existencia misma del mal. Observaciones minuciosas, realizadas con gran cuidado sobre los registros de diversas parroquias y remontándose hasta la época de su primer establecimiento, le permitieron comparar el número de nacidos en tres periodos distintos de 70 años cada uno, concluyendo el primero en 1620, el segundo en 1690 y el tercero en 1760. El resultado de esta comparación fue que el número de nacimientos era algo menor en el segundo periodo que en el primero y que, suponiendo ciertas omisiones en el segundo y adiciones en el tercero, los nacimientos de este último eran también inferiores a los del anterior. De ello deduce el autor, como cosa indudable, la despoblación del país desde el año 1550.

Aun admitiendo las premisas de este razonamiento, la conclusión no es tan segura como pretende este autor. Otros hechos consignados en su memoria me inducen a creer que Suiza, durante este intervalo, se encontraba en la situación descrita en el capítulo anterior, es decir, en un estado progresivo. De manera gradual, los hábitos de prudencia y de aseo se hicieron más generales, la salubridad del país mejoró, un mayor número de niños alcanzó la edad viril y, con menos nacimientos, la población se mantuvo e incluso aumentó, dentro de los límites que permitían las circunstancias. En consecuencia, la relación de los nacimientos con la población total durante el último periodo debió ser menor que en el primero.

M. Muret demuestra mediante cálculos precisos que en el último periodo la mortandad fue muy reducida y considerable el número de niños que alcanzaron la pubertad. Lo mismo pudo haber ocurrido en los periodos anteriores. El propio M. Muret observa que «la antigua despoblación del país debe atribuirse a las pestes que en otros tiempos lo asolaron». Y añade: «Si ha podido sostenerse a pesar de la frecuencia de un mal tan espantoso, es prueba de la benignidad del clima y de los recursos seguros que el país posee para reparar las pérdidas de su población». Sin embargo, no aplica debidamente esta observación, ni considera que para reparar tan rápidamente las pérdidas, fue necesario que el número de nacimientos aumentase extraordinariamente, y que el país no pudo librarse de la destrucción que lo amenazaba sino estableciendo entre los nacimientos y la población total una proporción mayor que la observada en épocas posteriores, cuando estas causas de mortalidad casi habían desaparecido.

En una de las tablas que acompañan esta memoria se presenta un estado de todas las pestes que han asolado a Suiza, del cual se desprende que durante el primer periodo este terrible azote se repetía a intervalos cortos, y que posteriormente se manifestó solo de manera esporádica, hasta una fecha situada 22 años antes del final del segundo periodo.

Sería contrario a toda probabilidad suponer que, cuando estas enfermedades eran tan frecuentes, el país gozara de mayor salubridad y que la mortandad fuese reducida. Concedamos que entonces fuese semejante a la que se observa actualmente en otros países libres de esta plaga, es decir, de alrededor de 1 por 32, en lugar de 1 por 45 como ha sido en el último periodo; los nacimientos, en consecuencia, habrían conservado su proporción relativa y, en vez de situarse en la razón de 1 por 36, lo habrían hecho en la de 1 por 26. Al calcular, pues, la población a partir de los nacimientos es necesario emplear multiplicadores distintos para los diferentes periodos, y no debe inferirse que un mayor número de nacimientos implique necesariamente una mayor población.

Así, en el ejemplo citado por el autor, la suma de los nacidos en las 17 parroquias durante los primeros 70 años fue de 49,860, lo que arroja un término medio anual de aproximadamente 712. Este número, multiplicado por 26, indicaría una población de 18,512 almas. En el último periodo, la suma de los nacimientos parece haber sido de 43,910, lo que da un promedio anual cercano a 626, que multiplicado por 36 representa una población de 22,536. Si estos multiplicadores son correctos, lejos de una despoblación, los datos indican un aumento considerable.

Muchas razones me inclinan a pensar que no he sobreestimado la mortandad en el primer periodo. Me baso especialmente en un cálculo relativo a Génova, ciudad cuya población puede servir como punto de comparación. En el siglo XVI, la vida probable, es decir, la edad alcanzada por la mitad de los nacidos no era en esta ciudad sino de 4.833, o poco menos de 4.9 años. La vida media era de 18.511, es decir, cerca de 18.5 años. En el siglo XVII, la probabilidad de vida ascendió a 11.607, poco más de 14.5 años, y la vida media a 23.358. En el siglo XVIII, la probabilidad de vida aumentó hasta 27.183, es decir, cerca de 27.2 años, y la vida media hasta 32.2 años.

Es muy probable que en Suiza se haya producido una disminución de la mortandad de naturaleza semejante, aunque quizá no en la misma magnitud; pues sabemos, por las tablas de otros países ya mencionados, que en los periodos en los que la mortandad es mayor, suele ser también mayor la relación entre nacimientos y población.

Que estos últimos dependen de las defunciones ha sido reconocido por Muret, quien ha presentado numerosos ejemplos de ello. Pero, al no haber considerado la verdadera base de la población, se limita a expresar su admiración sin aplicar esta observación a ningún resultado práctico.

Al hablar de la escasa fecundidad de las mujeres de Suiza, afirma que Prusia, Brandeburgo, Suecia, Francia y todos los demás países cuyos registros ha podido consultar muestran una proporción entre el número de bautismos y el de habitantes mayor que la del país de Vaud, que es de 1 a 36. Añade que los cálculos realizados recientemente en el Lyonés indican que la relación de los bautismos en la propia ciudad de Lyon es de 1 a 28, en los pueblos de 1 a 25, y en las aldeas de 1 a 23 o 24.

¡Qué diferencia tan notable, exclama, entre el Lyonés y el país de Vaud, donde la proporción más favorable —y solo en dos aldeas de fecundidad extraordinaria— no baja de 1 a 26, y donde en muchas parroquias supera 1 a 40! Observa además una diferencia semejante en la vida media, que es de 25 años y algo más en el Lyonés, mientras que en el país de Vaud la vida media más baja, y solo en una parroquia situada en un terreno malsano y pantanoso, es de 29 años y medio, y hay muchas comarcas donde alcanza 45 años o más.

«Pero ¿de dónde proviene —dice— que en nuestro país, donde los niños superan mejor las crisis de la infancia, donde la vida media, calculada de cualquier modo, es mayor que en ninguna otra parte, la fecundidad sea menor? ¿Y de dónde resulta además que en nuestras aldeas aquella que presenta la mayor vida media sea también la más atrasada en población? Para responder a esta cuestión, aventuraré una conjetura, pues solo como tal la propongo. ¿No será acaso que, para mantener en todas partes el equilibrio de la población, Dios ha dispuesto sabiamente que la fuerza vital de cada país esté en relación inversa con su fecundidad?

» Supongo, en efecto, que la experiencia confirma mi conjetura. Leyzin, aldea de los Alpes con una población de 400 habitantes, da algo más de 8 niños por año. El país de Vaud, con el mismo número de habitantes, produce 11, y el Lyonés 16. Pero si a la edad de 20 años los 8, los 11 y los 16 niños se han reducido al mismo número, la fuerza vital compensará en un lugar lo que la fecundidad produce en otro; y así, los países más saludables, al tener menor fecundidad, no se poblarán en exceso, mientras que en los más malsanos la mayor fecundidad sostendrá igualmente la población.»

Se puede apreciar por esto la sorpresa de M. Muret al ver la salud en aparente oposición con la fecundidad, hasta el punto de verse obligado a recurrir a una explicación casi milagrosa para resolver este fenómeno. Sin embargo, el problema no exigía tanto esfuerzo. Este hecho no obliga a admitir la extraña suposición de que la fecundidad de las mujeres esté en razón inversa de su salud. Es indudable que entre los distintos países existen grandes diferencias de salubridad, derivadas del terreno, de la situación, de los hábitos y de las ocupaciones. Cuando, por la acción de estas causas u otras semejantes, reina una elevada mortalidad, se produce inmediatamente un aumento proporcional de los nacimientos, pues, por un lado, al aumentar la demanda de trabajo se celebran más matrimonios, y por otro, al contraerse a edades más tempranas, estos resultan más fecundos.

Por el contrario, allí donde causas opuestas preservan la salud y prolongan la vida, si las costumbres del pueblo se oponen a la emigración, la necesidad de evitar un exceso de población se hace sentir con fuerza, y es preciso imponer frenos a su crecimiento. Así, los matrimonios se celebran más tarde, su número disminuye gradualmente a medida que crece la población, y estos enlaces tardíos son, de manera natural, poco fecundos.

En la aldea de Leyzin, a la que se refiere Muret, parecen concurrir todas estas circunstancias. Su situación, su atmósfera pura y la vida pastoril de sus habitantes les permiten conservar una salud robusta. Así, según los cálculos de M. Muret, que no ofrecen motivo de desconfianza, la probabilidad de vida en esta aldea alcanza los 61 años, cifra verdaderamente extraordinaria. En consecuencia, durante 30 años el número de nacimientos ha sido casi exactamente igual al de defunciones, lo que demuestra que sus habitantes no son inclinados a emigrar y que sus medios de subsistencia han permanecido estacionarios. Sin duda, los pastos de esta aldea eran limitados y difícilmente podían mejorarse o ampliarse; por tanto, estaba fijado el número de animales que podían mantenerse, así como el de hombres necesarios para cuidarlos.

En tales circunstancias, ¿cómo podrían los jóvenes, al llegar a la pubertad, abandonar la casa paterna para casarse antes de que quedase vacante, por la muerte de otro, algún puesto de pastor, lechero u ocupación similar? La robustez general debía retrasar estas vacantes y, en consecuencia, muchos jóvenes habrían de pasar su juventud en el celibato o exponerse al riesgo evidente de la miseria con sus familias. Este caso es semejante al que se observa en Noruega y al que nuestros principios se aplican con mayor exactitud, dado el equilibrio existente entre nacimientos y defunciones.

Si, por desgracia, algún padre hubiese tenido en esta aldea una familia más numerosa de lo habitual, el resultado habría sido una tendencia a reducir, y no a aumentar, el número de matrimonios. Tal vez, a fuerza de economía, este padre hubiera logrado alimentar a sus hijos, aunque probablemente no habría podido proporcionar ocupación a todos dentro de su propio oficio. Es evidente, entonces, que no podrían abandonar el hogar sino muy tarde, y es probable que ninguno se casara antes de la muerte del padre. Por el contrario, si solo hubiese tenido dos hijos, uno quizá habría podido casarse sin salir de la casa paterna, y el otro tras la muerte del padre. En general, puede afirmarse que de la ausencia o presencia de cuatro personas solteras depende que exista o no lugar para un matrimonio o para la formación de una nueva familia.

Habiendo sido en esta aldea, con pocas excepciones, los matrimonios muy tardíos, y como entre tanto, a causa de la salubridad del lugar, estas uniones han debido ser disueltas muy tarde por la muerte, es seguro que una porción considerable de casamientos, como se habrá podido observar, ha sido estéril para la población, por la edad avanzada de las mujeres. Así vemos que el número existente simultáneamente de matrimonios se hallaba en una relación con los nacimientos anuales que está fuera del orden habitual, a saber, de 12 a 1. Los nacidos ascendían a

1/9 de la población, y el número de personas que pasaban de 16 años era al de las que no llegaban, como 3 es a 1.

En contraposición de esto, y para probar cuán poco fiables son los cálculos de población que se fundan únicamente en el número de nacimientos, M. Muret cita la aldea de San Cergue, en el Jura, donde los matrimonios existentes son a los nacimientos anuales como 4 a 1, y donde estos representan 1/26 de la población, siendo además igual el número de personas mayores y menores de 16 años.

Si se apreciara la población de estas parroquias por los nacimientos anuales —dice este autor— se creería que Leyzin supera a San Cergue en una quinta parte, a lo sumo, mientras que por un censo exacto se ha comprobado que la población de la primera es de 405 habitantes, y la de la segunda de 171. He escogido —añade— la población en la que el contraste es más sorprendente; pero aun cuando la diferencia sea menos notable en las demás, se encontrará siempre que, de una comarca a otra, por inmediata que esté y aunque parezca en la misma situación, las proporciones varían considerablemente.

Es ciertamente extraño que, después de haber hecho estas observaciones y otras semejantes que no menciono, infiera este autor, a partir de la relación de los nacimientos, la despoblación del país de Vaud. Sin embargo, no hay razón alguna para creer que esta proporción no haya variado en distintas épocas, como lo ha hecho en diferentes lugares. El contraste observado en la fecundidad de Leyzin y San Cergue depende de causas que el tiempo y las circunstancias pueden modificar. El gran número de niños que en San Cergue llegan a la edad adulta prueba que la salubridad de este lugar no es muy inferior a la de Leyzin. La relación de los nacidos con los muertos es allí de 7 a 4; pero como el número total de habitantes no pasa de 171, es evidente que un exceso semejante de nacimientos no se ha incorporado de modo regular a la población de esta aldea durante los dos siglos anteriores.

Es necesario que tal exceso haya provenido de alguna mejora repentina en la agricultura, en el comercio o de la emigración, lo cual me parece más probable, y aun confirmado por la observación anterior relativa al número de adultos en proporción al total de los habitantes. La posición de esta aldea, situada en el Jura y en el camino real de París a Génova, debe favorecer mucho la emigración; y en efecto, ha trasladado a las ciudades y al país llano a una parte de los habitantes de esta aldea fecunda, y ha hecho salir a muchos adultos que, al dejar vacantes puestos para nuevos matrimonios, han fomentado con su retirada el aumento de las familias.

La costumbre de emigrar en una aldea no depende únicamente de su situación, sino sobre todo de ciertas circunstancias accidentales. No es dudoso que tres o cuatro emigraciones llevadas felizmente a cabo basten muchas veces para infundir en todo un pueblo un espíritu aventurero, así como el mal resultado de un número semejante de tentativas puede producir, en otros casos, el efecto contrario. Si se generalizara en Leyzin el hábito de la emigración, la relación de los nacimientos cambiaría inmediatamente, y al cabo de 20 años el examen de los registros ofrecería resultados tan distintos de los recogidos por M. Muret, como lo son estos respecto de los relativos a San Cergue. Es evidente que, independientemente de la gran mortandad, existen otras causas que hacen muy inexacto, en distintas épocas, el cálculo de la población cuando se funda en la relación de los nacimientos.

Los datos reunidos por M. Muret son muy dignos de conservarse; pero no puede decirse lo mismo de las consecuencias que ha deducido, pues ha realizado algunos cálculos relativos a Vevey que confirman en realidad los principios más sólidos sobre la fecundidad de los matrimonios y prueban la inexactitud de la apreciación común, aunque él los presente con una intención distinta. Ha encontrado que 375 madres habían dado a luz 2.093 hijos, todos nacidos vivos, correspondiendo por tanto a cada madre 5 10/12, es decir, casi 6 hijos. Conviene advertir que aquí se trata de madres, y no simplemente de mujeres casadas, pues no todas estas conciben. Sin embargo, aun restando del número indicado las mujeres estériles —que en Vevey están en la proporción de 20 a 478— resulta todavía que el término medio de los nacidos es de 5.5 por cada mujer casada, y esto en una población cuyos habitantes, según el autor, se casan tardíamente y temen cargarse con familias numerosas. La relación general de los matrimonios anuales con los nacimientos en el país de Vaud es de 1 a 3.9; así, según el modo ordinario de calcular, se dirá que los matrimonios producen tres hijos y nueve décimos.

En una división del país de Vaud en ocho distritos, ha encontrado M. Muret que en siete ciudades la vida media era de 36 años, y la vida probable, o la edad a la que llegan la mitad de los niños, de 37 años; y en otras 36 ciudades la vida media era de 37, y la vida probable de 42 años. En nueve aldeas de los Alpes, la vida media era de 40, y la vida probable de 47; en siete aldeas del Jura estos números eran 38 y 42; y en doce aldeas abundantes en cereales, 37 y 40. En 18, situadas en grandes viñedos, 34 y 37; en 6, compuestas de viñas y colinas, 38.3 y 36; y en una aldea pantanosa, 29 y 24. Se ve por otra tabla que en la aldea de Leyzin el número de personas muertas antes de la edad de la pubertad era menor de 1/5, y en otras aldeas de los Alpes y del Jura de 1/4, y generalmente en el país de Vaud, cerca de 1/3.

En algunas ciudades populosas como Lausana y Vevey, a causa del gran número de adultos que se establecen en ellas, resulta que la relación de estos con los menores de 15 años es casi igual a la de Leyzin, y se acerca a la de 3 a 1. En las aldeas donde no hay mucha emigración, es casi de 2 a 1; y en aquellas que proporcionan habitantes a otros países, se aproxima más a la proporción de igualdad.

M. Muret aprecia la población total del país de Vaud en 113,000 almas, de las cuales 76,000 son adultos; de modo que, en todo el país, la relación de los mayores de edad con los impúberes es de 2 a 1. Entre estos 76,000 adultos se encuentran 19,000 matrimonios; así es que hay 38.000 personas casadas y otras tantas que no lo están, entre las cuales se hallan probablemente, según Muret, 9,000 viudos o viudas. Con un número tan considerable de personas que viven fuera del matrimonio, no había motivo para temer que las emigraciones probables o las levas militares afectasen sensiblemente el número de casamientos anuales ni detuviesen el progreso de la población.

La proporción de los matrimonios anuales con el total de los habitantes del país de Vaud no era, según las tablas de M. Muret, más que de 1 a 140, aún menor que la de Noruega.

Todos los cálculos de M. Muret muestran que la influencia de los obstáculos preventivos, o de aquellos que dimanan del crecimiento de la población, es muy considerable en todos los lugares que ha observado; y es de creer que prevalezcan hábitos semejantes en las otras partes de Suiza, aunque varíen en algo según el grado de salubridad de los lugares y de las ocupaciones, y según que el país ofrezca o no recursos para incrementar su población.

En la ciudad de Berna, de 1583 a 1654, el consejo soberano concedió el derecho de vecindad a 487 familias, de las cuales 379 se extinguieron en el transcurso de dos siglos; de manera que en 1783 solo quedaban 108. Durante el siglo siguiente, de 1684 a 1784, desaparecieron en Berna 207 familias. De 1624 a 1712 se otorgó el derecho de vecindad a 80 familias. En 1693, el consejo soberano admitió a los miembros de 112 familias, de las cuales solo subsistían 58.

El número de solteros en Berna, comprendiendo también a viudos, es muy inferior a la mitad del de los adultos; y la relación de los mayores de 16 años con los que no alcanzan esta edad es cercana a 1 a 3. Estas son pruebas muy contundentes de la influencia de los obstáculos preventivos que contienen la población. Los aldeanos del cantón de Berna han sido siempre considerados como acomodados, y su bienestar se debe sin duda, en gran parte, a esta circunstancia. Una ley, que estuvo en vigor durante largo tiempo, exigía que todo aldeano probase poseer el armamento y el equipo necesarios para la milicia antes de obtener licencia para contraer matrimonio. Esta disposición no solo impedía casarse a los hombres que vivían en la miseria, sino que en otros fomentaba hábitos saludables, haciéndoles considerar el trabajo y la economía como medios indispensables para alcanzar el objeto de sus deseos. Un joven que con este fin hubiera contraído algún préstamo, ya dentro o fuera del país, debía naturalmente adquirir sentimientos más elevados y no contentarse con reunir solo la suma necesaria para casarse, sino avanzar más y procurar ciertos ahorros para sostener a su familia.

Mucho sentí, cuando pasé por Suiza, no haber podido procurarme noticias más detalladas acerca de los cantones pequeños, a causa de los trastornos que en ellos reinaban entonces. Es muy probable que, estando casi todo el país destinado a los pastos, su situación se asemeje mucho a la de las aldeas alpinas del país de Vaud, tanto por su salubridad como por la necesidad de contener el aumento de la población, exceptuando, sin embargo, aquellos lugares donde la costumbre de emigrar o el establecimiento de algunas manufacturas pueda modificar estas circunstancias.

En un país cuyos habitantes llevan una vida puramente pastoril, los límites de la población no pueden menos de ser muy marcados. No hay tierras menos susceptibles de mejora que los pastos de los montes; pues es necesario abandonarlos en gran medida a la naturaleza, y cuando están cubiertos de un número suficiente de rebaños no admiten mejora alguna. Tanto en estas partes de Suiza como en Noruega, la gran dificultad consiste en proporcionar forraje suficiente para mantener durante el invierno el ganado que ha pasado el verano en las montañas. Con este objeto, se recogen con el mayor esmero las hierbas más pequeñas; en los lugares inaccesibles a los animales, los aldeanos acuden algunas veces a buscar heno, armando sus pies con grapas; cortan la hierba a menos de tres pulgadas, hasta tres veces al año, en algunas comarcas.

Se ve en los valles todo el terreno segado como nuestros bolingrines, y todas las desigualdades parecen recortadas con tijeras; por esto, en Suiza y en Noruega ha llegado a tan alto grado de perfección el arte de segar. Sin embargo, como la mejora de los terrenos en los valles depende principalmente del abono que proporcionan los rebaños, es seguro que la cantidad de heno y el número de animales se limitan recíprocamente; y puesto que la población está limitada por el producto de los rebaños, no parece posible que pueda acrecentarse más allá de cierto término ni a cierta distancia de estos valles. Así, aunque la población de Suiza haya aumentado en el siglo anterior en los llanos, hay motivos para creer que ha permanecido estacionaria en las montañas. Según M. Muret, ha disminuido mucho en los Alpes del país de Vaud, pero ya hemos visto que no son concluyentes las pruebas aducidas por él. No es probable que los Alpes estén en la actualidad menos abastecidos que en otro tiempo; y si hay menos habitantes, no puede sino ser porque hay menos niños y se vive en mejores condiciones.

La introducción de las manufacturas en algunos pequeños cantones ha dado mayor ocupación al trabajo, ha proporcionado más artículos de exportación para la compra de trigo y ha aumentado considerablemente la población. Pero los escritores suizos reconocen de manera unánime que los distritos donde se han establecido han perdido mucho en salud, moralidad y bienestar.

Es propio de los terrenos dedicados a pastos producir más de lo necesario para el número de hombres que emplean; por consiguiente, en los países puramente pastoriles había muchos individuos con poca o ninguna ocupación. Esto tiende necesariamente a la emigración, y es una de las causas que más han contribuido a que los suizos se alisten en los ejércitos extranjeros. Cuando hay muchos hijos, los que no son necesarios para el trabajo del campo se ven obligados a sentar plaza en el ejército y, por lo general, a salir del país en busca de fortuna, como único medio de poder casarse algún día.

Es posible, aunque poco probable, que este espíritu de emigración, obrando con más fuerza de lo ordinario en un país sometido más que ningún otro a la influencia de los obstáculos preventivos, haya detenido el desarrollo de la población cuando eran generales las quejas sobre este punto. Si esto es así, ha debido resultar una mejora sensible en la situación de las clases inferiores. Todos los viajeros que han visitado esta comarca poco después de esta época describen a los aldeanos de Suiza en el estado más satisfactorio. En el corto viaje que he hecho últimamente, he tenido el disgusto de encontrar en parte frustradas mis esperanzas en este punto, cambio que debe atribuirse en parte a las pérdidas y sufrimientos causados por los trastornos recientes, así como a las tentativas mal orientadas de varios gobiernos para aumentar la población y a las consecuencias lejanas de algunos esfuerzos mejor encaminados, que tendían eficazmente a aumentar por algún tiempo el bienestar y la felicidad del pueblo.

Me llamó mucho la atención lo que observé a este respecto en una expedición que hice al lago de Joux, corto valle del Jura. Apenas llegamos a una pequeña posada situada en las extremidades del lago, cuando la dueña del mesón prorrumpió en llanto al hablar de la pobreza de todas las aldeas inmediatas. Nos dijo que el país producía poco y que estaba saturado de habitantes; que los jóvenes de ambos sexos se casaban a una edad en que aún deberían asistir a la escuela, y que si prevalecía por mucho tiempo la costumbre de los matrimonios precoces, todos acabarían siendo pobres y miserables.

El aldeano que nos condujo en seguida al manantial del Orbe entró en más detalles, y me pareció que comprendía mejor el principio de la población que muchos con quienes he tenido ocasión de conversar. *Nuestras mujeres*, dijo, *son fecundas; el aire de los montes es puro y sano; y, salvo en casos de miseria, mueren pocos niños.* Siendo el suelo estéril, proporciona poca ocupación y sustento a los adultos; el precio del trabajo es, por consiguiente, muy bajo y del todo insuficiente para mantener una familia. Sin embargo, la miseria y el hambre que afligen a la mayor parte de los habitantes no impiden a los demás casarse y dar al mundo hijos que no pueden sostener. Este hábito de casarse tan jóvenes añadió, podría llamarse un vicio del país.

Tan profundamente afectado estaba por las consecuencias inevitables de esta costumbre, que opinaba que debía dictarse una ley para impedir que los hombres se casasen antes de los 40 años, y que aun a esta edad solo pudieran hacerlo con solteras de edad avanzada, y con las que solo pudieran tener dos o tres hijos, en lugar de seis u ocho. No pude menos de sonreír ante el ardor y la elocuencia de su conclusión. Era preciso que este hombre hubiese experimentado de cerca y sentido con fuerza las consecuencias de una población excedente para proponer un remedio tan extremo, aunque después supe que él mismo se había casado joven.

El único error que cometía en este examen filosófico era circunscribir su razonamiento a comarcas estériles y montuosas y no aplicarlo al país llano. Pues creía que en los distritos fértiles la abundancia de trigo y de jornales, al hacer desaparecer la dificultad, no se oponía a los matrimonios precoces. Como había vivido poco en los llanos, este error era natural, tanto más cuanto que en los valles la dificultad ordinaria se percibe con menor intensidad (a causa de la extensión de los lugares que se consideran) y se ve además realmente disminuida por la mortandad que ocasionan los lugares pantanosos, las grandes ciudades y las manufacturas.

Quise informarme de por qué lo llamaba "el vicio del país", y me contestó con una precisión verdaderamente filosófica. Se había introducido hacía algunos años en la comarca una manufactura de lapidarios que, al proporcionar ocupación y salarios elevados, facilitó la manutención de las familias y los medios para ocupar a los hijos desde edades tempranas, y fomentó extraordinariamente los matrimonios precoces. Esta costumbre se conservó incluso cuando, por cambio de modas, accidentes y diversas causas, la manufactura desapareció. Dijo también que en los últimos años habían sido muy numerosas las emigraciones; pero el sistema adoptado renovaba la población con tanta rapidez que ninguna emigración bastaba para contenerla, como lo mostraban claramente tanto sus observaciones como lo que yo mismo había visto de estos perniciosos efectos.

En otras conversaciones que tuve con personas del pueblo, en diversas comarcas de Suiza y de Saboya, encontré a muchos que, sin estar tan bien instruidos como mi interlocutor del lago de Joux en el principio de la población y en sus consecuencias sociales, juzgaban acertadamente en lo que a ellos mismos respecta, y comprendían bastante bien a qué males se exponían al casarse antes de tener asegurados algunos medios para sostener a su familia. Reflexionando sobre las ideas que he encontrado bastante generalmente difundidas, creo que no sería muy difícil hacer comprender al pueblo el principio de la población y la tendencia que necesariamente tiene a deprimir los jornales y a sostener la pobreza.

No hay en Suiza fondos asignados de manera permanente para los pobres, pero cada aldea posee algunos derechos señoriales y ciertas tierras comunales con cuyos productos se les mantiene. Sin embargo, como estos fondos son limitados, llegan en ocasiones a ser insuficientes, y de tiempo en tiempo se suplen mediante colectas o contribuciones voluntarias que, por ser más raras e inciertas que la cuota de los pobres en Inglaterra, no producen los mismos inconvenientes. En estos últimos años se han dividido muchas tierras comunales entre los individuos que tenían derecho a ellas. Esto ha mejorado el terreno y hecho crecer la población; pero la manera en que se ha llevado a cabo ha aumentado excesivamente los matrimonios y, por consiguiente, el número de pobres. En las vecindades más ricas es donde he visto mayor cantidad de mendigos.

Con todo, es de creer que los esfuerzos de la Sociedad Económica de Berna para estimular los progresos de la agricultura han producido algún efecto, y que el aumento de recursos ha sido suficiente para sostener esta población adicional, la cual en su mayor parte ha podido alimentarse.

En 1764, la población de todo el cantón de Berna, comprendiendo el país de Vaud, se calculaba en 336,689 habitantes. En 1791 había aumentado hasta 444,420. Desde 1764 a 1767, el crecimiento anual de la población fue de 2,000 personas, y desde 1778 a 1794, de 3,169.

VI. OBSTÁCULOS A LA POBLACIÓN EN FRANCIA

No ofreciendo las tablas de mortandad en Francia, antes de la Revolución, nada de notable ni por su exactitud, ni por sus resultados, ni por su antigüedad, no habría presentado este capítulo si no fuera por una circunstancia sorprendente derivada de la Revolución; quiero hablar del estado actual de su población, que después de una lucha tan larga y destructora, no parece haber sufrido disminución alguna.

Se está formando en París una estadística nacional fundada en los datos de los prefectos, cuya obra aún no se ha concluido; pero sé con seguridad que, según las noticias recogidas, la población de Francia, durante la Revolución, ha crecido en lugar de disminuir. Semejante resultado confirma claramente los principios expuestos en esta obra, y no es necesario investigar en detalle cómo se ha verificado.

En todos los países hay muchas personas que viven en el celibato. Este número se forma gradualmente por la acumulación anual del exceso de los que llegan a la pubertad sobre los que se casan. Esta acumulación llega a su límite cuando la mortandad anual arrebata a este grupo tantos individuos como recibe. En el país de Vaud hemos visto que este cuerpo, comprendiendo las personas ancianas, iguala al número total de casados. Mas en un país como Francia, donde por una parte la mortandad, y por otra la tendencia al matrimonio, son considerablemente mayores que en Suiza, esta reunión de célibes debe estar en menor proporción con respecto a toda la población.

M. Peuchet, en su *Ensayo de estadística* publicado en París en 1800, gradúa en Francia el número de solteros de 18 a 80 años en 1,451,063, y el de todos los hombres de cualquier estado, comprendidos en la misma edad, en 5,000,000. No se ve claramente en qué momento se ha hecho esta apreciación; pero como el autor coloca estos resultados entre los que se verifican en los tiempos ordinarios, es muy probable que se refiera a la época anterior a la Revolución. Admitamos, pues, que el número de 1,451,063 representa toda la reunión de hombres solteros aptos para el servicio militar al principio de la Revolución.

Antes de la guerra, la población de Francia fue calculada por la Asamblea Nacional en 26,363,074 almas, cifra que no puede creerse exagerada. Necker, que no cuenta más que 24,800,000, afirma que en la época en que escribía, los nacimientos ascendían anualmente a 1,000,000; y por consiguiente, empleando su multiplicador 25.75, la población total no descendía de 26,000,000. Y este cálculo lo hacía con diez años de anterioridad al de la Asamblea.

Suponiendo, pues, que los nacimientos anuales ascendiesen a algo más de 1,000,000, y que dos quintas partes de los nacidos muriesen antes de los 18 años, según el cálculo de M. Peuchet, se verá que cada año 600,000 personas llegaban a esta edad.

El número de matrimonios anuales, según Necker, era en Francia de 213,774; pero como este número es un término medio de diez años, durante los cuales la población iba en aumento, es probable que sea algo reducido. Si lo elevamos hasta 220,000, resultará que, por 600,000 personas que llegaban a la edad del matrimonio, solo 440,000 se casaban; y por consiguiente, el exceso de los que llegaban a los 18 años, además del número necesario para suplir los matrimonios anuales, sería de 160,000, o lo que es lo mismo, 80,000 hombres.

Es evidente, pues, que el cuerpo de 1,451,063, compuesto de solteros jóvenes, y además un suplemento anual de 80,000 jóvenes de 18 años, podían entrar en el servicio militar sin afectar en absoluto al número anual de matrimonios; mas no debemos suponer que el total de 1,451,063 célibes fuese reclamado al mismo tiempo para el ejército. Además, hay muchos soldados casados, lo cual contribuye en cierta medida al aumento de la población.

Supongamos que de esta reunión de célibes se tomen a la vez 600,000 para el servicio, y que se reclute este ejército mediante una leva anual de 150,000 hombres, compuesta tanto de los 80,000 jóvenes de 18 años, inútiles para los matrimonios anuales, como de los 831,063 restantes de la reunión de célibes existente antes de la guerra. Es muy cierto que por estos dos medios ha podido proporcionarse, durante diez años, un contingente anual de 150,000 hombres, pudiendo incluso aumentar en más de 10,000 el número de matrimonios.

Es verdad que durante estos diez años muchos de los célibes que formaban parte del gran cuerpo primitivo habrán pasado de la edad necesaria para el servicio militar; pero esta pérdida queda ampliamente compensada por el beneficio que resulta para la población del matrimonio de muchos de ellos, pues un hombre de 50 años puede aún ser padre. Es de creer que la mayor parte de los 150,000 reclutas anuales se tomaron de entre los 300,000 hombres que llegaban cada año a los 18 años, y que los matrimonios anuales se habrán suplido en gran parte con el resto de la reunión primitiva de hombres célibes. Los viudos y solteros de 40 a 50 años, que antes de esta época no tenían probabilidad de establecerse, debieron encontrarlo mucho más fácil cuando los jóvenes marchaban al ejército; y, por último, la ausencia de 500,000 personas debió dejar otros tantos espacios disponibles para nuevos matrimonios.

Todo induce a creer que, en efecto, se produjo un aumento considerable en el número de matrimonios anuales: no solo contrajeron matrimonio muchos solteros que formaban parte del gran cuerpo primitivo y que en otras circunstancias no lo habrían hecho, sino que muchos jóvenes mayores de 18 años celebraron matrimonios precipitados para librarse del servicio militar. Tan general fue esta práctica, y tan sensiblemente disminuyó el número de célibes, que desde principios de 1798 fue necesario derogar la ley que eximía del servicio a los casados; y, por consiguiente, quienes se casaron después de esta fecha fueron considerados como solteros y, por tanto, sujetos al servicio.

Desde entonces las levas han alcanzado también a hombres útiles para la población; pero probablemente los matrimonios que no fueron anulados por estas levas superaron el número ordinario de los existentes antes de la Revolución. Además, aquellos matrimonios interrumpidos por la partida de los maridos al ejército no deben considerarse enteramente estériles.

Sir Francis d'Ivernois, que ha tendido siempre a exagerar las pérdidas de Francia, estima las de las tropas francesas por mar y tierra hasta 1799 en 1,500,000 hombres. La cifra que he presentado para aclarar este asunto excede en 600,000 a este número. Es cierto que este autor añade 1,000,000 por los que han perecido víctimas de la Revolución, cualquiera que haya sido la causa; pero como estas últimas causas de destrucción han obrado indistintamente sobre todos los sexos y edades, no han debido afectar tan directamente a la población como las pérdidas militares, y quedan más que compensadas por el exceso de 600,000 hombres en la plenitud de la juventud que resulta del cálculo de Sir Francis.

Es preciso observar además que, hacia el final de la guerra revolucionaria, el alistamiento se hizo probablemente con mayor rigor en los territorios recientemente incorporados, cuya población se estima en 5,000,000 o 6,000,000, y de los cuales debió provenir una parte considerable de los muertos en la guerra, calculados en 1,500,000.

La ley que permitía el divorcio, aunque perjudicial en sí misma desde el punto de vista moral y político, debió obrar, en un contexto de escasez de hombres, casi como la poligamia, aumentando el número de niños en relación con el número de matrimonios. Además, el número de hijos ilegítimos, que antes de la Revolución no era más que 1/47 de los nacidos, se elevó después hasta 1/11. Aunque este hecho testimonia una depravación de costumbres muy lamentable, no es menos cierto que debió resultar de ello algún aumento en el número de nacimientos; y como las mujeres del campo ganaron más de lo habitual durante la Revolución, debido a la escasez de brazos para el trabajo, es muy probable que una parte considerable de estos niños haya sobrevivido.

Muy posible es que en semejantes circunstancias la población de Francia no haya sufrido ningún menoscabo, y a pesar de tantas causas destructivas, esto resulta altamente probable, si la agricultura no ha decaído hasta el punto de que hayan faltado los medios de subsistencia; porque, aun cuando Francia haya perdido mucho en sus manufacturas, es indudable que su agricultura ha prosperado más. No puede suponerse que en ninguna época de la guerra el número de soldados haya excedido al de aquellos que estaban empleados en las manufacturas antes de la Revolución. Cuando estas decaían, los obreros que no habían entrado en el ejército y que no tenían trabajo se veían forzados a dedicarse a la agricultura. Además, en Francia las mujeres han trabajado siempre en el campo, y es de presumir que esta costumbre se haya extendido aún más durante la Revolución.

Al mismo tiempo, la ausencia de los mejores y más hábiles agricultores debió hacer subir el precio del trabajo; pero como se cultivaban nuevas tierras, y muchos consumidores habían abandonado Francia, el precio de las subsistencias no pudo subir en proporción. El resultado de esto ha sido un claro estímulo al matrimonio: los aldeanos han debido vivir con mayor holgura y criar un número más elevado de hijos.

Siempre ha habido en Francia una gran cantidad de granjas pequeñas y propietarios pobres. Esto no es muy favorable al aumento del producto neto, o de la riqueza nacional disponible; pero a menudo incrementa el producto bruto y tiene una fuerte tendencia a acrecentar la población. La venta y división de los bienes de la nobleza y del clero multiplicó el número de propietarios de tierras; y como, además, una parte de estos dominios divididos consistía en parques, tierras incultas o sitios de caza, el cultivo ganó nuevas extensiones. Es cierto que la contribución territorial ha sido considerada no solo excesiva, sino también mal repartida. Sin embargo, es probable que este inconveniente haya sido casi compensado por la abolición de algunas leyes opresivas, y que, en último término, el efecto de la venta de estos dominios haya sido dar un impulso a la agricultura, o al menos aumentar el producto bruto, que es sobre el cual se regula la población.

Es de creer, por lo tanto, que si los medios de subsistencia no han crecido en Francia durante la Revolución, al menos no han disminuido; y esto lo confirma el aspecto general del cultivo en Francia.

No es admisible la conjetura de Sir Francis d'Ivernois, que sostiene que durante la Revolución los nacimientos anuales en Francia disminuyeron, pues es muy probable que hayan aumentado. Según Necker, antes de la Revolución la relación de los nacimientos con toda

192

la población era de 1 a 25.75. Se ve por los estados de algunos prefectos que en muchas partes esta relación es de 1 a 21, 22.5 y 23; y aunque pueda haberse incluido en estos cálculos la entrada de algunos individuos en la milicia, creo, sin embargo, que este resultado debe atribuirse principalmente al aumento de los nacimientos.

Si del conjunto de los estados de los prefectos se deduce, por una parte, que el número de nacimientos no ha aumentado en proporción a la población, y por otra, que la población no ha disminuido, es preciso concluir o bien que el multiplicador empleado por Necker para los nacimientos era demasiado bajo (lo cual es muy probable, puesto que su cálculo de la población, fundado en este dato, resulta también reducido), o bien que la mortandad de quienes no estuvieron expuestos a muertes violentas fue menor de lo habitual, lo que no es inverosímil, atendido el alto precio del trabajo y la emigración de las ciudades hacia el campo.

Según Necker y Moheau, la mortandad en Francia antes de la Revolución era de 1 por 30 o 30.5. Si se reflexiona que la población de las ciudades es a la de la campiña como 3.5 a 1, esta mortandad parecerá aún mayor y claramente producida por la miseria originada en un exceso de población. Las observaciones de Young sobre el estado de los aldeanos en Francia, confirmadas además por la autoridad de Necker, muestran que en efecto esta causa debió ejercer una influencia considerable.

Si suponemos que, por la desaparición de una parte de esta población excedente, la mortandad haya disminuido de modo que, en lugar de ser 1 por 30, se reduzca a 1 por 35, este cambio favorable habría contribuido poderosamente a reparar las pérdidas de la guerra. Es muy probable que las dos causas que acabo de mencionar hayan actuado simultáneamente: han aumentado los nacimientos y ha disminuido la mortandad entre quienes permanecieron en el país. Así, por la acción conjunta de ambas causas, es de presumir que durante la Revolución las muertes, incluidas las del ejército y las violentas, no hayan excedido a los nacimientos.

Los estados de los prefectos del año IX de la República deberían compararse con los resultados de 1789; pero si la relación de los nacimientos con la población total se determina únicamente a partir del año IX, no podrá conocerse con certeza la relación media que tuvo lugar durante la Revolución. En medio del cúmulo de acontecimientos que la acompañaron, no es probable que los estados se hayan elaborado con gran regularidad. Si se pudiera confiar plenamente en la teoría, me inclino a creer que, antes del inicio de la guerra y aun después, la relación de los nacimientos con toda la población fue mayor que en 1800 y 1801.

Si los estados muestran que el número de matrimonios anuales no aumentó durante la Revolución, este hecho se explicará por el extraordinario número de nacimientos ilegítimos ya mencionado, que asciende a 1/11 de los nacimientos, en lugar de 1/17, como indicaba Necker antes de la Revolución.

Sir Francis d'Ivernois dice que «sería preciso no conocer los principios más elementales de la aritmética para creer que en los campos de batalla y en los hospitales se pueden recoger registros exactos de las muertes que causa una revolución o una guerra. Más que los hombres que ha sacrificado deberían constar en estos registros los niños que ha impedido e impedirá nacer. Esta es la herida más profunda que ha recibido la población francesa... Supongamos, dice, que de la masa de hombres muertos solo 2,000,000 se hubiesen unido a otras tantas mujeres: según los cálculos de Buffon, estos dos millones de matrimonios habrían debido producir 12,000,000 de hijos, para alcanzar a la edad de 39 años un número igual al de sus padres y madres. Este es el punto de vista bajo el cual aparecen incalculables las consecuencias de esta pérdida de hombres, porque exceden mucho de 12,000,000 los niños que no han nacido por la pérdida de los dos millones y medio de hombres que aún llora Francia. Solo en el porvenir podrá medirse este inmenso vacío.»

Ciertamente, Francia tiene motivos muy justos para llorar la pérdida de dos millones y medio de hombres que le han sido arrebatados tan funestamente; pero no puede considerar del mismo modo a su posteridad, porque si estos individuos no hubieran muerto, un número proporcionado de niños nacidos de otros padres, y que viven actualmente en Francia, no habría recibido la existencia. Si en los países mejor gobernados de Europa se tuviera que llorar a los niños cuyo nacimiento han impedido diversas causas, sería necesario vivir permanentemente vestidos de luto.

Es evidente que la tendencia constante de los nacimientos a suplir en todo país las pérdidas causadas por la muerte, no puede, bajo un aspecto moral, servir de excusa al sacrificio temerario de la vida humana. El mal positivo que se comete —el dolor, la miseria, la desgracia y la desolación que producen semejantes crímenes— no puede compensarse jamás con la sola consideración de que la pérdida de población se reparará bien pronto, considerada únicamente de modo numérico. No podemos tener ningún derecho moral ni político, salvo el de una necesidad extrema, para trocar la vida de hombres que están en el vigor de su edad por el mismo número de niños débiles.

Es preciso observar también que, si la población de Francia ha experimentado pérdidas tan considerables como se supone, su fuerza militar también se ha resentido. En la actualidad debe tener un número de mujeres y niños mucho mayor que antes, y el cuerpo de hombres célibes aptos para el servicio debe haberse reducido de manera extraordinaria: esto lo confirman los estados de los prefectos.

Es de creer que las levas militares empiezan a afectar de manera esencial la población de un país cuando se agota el cuerpo primitivo de célibes, o cuando las demandas exceden el número de aquellos que llegan anualmente a la pubertad y completan la relación ordinaria de los matrimonios anuales.

Muy probable es que Francia, al final de la guerra, estuviese todavía algo alejada de este límite; pero en el estado presente de su población, con un aumento del número proporcional de mujeres y niños y una gran disminución de hombres aptos para el servicio, no podría realizar los esfuerzos gigantescos de otra época sin lesionar el origen mismo de su población.

Siempre ha sido en Francia el número de hombres aptos para el servicio muy pequeño en proporción a la población, efecto de la tendencia al matrimonio y del gran número de niños que de ello resulta. Necker ha observado esta circunstancia y nota que la miseria de los aldeanos produce una gran mortandad entre los niños de 3 a 4 años, y que, por consiguiente, el número de niños muy jóvenes es siempre mucho mayor que el de los adultos. Y dice con razón que 1,000,000 de semejantes hombres no representan la misma fuerza militar ni la misma capacidad de trabajo que un número igual de hombres mejor alimentados y menos miserables.

Suiza, antes de la Revolución, hubiera podido disponer y emplear en todos los trabajos que exigen la fuerza y la capacidad de los adultos, a un tercio más de su población que Francia en la misma época.

En cuanto al estado de la población en España, recomiendo al lector el estimable e interesante viaje de M. Townsend, donde podrá verse el principio de la población ilustrado con diversos ejemplos. Habría formado para ello un capítulo separado, si no hubiese temido ya dar demasiada extensión a esta parte de la obra y haber incurrido en numerosas repeticiones, deduciendo las mismas consecuencias del examen de tantos pueblos diferentes. Además, no podía lisonjearme con añadir más de lo que ha hecho el propio M. Townsend.

VII. CONTINUACIÓN DE LOS OBSTÁCULOS A LA POBLACIÓN EN FRANCIA

No he creído conveniente modificar los cálculos y las conjeturas del capítulo anterior, a pesar de que los estados de los prefectos correspondientes al año IX y algunos que ha publicado el gobierno después de 1813, dan una proporción de los nacimientos más pequeña de la que yo creía probable, por dos razones: 1), porque estas tablas no contienen los primeros años de la Revolución, en los cuales es de creer que el estímulo al matrimonio y la relación de los nacimientos han sido mayores; 2) porque al parecer establecen el hecho principal que he querido explicar en el capítulo anterior, a saber: que la población de Francia no había disminuido a pesar de las pérdidas sufridas en la Revolución, aunque a la verdad esto pudo haber sucedido por una disminución proporcionada de las muertes más bien que por un aumento de los nacimientos.

Según los estados de los prefectos del año IX, la relación de los nacimientos, muertes y matrimonios con toda la población es la siguiente:

Nacimientos: 1 a 33

Muertes: 1 a 38.5

Matrimonios: 1 a 157.

Pero solamente es la relación de un año, de donde no pueden sacarse conclusiones ciertas; se han aplicado también a una población que excede en 3 o 4,000,000 la de la antigua Francia, y este exceso puede haber tenido una relación menor con los nacimientos, muertes y matrimonios; por lo demás, es muy probable, según algunos artículos del análisis del proceso verbal, que los registros no tengan mucha exactitud; y además no se les puede considerar suficientes para probar las consecuencias que se deducen de los números que contienen.

Según la Estadística elemental de Peuchet, publicada después de su Ensayo en el año IX, se trató de reconocer y calcular expresamente, por orden de M. Chaptal, la relación de los nacimientos con la población; y estas investigaciones, cuando se acababan de presentar los estados del año IX, prueban claramente que el ministro no los consideraba como muy exactos. Para conseguir el objeto que se proponían, se eligieron los vecindarios de los 30 departamentos de toda Francia que debían, al parecer, proporcionar los resultados más seguros; los cuales, para los años VIII, IX y X, han dado las relaciones siguientes: por los nacimientos 1 por 28.35; muertes 1 por 30.09; y matrimonios 1 por 132,078.

Observa M. Peuchet que la relación de la población con los nacimientos es mucho mayor de la que se creía anteriormente; pero como este último cálculo se ha hecho según un empadronamiento efectivo, cree que debe preferirse.

Los estados que ha publicado el gobierno en 1813 hacen subir la población de la antigua Francia a 28,786,911, número que, comparado con 28,000,000 (graduados en el año IX), indica un aumento de cerca de 800,000 en 11 años, desde 1802 hasta 1813.

No se han presentado estados de los matrimonios, y los de los nacimientos y muertes sólo comprenden 50 departamentos. En estos, durante los 10 años de 1802 a 1811, el número de nacimientos subió a 5,478,669, y el de los muertos a 4,696,857, lo que indica, en una población de 16,710,719, una relación de los nacimientos de 1 a 30.5 y de muertes de 1 a 35.5; y es natural creer que se habían elegido estos 50 departamentos porque habían tenido mayor acrecentamiento.

En efecto, es casi igual al que ha tenido lugar en los departamentos después del estado hecho en el año IX; y, por consiguiente, la población de los demás departamentos debe haber estado casi estacionaria. Por lo demás, se puede conjeturar con razón que no se publicaron las tablas de los matrimonios, porque no eran muy satisfactorias y demostraban una disminución de matrimonios y un aumento de nacimientos ilegítimos.

Puede deducirse de estos estados y de las circunstancias que los acompañan, que cualquiera que haya podido ser la relación real de los nacimientos antes de la Revolución y durante los seis o siete años siguientes, las relaciones de los matrimonios, muertes y nacimientos son mucho menores que las que se habían supuesto anteriormente.

Se ha preguntado si, reconocido este hecho, no debería deducirse que se había calculado mal la población antes de la Revolución y que había disminuido más bien que aumentado desde 1792. Yo creo que debe contestarse negativamente. Se ha visto en muchos capítulos anteriores que las relaciones de los nacimientos, muertes y matrimonios difieren mucho en diferentes países, y a veces en uno mismo, según los tiempos y las circunstancias.

Es casi seguro que esta clase de variaciones han tenido lugar en Suiza; y puede creerse cierto un efecto análogo en Inglaterra, nacido del aumento de la salubridad. Y si damos algún crédito a las mejores autoridades que hay en esta materia, no se podrá dudar que la suma de mortandad haya disminuido en uno o dos siglos en casi todos los países de Europa. No es, pues, admirable que la misma población se haya mantenido y aun aumentado visiblemente con una relación menor de nacimientos, muertes y matrimonios. La cuestión se reduce a saber si las circunstancias actuales de Francia hacen probable semejante cambio.

Es bien sabido que la condición de las clases ínfimas del pueblo en Francia antes de la Revolución era muy miserable. Los jornales subían a unos 20 sueldos (3.5 rs. vn.) diarios, mientras que en Inglaterra eran casi el doble, no diferenciándose mucho en los dos países el precio del trigo de la misma calidad. Esto concuerda con lo que dice Young al juzgar las clases obreras de Francia, al principio de la Revolución, peor vestidas y alimentadas —ya durante las enfermedades, ya cuando gozaban de salud— que las mismas clases en Inglaterra, en la relación de 76 a 100. Y aunque este cálculo sea muy elevado, y el autor no haya tenido en cuenta la diferencia real del precio, con todo, su obra abunda en observaciones que expresan el estado de abatimiento en que se hallaban entonces las clases obreras en Francia, y manifiestan también que la población tendía a sobrepasar los límites de las subsistencias.

Además, es bien conocido que el pueblo francés ha mejorado con la Revolución y la división de los bienes nacionales: todos los escritores que han considerado atentamente este asunto observan que ha subido considerablemente el precio del trabajo, ya por la extensión que se ha dado al cultivo, ya por las levas de hombres para el ejército. En la Estadística elemental de Peuchet se observa que el precio del trabajo subió de 20 a 30 sueldos, permaneciendo casi el mismo el de los géneros; y M. Birbech, en su último viaje agrícola por Francia, dice que, además del alimento, el salario del trabajador es de 20 peniques (7.5 rs. vn.) diarios, y que los géneros de consumo están por lo menos tan baratos como en Inglaterra; de suerte que el obrero francés compra la misma cantidad de subsistencias que un obrero inglés con 40 peniques al día; pero nunca ha sido tan alto el salario de un jornalero en Inglaterra.

Concediendo que pueda haber algunos errores en estos cálculos, no puede negarse que sean suficientes para establecer una mejora marcada en la condición de las clases ínfimas del pueblo francés; pero es casi físicamente imposible que este alivio de la miseria se haya podido verificar sin una disminución en la suma de la mortandad, y si esta no ha ido acompañada de un acrecentamiento rápido de población, debe haber disminuido el número de los nacimientos. En el intervalo desde 1812 a 1813 ha aumentado, aunque lentamente, la población; por lo tanto, una relación menor de los nacimientos, muertes y matrimonios, o una acción más general de la prudencia, es lo que debíamos esperar según las circunstancias. No puede haber proposición más incontestable que esta: de dos países en que sean casi las mismas la cuota de acrecentamiento, la salubridad natural del clima y el estado de las ciudades y manufacturas, en aquel que sea más pobre habrá más nacimientos, muertes y matrimonios.

Por esto, aunque la relación de los nacimientos en Francia desde 1802 haya sido de 1 a 30, no se puede deducir, como se ha hecho, que Necker haya debido emplear 50 como multiplicador en vez de 25.75.

Si es verídico el cuadro de las clases obreras de Francia antes y después de la Revolución, así como la marcha de la población en los dos periodos ha sido, al parecer, casi la misma, la relación presente de los nacimientos no puede aplicarse a la época en que escribía Necker, aunque también es probable que tomase un multiplicador muy bajo. Es muy difícil creer, por todas las circunstancias, que la población francesa en el intervalo de 1785 a 1820 haya aumentado de 25.5 a 28,000,000. Pero si suponemos que este multiplicador en aquel tiempo haya sido 27 en vez de 25.75, iremos más allá de la verosimilitud, y se podrá inferir un aumento de cerca de 2,000,000 desde 1785 a 1813, acrecentamiento mucho menor que el de Inglaterra, pero suficiente para manifestar la fuerza del principio de la población y la facilidad con que sobrepuja los obstáculos más poderosos en apariencia.

En cuanto a la cuestión del aumento de los nacimientos en los seis o siete primeros años de la Revolución, es probable que nunca se resuelva. En estos tiempos turbulentos, no es posible que los registros hayan sido muy exactos, y como no se han recogido en el año IX, no es de creer que se hallen exactos en ninguna de las siguientes épocas.

VIII. OBSTÁCULOS A LA POBLACIÓN EN INGLATERRA

Basta echar una ojeada sobre el estado social de Inglaterra para convencernos de que los obstáculos que impiden el acrecentamiento de la población y que hemos llamado restrictivos obran aquí con mucha fuerza en todas las clases de la sociedad. Se ve con frecuencia en las ciudades a hombres de elevada posición poco dispuestos al matrimonio, porque, teniendo relaciones ilícitas con mujeres de conducta degradada, satisfacen sus deseos con mayor libertad. Otros temen verse en la necesidad de disminuir los gastos a que están acostumbrados y de renunciar a un género de vida incompatible con los deberes que impone una familia. Si estas consideraciones influyen sobre hombres muy ricos, para los que se encuentran en un estado inferior existen motivos de prudencia que también son muy poderosos.

Un hombre que ha recibido una educación esmerada y cuya renta es estrictamente necesaria para alternar en la buena sociedad no puede dejar de conocer que tendrá que renunciar a ella si se casa. Sin duda tratará de elegir una mujer de su misma educación y de sus costumbres, y no se decidirá, pues, a verla reducida, así como él mismo, a abandonar estas relaciones para formar otras que no son propias de su clase. Descender uno o dos escalones hasta aquel en donde concluye la educación y empieza la ignorancia es un verdadero mal para quienes lo experimentan o se ven próximos a ello. Para que la sociedad tenga atractivos conviene que reine cierta igualdad, que exista un intercambio recíproco de buenos oficios y no una dependencia servil.

Estas reflexiones producen su efecto en muchos hombres de recursos limitados; pero otros, ya por tener un juicio menos sólido, ya por dejarse dominar por la pasión, desprecian el peligro que les amenaza y son, casi todos, víctimas de su temeridad.

Acostumbran los arrendadores y pequeños comerciantes a disuadir a sus hijos de casarse hasta que posean una heredad o un negocio que los ponga en disposición de sostener la carga de una familia; y como la mayoría sigue este consejo, tardan bastante en contraer matrimonio. Son frecuentes las quejas acerca de la escasez de tierras para tomar en arriendo, y es tan activa la concurrencia en todos los ramos de la industria que resulta imposible que muchos de los aspirantes logren su objetivo. Quizá entre los jóvenes que se dedican al comercio o a las artes mecánicas sea donde el obstáculo restrictivo ejerce mayor influencia.

El obrero que gana dieciocho peniques o dos chelines diarios y que vive con ellos cómodamente mientras permanece soltero, vacila antes de resolverse a repartir entre cuatro o cinco personas este fruto de su trabajo. A costa de unir su suerte con la persona a quien ama, no tendría inconveniente en someterse a faenas más duras y a mayores privaciones; pero no puede dejar de reconocer que, si tiene una familia numerosa o sufre la más leve desgracia, ni su frugalidad ni su trabajo le pondrán a salvo de la amargura de ver a sus hijos en la miseria o de verse obligado a recurrir a la caridad pública. El temor de caer en esta forma de dependencia es un sentimiento útil y digno de fomentarse, aunque, en verdad, las leyes inglesas sobre los pobres tienden en gran manera a debilitarlo.

Aún corren mayores riesgos al casarse los criados que sirven en casas ricas, quienes disfrutan en el hogar de sus amos casi tanto como estos, no solo de lo necesario, sino también de lo que hace grata la vida; su trabajo es ligero y su alimentación muy superior a la de los operarios, siendo la dependencia menos penosa por la posibilidad de cambiar de empleador. Si se casan, privados de conocimientos y de capital, no pueden tomar tierras en arriendo, emprender una industria ni trabajar a jornal. Su único recurso sería establecer una tienda, lo que, al no ofrecer una perspectiva halagüeña, hace que la mayor parte de ellos permanezca en el celibato.

Resulta de lo expuesto que los obstáculos que se oponen a la población y que hemos llamado restrictivos ejercen una influencia considerable en Inglaterra. Lo mismo se deduce de los registros publicados en 1800 a consecuencia del último censo relativo a la población, pues se observa que en Inglaterra y el país de Gales la relación de los matrimonios anuales con la población es de 1 por 123.5, y por consiguiente menor que en ningún otro país donde se ha fijado esta proporción, excepto en Noruega y Suiza.

Antes de la mitad del siglo XVIII, el doctor Short calculaba esta relación en 1 por 115, y es probable que fuera exacta. De suerte que se ha producido, con respecto a los matrimonios, una disminución apreciable, al mismo tiempo que, a causa de los progresos del comercio y de la agricultura, la población ha crecido con mayor rapidez que en ninguna época anterior. Esta disminución del número de matrimonios es en parte causa y en parte efecto de la observada en la mortalidad durante estos últimos años.

Se consideran los estados relativos al número de matrimonios según el último censo —el de 1800— como la parte de los registros menos susceptible de inexactitudes.

El doctor Short, en sus Nuevas observaciones acerca de los registros de mortalidad en las ciudades y en los campos, dice que «acabará con una observación hecha por un distinguido juez, a saber: que el temor de casarse y los gastos que ello acarrea es lo que detiene, más que ninguna otra causa, el acrecentamiento del género humano». En consecuencia, el doctor Short propone gravar con impuestos y multas a los célibes y emplear este producto en la manutención de los pobres que se casen.

Es muy justa la observación de este distinguido juez si se aplica a los nacimientos que no han llegado a producirse; pero no lo es la consecuencia que extrae el autor al proponer un castigo para los célibes. Falta aún mucho, sin duda, para que la fuerza prolífica esté plenamente desarrollada en Inglaterra; y, sin embargo, cuando se reflexiona que en este país el precio del trabajo es excesivamente bajo para alimentar a una familia numerosa; que, directa o indirectamente, la pobreza es una causa activa de destrucción; cuando se considera el gran número de niños que en las grandes ciudades, en las fábricas y en los talleres arrebata una muerte prematura, no puede dejar de reconocerse que, si esta mortandad extraordinaria no neutralizara el efecto de los nacimientos, sería necesario que los capitales destinados a pagar el trabajo aumentaran con una rapidez nunca vista para satisfacer las necesidades de esta nueva generación, que en el estado actual apenas alcanza la infancia.

No disminuyen la población del país quienes viven en el celibato o retrasan el matrimonio; antes bien, contribuyen a que sea menor el número de muertes prematuras que aumentarían sin límite si todos se casaran. Considerados bajo este aspecto, los célibes no son acreedores a penas ni a ninguna clase de deshonra.

Fundados en razones sólidas, algunos creen que los estados de nacimientos y defunciones son incompletos, lo que introduce incertidumbre en los resultados que de ellos se deducen. Si se divide la población de Inglaterra y del país de Gales por la relación media de las defunciones en el quinquenio finalizado en 1800, resulta una mortalidad de 1 por 49, proporción tan reducida, atendido el número de grandes ciudades y de establecimientos manufactureros, que es imposible considerarla exacta.

Cualquiera que sea la relación verdadera entre los habitantes de las ciudades y los del campo, es indudable que la parte meridional de la isla debe colocarse entre los países en donde esta proporción es mayor de 1 a 3, y quizá exceda a la de 1 a 2. Por consiguiente, según la regla establecida por Crome, la mortalidad debería sobrepujar la relación de 1 por 30, y según Sussmilch la de 1 por 33. En las observaciones sobre los resultados del censo relativo a la población se mencionan muchas causas probables de inexactitud en los registros de defunciones; pero no se presenta ningún cálculo aproximado del déficit que puede producir esta omisión, y carezco de datos suficientes para suplirlo. Me limitaré, pues, a observar que, suponiendo por efecto de este déficit y de todas las inexactitudes una mortalidad anual en Inglaterra cercana a 1 por 40, se fijará la proporción más baja que puede tener realmente, atendidas las circunstancias en que se encuentra el país.

Si efectivamente existiera tal relación, atestiguaría una gran ventaja sobre casi todas las demás naciones, tanto en los hábitos de moderación y limpieza como en la salubridad del aire y del terreno, aunque es probable que ambas causas obren con considerable intensidad para disminuir la mortalidad. La proporción de los matrimonios anuales antes citada es tan reducida que indica con claridad una prudencia muy favorable al bienestar, a pesar del efecto contrario que las leyes sobre los pobres deberían producir. Y en cuanto a la salubridad, es indudable que la disfrutan casi todas las parroquias rurales.

El doctor Price cita un cálculo del doctor Percival, fundado en noticias facilitadas por los ministros de distintas parroquias y basado en censos exactos, según el cual aparece que la mortalidad anual en algunas aldeas es de 1 por 45, 50, 60 o 66, y aun hasta 1 por 75. En muchas de estas parroquias los nacimientos son a los muertos como 2 es a 1, y solamente en una como 3 es a 1. Sin embargo, estos son casos particulares que no pueden aplicarse directamente a toda la parte agrícola del reino, porque en algunos puntos del país llano, y sobre todo en las cercanías pantanosas, la proporción es muy distinta, y existen algunas parroquias —aunque pocas— en las que el número de muertos supera al de nacidos.

En las 84 parroquias rurales cuyos registros compulsó el doctor Short, y que eligió deliberadamente en situaciones muy diversas, encontró una mortalidad media de 1 por 37, cifra mucho mayor que la actual en las parroquias rurales de Inglaterra. El período tomado por el doctor Short para deducir esta relación media comprendía algunos años de grandes epidemias que quizá excedían de lo ordinario. Pero es necesario incluir siempre en cálculos de esta naturaleza los años malsanos, porque de otro modo se incurriría en graves errores.

En las 1,056 aldeas de Brandeburgo observadas por Sussmilch, la mortalidad durante seis años favorables fue de 1 por 43, y en diez años que comprendían períodos prósperos y adversos de 1 por 38.5. En las aldeas de Inglaterra mencionadas por sir J. M. Eden, resulta una mortalidad de 1 por 47 o 48. Y en los últimos estados presentados con motivo del censo de la población aparece todavía menor. Se observará, combinando estos datos, que en las comarcas agrícolas, incluyendo los años de malas cosechas, puede calcularse una mortalidad inferior a 1 por 46 o 48, la cual asciende hasta 1 por 40 cuando se agrega la de las ciudades y distritos dedicados a las manufacturas y cuando se busca obtener la relación media de todo el reino.

La mortalidad de Londres, que constituye una parte muy considerable de la de todo el país, era, según Price, en la época en que realizó este cálculo, de 1 por 20.75; la de Norwich de 1 por 24.5; la de Northampton de 1 por 26.5; la de Newbury de 1 por 27.5; la de Manchester de 1 por 28; la de Liverpool de 1 por 27.5, etc. Y observa que casi nunca el número de fallecidos en las ciudades es menor de 1 por 28, salvo cuando existe en ellas un rápido crecimiento de población producido por la afluencia de un gran número de personas en la edad en que se muere menos, como sucede en Manchester, Liverpool y otras ciudades donde florecen las manufacturas. Este autor cree que, en términos generales, puede fijarse la mortalidad de las grandes ciudades entre 1 por 19 y 1 por 22 o 23; la de las ciudades de segundo orden entre 1 por 24 y 1 por 28; y la de las aldeas y el campo entre 1 por 40 y 1 por 50.

Se objetará quizá a estos cálculos la inclinación del doctor Price a exagerar la insalubridad de las ciudades. Sin embargo, esta objeción sólo tiene fuerza respecto de Londres, pues los estados de las demás ciudades proceden de documentos sobre los cuales la opinión particular del autor no podía ejercer influencia alguna. Conviene, no obstante, advertir que hay razones para creer que Londres, ciertas ciudades y quizá algunas regiones de Inglaterra eran menos sanas que en la actualidad en la época en que se realizaron estos cálculos. El doctor W. Heberden observa que los registros del decenio 1759–1768, de los que se valió Price para calcular las probabilidades de vida en Londres, indican un grado de insalubridad mayor que el de los últimos años transcurridos. Y las tablas presentadas con motivo del censo de población, aun teniendo en cuenta las omisiones posibles en las defunciones, muestran un grado de salubridad en las ciudades de provincia y en el campo muy superior al de los cálculos anteriores.

Por otra parte, no puedo dejar de creer que la mortalidad de 1 por 31 atribuida a Londres en las *Nuevas observaciones sobre los resultados del censo de la población* sea exagerada, porque la omisión de 5,000 muertes que allí se supone no es suficiente, ni se ha considerado debidamente a los muchos que, por causa de la guerra o del comercio, se ausentan; pues, cuando se pretende valorar la mortalidad proporcional, sólo deben computarse los habitantes efectivos del territorio considerado.

Parece que en las grandes ciudades, e incluso en las medianas, existe algo particularmente desfavorable para la primera edad de la vida. La clase de personas afectadas por esta mortalidad indica que depende más bien de la acción de un aire viciado y confinado sobre los pulmones delicados de los niños, junto con la falta de ejercicio, que del lujo y los excesos de la disipación y la intemperancia, de los que son escenario las principales ciudades. Rara vez sucede que los padres de constitución más robusta y de vida más moderada vean a sus hijos gozar en las ciudades de una salud tan firme como la que disfrutarían en el campo.

En Londres, según los cálculos anteriores, la mitad de los niños muere antes de cumplir 3 años; en Viena y Estocolmo antes de los 2; en Manchester antes de los 5; y antes de los 10 en Northampton. En las aldeas, por el contrario, la mitad de los nacidos alcanza la edad de 30, 35, 40, 46 o más años. En la parroquia de Ackworth, en Yorkshire, se observa por un estado exacto de los fallecidos de todas las edades durante 20 años, elaborado por el doctor Lee, que la mitad de los habitantes llega a la edad de 46 años. Si se examinaran desde este punto de vista las parroquias antes citadas, en las que la mortalidad es sólo de 1 por 60 o 66, se hallaría indudablemente que la mitad de los nacidos alcanza la edad de 50 o 55 años.

Conviene observar que esta clase de cálculos, al depender principalmente de las defunciones y nacimientos consignados en los registros y no de una estimación de la población total, está menos expuesta a errores que los que determinan la relación de los fallecimientos anuales con toda la población.

Para llenar el vacío que la mortalidad propia de las ciudades produce en ellas y para que puedan sostener sin interrupción la demanda de mano de obra, es preciso que reciban constantemente nuevas remesas del campo; y esto es lo que explica el exceso de nacimientos que allí se observa. Incluso en las ciudades donde los registros presentan menos defunciones que nacimientos, este fenómeno se debe a los matrimonios de personas nacidas en otros lugares. En una época en que las ciudades de provincia en Inglaterra crecían con menor rapidez que en la actualidad, calculaba el doctor Short que 9/10 de las personas casadas establecidas en estas ciudades eran forasteras. De 1,618 matrimonios, según el estado presentado por el hospital de Westminster en Londres, sólo se encontraron 329 hombres y 495 mujeres naturales de la capital.

El Dr. Price supone que en Londres y en las parroquias vecinas, donde el número de los muertos excede al de los nacidos, se necesita un suplemento anual de 10,000 personas. Graunt, en su época, lo calculaba en 6,000. Este autor observa en otro lugar que, cualquiera que fuese la mortalidad de dicha capital, ya proviniera de la peste o de otra causa de destrucción, bastaban sólo dos años para reparar completamente sus pérdidas.

Como el campo proporciona este suplemento, es evidente que sería cometer un grave error valuar la relación de los nacimientos con las defunciones en todo el reino según la proporción observada en las parroquias rurales, de donde salen tan numerosas emigraciones.

Sin embargo, mientras no disminuyan los fondos destinados a pagar el trabajo del cultivador, no hay motivo para la alarma del Dr. Price, que teme que estas emigraciones despueblen las campiñas. La relación de los nacimientos y la de los matrimonios prueba claramente que, a pesar del aumento de ciudades y fábricas, la demanda de hombres que se hace al campo no es excesiva.

Si se divide la población actual de Inglaterra y del país de Gales (9,168,000) por el término medio de bautizados en los cinco últimos años (255,426), se encontrará una relación muy aproximada a la de 1 por 36. Pero se supone con fundamento que hay aún muchas más omisiones en el número de bautizados que en el de las defunciones.

El Dr. Short calculaba la relación de los nacimientos con la población de Inglaterra en 1 por 28. En el cómputo presentado de la parte agrícola de Suffolk está calculada en 1 por 33 la proporción de los bautismos con el número de habitantes. Según un estado exacto de la población de trece aldeas, fundado en un censo efectivo y publicado por F. M. Eden, la relación de los nacimientos con el número de habitantes es de 1 por 33; y según otro cómputo, basado en la misma autoridad pero relativo a las ciudades y aldeas manufactureras, de 1 por 27.75. Combinando estos resultados, y teniendo presente que en los registros de los nacimientos hay un déficit reconocido, así como que la población de Inglaterra se ha incrementado en los últimos años, podemos creer razonablemente que la proporción de los nacidos con el número de habitantes es de 1 por 30.

Después de esto, reproduciendo la expresión de la mortalidad actual, fijada en 1 por 40, se encontrará muy aproximadamente la relación de los bautismos con las sepulturas que resulta de las últimas tablas publicadas. Bajo este supuesto, los nacimientos son a las defunciones como 4 es a 3, o como 13.33 a 10, relación más que suficiente para manifestar el aumento de población que ha tenido lugar después de las guerras de América, deducidos los que han muerto en el extranjero.

En las *Observaciones sobre los resultados del censo relativo a la población* se nota que la duración media de la vida humana en Inglaterra se ha acrecentado en la proporción de 117 a 100 desde 1780. Un cambio tan considerable en un período tan corto sería, sin duda, un fenómeno muy notable; pero es probable que la disminución observada en el número de defunciones no sea enteramente atribuible a la mejora de la salud, sino que provenga en parte del gran número de ingleses que mueren fuera de su país. Esto se explica por el rápido crecimiento del comercio, así como por el elevado número de personas ausentes a causa del servicio militar o de empleos en la marina durante la última guerra, comprendidos los reclutas necesarios para mantener las fuerzas en pie. Estas causas han debido producir naturalmente el efecto observado y hacer que las defunciones parezcan estacionarias, mientras los nacimientos crecían con bastante rapidez.

Con todo, como es incontestable que después de 1780 la población ha aumentado y que la mortalidad actual es muy baja, no puedo menos de reconocer que la mayor parte de este efecto debe atribuirse a la mejora general del estado sanitario.

La relación de 1 por 36 es quizá demasiado pequeña si se la considera como la mortalidad media de todo un siglo. Pero si se supone tal proporción, y al mismo tiempo que los nacimientos son a los muertos como 12 es a 10, resultará que en 325 años la población del país habría debido duplicarse. Puede deducirse que esta relación de los bautizados con los sepultados es la mayor que, como término medio, ha podido tener lugar en el último siglo, pues ninguno de los estados recientemente publicados presenta un acrecentamiento tan rápido.

Sin embargo, es preciso no suponer que la relación de los nacidos con los muertos, ni la de unos u otros con toda la población, haya continuado de un modo uniforme durante todo el siglo. Los registros de los puntos donde se ha tenido cuidado de conservarlos por largo tiempo presentan variaciones considerables en distintas épocas. El Dr. Short calculaba, hacia la mitad del siglo, que los nacimientos eran a las defunciones como 11 es a 10; si al mismo tiempo los nacimientos eran la vigésima octava parte de la población, la mortalidad no podía ser menor de 1 por 30.8.

Aunque hoy supongamos que los nacidos son a los muertos como 13 es a 10, cometeríamos probablemente graves errores si tomáramos esta relación como base para calcular el acrecentamiento de la población durante los 30 o 40 últimos años. Los efectos de las últimas escaseces están claramente marcados en los *Resultados del censo relativo a la población*, por una disminución de nacimientos y un aumento de defunciones. La repetición de estas escaseces habría destruido muy pronto el exceso de nacimientos de los últimos 20 años. Y, en efecto, no podemos razonablemente suponer que los recursos del país pudieran crecer durante largo tiempo con tal rapidez que bastasen para un exceso constante de nacidos en la relación de 13 a 10, a menos que este aumento se deba principalmente al número de personas que mueren fuera del país.

Según todos los datos que hemos podido recoger en Inglaterra y en el país de Gales, ha resultado ser la relación de los nacimientos con el número de habitantes de 1 por 30, proporción menor que la de los otros países, con excepción de Suiza y Noruega. Hasta ahora, los estadísticos han considerado una gran relación de nacimientos como el signo más seguro de un estado de prosperidad; pero esto es una creencia errónea que es de esperar desaparezca. En un país poco poblado como América o Rusia, o en otros de gran población que acaban de sufrir una mortandad extraordinaria, puede muy bien una elevada relación de nacimientos ser un indicio favorable; mas en el estado normal de un país densamente poblado, sería el síntoma más pernicioso, y un corto número de nacidos el mejor augurio.

Muy oportunamente observa Sir Francis d'Ivernois que «si los diversos estados de Europa tuvieran y publicasen registros anuales y exactos de su población, expresando en ellos con cuidado las épocas de la vida en que mueren los niños, esta segunda columna de los registros serviría para decidir comparativamente acerca del mérito de los soberanos y del bienestar de sus súbditos. Una simple fórmula aritmética diría quizá más que todos los argumentos». Estoy acorde con este autor en cuanto a la importancia de las consecuencias que podrían sacarse de semejantes tablas; pues, para ello, es claro que no se debería fijar la atención en la columna de los nacimientos, sino en la que indicase el número de niños que llegan a la edad adulta, puesto que este número sería siempre mayor allí donde fuese más pequeña la relación de los nacimientos con toda la población.

Desde este punto de vista, Inglaterra se encuentra colocada inmediatamente después de Noruega y Suiza, lo cual no deja de causar sorpresa atendido el número de sus ciudades y de sus manufacturas. Como es muy cierto que todas las demandas relativas a la población que hace dicho país están plenamente satisfechas, y si esto tiene lugar con un número muy pequeño de nacidos, es una prueba indudable de que es muy baja la mortalidad. Esta ventaja es digna de la mayor atención. Si los descubrimientos futuros hiciesen ver que he deducido demasiado a partir de las omisiones, ya de nacidos, ya de difuntos, será para mí una satisfacción comprobar que Inglaterra goza, hasta un punto que no me atrevía a esperar, de una ventaja tan preciosa, que es la señal más segura del bienestar de un país y de la calidad de su gobierno. En los estados despóticos, miserables o naturalmente malsanos, es muy elevada la relación de los nacimientos con toda la población.

En el quinquenio que concluyó en 1800, la proporción media de los nacimientos con los matrimonios resultó ser de 347 por 100, y en 1760 de 362 por 100. De esto se ha querido inferir que los registros de los nacimientos, aunque defectuosos, no presentarán de aquí en adelante un déficit tan grande como hasta ahora. Pero un cambio de esta especie en los resultados aparentes de los registros puede provenir de diferentes causas, y no necesariamente de omisiones. Es cierto que Inglaterra ha gozado de mayor salubridad a fines que a mediados del siglo anterior; si, por consiguiente, un número mayor de niños ha llegado a la edad adulta, y asimismo una mayor parte de los nacidos ha vivido lo suficiente para contraer matrimonio, debe atribuirse a esta circunstancia una relación de los nacimientos con los matrimonios mayor que anteriormente.

Por otro lado, si los matrimonios eran en otros tiempos más fecundos que en la actualidad, porque quizá se celebraban a edades más tempranas, debió resultar una proporción mayor de nacimientos con respecto a los matrimonios en los tiempos pasados que en los presentes. La acción de alguna de estas dos causas, o quizá de ambas, no ha podido menos de producir dicho efecto en los registros de estas dos épocas que hemos comparado. Así pues, de la existencia de este efecto puede extraerse un argumento para probar que no hay razón en suponer que los

208

registros recientes sean más exactos que los antiguos. En otro capítulo explicaré con mayor detenimiento la influencia de las dos causas que acabo de mencionar respecto de la relación entre matrimonios y nacimientos anuales.

Con respecto a la cuestión general de la exactitud de los últimos registros comparados con los del principio o mediados del siglo, sólo diré que los estados presentados recientemente refuerzan la suposición de inexactitud atribuida a los anteriores, mostrando bajo todos los aspectos que los registros de la primera parte del siglo sólo suministran datos inciertos para apreciar la población de dicha época. Los registros de los años 1710, 1720 y 1730 manifiestan un exceso de muertos sobre los nacidos. Si se reúnen los seis períodos terminados en 1750, que comprenden la primera mitad del siglo, y se compara la suma de nacimientos con la de defunciones, se verá que el exceso de aquellos es tan reducido que no basta para explicar el acrecentamiento de 1,000,000 de habitantes que, según el cálculo basado únicamente en los nacidos, parece haber tenido lugar durante este intervalo.

Por consiguiente, o los registros son muy inexactos, o el déficit de los bautizados es mayor que el de los muertos, o estos períodos de diez años no representan bien la relación media. Es posible que aquellos años fuesen menos adecuados que otros para la comparación entre nacidos y muertos; y es sabido, en efecto, que al menos en uno de estos años, 1710, hubo una gran escasez y una verdadera calamidad. Si se admite esta suposición como probable y se le concede alguna importancia para explicar el resultado total de esos períodos, quizá deba admitirse la suposición contraria respecto de los tres períodos siguientes, que finalizan en 1780.

Calculando del mismo modo durante este espacio de treinta años, se encuentra que la población ha aumentado en 1,500,000. Por lo menos debe reconocerse que tres de estos años, aislados y considerados separadamente, no pueden suministrar de ningún modo una relación media exacta. No faltan motivos para suponer que dichos años fueron muy favorables a los nacimientos, pues de 1780 a 1785 el aumento de los nacidos fue menor que el término medio, lo que debió suceder de manera natural si en 1780 los nacimientos habían estado accidentalmente por encima de la media, sin necesidad de suponer un acrecentamiento más lento que en épocas anteriores.

De este modo, teniendo en cuenta la probable inexactitud de los antiguos registros y el riesgo de errar al sacar conclusiones a partir de un número reducido de años aislados, creo que los cálculos de población fundados en los nacimientos no deben considerarse seguros sino desde

1780 en adelante, pues desde entonces se dispone de series anuales completas y es posible establecer relaciones medias con mayor precisión.

En apoyo de esta observación presentaré el resultado final de los registros del número de nacimientos en Inglaterra y en el país de Gales: en 1790, 248,774; en 1795, 347,218; y en 1800, 247,147. Por consiguiente, si se hubiese valuado la población por los nacimientos tomando tres épocas separadas por cinco años, podría inferirse que la población había decrecido regularmente durante los últimos diez años, cuando, por el contrario, existen sólidas razones para creer que se ha incrementado de manera considerable.

En las *Observaciones sobre los resultados del censo relativo a la población* se encuentra una tabla referente a Inglaterra y al país de Gales, calculada según los nacimientos durante el siglo XVII. Por las razones anteriormente expuestas, creo que debe dársele poco crédito y preferirse, para apreciar la población de este país en la época de la Revolución, los antiguos cálculos fundados en el número de familias.

Sin duda, estas valuaciones de la población en distintas épocas del siglo no se apartan mucho de la verdad, porque sus errores pueden compensarse mutuamente. Pero es falso el supuesto de una relación constante y uniforme de nacimientos que sirve de base a dichas valuaciones, y estos mismos cálculos proporcionan la prueba. En efecto, según ellos, el acrecentamiento de la población fue más rápido desde 1760 a 1780 que desde este último año hasta 1800, pues está en la razón de 117 a 100. Era, por tanto, indispensable que el número proporcional de nacimientos antes de 1780 fuese mayor que en 1800, porque, sin ello, habría sido imposible que la población creciera con mayor rapidez en la primera época que en la segunda. Esta simple observación destruye de inmediato el supuesto de la constancia y uniformidad en el número proporcional de nacimientos.

Verdaderamente me inclino a creer, por analogía con los otros países y según los cálculos de King y de Short, que la relación de nacimientos ha sido mayor a principios y a mediados del siglo que hacia su final. Pero esta suposición daría, calculando según los nacimientos, una población a principios del siglo más reducida que la que se deduce de los *Resultados del censo de la población*, a pesar de que hay motivos para creer que estos documentos ofrecen una relación muy baja. Según Davenant, en 1690 el número de familias era de 1,319,215, y no hay razón para suponer que este número pecase por exceso. Si se cuentan solamente cinco individuos por familia, en vez de 5.75, que es lo que se cree deber calcular en la actualidad, resultará una población de más de seis millones y medio, siendo imposible creer que de 1690 a 1710 haya disminuido un millón y medio. Es mucho más probable que en esta época remota las omisiones en los registros de los nacidos fueran más numerosas que en la actualidad, y aún mayores que las de los muertos. Esta conjetura está, por otra parte, confirmada por una observación que ya he mencionado, a saber: que en la primera mitad del último siglo el acrecentamiento de la población, calculado según los nacimientos, es mucho mayor de lo que se puede esperar de la relación de los nacidos con los sepultados. Así, bajo todos los puntos de vista, no hay motivo para confiar demasiado en los cálculos fundados en los nacimientos.

El lector ha podido ya advertir, a lo largo de esta obra, que los estados de los nacidos y de los difuntos, aun suponiéndolos exactos, constituyen un medio muy incierto para llegar al conocimiento de la población. Las circunstancias particulares de los diversos países hacen que estas apreciaciones sean muy precarias, y aunque la de los nacimientos tenga mayor apariencia de regularidad, debe, sin embargo, preferirse la de las defunciones. Necker, al calcular la población de Francia, observa que una epidemia o una emigración pueden introducir en el número de los muertos diferencias accidentales y momentáneas, y que por esta razón las tablas de los nacidos sirven mejor de guía. Pero esta regularidad aparente en el registro de los nacimientos es precisamente la que conduce a errores graves.

Cuando examinamos las tablas mortuorias de cualquier país durante dos o tres años, se reconoce con facilidad si ha habido una peste u otra epidemia, por un aumento de la mortalidad en el tiempo en que reina y por una disminución aún más marcada después de pasada esta época. Esto basta para advertirnos que no debemos incluir tales años entre los ordinarios cuya relación media deseamos conocer. Pero en los registros de los nacimientos nada semejante se manifiesta. Si un país ha perdido, por causa de una peste, la octava parte de su población, regularmente el término medio de los cinco o seis años siguientes indicará un aumento de nacimientos. De modo que, en el momento en que más ha disminuido la población, el cálculo de los nacimientos hará creer que ha aumentado considerablemente. Esto es lo que atestiguan las tablas de Sussmilch, y en particular las relativas a Prusia y Lituania, que insertaré en el capítulo de las epidemias, donde se observa que un año inmediatamente posterior a la pérdida de una tercera parte de la población presenta un acrecentamiento notable de nacimientos, seguido de una ligera disminución en los cinco años siguientes. Sin embargo, en tan corto espacio de tiempo, los progresos de la población para reparar semejantes pérdidas no podían ser muy significativos.

No ha habido, en rigor, después de 1700, una mortalidad extraordinaria en Inglaterra, y podemos creer que la relación de las defunciones con los nacimientos no ha sufrido en esta isla, durante el último siglo, variaciones tan grandes como en la mayor parte de los estados del continente. No es menos cierto, sin embargo, que las estaciones malsanas que se han experimentado ocasionalmente han debido producir, aunque en menor escala, los mismos efectos que las enfermedades más graves; y los cambios observados en la mortalidad durante estos últimos años hacen presumir que anteriormente se produjeron mutaciones análogas que afectaron también al número de los nacidos. Por todo ello, debemos ser muy cautelosos al aplicar a épocas pasadas o futuras las relaciones que observamos en el presente.

IX. CONTINUACIÓN DE LOS OBSTÁCULOS A LA POBLACIÓN EN INGLATERRA

El censo de población de 1811 presenta resultados muy llamativos, pues manifiesta un gran progreso y una notable mejora en la salud pública, a pesar del aumento de las ciudades y del número de personas ocupadas en trabajos de manufacturas, proporcionando al mismo tiempo un ejemplo palpable de la facilidad con que una población crece y supera toda resistencia cuando los recursos de un país se incrementan con rapidez.

Según los registros, el total de la población en 1800, juntamente con las relaciones de los nacimientos, matrimonios y defunciones, muestra que la población se ha acrecentado durante algún tiempo mucho más de lo que podría resultar de una relación de los nacidos a los muertos como 4 a 3, y de una mortandad de 1 por 40.

Estas relaciones añadirían 1/120 anual a la población de un país, y si continuasen sin interrupción resultaría, según la tabla de Euler (inserta en esta obra después del capítulo de la fecundidad de los matrimonios), que la población doblaría cada 83.5 años. Esta es una cantidad tal que, en un país rico y bien poblado, debería esperarse más bien una disminución que un aumento; mas, lejos de suceder así, se ha verificado hasta 1810 un acrecentamiento considerable.

En 1810, según las tablas de cada parroquia, con las adiciones de 1/20 por los soldados, marinos, etc., la población de Inglaterra y del país de Gales se estimaba en 10,488,000, número que, comparado con el de 9,168,000 (que es el de la población en 1800, valuada del mismo modo), manifiesta un aumento de 1,320,000 en diez años.

En este espacio de tiempo, los bautismos anotados en los registros ascendieron a 2,878,906, y las defunciones a 1,950,189. Por consiguiente, el exceso de nacimientos fue de 928,747, cifra mucho menor que el acrecentamiento que indican los dos empadronamientos. Esta diferencia puede dimanar ya de que el censo de 1800 no sea del todo exacto, ya de la escasa precisión en los registros de nacimientos y defunciones, o bien de la acción combinada de ambas causas; porque es evidente que, si la población hubiera sido en 1800 apreciada con exactitud, y si los registros hubieran comprendido a todos los nacidos y muertos, la diferencia, en vez de ser menor, excedería al aumento real de la población, puesto que debería descontarse el número de personas muertas en las guerras de mar y tierra, etc. No faltan motivos para creer que ambas causas han influido en el efecto observado, aunque la última, es decir, la falta de cuidado en los registros haya tenido sin duda mayor peso.

Al calcular la población a lo largo de todo el siglo, se ha supuesto que esta guarda siempre la misma relación con los nacimientos, siendo así que tal suposición puede inducir con frecuencia a errores, tanto al apreciar poblaciones de países distintos como de épocas lejanas. Sin embargo, como se sabe que la población ha crecido con mucha rapidez desde 1800 a 1810, es probable que la suma de nacimientos no haya disminuido de manera sensible en este periodo. Pero si, tomando el último censo como exacto, comparamos los nacimientos de 1810 con los de 1800, veremos que resulta un número mayor en 1800 que el asignado en el empadronamiento.

Así, la relación media de los nacimientos en los cinco años inmediatamente anteriores a 1810 es de 297,000, y la del lustro que concluyó en 1800 de 263,000. Pero 297,000 es a 263,000 como 10,468,000 (población de 1810) es a 9,287,000, que debería ser la población de 1800 si suponemos igual la relación de los nacimientos, en lugar de 9,168,000, resultado del censo. Además, debe observarse que el acrecentamiento de la población de 1795 a 1799, según la tabla, es muy pequeño en proporción del que aparece en la mayor parte de los periodos anteriores de cinco años. A simple vista se advierte en los registros que es más probable que la suma de nacidos de los años posteriores a 1795, comprendiendo incluso los años menos favorables como 1796 y 1800, haya sido inferior, y no superior, a la relación media. Por esta razón, así como por la impresión general que produce el conjunto de los hechos, es probable que el empadronamiento de 1800 pecase por defecto, y que la población en esta época fuese al menos de 9,287,000, es decir, 119,000 más de lo que expresaban los cómputos presentados.

Pero aun admitiendo esta suposición, ni el exceso de los nacidos comparado con los muertos en el espacio de diez años, ni la relación de los nacimientos con las defunciones tal como aparece en los registros, pueden explicar plenamente un acrecentamiento desde 9,287,000 hasta 10,488,000. Sin embargo, no es probable que el aumento haya sido mucho menor que el indicado por la suma de los nacimientos en estas dos épocas. Es necesario suponer la existencia de omisiones en unos registros reconocidamente poco fiables, sobre todo en lo que respecta a los nacimientos.

Hay motivos para creer que son escasas las omisiones en el registro de los matrimonios; y si suponemos que las de los nacidos ascienden a una sexta parte, resultará una relación de estos con aquellos como 4 a 1, lo que se confirma también por otros datos. Mas, si se objetase esta suposición, sería preciso entonces admitir omisiones en las defunciones en número tal que el exceso de nacimientos sobre los muertos, en el curso de diez años, coincidiera con el acrecentamiento de la población deducido del aumento de los nacimientos.

Constan en los registros de los diez años 2,878,906 nacimientos, que, añadiéndoles la sexta parte, suman 3,358,723. Las defunciones anotadas son 1,950,189, que, aumentadas en una doceava parte, ascienden a 2,112,704. Restando esta última cantidad de la primera, resulta 1,246,019, cifra que representa el exceso de nacimientos y el aumento de población en los diez años, lo que, añadido a los 9,287,000, población real de 1800, da un total de 10,533,019, es decir, 45,000 más que el censo de 1810, manifestándose así con bastante exactitud el número de personas muertas fuera del país en el transcurso de diez años. Generalmente se ha calculado este número en torno al 4.25 % de los varones nacidos; y en el caso presente se conoce con mayor precisión el número de individuos del sexo masculino muertos fuera del país durante el periodo considerado. En los últimos estados de población, los nacimientos y defunciones de varones y hembras aparecen separados; y según el exceso de nacidos varones comparado con los muertos de ambos sexos, parece haber fallecido fuera del país 4,500 varones.

Las omisiones que hemos supuesto en los nacimientos y en las defunciones concuerdan hasta ahora con nuestros cálculos. Sólo resta examinar si estas mismas suposiciones proporcionan una relación entre bautismos y defunciones, con una mortalidad compatible con un acrecentamiento de la población desde 9,287,000 hasta 10,488,000 en el curso de diez años.

Si se divide la población de 1810 por el término medio de los nacimientos en los cinco años precedentes, con la adición de una sexta parte, resultará que la relación de los nacimientos con la población será de 1 por 30. Pero es evidente que, si la población aumenta con tal rapidez, el término medio de nacimientos en un lustro, comparado con la población, debe dar al final del periodo una suma de nacimientos artificialmente reducida. Y aun es fácil que una proporción exacta durante cinco años no lo sea en diez. A fin de obtener el número verdadero que puede aplicarse a los progresos de la población en el periodo mencionado, es menester comparar el término medio anual de nacimientos en todo este tiempo con el de la población en la misma época.

El número total de nacimientos con la adición de 1/6 es, como ya he establecido, de 3,358,723, y la relación media anual por espacio de diez años 335,872. La de la población, es decir, el término medio entre 10,488,000 (población de 1810) y 9,287,000 (población exacta de 1800), es 9,887,000; y este último número, dividido por el término medio de nacimientos, dará una relación de los nacidos con la población de 1 por menos de 29.5, en lugar de 30, diferencia en verdad muy considerable.

Del mismo modo, si se divide la población de 1810 por la relación media de las defunciones en los cinco años precedentes, con la adición de 1/12, se hallará una mortalidad de cerca de 1 por 50. Pero, sobre las mismas bases empleadas para el cálculo de los nacimientos, un término medio de los muertos en los cinco años, comparado con la población al final de este periodo, dará una relación de defunciones demasiado pequeña; y además se sabe que, en el caso actual, la proporción de los finados con toda la población ha sido prácticamente constante durante todo este tiempo. En realidad, los registros indican claramente una mejora en la salud del país y una disminución progresiva de la mortandad en los diez años; y mientras que la relación media de los nacimientos anuales ha subido desde 263,000 a 297,000, es decir, más de una octava parte, las defunciones no han aumentado sino desde 192,000 a 196,000. Es, pues, necesario, para alcanzar nuestro objeto, comparar la relación media de la mortandad con la de la población.

El número total de defunciones con la adición de 1/12 es, como ya hemos dicho, 2,412,704, y la relación media de la población 9,887,000. Este último número, dividido por el primero, da la relación del término medio anual de sepultados con la población como 1 por menos de 47. Pues una proporción de nacimientos de 1 por 29.5, con una relación de defunciones de 1 por 47, añadirá anualmente a la población total del país 1/79, y en diez años la población aumentará de 9,287,000 a 10,531,000, separando 43,000 por los muertos fuera del país, lo cual concuerda satisfactoriamente con el cálculo fundado sobre el exceso de nacimientos.

Podemos, pues, presumir que las omisiones supuestas en los nacidos y muertos desde 1800 a 1810 son razonablemente exactas. Mas si estas omisiones de 1/6 en los nacimientos y de 1/12 en las defunciones pueden considerarse casi exactas para el periodo de 1800 a 1810, es probable que no puedan aplicarse sin riesgo de error al de 1780 a 1800, y que solo sirvan para corregir algunas deducciones fundadas exclusivamente sobre los nacimientos. Después de un censo hecho con cuidado, en lo que puede depositarse mayor confianza es en un cálculo fundado en el exceso de los nacidos sobre los finados. En efecto, cuando los registros contienen todos los nacimientos y defunciones —que son los medios de que nos valemos para calcular partiendo de una población conocida—, este método es tan seguro como un empadronamiento real; y cuando puede añadirse una cantidad suficientemente aproximada por las omisiones en los registros y por las muertes ocurridas fuera del país, se obtiene de este modo una aproximación mucho más exacta que por la simple relación de los nacimientos con la población, relación que se sabe es altamente variable.

El número total de nacidos, según los estados de los veinte años desde 1780 a 1800, es de 5,014,899, y el de muertos en el mismo periodo de 3,840,455. Si añadimos una sexta parte a la primera cantidad y una doceava a la segunda, resultarán los dos números 3,850,715 y 4,160,492; y restando el segundo del primero, el exceso de nacimientos será 1,690,223. Añadiendo este exceso a 7,953,000, que era la población en 1780 calculada, como en las tablas de Rickmann, según los nacimientos, el resultado será 9,643,000, cifra que, una vez corregida por los muertos fuera del país, excede con mucho la población de 1800, y aún más el número consignado en las tablas como resultado del empadronamiento.

Pero sigamos el camino más seguro que acabamos de indicar, y tomando como exacta la población corregida de 1800, restemos de ella el exceso de nacimientos durante veinte años, disminuido del número probable de muertos en el extranjero, que en este caso será aproximadamente 124,000. Obtendremos entonces 7,724,000 como población de 1780, en lugar de 7,953,000; y existen sólidos fundamentos para creer que este número se aproxima más a la verdad, y que no solo en 1780, sino también en muchas épocas intermedias, la apreciación hecha según los nacimientos ha representado la población como mayor y creciendo con más irregularidad de lo que muestran los empadronamientos. Esto proviene de que la relación de los nacimientos con la población es variable y fue mayor en 1780 y en los años siguientes que en 1800.

Por ejemplo, la población figura como 9,055,000 en 1795 y 9,168,000 en 1800. Pero si suponemos exacto el primero de estos números y añadimos el exceso de los nacidos sobre los muertos en los cinco años intermedios, aun sin tener en cuenta las omisiones de los registros, hallaremos que la población en 1800 debería haber sido 9,398,000, en vez de 9,468,000; y si, por el contrario, consideramos exacto el número presentado para 1800, veremos que, restando el exceso de nacimientos en los cinco años anteriores, la población en 1795 debía haber sido 8,825,000 en lugar de 9,055,000. De ello se deduce que la valuación según los nacimientos en 1795 no puede ser correcta.

El procedimiento más seguro para obtener la población en esta época es aplicar a los registros las correcciones indicadas, y después de deducir el 4.5 % de los nacimientos del sexo masculino por los muertos fuera del país, sustraer el exceso restante de los nacimientos, según los estados corregidos de 1800. El resultado será entonces 8,834,086 como población de 1795, lo que indica un acrecentamiento de 453,914 en cinco años, en lugar de 113,000, que es lo que resulta de la tabla calculada únicamente según los nacimientos.

Procediendo del mismo modo en el periodo de 1790 a 1795, y aplicando las correcciones precedentes, teniendo en cuenta la deducción del 4.5 % de los nacidos varones muertos fuera del país, se encuentra que el exceso de los nacimientos sobre las defunciones es 415,669, que, restado de 8,831,086, población de 1785 según la valuación anterior, da 8,415,447 como población de 1790. Por el mismo método, el exceso de los nacidos sobre los muertos en el intervalo de 1785 a 1790 será 416,776, y la población de 1785 7,998,641. Del mismo modo, el exceso de los nacimientos sobre las defunciones en el periodo de 1780 a 1785 será 277,544, y la población en 1780 7,721,097.

Por consiguiente, las dos tablas de la población desde 1780 hasta 1810 quedarán establecidas del modo siguiente:

Considerando solamente por los nacimientos según las observaciones preliminares de los estados de población impresos en 1811.	Cálculo según el exceso de los nacimientos sobre los muertos después de haber tomado en consideración las omisiones de los registros y los fallecimientos fuera del país.

1780	7,953,000	7,721,000
1785	7,016,000	7,998,000
1790	8,675,000	8,415,000
1795	8,055,000	8,831,000
1800	9,168,000	9,287,000
1805	9,828,000	9,837,000
1810	10,488,000	10,488,000

En la primera tabla, esto es, en la apreciada según los nacimientos, las adiciones hechas a la población en cada periodo de cinco años son:
Desde 1780 a 1785: 63,000
Desde 1785 a 1790: 659,000
Desde 1790 a 1795: 380,000
Desde 1795 a 1800: 113,000
Desde 1800 a 1805: 660,000
Desde 1805 a 1810: 660,000

En la segunda tabla, que está valuada según el exceso de los nacimientos sobre las defunciones, después de haber aplicado las correcciones propuestas, las adiciones a la población en cada uno de estos periodos de cinco años son:
Desde 1780 a 1785: 277,000
Desde 1785 a 1790: 417,000
Desde 1790 a 1795: 416,000
Desde 1795 a 1800: 456,000
Desde 1800 a 1805: 550,000
Desde 1805 a 1810: 651,000

El progreso de la población según esta última tabla parece mucho más natural y verosímil que según la primera.

No puede suponerse que en el intervalo de 1780 a 1785 el aumento de la población haya sido solo de 63,000, y en el periodo siguiente de 659,000, ni que en el quinquenio de 1795 a 1800 haya sido de 113,000, y en el inmediato de 660,000. Pero no es necesario insistir en probabilidades: pueden darse datos claros para demostrar que, sea o no exacta la nueva tabla, la anterior es defectuosa.

Si no se consideran las omisiones de los registros, en el periodo de 1780 a 1785 el exceso de los nacidos sobre los muertos indica un acrecentamiento de 193,000, en lugar de 63,000. Por otra parte, jamás las correcciones de los registros, tales como se pudieran hacer sin apartarse de la probabilidad, darían un exceso de nacimientos sobre los muertos en el periodo de 1785 a 1790 igual a 659,000. Sin tener en cuenta las omisiones, este exceso no asciende sino a 317,406; y aun suponiendo que las omisiones de los nacimientos fuesen una cuarta parte en lugar de una sexta, que no existieran omisiones en el registro de las muertes, y que no hubiese fallecido ninguno en tierra extraña, el exceso sería todavía algunos millares inferior al número indicado.

El mismo resultado obtendríamos si valuásemos el progreso de la población en estos periodos por la relación de los nacimientos con los muertos y por la suma de mortandad. En el primer periodo el aumento sería mucho mayor que el indicado, y en el otro mucho menor.

Las mismas observaciones pueden hacerse sobre otros periodos de la misma tabla, particularmente en el de 1795 a 1800, de que ya se ha tratado.

Por otra parte, veremos que si la relación de los nacimientos con los muertos en cada periodo se apreciase con mayor exactitud y se comparase con la relación media de la población, el progreso total determinado se acercará mucho, en todos los periodos, a la suma de progreso marcada por la diferencia de los nacidos sobre los muertos después de haber aplicado las correcciones propuestas. Además, es digno de notarse que, aun cuando estas correcciones fuesen ligeramente inexactas, lo que es probable, los errores que de allí dimanen serán sin duda menos considerables que los que necesariamente provienen de la suposición en que se funda la antigua tabla, a saber: que los nacimientos mantienen en todo tiempo una relación constante con el número de habitantes.

Ciertamente no trato de desechar estas apreciaciones de la población cuando no pueden hallarse mejores datos; pero en el caso presente, los registros de las muertes y nacimientos se han presentado anualmente después de 1780, y estos, unidos a la base sólida del último censo, proporcionan un medio que antes no se tenía para formar una tabla más exacta de la población de 1780, y para manifestar al mismo tiempo la inexactitud de las valuaciones hechas únicamente según los nacimientos cuando se quieren conocer los progresos de la población en determinados periodos.

Cuando se calcula la población total de un país, dos o tres millares no tienen gran importancia; pero cuando se aprecia la suma del aumento en un periodo de cinco o diez años, un error de esta magnitud resulta muy significativo. Creo que puede señalarse una diferencia esencial en nuestras conclusiones relativas a la suma de acrecentamiento en cualquiera de los periodos quinquenales que se consideren, según que la adición hecha a la población sea de 63,000 o 277,000; 113,000 o 456,000; 659,000 o 417,000.

En cuanto a los periodos anteriores a 1780, como no se han presentado registros anuales de nacidos y muertos, no es posible aplicarles las mismas correcciones. Es evidente que en la tabla calculada según los nacimientos anterior a este periodo, al apoyarse únicamente en registros de años muy distantes entre sí, pueden originarse errores considerables, no solo por la variación en la relación de los nacimientos con la población según el término medio de cinco años, sino también porque esos años aislados no representan con suficiente fidelidad las relaciones medias reales.

Una rápida ojeada que se dirija a la tabla de nacimientos, matrimonios y defunciones que se encuentran en las observaciones preliminares de los estados de la población nos pondrá de manifiesto cuán poca confianza puede depositarse en las conclusiones sacadas únicamente del número de matrimonios o defunciones en años aislados. Por ejemplo, calculemos la población en los dos años 1800 y 1801, comparados con los dos siguientes, según la relación de los matrimonios con la población, suponiendo que sea siempre la misma; y veremos que, si aquella en los dos primeros años fue de 9,000,000, ha debido ser en los dos siguientes de más de 12,000,000, y así parecería que se hubiera acrecentado en más de 3,000,000, es decir, una tercera parte, en tan corto intervalo. El resultado de un cálculo hecho según los nacimientos de los años 1800 y 1801, comparados con los de 1803 y 1804, no será muy diferente, o al menos indicaría un acrecentamiento de 2,600,000 en tres años.

No tiene motivo para sorprenderse el lector de estos resultados si recapacita que los nacimientos, los matrimonios y las defunciones guardan una relación muy reducida con toda la población y que, por consiguiente, las variaciones que se produzcan en uno de estos elementos, y que pueden depender de causas momentáneas, no van acompañadas de variaciones análogas en la masa total de los habitantes. Un aumento de un tercio en los nacimientos, que podría producirse en un solo año, lejos de aumentar la población en esa misma proporción, ni siquiera la acrecentaría en una octava o novena parte.

Síguese, pues, como en el capítulo anterior he establecido, que la tabla de población del siglo anterior al año 1800, calculada únicamente según la suma de nacimientos por décadas, solo puede considerarse como una aproximación, a falta de mejores datos, y que apenas puede servir para comparar la suma de acrecentamiento en épocas determinadas.

La población de 1810, comparada con la de 1800, después de corregida como lo hemos propuesto en este capítulo, indica un acrecentamiento menos rápido que el que resulta de la simple diferencia entre los dos censos; y además se ha visto que la relación de 47 a 29.5 entre los nacimientos y las defunciones es muy inferior a la real. Sin embargo, esta proporción es en efecto extraordinaria para un territorio rico y densamente poblado, pues añadiría a la población del país 1/70 por año, y si continuase así, según la segunda tabla de Euler, inserta en el capítulo XI sobre la fecundidad de los matrimonios, duplicaría el número de habitantes en menos de 55 años.

Este acrecentamiento, por la naturaleza misma de las cosas, no puede ser permanente. Pueden haber producido este efecto un gran aumento en la demanda de trabajo, unido a otro gran aumento de la fuerza productiva, ya en la agricultura, ya en las manufacturas. Estos son dos elementos necesarios para dar un impulso eficaz a un aumento rápido de la población. Si uno de ellos falta, el estímulo se debilita de inmediato, lo que en la actualidad resulta muy probable.

Hemos obtenido así un resultado verdaderamente notable sobre la población, y hemos demostrado que, a pesar de las grandes ciudades, de las manufacturas y de los hábitos adquiridos de lujo y opulencia, si los recursos del país permiten un aumento considerable, y si están distribuidos de modo que produzcan una demanda progresiva de trabajo, la población no dejará de responder a este llamamiento

X. OBSTÁCULOS A LA POBLACIÓN EN ESCOCIA Y EN IRLANDA

Un estudio detallado de la estadística de Escocia proporcionaría muchos ejemplos adecuados para ilustrar el principio de la población. Pero he dado a esta parte de mi obra tal extensión que temo haber fatigado la paciencia del lector, y me limitaré, por lo tanto, a exponer en este punto algunas circunstancias que, a mi parecer, son bastante extraordinarias.

Pocas consecuencias seguras pueden deducirse de los registros de la mayor parte de las parroquias de Escocia, a causa de las frecuentes omisiones en las notas de nacidos, casados y difuntos. Algunos de sus resultados son tan sorprendentes que, en la parroquia de Crosmichael, en el condado de Kircudbright, aparece ser la mortalidad de 1 por 98, y los matrimonios anuales de 1 por 192. Estas relaciones indicarían una salubridad excepcional y una influencia muy extraordinaria del obstáculo privativo, si no se supiera que se deben principalmente a la falta de registro de un gran número de defunciones y a que muchos matrimonios de vecinos de la aldea se han celebrado en otras parroquias.

Sin embargo, se observa por los registros, considerados fiables, que generalmente en las parroquias rurales es pequeña la mortalidad, y no son raras las proporciones de 1 por 45, 50 o 55. Por las tablas calculadas por M. Wilkie, según los registros de la parroquia de Kettle, la probabilidad de vida es de 46.6 años, por consiguiente muy elevada; y la relación de los que mueren anualmente es de 1 por 70 del número de habitantes. M. Wilkie añade que, según los estados de 36 parroquias insertos en el primer volumen de la obra, la probabilidad de vida de un niño recién nacido es de 40.3 años. Pero en una tabla del último volumen, calculada para toda Escocia según el censo del Dr. Webster, la probabilidad de vida al nacimiento es solo de 34 años. Este último resultado parece demasiado bajo, porque no es mayor que el cálculo relativo únicamente a la ciudad de Edimburgo.

Los registros de Escocia son tan incompletos que solo contienen los estados de 99 parroquias. Si fueran exactos, se debería inferir que este país goza de una salubridad notable y que es muy pequeño el número proporcional de matrimonios. La suma de la población en todas estas parroquias, en 1801, era de 247,873; la relación media de las defunciones en los cinco años finalizados en 1800 ha sido de 3,815, y la de los nacimientos de 4,928; resulta, pues, que la mortandad era de 1 por 56 y la proporción de los nacidos de 1 por 44, relaciones tan extraordinarias que es difícil que se ajusten plenamente a la realidad. Combinando estos resultados con los cálculos de M. Wilkie, se encontrará que la relación de los nacimientos y defunciones en Escocia es aún menor que en Inglaterra, pues en esta es de 1 por 40 en los muertos y 1 por 30 en los nacidos. Además, la proporción de los nacimientos con las defunciones se ha reconocido ser de 4 a 3.

Aún es más difícil aventurar una conjetura sobre los matrimonios, pues están anotados con tanta irregularidad en los registros que, en los Extractos de población, no se ha consignado el total. Hubiera creído, según las Noticias estadísticas, que en Escocia había más tendencia al matrimonio que en Inglaterra; pero en realidad, siendo igual la relación de los nacidos con los muertos, así como la de unos y otros con la población total, no puede ser muy diferente la de los matrimonios. Nótese, además, que suponiendo en ambos países igualmente eficaz el obstáculo privativo y la misma salubridad, es indispensable que Escocia sufra la escasez y la miseria en un grado más alto para que la mortalidad sea igual a la de Inglaterra, pues en esta hay mayor número de ciudades y manufacturas.

Generalmente, las Noticias estadísticas de Escocia manifiestan que ha mejorado la condición de las clases ínfimas durante estos últimos años, y aunque ha subido el precio de las subsistencias, el del trabajo ha aumentado por lo común en una proporción mayor. Se observa en algunas parroquias que el pueblo consume más carne que antes, que está mejor alojado, mejor vestido y que ha progresado en limpieza. Una parte de estos adelantos se debe probablemente a la influencia del obstáculo privativo. En algunas parroquias existe la costumbre de casarse tarde, y puede juzgarse que sucede lo mismo en otras por la relación de los nacimientos con los matrimonios, unida a diversas circunstancias. El autor que presenta el estado de la parroquia de Elgin, enumerando las causas generales de despoblación en Escocia, insiste en considerar como una de las principales la reunión de arrendamientos, que tiende a desanimar el matrimonio y a ahuyentar del país a lo más vigoroso de la juventud; menciona también el lujo como otra causa de desaliento que, al menos, retarda el matrimonio hasta una edad tan avanzada que los hijos que de ellos nacen parecen una generación debilitada. ¡Cuántos hombres —dice— de todas las clases de la sociedad permanecen en el celibato! ¡Cuántas jóvenes se quedan sin casar y que, desde el principio del siglo XVIII hasta el año 1784, hubieran podido ser madres de una posteridad numerosa y floreciente!

Este efecto se ha sentido, sobre todo, en las partes de Escocia donde la población ha disminuido por haberse destinado algunas quintas a pastos, o por la introducción de un sistema agrícola más perfeccionado, que exige un número menor de brazos. Al calcular la disminución de la población en Escocia a fines del siglo XVIII y principios del XIX por la proporción de los nacimientos en las diferentes épocas, se ha cometido el mismo error que he rechazado con respecto a Suiza; por consiguiente, se ha creído esta disminución mayor de lo que realmente es.

Puede deducirse en general, de los diversos estados, que los matrimonios son más tardíos en Escocia que antiguamente; sin embargo, existen excepciones, pues donde se han introducido las manufacturas, y donde los niños encuentran ocupación desde la edad de 6 o 7 años, son frecuentes los matrimonios precoces. Mientras las manufacturas prosperan, no se percibe el mal que resulta de esta costumbre; pero la humanidad se estremece al considerar cuán elevada es la mortandad de estos niños, cuyas muertes prematuras dejan lugar a nuevas familias.

Por otra parte, en las islas Hébridas y en la Alta Escocia, donde por la división de propiedades territoriales se ha acrecentado la población, sucede también que se casan más pronto que antes, aunque no se hayan introducido las manufacturas. Pero la pobreza, consecuencia de esta práctica, resulta manifiesta. En los estados de la parroquia de Delting, en las islas Shetland, se dice que se casan muy jóvenes, y que esta costumbre está fomentada por los propietarios, que desean tener en sus tierras todos los hombres que puedan necesitar para la pesca del bacalao; mas los que se casan tan pronto se ven, por lo común, cargados de deudas y de todas las dificultades que trae consigo una familia numerosa. Este autor añade que en otro tiempo existían ciertos reglamentos, llamados ordenanzas del campo, por uno de los cuales se prohibía casarse antes de poseer 40 libras de Escocia en propiedad libre, pero que en la actualidad ha caído este artículo en desuso. Dichas ordenanzas fueron aprobadas y confirmadas por el parlamento de Escocia en el reinado de María o de Jacobo VI.

Examinando los estados de las parroquias de Bressay-Burra y de Quarff, en estas mismas islas de Shetland, se observa que las granjas son extraordinariamente reducidas. El objeto de los propietarios no es otro sino tener tantos pescadores como puedan, lo cual entorpece los progresos de la agricultura. Estas gentes pescan para sus dueños, quienes les dan un salario muy inferior al valor de su trabajo o les compran a vil precio su pescado. «En otras partes —dice el autor— se considera como un beneficio una población abundante, pero en las islas de Shetland sucede precisamente lo contrario. Las tierras están divididas y los jóvenes se ven precisados a casarse antes de tener fondos; la consecuencia de su imprudencia es la miseria y la aflicción. Se cree que estas islas contienen el doble de población de la que cómodamente puede subsistir».

El escritor que presenta el cómputo de la parroquia de Auchterderran, en el condado de Fife, dice que el escaso alimento del obrero no basta para sostener el peso de su trabajo y, por consiguiente, su cuerpo se debilita prematuramente. «La facilidad —añade— con que estos hombres se someten voluntariamente a tan penosa situación, atándose con los lazos del matrimonio, manifiesta hasta qué punto esta unión y el deseo de la independencia son naturales en el hombre». Al deseo de la independencia creo que debía haber sustituido este escritor el impulso de perpetuarse en sus hijos.

La isla de Jura está sobrecargada de habitantes, a pesar de sus constantes y numerosas emigraciones, existiendo a veces 50 o 60 individuos en una misma granja. El escritor que refiere esto observa que tales aglomeraciones, en un país privado de manufacturas, son una carga para los propietarios sin ninguna ventaja para el Estado.

El autor de los estados de la parroquia de Lochalsh, condado de Ross, se admira del rápido acrecentamiento de la población, a pesar de la considerable emigración a América que tuvo lugar en 1770, y del número de jóvenes que ha consumido la última guerra, y cree difícil explicar este

224

fenómeno. Observa que, si la población continúa creciendo del mismo modo, a menos que no se descubran nuevos medios de ocupación para el pueblo, será imposible que el país pueda sostenerla. Y, haciéndose cargo de la parroquia de Callander, dice su redactor que las aldeas de ella y algunas otras que se le asemejan están infestadas de una caterva de miserables desnudos y muertos de hambre que solicitan pan y vestido, añadiendo con este motivo que es necesario aguardar una pronta decadencia en todos los parajes donde la población sobrepasa a la industria.

Un ejemplo verdaderamente singular de la tendencia a un rápido acrecentamiento es el que nos ofrecen los registros de la parroquia de Duthil, en el condado de Elgin. Como los errores por exceso son menos probables que las omisiones, merece este ejemplo una atención particular. La relación de los nacimientos anuales con toda la población en esta parroquia es de 1 por 12, la de los matrimonios de 1 por 55, y la misma la de las defunciones. Los nacidos son a los muertos como 70 es a 15, o como 4.66 a 1. Puede suponerse alguna inexactitud en el número de los difuntos, donde hay sin duda algunas omisiones; mas la relación extraordinaria de nacimientos, que asciende a 1/12 de toda la población, no parece susceptible de error, y otras circunstancias relativas a esta parroquia confirman este resultado. Por cada 830 personas se contaban tres hombres solteros, y cada matrimonio había producido siete hijos. A pesar de esto, se cree que después de 1745 la población había disminuido mucho. Y parece que esta tendencia excesiva a aumentar había sido efecto de una gran emigración. El escritor que presenta este cómputo menciona muchas emigraciones considerables, manifestando que tribus enteras, que gozaban de algunas comodidades, habían por último emigrado de Escocia solo por capricho o con la esperanza ilusoria de adquirir mayor independencia y llegar a ser propietarios de tierras libres.

Esta relación extraordinaria de nacimientos, causada evidentemente por el hábito de la emigración, manifiesta la gran dificultad de despoblar un país llevándose sus habitantes; pero si se les arrebata su industria y los medios de subsistencia, bien pronto la población desaparece por completo.

Hay que notar que en esta misma parroquia se dice ser 7 el número medio de hijos que resultan por cada matrimonio, mientras que si se quisiera calcular por la relación de los nacidos con los casamientos anuales, resultaría de 4.67 solamente. Semejante diferencia se observa en muchas otras parroquias, de donde podemos deducir que los redactores de estos cómputos de población han adoptado muy juiciosamente, para determinar este número, un método independiente de la relación de los nacimientos con los matrimonios anuales. Es probable que deduzcan sus resultados de investigaciones particulares o de un detenido examen de los registros, y que hayan podido así conocer con seguridad el número de hijos que cada mujer había dado a luz durante su matrimonio.

Son tan fecundas las mujeres en Escocia que es muy frecuente esta relación media de seis hijos por matrimonio, y no es rara la de siete, o aun de 7.5. Hay que observar una circunstancia muy notable, y es que aparece en los estados de población un número muy considerable de hijos de cada matrimonio que viven en la actualidad, lo que supone un número todavía mayor si se comprendieran los que ya han muerto y los que aún no han nacido. En la parroquia de Nigg, condado de Kincardine, se lee que hay 57 familias agrícolas y 405 hijos, lo que da cerca de 7.1 por cada una; 42 familias de pescadores y 314 hijos, correspondiendo a cada una cerca de 7.5. Las familias de labradores que no tenían hijos eran siete, y de pescadores no había ninguna en este caso. Si son exactos estos datos, parece que cada matrimonio no dejaría de haber dado nueve o diez vástagos.

Cuando, después de un empadronamiento efectivo, se encuentran tres hijos vivos por cada matrimonio, o sean cinco personas, y algunas veces 4.5 por familia, como frecuentemente se observa, no debe deducirse que el término medio de nacimientos no pasa de tres por cada matrimonio. Conviene tener presente que los matrimonios celebrados durante el año en que se verifica el censo no pueden haber todavía dado fruto; que los del año anterior pueden tener a lo más un hijo, los que llevan dos años dos, y que a los cuatro años de matrimonio, según el orden natural de las cosas, no deben haber dado a luz y conservado más de tres hijos. Si en el espacio de diez años solo fallece un hijo por cada cinco, debe considerarse esta mortandad como muy inferior a la común. Así, es de esperar que en diez años el hijo mayor haya perecido. Si se supone que cada matrimonio produce únicamente cinco hijos, las familias llegadas a completarse por los nacimientos solo tendrán cuatro, y un gran número de otras, todavía incompletas, tendrán quizá menos de tres. Es menester advertir que se encontrarán muchas en que habrá perecido el padre o la madre. Atendidas, pues, todas estas consideraciones, dudo que un empadronamiento exacto de esta población, en donde cada matrimonio produce cinco hijos, presente aun 4.5 individuos por familia. En la feligresía de Duthil, de que ahora hago mención, se atribuyen a cada matrimonio siete hijos, y el número de individuos de cada familia se regula solo en cinco.

En Escocia se asiste generalmente a los pobres por contribuciones voluntarias, distribuidas bajo la inspección del ministro de cada parroquia, y cuyos repartos se hacen con mucho criterio. Como estas dádivas son, por su naturaleza, limitadas e inciertas, y como los pobres saben que no tienen ningún derecho a ellas, no las consideran como último recurso sino en un caso extremo de miseria, ni como un fondo sobre el cual puedan contar con seguridad, ni como un beneficio que les garantice la ley en caso de necesidad.

La consecuencia de esta convicción es que los hombres próximos a la pobreza hacen esfuerzos extraordinarios para sustraerse a ella y evitar tener que recurrir a dádivas inseguras e insuficientes. Se observa en muchos de los estados de las diferentes parroquias del país que casi todos los habitantes ahorran algo para el caso de enfermedad y para la vejez. Y cuando una persona se ve próxima a tener que recurrir a la asistencia de la parroquia, sus hijos capaces de trabajar, así como todos aquellos con quienes tiene lazos de parentesco, hacen cuanto pueden para precaver esta especie de envilecimiento, que es considerada una deshonra para la familia.

Los escritores que han redactado los estados de población de las diferentes parroquias de este país reprueban frecuentemente, y en términos muy duros, el sistema de asistencia establecido en Inglaterra bajo el nombre de Contribución para los pobres, y dan decididamente la preferencia al método adoptado en Escocia. En el cómputo de Paisley, a pesar de que es una población manufacturera en la que abundan los pobres, no solamente se rechaza el sistema inglés, sino que con este motivo se hace una observación que quizá no esté exenta de exageración, pues se afirma que, aunque Inglaterra sea el país en donde se recogen mayores sumas para los pobres, no hay ninguno en que sea tan grande el número de estos, y se añade que su suerte es sumamente miserable en comparación con la de los que existen en otros países.

Contestando a la pregunta: ¿cuál es el medio más a propósito para socorrer las necesidades de los pobres?, se observa juiciosamente en los estados de Caerlaverok que la miseria y la carestía crecen en proporción de los fondos destinados a aliviarla; que la medida de la caridad es desconocida hasta el momento en que se distribuyen sus beneficios; que en las parroquias rurales de Escocia bastan en general algunas pequeñas limosnas ocasionales; que el gobierno no necesita tomar parte para que se aumenten las dádivas, las cuales son tan abundantes como se requiere; y, en una palabra, que una contribución para los pobres no solamente sería inútil, sino perjudicial, pues gravaría a los propietarios sin favorecer realmente a los pobres.

Aunque parece que esta es la opinión dominante entre el clero de Escocia, no falta, sin embargo, quien apruebe y aun proponga en algunas comarcas el sistema de la contribución. Como en muchas parroquias no se ha puesto en práctica y no se ha reflexionado suficientemente sobre el principio de la población, por no ser testigos de los males que trae consigo dicho impuesto, se le ha considerado a primera vista como el método de asistencia más natural, pues presenta el único medio de hacer contribuir igualmente, en proporción de sus bienes, al hombre caritativo y al que no lo es, siendo al propio tiempo susceptible de aumento o disminución según lo exijan las necesidades del momento.

Las enfermedades endémicas y epidémicas afligen en Escocia, como en todas partes, a los pobres. En algunos cantones se considera el escorbuto como enfermedad penosa y de difícil curación; a veces degenera en lepra contagiosa, cuyos efectos son espantosos y en ocasiones mortales. Uno de los redactores de las notas estadísticas llama a este mal azote y veneno de la naturaleza humana, y afirma que proviene generalmente de localidades húmedas y frías, de un alimento escaso y en cantidad insuficiente, del aire impuro de las casas en las que las personas viven hacinadas, y de los hábitos de indolencia y de suciedad. A estas causas deben atribuirse en gran parte los reumatismos, tan frecuentes en este país, y las consunciones comunes entre las clases bajas. Estas enfermedades, y sobre todo la última, han causado grandes estragos siempre que, por circunstancias particulares, se ha empeorado la situación del pobre.

Las calenturas lentas y nerviosas, y otras más violentas y funestas, se convierten muchas veces en epidemias y arrebatan un gran número de personas. Pero, si se exceptúa la peste, ninguna enfermedad es tan terrible como las viruelas. Se reproducen en muchos distritos después de cierto número de años, formando períodos regulares o irregulares que rara vez bajan de 7 a 8 años. Sus estragos son espantosos, a pesar de que en algunos parajes han disminuido en tiempos recientes. Todavía dominan las preocupaciones contra la vacuna; y como en las casas pequeñas y abarrotadas no se puede cuidar bien a los enfermos, y además se acostumbra permitir la visita de cualquiera que lo desee, puede imaginarse cuán destructora resulta esta enfermedad, sobre todo entre los más pobres. En algunas parroquias de las islas Hébridas y de la Alta Escocia, el número de individuos que habitan en una misma casa sube de 4.5 o 5 hasta 6 o 7. Fácilmente se comprende que tanta gente, sin medios adecuados de limpieza y salubridad, no puede menos de agravar considerablemente el contagio.

En todos los tiempos ha sufrido Escocia años de escasez y, en ocasiones, verdaderas hambres. Los años 1635, 1680, 1688, los últimos del siglo XVII, y los 1740, 1756, 1766, 1778, 1780 y 1783 del siguiente, se citan como años de escasez en los cuales se hizo sentir terriblemente la necesidad. En 1680 el hambre arrebató a tantas familias que, en un radio de seis millas, sólo quedó una, siendo así que antes la comarca había estado muy poblada. Los siete últimos años del siglo XVII fueron estériles. El cómputo de la feligresía de Montquhitter dice que, de dieciséis familias que vivían en una granja, se extinguieron trece; que en otra, de 169 individuos, sólo sobrevivieron tres familias, comprendida la del propietario. Terrenos extensos que en la actualidad contienen un centenar de habitantes fueron asolados de tal modo que se convirtieron en dehesas para el ganado. En general, la muerte redujo a la mitad, y según otros a una cuarta parte, a los habitantes de la parroquia, y muchas tierras permanecieron incultas hasta 1709.

En 1740 se sintió de nuevo la escasez, y los pobres, aunque no murieron de hambre, se encontraron en el mayor apuro. Muchos, a pesar de ofrecer su trabajo por un poco de pan, no hallaban ocupación. Hombres muy trabajadores recibieron con gratitud dos peniques (25 mrs.) diarios de jornal; lo mismo sucedió en 1782 y 1783. «Si en esta época crítica —dice el autor— no se hubiera terminado la guerra de América; si los almacenes abundantes, sobre todo los de legumbres preparados para la marina, no se hubieran puesto en venta, ¡qué escenas de horror y desolación no habría presentado este país!».

Muchas descripciones semejantes se encuentran en las Noticias estadísticas; pero los ejemplos citados bastan para dar a conocer la naturaleza y los efectos de los males que la escasez de alimentos ha ocasionado de tiempo en tiempo en Escocia.

Algunas partes de la Alta Escocia se despoblaron en 1783, y todavía se cita dicho año como causa de la disminución del número de habitantes después del censo de M. Webster. Como era de esperar, esta escasez arruinó completamente a algunos arrendadores.

Los de la Alta Escocia se vieron precisados a abandonar sus montañas y dirigirse a la Baja Escocia para trabajar como simples obreros y buscar en ella medios inseguros de subsistencia. Hay parroquias en las que todavía, en la época del último empadronamiento, se reconocían en las casas arruinadas de los arrendatarios los efectos producidos por este año desastroso, y en donde el pueblo en general se resentía aún y presentaba un visible aspecto de miseria.

Según el estado de la feligresía de Grange (en el condado de Banff), acabó dicho año, 1783, con todas las mejoras de las huertas y obligó a no ocuparse sino del cultivo del trigo. Casi todos los terratenientes se arruinaron. Antes de esta época las consunciones eran poco frecuentes, y después se incrementaron, lo cual se debió, al parecer, a la escasez de 1783 y al mal alimento con que tuvo que contentarse el pueblo. También se atribuye a la inclemencia de la estación durante las cosechas de 1782 y 1787, que obligó a los jornaleros a pasar tres meses enteros expuestos sin cesar al frío y a la humedad, y, más que todo, al cambio que se verificó en el modo de vivir de las clases inferiores.

Antiguamente cada padre de familia gozaba de algunas comodidades, bebía de cuando en cuando cerveza y mataba para su uso un carnero de su rebaño. Pero no sucede lo mismo en el día. La falta de las cosas más necesarias para vivir que sufre frecuentemente el pobre, el aire húmedo y corrompido de la habitación que le sirve de asilo, y el abatimiento o la desgracia que se ha apoderado de aquellos que antes vivían con algún desahogo, son las causas principales de las enfermedades que reinan en esta parroquia y de la gran mortalidad que en ella se observa. Los jóvenes son víctimas de la consunción, y los viejos de la hidropesía y de las calenturas nerviosas.

La situación de esta feligresía debe considerarse como una excepción del estado general de toda Escocia, aunque no falten algunas que se le parezcan. Esta triste situación es debida sin duda a la ruina de los propietarios y de los arrendadores. Y no debemos admirarnos de esto, porque fácilmente se concibe que la mayor calamidad para un país es la pérdida de su fondo y de su capital agrícola.

Conviene observar que a la escasez y al mal alimento de 1783 se deben atribuir las enfermedades que han asolado a esta parroquia. Lo mismo ha sucedido en otras muchas, y se dice al presentar su cómputo que son pocas las personas a quienes el hambre haya hecho morir por su influencia directa, pues casi siempre ha sido seguida de enfermedades mortales.

Se nota también con este motivo, en muchas feligresías, que el número de casamientos ha variado según los años de escasez y de abundancia.

En la parroquia de Dingwall, condado de Ross, hubo después de la escasez de 1783, 16 nacimientos menos que la relación media y 11 más que el número más bajo de los años anteriores. El año 1787 fue muy fértil y al siguiente crecieron en proporción los nacimientos; hubo 17 más que el término medio y 14 más que el número mayor de los otros años.

Al presentar el estado de la parroquia de Dunrossness en las Orcadas, dice su redactor que el número anual de matrimonios depende mucho de las cosechas. En los años buenos pasan de 30, y no llegan a la mitad en los que falta la recolección.

El acrecentamiento total de la población de Escocia después del año 1755, en que el doctor Webster hizo el recuento, es de cerca de 260,000 almas. Para sostenerlas se ha efectuado una mejora proporcional en la agricultura y en las artes, y se ha extendido el cultivo de las patatas, de manera que en algunas comarcas componen las dos terceras partes del alimento del pueblo. Se calcula que la emigración arrebata a Escocia la mitad de este acrecentamiento de la población. No puede dudarse que estas salidas de hombres alivian mucho al país y mejoran la situación de los que quedan. Escocia está ciertamente en la actualidad sobrecargada de habitantes, pero no tanto como hace un siglo o siglo y medio, época en que contenía menos población.

No se conocen bien las circunstancias particulares de la población de Irlanda, y por lo tanto me limitaré a decir que el uso de las patatas se ha extendido mucho durante este último siglo. El bajo precio de este género, la poca tierra cultivada que se necesita para proporcionar este alimento a toda una familia, y el estado de ignorancia y de barbarie que induce a seguir las inclinaciones con casi ninguna previsión, han fomentado los casamientos en este país a tal punto que la población ha pasado mucho más allá de los límites de los alimentos y de la industria. De esto ha resultado para las clases ínfimas un estado de abatimiento y de miseria extrema. Por consiguiente, los obstáculos a la población en Irlanda son principalmente los destructivos: enfermedades ocasionadas por la pobreza más deplorable, por las habitaciones húmedas y malsanas, por el mal vestido, por la poca limpieza habitual y, muy frecuentemente, por la falta de alimento. A estos obstáculos destructivos se han unido durante los últimos años los vicios y todas las calamidades que traen consigo las conmociones intestinas, la guerra civil y la ley marcial.

VIII. DE LA FECUNDIDAD DE LOS MATRIMONIOS

Conocida la población de un país, la ley de su acrecentamiento, y teniendo registros de los nacimientos, muertes y matrimonios, debe saberse con alguna seguridad la fecundidad de los matrimonios y el número proporcional de los que llegan a la pubertad.

Quizá no sea este problema susceptible de una solución exacta; pero al menos podremos resolverlo mediante algunas consideraciones, y desvanecer ciertas dificultades que ofrecen de cuando en cuando los estados de la población.

Pero es preciso observar que en los registros de casi todos los países hay más omisiones, por lo regular, en las tablas de los nacimientos y muertes que en las de los matrimonios, de donde se sigue que casi siempre aparece mayor la relación de los matrimonios de lo que es en realidad.

Según el último censo que recientemente se ha hecho de la Gran Bretaña, creo que los registros de los matrimonios son bastante exactos; al contrario, es evidente que hay muchas omisiones en los nacimientos y muertes, y es muy probable que suceda lo mismo en los estados de los demás países.

Para formarnos una idea de la fecundidad de los matrimonios, tales como se presentan comprendiendo las segundas y terceras nupcias, escojamos en los registros de cualquier país un cierto periodo determinado, por ejemplo un espacio de treinta años, y averigüemos cuál es el número de nacimientos producidos por los matrimonios de este periodo. Es evidente que al principio se encontrará, recorriendo los matrimonios entonces existentes, nacimientos que pertenecen a enlaces que no están comprendidos en el periodo; y viceversa, al fin de este se encontrará un número de nacimientos producidos por los matrimonios de este periodo, pero destinados a formar nuevos enlaces que solo tendrán lugar en el periodo siguiente. Si podemos quitar ahora el número de los comprendidos en el primer caso, y añadir los del segundo, obtendremos exactamente el total de nacimientos producidos por los matrimonios de este periodo, logrando saber con certeza su fecundidad.

Si la población permanece estacionaria, el número de nacimientos que se añadan será enteramente igual al que se tendrá que quitar, y la relación de los nacimientos con los matrimonios, tal como lo determinan los registros, representará exactamente su fecundidad real. Mas si la población crece o decrece, el número que se añada no será igual al que se quite, y la relación de los nacimientos con los matrimonios tal como está en los registros no representará con verdad la fecundidad de los matrimonios. Si la población crece, el número que se añada será mayor que el que se quite; por consiguiente, la relación de los nacimientos con los matrimonios, determinada inmediatamente por los registros, dará siempre una fecundidad menor; y lo contrario sucederá si la población decrece. Ahora se presenta esta pregunta:

¿qué es preciso añadir, y qué quitar, cuando no es igual el número de nacimientos y muertes?

En Europa la relación media de los nacimientos con los matrimonios es casi de 4 a 1: supongamos, por ejemplo, que cada matrimonio produzca 4 hijos, a saber, uno cada dos años. En este caso, cualquiera que sea el periodo escogido en los registros, los matrimonios de los ocho años anteriores no habrán producido sino la mitad de los nacimientos; la otra mitad, que nacerá en el curso del periodo, no debe imputarse a los matrimonios comprendidos en él y debe separarse. Así también, los matrimonios de los ocho últimos años del periodo no habrán producido sino la mitad de los nacimientos, y la otra mitad deberá añadirse; pues la mitad de los nacimientos de ocho años cualesquiera puede considerarse como casi igual a los nacimientos de los 3.75 años siguientes.

En caso de que sea muy rápido el aumento, esta mitad excederá poco a los nacimientos de los 3.5 años siguientes; y en aquellos en que el aumento sea muy lento, se acercarán a los nacimientos de los 4 años siguientes; el término medio puede, pues, fijarse en 3.75 años. Por consiguiente, si se quitan los nacimientos de los 3.75 primeros años del periodo, y se añaden los nacimientos de los 3.75 años que siguen inmediatamente pasado el periodo, se tendrá un número de nacimientos casi igual al de los producidos por los matrimonios que comprende el periodo, y por lo tanto la expresión de la fecundidad de los matrimonios.

Mas si la población de un país crece con regularidad, y si los nacimientos, las muertes y los matrimonios conservan siempre la misma relación, ya entre sí, ya con la población total, tomando dos periodos iguales en duración, de los cuales el uno sea posterior al otro en cierto número de años, podrá afirmarse que todos los nacimientos del uno serán a los del otro como los nacimientos anuales respectivamente, teniendo cuidado de comparar entre sí los dos años correspondientes, es decir, dos años tomados el uno en el primer periodo y el otro en el segundo, y que estén situados a la misma distancia uno de otro que lo están los mismos periodos. Y lo que hemos dicho de los nacimientos puede decirse de los matrimonios; por consiguiente, en la hipótesis del acrecentamiento regular que hemos supuesto, bastará para graduar la fecundidad de los matrimonios comparar los de este año o de otro cualquiera con los de un año posterior colocado a 4 años de distancia.

Hemos supuesto en este ejemplo que cada matrimonio produzca 4 hijos, pues en efecto se observa en Europa que la relación media de los nacimientos con los matrimonios es de 4 a 1. Pero puesto que la población de Europa va en progreso, la fecundidad de los matrimonios debe ser mayor que de 4 hijos. Por esta razón sustituyamos el espacio de 4 años al de 3.75, y probablemente no iremos muy extraviados, aunque haya de país a país alguna diferencia. En efecto, donde los matrimonios son muy fecundos, los nacimientos en general han de sucederse en intervalos muy cortos; y recíprocamente, donde lo son menos, los intervalos han de ser mayores. De aquí resulta que, con grados de fecundidad muy distintos, el periodo de que nos ocupamos queda siempre prácticamente el mismo.

De estas observaciones se deduce que cuanto más rápido sea el acrecentamiento de la población, tanto más la fecundidad real de los matrimonios excederá a la relación de estos con los nacimientos que consta en los registros.

La regla anterior debe considerarse como una tentativa hecha con el objeto de graduar la fecundidad de los matrimonios tomados indistintamente, tal cual los presentan los registros. Esta fecundidad debe distinguirse cuidadosamente de la de los matrimonios de primeras nupcias, de la de las mujeres casadas, y aun más de la de las mujeres tomadas en la edad más a propósito. Muy probable es que la fecundidad natural de las mujeres sea poco más o menos la misma en casi todos los países; mas la fecundidad de los matrimonios está sujeta a una multitud de circunstancias particulares en cada país, y entre otras al número de matrimonios tardíos.

Merecen en todas las naciones tomarse en consideración las segundas y terceras nupcias, pues influyen esencialmente en la relación media de los matrimonios. Según Süssmilch, en toda la Pomerania desde 1748 a 1756, inclusive, el número de personas casadas fue 55,956, y en este número se contaban 10,586, tanto viudos como viudas. Según Büsching, en la Prusia y la Silesia en 1781, de 29,308 personas que se casaron, 4,841 eran viudos; y por consiguiente más de una sexta parte del total de los matrimonios.

Si se tratase de graduar la fecundidad de las mujeres casadas, el número de nacimientos ilegítimos compensaría, aunque no del todo, el número de matrimonios producidos por las segundas y terceras nupcias. Además, como es mayor el número de viudos que se casan que el de viudas, no es necesario aplicar por completo esta corrección. De otro modo sería si se tratase de graduar el número proporcional de los niños que llegan a la edad de la pubertad, y si para ello se emplease la relación de los matrimonios con los muertos. En este caso, que es del que nos vamos a ocupar, la corrección anterior debe aplicarse enteramente.

Para determinar el número proporcional de los niños que llegan a casarse, es preciso ante todo restar de los matrimonios una sexta parte, y después de corregidos compararlos con las defunciones que señalen los registros de un año que diste del que proporciona el número de matrimonios un intervalo igual a la diferencia que hay entre la edad media del matrimonio y la edad media de la muerte.

Así, por ejemplo, si la relación de los matrimonios con las muertes fuera de 1 a 3, quitando la sexta parte de los matrimonios esta relación se mudará en la de 5 a 18, y por consiguiente el número de personas que se casan anualmente en primeras nupcias será al de los muertos como 10 a 18. Supongamos entretanto que la edad media de la muerte esté a 10 años de distancia de la edad media del matrimonio, y que durante estos 10 años las muertes crezcan en 1/9; desde entonces el número de personas que se casen anualmente en primeras nupcias, comparado con el número de muertes anuales a la distancia de dicha diferencia, estará en la relación de 10 a 20. De donde se seguiría precisamente que la mitad de los niños que naciesen llegarían a la edad del matrimonio.

No hay en verdad una unión necesaria entre la edad media del matrimonio y la edad media de la muerte. En un país de abundantes recursos, donde por consiguiente la población crece con mucha rapidez, la vida media, o lo que es lo mismo la edad media de la muerte, puede elevarse mucho, mientras los matrimonios sean muy precoces. En este caso, los casamientos comparados con las muertes del mismo año en los registros, aun después de la disminución de las segundas y terceras nupcias, presentarán una relación demasiado grande para expresar el número proporcional de los que se casan.

Se puede suponer que en tal país la edad media de la muerte será de 40 años, mientras la edad media del matrimonio sería de 20. En este caso, a la verdad muy raro, la distancia del matrimonio a la muerte será igual a la del nacimiento al matrimonio.

Aplicando estas observaciones a los registros en general, veremos que rara vez podrán darnos la determinación exacta del número proporcional de los que se casan, porque no conocemos con precisión la edad media del matrimonio; sin embargo proporcionan datos muy útiles y harán desaparecer muchas dificultades, y generalmente se observará que en los países en que la relación de los matrimonios con las muertes es muy grande, hay que suponer que la edad media del matrimonio es mucho menor que la edad media de la muerte.

En Inglaterra la relación media de los matrimonios con los nacimientos ha sido aproximadamente de 100 a 350. He calculado en 1/6 las omisiones en los nacimientos y en las muertes, pero no las contaré aquí sino por 1/7, con objeto de añadir los nacimientos ilegítimos. Así, los matrimonios serán a los nacimientos como 1 es a 4, y a las muertes como 1 es a 3; y deducidas las segundas y terceras nupcias, la relación de los matrimonios con las muertes será de 1 a 3.6. Supongamos la edad media del matrimonio en Inglaterra anterior en siete años a la media de la muerte; el acrecentamiento que tendrá lugar en las muertes durante estos siete años, según el progreso actual de la población que es de 1/120 por año, será de 0.6. Así, el número proporcional de los que llegan a

235

casarse se podrá calcular de 200 por 381, o un poco más de la mitad. Los matrimonios comparados con los nacimientos que se han verificado cuatro años después dan 4.136 por la fecundidad de los matrimonios.

Estos ejemplos bastan para manifestar el modo de aplicar las reglas que se han dado arriba, y que deben ayudarnos a determinar, según los registros, por un lado la fecundidad de los matrimonios, y por otro el número proporcional de los que llegan a casarse.

Preciso es notar cuán importante es la corrección relativa a las segundas y terceras nupcias: si se supone que cada matrimonio produce cuatro nacimientos, y que el número de estos sea igual al de las muertes, será preciso, para que se produzca este efecto, que la mitad de los que nazcan lleguen a casarse. Mas cuando por las segundas y terceras nupcias se quita 1/6 de los matrimonios, y después de esta operación se les compara con las muertes, la relación se cambia en 1 a 4.2; y en lugar de la mitad bastará que, de 4.2 niños, haya dos que lleguen a casarse.

Según el mismo principio, si los nacimientos eran a los matrimonios como 4 es a 1, y si precisamente una mitad de los niños llegase a casarse, habría que suponer desde luego que la población permanecía estacionaria. Mas si se quita 1/6 de los matrimonios y se establece en seguida la relación de las muertes con los matrimonios como 4 es a 1, se verá que las muertes indicadas en los registros serán a los matrimonios como 3.5 es a 1; desde luego los nacimientos serán a las muertes como 4 es a 3.5, o como 12 es a 10, lo que indica un aumento bastante rápido.

Conviene aun observar que, como hay muchos viudos que se casan más de una vez, para tener la relación de los niños varones que se casan es preciso quitar de los matrimonios 1/5 en vez de 1/6. Según esta corrección, si cada matrimonio da 4 nacimientos, bastará para mantener la población que de 5 niños haya solo 2 varones que lleguen a contraer matrimonio. Si cada uno de estos produce 5 hijos, bastará para obtener el mismo efecto que haya en este número menos de una tercera parte de los varones que se casan. Y por otras suposiciones es fácil hacer un cálculo análogo; y teniendo en cuenta la relación de los niños varones destinados a casarse, sería también preciso considerar el número mayor de estos que se observa en la tabla de los nacimientos.

Tres son las causas que al parecer obran eficazmente para producir un exceso de nacimientos sobre los muertos: 1ra. la fecundidad de los matrimonios; 2da el número proporcional de los niños que llegan a casarse; 3ra. los casamientos precoces comparados con la vida media, o, en otros términos, el corto espacio que media desde el nacimiento al matrimonio comparado con el que hay desde este hasta la muerte. Price no ha tomado en consideración esta última causa, pues aunque observa con razón que la suma de acrecentamiento, en igualdad de fecundidad, depende del estímulo al matrimonio y de la probabilidad de la vida del niño recién nacido, en su explicación no considera un acrecentamiento en la probabilidad de la vida sino mientras afecta al aumento del número de personas que, habiendo llegado a la edad viril, se casan, y no mientras afecta a la distancia entre la edad del matrimonio y la de la muerte.

También es positivo que, si existe un principio de acrecentamiento, un matrimonio actual produce más de uno en la generación siguiente, comprendiendo las segundas y terceras nupcias. Cuanto más rápidamente se suceden estas generaciones matrimoniales, en comparación de la distancia de la muerte, tanto más rápido será también el acrecentamiento.

Un cambio favorable en cualquiera de estas tres causas, permaneciendo lo mismo las restantes, no puede menos de influir en la población y de aumentar el exceso de los nacimientos sobre las muertes, como lo confirman los registros. En cuanto a las dos primeras causas, obran en igual sentido en la relación de los nacimientos con las muertes: creciendo una y otra aumenta también esta relación; pero obrarán en sentido opuesto en la relación de los matrimonios con los nacimientos. Cuanto más fecundos son aquellos, mayor es la relación de los nacimientos con los matrimonios, y más pequeña según es mayor el número de los que se casan.

Por consiguiente, si la fecundidad de los matrimonios y el número de los que se casan crecen a la vez entre ciertos límites, podrá suceder que la relación de los nacimientos con los matrimonios, tal como está en los registros, permanezca la misma. Por esta razón, los registros de diferentes países están conformes muchas veces en cuanto a los nacimientos y matrimonios, aunque la población siga leyes de acrecentamiento muy diferentes.

A la verdad, la relación de los nacimientos con los matrimonios no proporciona medio alguno para juzgar de la ley del acrecentamiento de la población. Esta puede permanecer estacionaria o decreciente mientras esta relación es de 5 a 1; y por el contrario puede crecer con rapidez siendo de 4 a 1. Cuando la ley de acrecentamiento proviene de otras causas, no debe desearse encontrar en los registros una gran relación de los nacimientos con los matrimonios, sino, al contrario, muy pequeña, porque lo es tanto más cuanto mayor es la relación de los que se casan y, por consiguiente, cuanto más saludable es el país y más propio para la conservación de la vida.

Crome dice que cuando en un país cada matrimonio da menos de cuatro nacimientos, la población está en una situación muy precaria, y gradúa la fecundidad de los matrimonios por la relación de los nacimientos anuales con los matrimonios anuales. Si fuese exacta semejante observación fundada en este cálculo, la población de muchos países de Europa estaría en una situación muy lamentable, porque la relación de los nacimientos con los matrimonios, sacada inmediatamente de los registros, es poco menos de 4 a 1. He manifestado las correcciones que hay que hacer para que resulte una expresión exacta de la fecundidad de los matrimonios.

Si el número de niños que se casan es proporcionalmente muy grande, y si la edad del matrimonio es mucho menor que la vida media, una relación de los nacimientos con los matrimonios menor en los registros que 4 a 1 es muy compatible con un aumento rápido de población. En Rusia es la relación de los nacimientos con los matrimonios menor que la de 4 a 1, y sin embargo la población de este país crece más rápidamente que la de ningún otro de Europa. En Inglaterra la población crece más que en Francia, y sin embargo en Inglaterra la relación de los nacimientos con los matrimonios, considerando las omisiones, es de 3 a 1, y en Francia de 4.5 a 1.

En verdad, para efectuar un acrecentamiento tan rápido como el de América, es preciso que obren a la vez todas las causas que puedan producirlo; y cuando la fecundidad de los matrimonios sube a un punto extraordinario, es preciso que la relación de los nacimientos con los matrimonios exceda la de 4 a 1. Pero generalmente, cuando la fuerza prolífica está muy contenida, es sin duda mejor que el acrecentamiento de la población se deba a la buena salud de la juventud y, por consiguiente, a un aumento en el número de los que se casan, más bien que provenga de una gran fecundidad en los matrimonios unida a una gran mortandad. Así que, en los casos ordinarios, una relación de los nacimientos con los matrimonios igual o inferior a la de 4 a 1 no debe considerarse como un síntoma desfavorable.

Cuando la mayor parte de los que nacen en un país llegan a casarse, no se sigue de aquí que los matrimonios sean precoces o que el obstáculo privativo no tenga mucha influencia. En países como Suiza y Noruega, aunque la mitad de los que nacen lleguen a la edad de 40 años, aun cuando el número de los que contraen matrimonio pase algo de la mitad de los nacidos, una parte considerable de los individuos colocados entre la edad media de 20 años y la de 40 vivirán en el celibato, manifestándose con mucha energía el obstáculo privativo. Es muy probable que en Inglaterra la mitad de los que nacen pasen de la edad de 55 años, y aunque el número de los que lleguen al matrimonio exceda un poco de la mitad de los que nacen, el obstáculo privativo puede tener (como en efecto tiene) mucha influencia, aunque no tanta como en Noruega y en Suiza.

La influencia del obstáculo privativo se conoce siempre por la pequeñez de la relación de los nacimientos con el número de habitantes. La de los matrimonios anuales con la población no es un indicio seguro sino en los países colocados en circunstancias iguales, siendo inexacta desde el momento que hay una diferencia en la fecundidad de los matrimonios, o en el número proporcional de la parte de población que no ha llegado a la edad de la pubertad, o en la ley de acrecentamiento de la población. Si en un país cualquiera todos los matrimonios, pocos o muchos, se contraen entre personas jóvenes y por lo mismo son fecundos, se concibe que para obtener la misma relación de los nacimientos se necesitarán menos matrimonios, o que con la misma relación de estos se obtendrá una mayor de nacimientos.

Este parece ser el caso de la Francia, donde los nacimientos y las muertes son mayores que en Suiza, aunque la relación de los matrimonios sea la misma o menor. Y cuando, comparando dos países, se conoce que en el uno hay más impúberes que en el otro relativamente a su población respectiva, es fácil ver que la misma relación de los matrimonios anuales con toda la población no indica en estos dos países una influencia igual del obstáculo privativo sobre los que han llegado a la edad del matrimonio.

El pequeño número proporcional de impúberes por una parte, y por otra la afluencia de extranjeros hace que en las ciudades la relación de los matrimonios sea mayor que en el campo, aunque sea indudable que en las ciudades obra el obstáculo privativo con más fuerza. No es menos cierta la proporción inversa, y esto hace que en un país como América, donde la mitad de la población es menor de 16 años, la relación de los matrimonios anuales no indique exactamente la poca fuerza del obstáculo privativo.

Pero partiendo del supuesto de que las mujeres de casi todos los países tienen casi la misma fecundidad natural, la escasa relación de los nacimientos indicará bastante exactamente hasta qué punto obra el obstáculo privativo, ya retardando los matrimonios y haciéndolos por lo mismo menos fecundos, ya aumentando mucho el número de los que mueren sin casarse después de pasar de la pubertad.

No desdeñará el lector ver de un golpe de vista la ley de progreso y el periodo de doble aumento que resultan de una relación cualquiera de los nacimientos con las muertes, o de ambos con la población total; por esto presento unidas dos tablas de Süssmilch, calculadas por Euler, y que creo muy exactas. La primera se limita al caso en que la mortandad sea de 1 a 36, y no puede por consiguiente aplicarse sino a los países en que se sabe que la mortandad está en esta relación. La otra es general y solo depende de la relación del exceso de los nacimientos sobre las muertes con la población total, y por consiguiente puede aplicarse a todos los países, cualquiera que sea su mortandad.

Es de notar que cuando es conocida la relación de los nacimientos con las muertes, cuanto mayor es la mortandad, más corto resulta el periodo de doble aumento: esto consiste en que, bajo esta suposición, los nacimientos crecen al mismo tiempo que las muertes. Unas y otras están en relación con la población total mucho mayor que si la mortandad fuese más reducida, y hubiese un mayor número de ancianos.

La mortalidad de Rusia, según Mr. Tooke, es de 1 por 58; y la relación de los nacimientos, de 1 por 26. Considerando las omisiones que pueda haber en las muertes, si tomamos para la mortandad la relación de 1 por 52, los nacidos serán a las defunciones como 2 es a 1; y la relación del exceso de los nacidos sobre los muertos con la población total será la de 1 a 52. Según la tabla II, el periodo de doble aumento será en este caso de cerca de 36 años. Mas si, conservando la misma relación de 2 a 1 entre los nacimientos y las muertes, suponemos que la mortandad fuese de 1 por 36, como en la tabla I, el exceso de los nacimientos sobre los muertos será a la población total como 1 a 36, y el periodo de doble aumento no será sino de 25 años.

Tabla 1. Cuando en un país cualquiera hay 103.000 personas, y la mortandad es de 1 por 36:

Relación de las muertes a los nacimientos	Exceso de los nacimientos	Relación del exceso con la población total	Período de doble aumento (años)
10	277	1 a 360	250
12	555	1 a 180	125
13	833	1 a 120	83.5
14	110	1 a 90	62.75
15	388	1 a 72	50.25
16	666	1 a 60	42
17	943	1 a 51	35.6
18	2221	1 a 45	31.67
19	2499	1 a 40	28
20	2777	1 a 36	25.3
22	3332	1 a 30	21.125
25	4165	1 a 24	17
30	5554	1 a 18	12.8

Tabla 2.

Relación del exceso de los nacimientos sobre las muertes con toda la población: 1 a	Periodos de doble aumento expresados por años y por diez milésimos de años	Relación del exceso de los nacimientos sobre las muertes con toda la población: 1	Periodos de doble aumento expresados por años y por diez milésimos de años.
10	7.2722	110	76.5923
11	7.9659	120	83.5238
12	8.6595	130	90.4554
13	9.3530	140	97.3868
14	10.0465	150	104.3183
15	10.7400	160	111.2598
16	11.4333	170	118.1813
17	12.1266	180	125.1128
18	12.8200	190	132.0443
19	13.5133	200	138.9757
20	14.2066		
21	14.9000	210	145.9072
22	15.5932	220	152.8387
23	16.2864	230	159.7702
24	16.9797	240	166.7017
25	17.6729	250	173.6332
26	18.3662	260	180.5647
27	19.0594	270	187.4961
28	19.7527	280	194.4275
29	20.4458	290	201.3590
30	21.1391	300	208.2905
32	22.5255	310	215.2220
34	23.9419	320	222.1535
36	25.2983	330	229.0850
38	26.6847	340	236.0164
40	28.0714	350	242.9479
42	29.4574	360	249.8794
44	30.8444	370	256.8109
46	32.2302	380	263.7423
48	33.6165	390	270.6740
50	35.0290	400	277.6055
55	38.4687	410	284.5370
60	41.9345	420	291.4685
65	45.4003	430	298.4000
70	48.8661	440	305.3344
75	52.3318	450	312.2629
80	55.7977	460	319.1943
85	59.2634	470	326.1258
90	62.7292	480	333.0573
95	66.1950	490	339.9888
100	69.6607	500	346.9202
		1000	693.4900

IX EFECTOS DE LAS EPIDEMIAS EN LOS REGISTROS DE LOS NACIMIENTOS, MATRIMONIOS Y DEFUNCIONES

Las interesantes tablas de mortandad de Süssmilch, que comprenden períodos de 50 o 60 años, manifiestan claramente que todos los países de Europa están sujetos a progresos periódicos de años malsanos, los cuales se oponen al acrecentamiento de su población. Pocos son también los que se eximen de grandes pestes desastrosas, que arrebatan quizá una o dos veces durante un siglo la tercera o la cuarta parte de sus habitantes.

El modo en que estos años de mortalidad afectan a las relaciones generales de los nacimientos, muertes y matrimonios se manifiesta claramente en las tablas relativas a Prusia y Lituania, desde el año 1692 hasta 1757.

Relación media anual	Matrimonios	Nacimientos	Muertes	Relación de los matrimonios con los nacimientos	Relación de las muertes con los nacimientos
5 años que concluyen en 1697	5,747	19,715	14,862	10:34	100: 132
5 años que concluyen en 1702	6,070	24,142	14,474	10:39	100: 165
5 años que concluyen en 1708	6,082	26,896	16,430	10:44	100: 163
En 1709 y 1710	Peste	Se ignoran en estos dos años	247733		
En 1711	12,028	32,522	40,434	10:27	100: 320
En 1712	6,267	2,297	40,445	10:26	100: 220
5 años que concluyen en 1716	4,968	21,603	11,984	10:43	100: 180
5 años que concluyen en 1721	4,324	21,396	12,039	10:49	100: 177
5 años que concluyen en 1726	4,719	21,452	12,863	10:45	100: 166
5 años que concluyen en 1734	4,808	29,554	12,825	10:42	100: 160
4 años que concluyen en 1736	5,424	22,692	15,475	10:41	100: 146
En 1736	528	21,859	26,374	Años de epidemias	
En 1737	5,765	1,893	2,448	Años de epidemias	
5 años que concluyen en 1742	5,582	22,099	13,265	10:39	100: 144
4 años que concluyen en 1746	5,469	25,275	15,147	10:46	100: 167
5 años que concluyen en 1751	6,423	28,235	17,272	10:43	100: 163
5 años que concluyen en 1756	5,599	28,392	19,154	10:50	100: 148
En 46 años antes de la peste	95,585	380,546	245,763	10:39	100: 154
En 46 años después de la peste	248,777	1,083,872	690,324	10:43	100: 157
En 62 años buenos	344,361	1,464,388	936,087	10:43	100: 156
Exceso de los nacimientos sobre las muertes		528,301			

243

En 2 años de peste	5,477	23,977	247,733		
Durante 64 años comprendiendo la peste	340,838	1,488,365	1,183,820	10:42	100: 125
Exceso de los nacimientos sobre las muertes		304,745			

La tabla de la que se ha extractado ésta contiene los matrimonios, nacimientos y muertes de cada año del periodo entero. Para simplificarla, me he contentado con dar las relaciones medias de algunos periodos más cortos, de 5 y 4 años, salvo cuando los años particulares proporcionasen observaciones dignas de notar. El año 1714, que siguió inmediatamente a la peste, no fue incluido por Sussmilch en las relaciones medias, y ha explicado de manera separada y detallada los números que a dicho año se refieren. Si estos datos son exactos, ponen de manifiesto el efecto repentino y verdaderamente prodigioso de una gran mortandad sobre el número de matrimonios.

Calcula Sussmilch que la peste arrebató a más de una tercera parte de los habitantes. A pesar de esta disminución, se ve, examinando la tabla, que el número de matrimonios en 1714 fue casi el doble de la relación media de los 6 años que habían precedido a la peste. Para que esto se verificase, es preciso suponer que casi todos aquellos que habían llegado a la edad de la pubertad, al ver las crecientes demandas de trabajo y encontrando por todas partes sitios o empleos vacantes, se casasen sin demora. Esta relación extraordinaria de matrimonios no pudo producir en el mismo año un gran número proporcional de nacimientos. En efecto, no puede suponerse que estos nuevos matrimonios pudiesen dar, en el año en que se contrajesen, más de un nacimiento cada uno. Todo el resto de los nacimientos debió provenir de los matrimonios anteriores que la peste no había disuelto. Por esto no nos sorprenderá que dicho año la relación de los nacimientos con los matrimonios no fuese sino de 2,7 a 1, o de 27 a 10. Mas aunque fuese imposible, después de lo que acabo de decir, que la relación de los nacimientos con los matrimonios fuera muy grande, sin embargo, visto el número extraordinario de matrimonios, el número absoluto de nacimientos no dejó de serlo. Porque como el número de las muertes debió naturalmente ser muy corto, la relación de los nacimientos con las defunciones resultó extraordinariamente elevada, puesto que fue de 320 a 100. Semejante exceso de nacimientos puede equipararse a todo lo que se ha podido observar en esta clase en América.

En el año siguiente, 1712, debió necesariamente disminuir mucho el número de matrimonios. En efecto, habiéndose casado el año anterior casi todos los individuos que habían llegado a la edad de la pubertad, los nuevos matrimonios de aquel año se contrajeron principalmente por los que llegaron a la pubertad después del último año de la peste. Sin embargo, como probablemente no todos los individuos núbiles se habían casado el año anterior, el número de matrimonios del año 1712, comparado con la población, fue muy grande, y aunque no excediera a la mitad del del año anterior, superó la relación media del periodo anterior a la peste. La relación de los nacimientos con los matrimonios en 1712, aunque superior a la del año anterior por el menor número de estos, no es muy grande en comparación de la que tiene lugar en otros países, siendo de 3,6 a 1, o de 36 a 10; mas la relación de los nacimientos con las muertes, aunque menor que la del año anterior —en el que los matrimonios se habían multiplicado notablemente—, es grande si se compara con la de otros países, puesto que es de 220 a 100. Es un exceso tal de nacimientos que, calculado según la mortandad de 1 por 36, doblaría la población de un país, según la tabla, en 21,5 años.

Desde esta época, el número de matrimonios anuales comienza a ajustarse a una población menor. Por consiguiente, es muy inferior al número medio de los matrimonios que había antes de la peste, porque esto depende principalmente del número de individuos que llegan cada año a un estado en que pueden contraer matrimonio. En 1720, nueve o diez años después de la peste, el número de matrimonios anuales fue muy pequeño, ya por alguna causa puramente accidental, ya porque empezó a influir con fuerza el obstáculo privativo. En la misma época, la relación de los nacimientos con los matrimonios subió mucho. En el intervalo de 1717 a 1724, se ve por las tablas que esta relación es de 49 a 10; y en los años 1719 y 1720, en particular, es de 50 a 10 y de 55 a 10.

Al observar Sussmilch la fecundidad de los matrimonios en Prusia después de la peste, alega en prueba la relación de 50 nacimientos anuales por 10 matrimonios. Hay muchas razones para creer, según los términos medios generales, que en esta época los matrimonios en Prusia fueron muy fecundos. Mas ni la relación de este año, ni aun la del mismo periodo, establecen suficientemente este hecho; porque el exceso de estas relaciones fue ocasionado por el pequeño número de matrimonios de este año y no por un gran aumento de nacimientos. En los dos años posteriores a la peste, a pesar de que el exceso de los nacimientos sobre las muertes era muy grande, los nacimientos estaban con los matrimonios en una relación muy pequeña. Calculando por el método ordinario, se hubiera deducido que cada matrimonio daba 2,7 o 3,6 hijos. En el último periodo de la tabla, de 1752 a 1756, los nacimientos son a los matrimonios como 5 a 1; y en el año 1756, como 6,1 a 1. Sin embargo, se ve en este mismo periodo que la relación de los nacimientos con las muertes no excede la de 148 a 100, lo que no se hubiera podido verificar si la relación de los nacimientos con los matrimonios hubiera indicado un número de nacimientos muy superior al ordinario. Esta gran relación de los nacimientos indica, simplemente, un número de matrimonios menor que la relación media.

Las variaciones en la relación de los nacimientos con las muertes que se han verificado en diferentes épocas durante la serie de los 64 años que comprende la tabla merecen una atención particular. Si se toma la relación media de los 4 años que siguieron inmediatamente a la peste, se verá que los nacimientos están con las muertes en una relación mayor que la de 22 a 10; de modo que, suponiendo la mortandad de 1 por 36, la población se doblaría en menos de 21 años. Calculando los 20 años, de 1711 a 1731, veremos que la relación media de los nacimientos con las defunciones es cercana a 17 a 10, cuya relación —según la tabla 1.ª— doblaría la población casi en 23 años; pero si, en lugar de 20 años, tomamos el periodo entero de 64, la relación media de los nacimientos con las muertes no excederá de 12 a 10, y por lo tanto no doblará la población en menos de 125 años. Y si se comprendiera en un periodo muy corto la mortandad de la peste, o solo la de los años de epidemias 1736 y 1737, las muertes excederían a los nacimientos y la población parecería disminuir.

Cree Sussmilch que, en vez de ser de 1 por 36, la mortandad en Prusia pudo muy bien reducirse después de la peste a 1 por 38. Algunos lectores encontrarán quizá que la abundancia ocasionada por los estragos de este azote hubiera debido hacer aún más sensible la diferencia. El Dr. Short ha observado que a una gran mortandad sucede casi siempre una salubridad notable; no dudo de la exactitud de esta observación cuando se comparan entre sí las mismas edades; pero es bien sabido que, aun en las circunstancias más favorables, los niños menores de 3 años mueren en mayor número que los de otras edades. Así, pues, como tras una gran mortandad el número proporcional de niños es mayor que el ordinario, esta circunstancia atenúa inicialmente la salubridad natural de esta época y hace que la diferencia en la mortandad general sea menos sensible.

Si se divide la población de Prusia después de la peste por el número de muertos en 1711, se verá que la mortandad es casi de 1 por 31, y que aumenta más bien que disminuye. Esto proviene del número prodigioso de niños que nacieron dicho año. Esta excesiva mortandad necesariamente debió cesar cuando estos niños llegaron a una edad en que la vida es más segura; y entonces probablemente se verificará la observación de Sussmilch. Sin embargo, se observa generalmente que el efecto de una gran mortandad en los años subsiguientes es más sensible en los nacimientos que en las muertes. Consultando la tabla, se ve que el número de muertos anuales crece regularmente cuando la población crece, y sigue bastante de cerca sus variaciones. Mas el número de nacimientos anuales no difiere sensiblemente en diferentes épocas de todo el periodo, aunque durante él la población se haya duplicado. Por consiguiente, es preciso que la relación de los nacimientos con la población total haya cambiado desde el principio del periodo hasta su fin.

Esto pone de manifiesto los errores que han de cometerse tomando una relación dada de nacimientos como base del cálculo de la población de un país en una época pasada. En el caso presente, este método hubiera hecho creer que la peste apenas había disminuido la población, mientras que por el número de muertes hubiéramos juzgado que había disminuido en una tercera parte.

La relación menos variable de todas es la de los nacimientos con los matrimonios. La razón es que depende principalmente de la fecundidad de los matrimonios, la cual no puede experimentar muchos cambios. Muy difícil es creer que la fecundidad de los matrimonios pueda variar tanto como varía en las tablas la relación de los nacimientos con los matrimonios. Mas no es necesario suponer esto, porque hay otra causa que debe contribuir a producir este efecto. Los nacimientos contemporáneos de los matrimonios de un año cualquiera pertenecen principalmente a los matrimonios contraídos algunos años antes. Por consiguiente, si en 5 o 6 años la relación de los matrimonios es muy considerable, y a continuación de este periodo disminuye accidentalmente en uno o dos años esta relación, los registros indicarán para este año o para estos dos una gran relación de los nacimientos con los matrimonios. Recíprocamente, si durante cuatro o cinco años hubiese menos matrimonios que de ordinario, y que en seguida uno o dos años fuesen, por el contrario, muy abundantes en casamientos, se encontraría, según los registros, en esta última época una relación muy pequeña de los nacimientos con los matrimonios.

Sobre esto ofrecen ejemplos la Rusia y la Lituania, así como las tablas de Sussmilch. Se ve que, en general, el número de matrimonios afecta más que el de nacimientos a las relaciones extremas de los nacimientos con los matrimonios. De donde puede deducirse que estas relaciones extremas dependen menos de algún cambio en la fecundidad de los matrimonios que de la disposición a casarse y de los estímulos que a ello puedan impulsar.

Los años de epidemias que se encuentran en estas tablas no pueden tener sin duda sobre los nacimientos y matrimonios la misma influencia que la peste en las tablas de Prusia; sin embargo, en proporción a la magnitud del mal, su acción es muy semejante. Los registros de otros muchos países, en particular los de las ciudades, prueban que la peste las visitó frecuentemente a fines del siglo XVII y principios del XVIII.

Al ver sucederse en estas tablas las pestes y los años malsanos a los periodos de rápido acrecentamiento, se cree fácilmente que el número de habitantes se ha encontrado tan grande en comparación de sus medios de subsistencia, que la salubridad no pudo resistirlo. De aquí resultó que los individuos que componían la masa del pueblo tuvieron que vivir con menos comodidades, servirse de peores alimentos y hacinase en reducidas habitaciones. Estas causas acarrearon naturalmente enfermedades, y su efecto debió ser muy manifiesto, aunque por otra parte el país no fuese populoso y quedase mucho sitio inhabitado. Así también, cuando en un país la población está muy disminuida, si crece antes de tener el alimento necesario y antes de que se edifiquen las habitaciones que requiere este aumento, sus habitantes sufrirán inevitablemente la falta de sitio y de subsistencias.

X. CONSECUENCIAS GENERALES QUE SE DEDUCEN DEL CUADRO DE LA SOCIEDAD QUE ACABAMOS DE TRAZAR

Puede asegurarse que los obstáculos indicados arriba son las causas inmediatas que retardan el acrecentamiento de la población, y que estos obstáculos dependen principalmente de la escasez de alimentos. Para ello basta ver cuán rápido resulta dicho acrecentamiento cuando desaparecen estos obstáculos por algún aumento repentino en los medios de subsistencia.

Se ha observado siempre que las nuevas colonias establecidas en países saludables, y donde no faltan espacio ni subsistencias, han hecho rápidos progresos en su población. Muchas colonias de la antigua Grecia han igualado y aun excedido en el espacio de dos o tres siglos a su madre patria. Siracusa y Agrigento en Sicilia; Tarento y Locres en Italia; Éfeso y Mileto en Asia Menor, igualaron bajo todos conceptos a las ciudades más florecientes de la antigua Grecia. Todas estas colonias se habían establecido en comarcas habitadas por naciones primitivas, que con facilidad dejaron sitio a los que vinieron a tomar posesión de ellas y les cedieron vastas y fértiles llanuras.

Se ha calculado que los israelitas, que crecieron muy lentamente cuando andaban errantes en el país de Canaán, se multiplicaron de tal modo en el fértil suelo de Egipto que, mientras permanecieron allí, su número se duplicó cada 15 años. Mas sin detenernos en los ejemplos que nos ofrece la antigüedad, los establecimientos de los europeos en América atestiguan del modo más claro la verdad de una observación que nadie se ha atrevido a poner en duda.

Una abundancia de tierras fértiles, que cuestan muy poco o nada, es una causa tan poderosa de población que, en general, supera todos los obstáculos.

A pesar de su mala administración, las colonias españolas del Nuevo Mundo han aumentado extraordinariamente su población. La ciudad de Quito, que era solo una aldea cuando la ocupaban los indígenas, contaba, según Ulloa, hace 60 años con 60,000 almas. En México había 100,000 habitantes, lo cual, a pesar de las exageraciones de los escritores españoles, es el quíntuple de los que contenía en tiempo de Moctezuma. Igual progreso se observa en las colonias portuguesas del Brasil y, aunque sometidos a compañías de comercio que gozaban de privilegios exclusivos, no dejaron de prosperar los establecimientos franceses y holandeses.

Mas las colonias inglesas del Norte de América, que han llegado a ser un pueblo poderoso bajo el nombre de Estados Unidos, han superado a todos los demás por el acrecentamiento rápido de su población. Además de la gran cantidad de tierras fértiles que poseían estas colonias, así como las de España y Portugal, gozaban en alto grado de las ventajas de la libertad y de la igualdad y, aunque estuviesen algo sujetas en cuanto a su comercio exterior, tenían el derecho de administrar sus asuntos interiores. Las instituciones políticas eran favorables a la transmisión y división de las propiedades agrícolas. Las tierras que el propietario dejaba de cultivar por un espacio de tiempo limitado se declaraban vacantes y susceptibles de cederse a otra persona. En Pensilvania no se conocía el derecho de primogenitura; y en las provincias de la Nueva Inglaterra el hijo primogénito solo tenía derecho a una porción doble. En ninguno de estos estados estaban establecidos los diezmos y los impuestos eran casi desconocidos. Las tierras estaban a tan buen precio que el mejor empleo que podía hacerse de los capitales era destinarlos a la agricultura, en la que los hombres se dedican a trabajos saludables y proporcionan a la sociedad los productos más útiles. Circunstancias tan favorables aumentaron la población con una rapidez sin ejemplo, de manera que el periodo de doble aumento es generalmente en los Estados Unidos de 25 años, y hasta de 15 en algunos establecimientos del interior.

En el último censo asciende la población de los Estados Unidos a 5,172,312. No es de creer que la emigración de los colonos que han fundado este país haya producido una disminución sensible en la población de la Gran Bretaña, pues, lejos de esto, una emigración moderada favorece a la población. Se ha observado que las provincias de España de donde han salido más colonos a América son aquellas cuya población ha crecido más.

Cualquiera que pudiese ser el número primitivo de estos emigrados de la Gran Bretaña que han producido en la América Septentrional tan prodigiosa población, pregúntese por qué un número igual no ha producido otro tanto en la Gran Bretaña, y se verá que la razón de esta diferencia es la falta de alimentos. Las grandes plagas, como la guerra y la peste, causan pérdidas de hombres que se reparan rápidamente, dejando el país que asolan en una situación análoga a la de las colonias nuevas. Si los habitantes conservan su industria, los medios de subsistencia crecen más allá de sus necesidades y la población se nivela bien pronto con estos medios.

El fértil suelo de Flandes ha sido teatro de largas y destructoras guerras, y pocos años de paz han sido suficientes para recobrar su población. La guerra más sangrienta no ha bastado para aniquilar a Francia. Los efectos de la peste de Londres en 1666 desaparecieron completamente a los 15 o 20 años. Es dudoso si esta plaga, que asoló periódicamente Turquía y Egipto, disminuyó mucho la población; y si esta es algo escasa, es preciso atribuirlo más bien al gobierno tiránico y opresor en que viven estos pueblos y a la decadencia de la agricultura. Las huellas de las hambres más destructoras que han sufrido China, India, Egipto y otros países, según las narraciones de muchos testigos, se han borrado en muy poco tiempo. En fin, las grandes convulsiones de la naturaleza, como las erupciones volcánicas o los temblores de tierra, a menos que por su frecuencia no dispersen a los habitantes y destruyan su industria, no ejercen en la población sino una disminución poco apreciable.

Los registros de diferentes países manifiestan que el progreso de su población ha sido detenido por regresos periódicos, aunque irregulares, de pestes y años malsanos. El doctor Short, en sus interesantes investigaciones sobre las tablas de la mortandad, presenta una relación de todas las pestes, contagios y hambres de que ha tenido noticia, y nota que estas plagas obran general y constantemente.

Los años de epidemias insertos en estas tablas son 451. En esta solo se comprenden los de pestes o alguna otra epidemia muy destructora, porque los años únicamente malsanos no están contados. En dicho número hay 52 anteriores a la era cristiana; y si se dividen los años de la era por 399, se verá que los regresos periódicos de estas epidemias han tenido lugar en ciertos países en intervalos cuyo término medio es próximamente de 4.5 años.

De 254 grandes hambres o escaseces contadas en la tabla, 15 han precedido a la era cristiana, empezando por la que sufrió Palestina en tiempo de Abraham. Si se quitan dichas 15 y se dividen por el resto los años de nuestra era hasta el momento en que se hace este cálculo, se verá que la relación media de los intervalos que hay entre las épocas en que el género humano ha sido presa de este azote no pasó de 7.5 años.

Muy difícil sería determinar con precisión hasta qué punto el acrecentamiento excesivamente rápido de la población ha dado origen a estas calamidades. Las causas de la mayor parte de las enfermedades están muchas veces tan ocultas a nuestra vista que sería una temeridad quererlas reducir a un mismo origen. Mas no lo sería tanto afirmar que es preciso contar entre ellas el hacinamiento de hombres en sus habitaciones y un alimento deficiente y escaso, porque esto es el efecto natural de un acrecentamiento de población más rápido que el de las habitaciones y las subsistencias.

La historia de todas las epidemias confirma bien esta opinión, porque se ve que ejercen sus estragos entre las clases ínfimas del pueblo. Las tablas de Short hacen muchas veces mención de esta circunstancia, manifestando también que un gran número de años de epidemias siguieron o acompañaron a las épocas de escasez y mal alimento. Y este autor, al hablar de las diferentes especies de enfermedades, observa que las que provienen del mal alimento son también las que duran más.

La constante experiencia nos manifiesta que las fiebres se originan en las prisiones, en las fábricas, en los numerosos talleres y en las calles estrechas de las ciudades, lugares en donde se reúne comúnmente la pobreza. No puede menos de atribuirse a estas causas los regresos, a veces tan frecuentes, de la peste y otras enfermedades contagiosas en toda Europa. Y si estas enfermedades son muy raras o casi han desaparecido del todo, debe atribuirse esto al mejor modo de vida actual.

Como el acrecentamiento de la población es gradual y el hombre no puede vivir, ni aun poco tiempo, sin comer, el principio de la población no puede producir directamente el hambre, pero la prepara obligando a las clases pobres a contentarse con lo estrictamente necesario; y basta una mala cosecha para reducirlos al último extremo. El doctor Short cuenta entre los pronósticos de la escasez uno o muchos años de abundancia. En efecto, la abundancia, favoreciendo los matrimonios, produce un estado de población excedente para el que no basta un año regular.

Las viruelas, que pueden considerarse como la epidemia más general y destructora de las que afligen a la Europa moderna, son quizá una de las más inexplicables, aunque tengan en algunas partes regresos periódicos regulares.

En todos estos casos, por poca fuerza que concedamos al principio de la población para producir inmediatamente las enfermedades, no podemos menos de conocer que predispone para recibir el contagio y para esparcir y agravar el mal.

El doctor Short observa que a una epidemia mortal sigue generalmente un periodo de gran salubridad, lo que atribuye a que la enfermedad ha arrebatado a todos los de una constitución delicada. Muy probable es que a esta causa se una otra, a saber: que hay más sitios y alimentos para los que quedan y, por consiguiente, mejora el estado de las clases inferiores.

Los registros de varias partes de Europa ofrecen muchos ejemplos de un rápido acrecentamiento de población interrumpido por enfermedades mortales. Puede, pues, concluirse que los países en los que las subsistencias crecen bastante para animar la población, mas no para satisfacer todas sus demandas, deben estar más sujetos a epidemias periódicas que aquellos en que el acrecentamiento de la población tiene la ventaja de ser proporcional al producto medio.

No es menos cierto lo contrario. En los países sujetos a epidemias periódicas, el acrecentamiento de la población, o exceso de los nacimientos sobre las muertes, es mayor en los intervalos libres de pestes que en los países que están menos expuestos a ellas. Si durante el último siglo Turquía y Egipto han estado casi estacionarios en su población media, es preciso que en los intervalos que han tenido lugar entre sus pestes periódicas los nacimientos hayan excedido a los muertos en una relación mayor que en Francia e Inglaterra.

Por eso son tan inciertos todos los cálculos que pueden hacerse de la población futura según el acrecentamiento actual. Sir W. Petty calculaba que en 1800 la ciudad de Londres contendría 5,359,000 habitantes, y no contiene la quinta parte. Al contrario, M. Eaton ha presagiado últimamente la extinción total de la población del imperio turco para el fin del siglo XIX, predicción que no se cumplirá. Si América continúa creciendo en población en la misma relación que hasta aquí y por un espacio de 150 años, su población excederá a la de China. Mas aunque sea peligrosa toda profecía, me atrevo a asegurar que no se verificará semejante acrecentamiento en tan corto espacio de tiempo, aunque puede muy bien suceder que se realice en un intervalo más largo, como sería el de 500 o 600 años.

Es un hecho indudable que Europa estaba en otro tiempo más sujeta a las epidemias y a las pestes destructoras que en la actualidad. Esta circunstancia explica por qué antiguamente la relación de los nacimientos con las muertes, de que hacen mención muchos autores, era mayor que en nuestros días; pues generalmente siempre se trataba de graduar estas relaciones según algunos periodos muy cortos y de apartar como accidentales los años de la peste.

La mayor relación media de los nacimientos con las muertes en Inglaterra es casi de 12 a 10, o de 120 a 100. En Francia, por los diez años terminados en 1780, esta relación ha sido de 115 a 100. No es dudoso que estas relaciones hayan variado en diferentes épocas durante el último siglo; sin embargo, estos cambios no han sido, al parecer, muy considerables. Resulta que en Francia e Inglaterra la población se ha aproximado más que en otras partes al nivel del producto medio. La influencia del obstáculo privativo, las guerras, la destrucción lenta, pero segura, de la vida humana causada por habitaciones muy estrechas y por el alimento insuficiente del pobre, impiden que en estos países la población se eleve sobre el nivel de las subsistencias. Estas causas evitan, si puede usarse esta expresión, la necesidad de las epidemias para reducir la población a sus justos límites. Si la peste arrebatase en Inglaterra 2,000,000 de almas y en Francia 6,000,000, cuando los habitantes empezasen a reparar sus pérdidas, es claro que se vería subir la relación de los nacimientos con las muertes en estos dos países mucho más allá de la relación media que se ha observado durante el siglo XVIII.

En todo tiempo la pasión que une a los dos sexos ha sido la misma, con tan poca variación que puede considerarse, para servirme de una expresión algebraica, como una cantidad dada. La suprema ley de la necesidad que impide a la población crecer más allá del límite en que la tierra puede bastar a su alimento es tan fácil de reconocer que no puede dejarnos duda. Los medios que la naturaleza emplea para mantener este equilibrio son, es verdad, menos evidentes y se presentan bajo diversas formas; mas no por eso es menos cierto el resultado final. Si en cualquier parte la relación de los nacimientos con las muertes indica un acrecentamiento de población que excede mucho al de los medios de subsistencia, podemos afirmar sin recelo que, si no hay emigración, bien pronto las muertes excederán a los nacimientos, y que la relación observada anteriormente no puede ser constante. Si el obstáculo privativo que impide el acrecentamiento excesivo de la población cesara, o mitigara su acción, y si se suprimieran las demás causas destructivas, veríamos a todas las comarcas del universo asoladas por las pestes o por las hambres.

La única señal cierta de un acrecentamiento real y permanente de la población es, pues, el aumento de los medios de subsistencia, aunque está sujeta a ligeras variaciones, en verdad bien manifiestas. Países hay en que la población está comprimida y el pueblo se acostumbra a alimentarse con menos del alimento necesario para su manutención. Esta costumbre se ha ido contrayendo poco a poco, sin duda en los periodos en que la población crecía insensiblemente sin que aumentasen las subsistencias. China, la India y los países habitados por los árabes beduinos nos ofrecen, como se ha visto, un ejemplo de este estado de la población. El producto medio de estas comarcas, al parecer, basta exactamente al sostenimiento de sus habitantes, y la menor disminución que produzca una mala cosecha tiene los resultados más funestos. Estas naciones no pueden menos de experimentar de tiempo en tiempo los rigores del hambre.

En los Estados Unidos de América, donde el trabajo está tan bien pagado y las clases ínfimas pueden economizar algo de su consumo habitual en los años de carestía, parece imposible un hambre. Llegará un tiempo en que los obreros se resentirán del aumento de la población y no estarán pagados con tanta liberalidad, porque los medios de subsistencia no seguirán la relación de la multiplicación de los habitantes.

En Europa hay variedad de costumbres. Se observa en Inglaterra que los obreros de la parte meridional de la isla están acostumbrados a comer buen pan de trigo, y antes morirían de hambre que reducirlo al alimento de los aldeanos escoceses. Quizá con el tiempo aprendan a vivir con un alimento tan ruin como el de los pobres chinos; entonces, con la misma cantidad de subsistencias, el país alimentará más habitantes; pero la humanidad tendrá que llorar, y es de esperar que no se realice semejante acrecentamiento.

Hemos visto que puede suceder en ciertos casos que la población crezca de una manera permanente sin que aumenten nada las subsistencias; pero también hemos visto que semejante acrecentamiento en todo país está contenido en límites muy estrechos. Para que la población no decrezca es preciso que los hombres que trabajan tengan bastantes medios de subsistencia.

Por otra parte, puede decirse que los diversos países están poblados en proporción de la cantidad de alimentos que producen o pueden proporcionarse, y que el bienestar depende de la liberalidad que reina en la repartición de estos alimentos que puede comprar el obrero con su jornal. Los países abundantes en trigo son más populosos que los destinados a pastos, y los de arroz más que los de trigo. Pero la felicidad de estas diversas comarcas no depende del número de sus habitantes, ni de sus riquezas, ni de su antigüedad, sino de la relación del número de habitantes con la cantidad de los alimentos, la cual generalmente es muy favorable en las nuevas colonias, en las cuales las luces y la industria de un pueblo antiguo se aplican a multitud de tierras nuevas. En otros casos no importa que un pueblo sea antiguo o nuevo. Es probable que en la Gran Bretaña el alimento esté hoy repartido más liberalmente que hace dos, tres o cuatro mil años; y en cuanto al número de habitantes, hemos tenido ya ocasión de notar que los cantones casi desiertos de la Alta Escocia están más cargados de población que las comarcas más populosas de Europa.

Supongamos un pueblo al abrigo de las invasiones y conquistas extranjeras y abandonado a los progresos naturales de la civilización. Desde que el producto de su suelo puede considerarse como una unidad hasta que este producto aparece como un millón, durante un intervalo de muchos miles de años, no se encontrará un solo periodo en el que la masa del pueblo pueda considerarse como libre de toda traba respecto de su alimento. En todos los estados de Europa, en todo lo que podamos alcanzar en su historia, encontraremos que esta causa ha impedido el nacimiento o causado la muerte de muchos miles de criaturas, sin que se haya experimentado quizá en dichos estados una verdadera hambre.

Así, examinando la historia del género humano, el observador puede asegurar que en todos tiempos y en todas las situaciones en que ha vivido el hombre pueden admitirse como indudables las proposiciones siguientes:

El acrecentamiento de la población está necesariamente limitado por los medios de subsistencia.

La población crece con los medios de subsistencia, a menos que no lo impidan obstáculos particulares, fáciles de conocer.

Estos obstáculos, y todos los que contienen la población bajo el nivel de las subsistencias, son la repugnancia moral, el vicio y la miseria.

Comparado el estado de la sociedad, que ha sido el objeto de este segundo libro, con el que hemos considerado en el primero, se ve, a mi parecer, bastante claramente que en la Europa moderna los obstáculos destructivos influyen poco para detener la población, y que al contrario los obstáculos privativos obran más que en otro tiempo en esta parte del mundo y con más fuerza que en los pueblos atrasados en la civilización.

La guerra, causa principal de despoblación entre los pueblos salvajes, es hoy menos destructora, aun comprendiendo las desgraciadas guerras revolucionarias. Desde que la propiedad se ha hecho más general, desde que las ciudades están mejor construidas y las calles son más anchas, y desde que una economía política mejor entendida permite una distribución más equitativa de los productos de la tierra, las pestes, las enfermedades violentas y las hambres son menos frecuentes y funestas.

En cuanto a los obstáculos privativos o las causas que impiden el acrecentamiento de la población, es preciso convenir que la que hemos designado con el nombre de repugnancia moral no tiene en el estado actual de la sociedad mucha influencia sobre los hombres; sin embargo, estoy persuadido de que obra más eficazmente entre las naciones civilizadas de Europa que entre los pueblos salvajes. Y mucho menos puede dudarse que el número de mujeres que ejercen esta virtud sea hoy muy superior en esta parte del mundo a lo que era en otro tiempo y a lo que es aún en los países menos civilizados. De cualquier modo que sea, si se le considera de una manera general e independientemente de las consecuencias morales, el freno que se impone con respecto al matrimonio, y que comprende esencialmente todos los casos en que se evitan los matrimonios por el temor de cargarse de familia, puede decirse con seguridad que este obstáculo es el que en la Europa moderna obra con más fuerza para mantener la población al nivel de los medios de subsistencia.

LIBRO TERCERO: DE LOS DIFERENTES SISTEMAS O MEDIOS PROPUESTOS O SE HAN HECHO CÉLEBRES EN LA SOCIEDAD Y QUE INFLUYEN EN LOS MALES PRODUCIDOS POR EL PRINCIPIO DE LA POBLACIÓN

I. SISTEMAS DE IGUALDAD: WALLACE, CONDORCET

Habiendo considerado el estado pasado y presente del género humano bajo un punto de vista adecuado a nuestro asunto, no puede menos de sorprendernos que los escritores que han tratado de la perfectibilidad del hombre o del estado social, y que han tomado en cuenta la fuerza del principio de la población, solo hayan prestado a sus efectos una atención superficial y convenido en considerar como muy lejanos los males que puede producir. El mismo M. Wallace, que cree suficiente para destruir su sistema de igualdad el argumento deducido de estos males opina que únicamente tendría esto lugar cuando toda la tierra estuviese cultivada como un jardín y fuese, por lo tanto, imposible añadir algo a sus productos. Si tal fuera el estado de las cosas y si por otras razones se pudiera realizar un buen sistema de igualdad, me parece que la perspectiva de una dificultad tan lejana no debe enfriar nuestro celo en la ejecución de un plan ventajoso, pues se podría, sin temeridad, confiar a los cuidados de la Providencia el remedio de unos males que tan lejos están aún de nosotros. Pero el hecho es, si es cierto lo que anteriormente hemos dicho, que el peligro de que tratamos no está tan apartado, sino que, por el contrario, está cercano y es inminente. En cualquier época, mientras el cultivo hace o hará progresos desde el momento presente hasta el tiempo en que la tierra se convierta en un vasto jardín, si está establecida la igualdad, la falta de alimento no dejará de sentirse entre los hombres. En vano cada año aumentarán los productos: la población crecerá en una progresión mucho más rápida, y será necesario que este exceso se reprima por la acción constante o periódica de la repugnancia moral, el vicio o la miseria.

La obra de Condorcet, titulada *Bosquejo de un cuadro histórico de los progresos del espíritu humano*, la escribió en la proscripción en que concluyó sus días. Si este escritor no estuvo animado de la esperanza de ver su obra conocida y publicada durante su vida, si no se halagaba con interesar por ella a Francia en su favor, es un ejemplo bien notable del apego que puede tener un hombre a principios desmentidos diariamente por la experiencia y de los que él mismo es víctima.

Esta obra póstuma no es sino el plan de otra más grande que deseaba el autor que se emprendiera. Sin embargo, aunque no esté plenamente delimitada su teoría, con pocas observaciones puede manifestarse su falsedad.

En la última parte de su obra trata Condorcet de los progresos futuros del hombre hacia la perfección y dice que, comparando en las diferentes naciones civilizadas de Europa la población con la extensión de su territorio, y considerando en ellas su cultura y su industria, la división del trabajo y los medios de subsistencia, se asegura que será imposible conservar estos mismos medios de subsistencia y, por consiguiente, la misma población, sin un gran número de individuos que solo tengan su industria para atender a sus necesidades.

Reconoce, pues, la necesidad de esta clase de hombres y luego, considerando cuán precaria es su suerte, dice con razón: existe, pues, una causa necesaria de desigualdad, de dependencia y aun de miseria, que sin cesar amenaza a la clase más numerosa y activa de las sociedades. La dificultad es cierta y está bien presentada; sin embargo, la manera en que el autor la resuelve creo que resultará poco satisfactoria.

Aplicando a este caso los cálculos sobre la probabilidad de vida y sobre el interés del dinero, propone establecer un fondo que asegure a los ancianos una asistencia dimanada en parte de sus propios ahorros y en parte de los que han suministrado los individuos muertos antes de haber podido recoger el fruto de sus sacrificios. El mismo fondo, u otro análogo, se destinará a la asistencia de las viudas y de los huérfanos, y a suministrar un capital a estos últimos cuando estén en edad de establecer una nueva familia, de suerte que los ponga en estado de desarrollar sus talentos y de ejercer su industria. Estos establecimientos, dice, deben estar constituidos y bajo la protección de la sociedad. Aún va más lejos, y sostiene que por una justa aplicación de los cálculos conocidos se podría encontrar el medio de mantener una igualdad más completa, haciendo que el crédito no fuese un privilegio exclusivo de la fortuna, dándole, sin embargo, una base igualmente sólida y haciendo los progresos de la industria y de la actividad del comercio menos dependientes de los grandes capitalistas.

Mucho se puede esperar de tales establecimientos y de tales cálculos si se consideran en abstracto; pero aplicados a la vida real se convierten en ilusorios y pueriles. Condorcet conviene en que es indispensable que en todo Estado haya algunos hombres que solo vivan de su trabajo: ¿qué razón le persuade y obliga a esta confesión? Una sola puede imaginarse. Conocía que para proporcionar sus medios de vivir a una población numerosa era menester una cantidad de trabajo que nada podía obligar a emprender sino el aguijón de la necesidad. Mas si establecimientos de la clase que propone quitan este aguijón, si los perezosos y negligentes gozan del mismo crédito y de la misma seguridad respecto al sustento de sus familias que los hombres laboriosos y vigilantes, ¿debe esperarse ver a cada individuo desplegar, para la mejora de su situación, aquella infatigable actividad que es el resorte principal de la prosperidad de los Estados? Si se tratase de establecer un tribunal de información para el examen de los derechos que haga valer cada individuo y decidir si ha hecho o no todos los esfuerzos para vivir de su trabajo, a fin de concederle o negarle por consiguiente las prestaciones solicitadas, esto sería casi admitir, bajo una nueva y más extensa forma, el sistema de las leyes inglesas sobre los pobres y pisotear los verdaderos principios de la libertad y de la igualdad.

Mas independientemente de esta grave objeción contra el establecimiento propuesto, y suponiendo por un momento que no perjudicase a la producción, quedaría aún por resolver la principal dificultad. Si todo hombre tuviera seguridad de encontrar con qué mantener convenientemente una familia, bien pronto casi todos los hombres fundarían una; y si la generación presente estuviese al abrigo de los males que engendra la miseria, la población crecería con una rapidez sin ejemplo. No dejó de conocerlo Condorcet, porque he aquí cómo se explica después de haber hablado de algunas otras mejoras: «Pero en este progreso de industria y bienestar, del que resulta una proporción muy favorable entre las facultades del hombre y sus necesidades, cada generación, ya por sus progresos, ya por la conservación de una industria anterior, está llamada a goces aún más extensos; y fuera de esto, por la tendencia de la constitución física de la especie humana a un acrecentamiento del número de individuos, ¿no podrá llegar entonces un término en que estas leyes tan necesarias vengan a contrariarse, donde el aumento del número de hombres, excediendo al de sus medios de subsistencia, produzca necesariamente, si no una disminución continua del bienestar y de la población, una marcha verdaderamente retrógrada, o al menos una especie de oscilación entre el bien y el mal? ¿Esta mutación en las sociedades que han llegado a este término no será siempre, en algunos periodos, una causa subsistente de miseria? ¿No señalará el límite donde toda mejora es imposible y a la perfectibilidad de la especie humana el término a que puede llegar en la inmensidad de los siglos sin poder nunca traspasarlo?»

Después añade: «Nadie duda que este tiempo está aún muy distante de nosotros; pero algún día hemos de llegar a él: es igualmente imposible decidirse en pro o en contra de la realización futura de un suceso que tendrá efecto en una época en que la especie humana habrá adquirido conocimientos de los que apenas podemos formarnos una idea».

El cuadro que ha trazado Condorcet sobre los efectos que puede producir el aumento de hombres en la época en que su número vendría a exceder al de los medios de subsistencia está presentado con mucha verdad. La oscilación de que habla debe necesariamente tener lugar en casos semejantes y ser, sin duda, un manantial perenne de miseria periódica. Únicamente difiero de Condorcet en la consideración de la época a que puede aplicarse este cuadro; pues aunque no cree imposible que llegue este tiempo en la serie de los siglos, no espera que tenga lugar sino en tiempos aún muy lejanos. Si la relación de los habitantes con las subsistencias es como yo la he establecido, y cual la presenta la sociedad en todos los periodos de su existencia, se puede decir, por el contrario, que la época en cuestión hace ya tiempo que ha llegado; que la oscilación inevitable que deben producir los regresos periódicos de miseria ha tenido lugar desde los primeros tiempos a que se remonta la historia, y que en el momento mismo en que hablamos continúa en diversos lugares, donde hace sentir sus estragos.

Todavía continúa Condorcet y dice que, si alguna vez esta época, que le parece estar tan lejana, llegase a oprimir a la raza humana, los defensores del sistema de perfectibilidad no por esto deben alarmarse, pues propone una solución a esta dificultad. Y es tal que debo confesar que de ningún modo he podido comprenderla: nota desde luego que en la época citada las ridículas preocupaciones de la superstición habrán cesado de corromper la moral por una austeridad que deshonra nuestra naturaleza; después hace alusión a un remedio para el mal que teme, y consiste, al parecer, en una especie de concubinato o mezcla de los sexos libre de toda traba que evitaría la fecundidad, o no sé qué otro medio para obtener el mismo fin, igualmente contrario a todo lo que nos prescribe la naturaleza. Pretender resolver la dificultad por tales medios es renunciar a la virtud y a la pureza de costumbres que los defensores de la igualdad y de la perfectibilidad hacen profesión expresa de considerar como el objeto de sus miras.

La última cuestión que discute Condorcet es la perfectibilidad orgánica del hombre. Si los argumentos arriba presentados, dice, y que adquirirán más fuerza desarrollándolos, bastan para establecer la perfectibilidad indefinida del hombre, aun suponiendo que sus facultades y su organización actual no cambien, ¿cuál será la certeza y la extensión de nuestras esperanzas si esta organización y estas facultades naturales son también susceptibles de mejora? Los progresos de la medicina, alimentos y habitaciones más saludables, un método de vida propio para desarrollar las fuerzas por el ejercicio sin dañarlas por el exceso, la supresión de las dos grandes causas de degradación entre los hombres, la extrema miseria y las excesivas riquezas, la destrucción gradual de las enfermedades hereditarias y contagiosas por los progresos de las luces, que harán más eficaces los de la razón y del orden social, todas estas consideraciones le hacen sentar la conclusión de que el hombre, sin llegar a ser absolutamente inmortal, gozará de una vida natural cuyo término se prolongará incesantemente, y que podrá quizá ser llamado propiamente indefinido, palabra que explica y por la que entiende una constante disposición a una duración ilimitada sin alcanzarla jamás, o un acrecentamiento de vida que se extiende por la inmensidad de los siglos hasta un número mayor que ninguna cantidad asignable.

Mas seguramente la aplicación de esta expresión (en cualquier sentido que se tome) a la duración de la vida humana es enteramente contraria a los principios de una sana filosofía, y nada puede justificarla en las leyes de la naturaleza. Las variaciones producidas por diferentes causas son esencialmente distintas de un acrecentamiento regular y constantemente progresivo. La duración media de la vida del hombre variará sin duda hasta cierto punto por la influencia del clima, de los alimentos más o menos saludables, de las buenas o malas costumbres o por otras causas; pero se puede con razón dudar que, desde la época en que la historia nos ha transmitido documentos auténticos en este punto, haya habido progreso alguno, ningún acrecentamiento en la vida natural del hombre. Las preocupaciones de todos los siglos han establecido la doctrina inversa, y sin darlas mucho crédito quizá se encuentre que tienen cierta tendencia a probar que no ha habido progresos marcados en sentido contrario. Se dirá tal vez que el mundo es joven, de tal modo que aun en la infancia misma no puede esperarse en el momento semejante diferencia.

Si esto fuera así, toda la ciencia humana habría perecido, habrían acabado todos los razonamientos de los efectos a las causas, y sería necesario apartar la vista del libro de la naturaleza, porque su lectura sería desde entonces inútil.

La constancia de las leyes de la naturaleza y la relación de los efectos con las causas son el fundamento de todos los conocimientos humanos. Si no teniendo algún indicio previo de mudanza podemos afirmar que se verificará un cambio, no hay proposición que no pueda sostenerse, y no tenemos más derecho para negar que la luna se pondrá en contacto con la tierra que para afirmar la próxima salida del sol.

En cuanto a la duración de la vida humana, no creo que haya habido la menor señal o el más leve indicio permanente de un acrecentamiento. Los efectos del clima, de las costumbres, del régimen y otras causas en la prolongación de la vida han servido de pretexto para atribuirle una duración indefinida; tal es el frágil fundamento en que descansa el argumento en favor de esta duración. De que el límite de la vida humana no esté fijado rigurosamente, de que no se pueda señalar el término preciso ni decir hasta dónde irá, se cree poder inferir que su duración crecerá sin fin y que será llamada indefinida e ilimitada. Mas para manifestar el sofisma y hacer patente el absurdo, basta examinar ligeramente lo que Condorcet llama perfectibilidad orgánica de las plantas y los animales, y que considera como una ley general de la naturaleza.

En este punto se limita la doctrina de Condorcet a no conocer límite en los progresos de las plantas y los animales, que a la verdad, si son susceptibles de mejora, como no puede dudarse, no por eso ha de decirse que no tengan límite alguno: puede rebatirse esta opinión con ejemplos tomados de la misma naturaleza y decirse con mucha razón que nunca podrá llevarse la mejora hasta el punto de asegurar que sea ilimitada; pues por muchos progresos que un jardinero hiciese en un clavel, nunca podrá hacerle crecer tan grande como una col.

Las causas de la mortalidad de las plantas aún nos son desconocidas: nadie puede decir por qué tal planta es anual, por qué otra dura dos años, mientras hay algunas que viven muchos siglos. En las plantas, en los animales y en la raza humana nada se conoce sino por la experiencia: si digo que el hombre es mortal, es porque la experiencia invariable de todos los tiempos ha probado la mortandad de la sustancia organizada de que se compone su cuerpo visible. No podemos razonar sino por lo que conocemos.

Una sana filosofía no me permite adoptar la opinión de la inmortalidad del hombre en la tierra, aun cuando se me pruebe claramente que la especie humana ha hecho y hará todavía progresos hacia una duración ilimitada de la vida.

No puede dudarse la capacidad de mejorarse tanto los animales como las plantas. Se está verificando un progreso decidido y manifiesto, y con todo creo que está bastante probado que sería un absurdo decir que este progreso no reconoce ninguna valla. En cuanto a la vida humana, hay motivos para dudar que, a pesar de las grandes variaciones a que está sujeta por diversas causas, se haya verificado desde que el mundo existe mejora alguna orgánica en la constitución de nuestro cuerpo. Así, la base en que se fundan los argumentos en favor de la perfectibilidad orgánica es muy débil y se reduce a simples conjeturas. Sin embargo, no se puede decir que sea imposible obtener, cuidando de la formación de las razas, alguna mejora análoga a la que se observa entre los animales. Puede dudarse que las facultades intelectuales puedan propagarse así; pero quizá la estatura, la belleza, el color y aun la longevidad sean hasta cierto punto hereditarias. El error no consiste en que sea posible una pequeña mejora, sino en confundir este pequeño grado de perfectibilidad, cuyo límite no puede determinarse con exactitud, con uno realmente ilimitado. Por lo demás, como no podrá mejorarse por este medio la raza humana sin condenar al celibato a los individuos menos perfectos, es probable que este medio de formar razas mejores no llegue a generalizarse.

Creo que no es necesario, para demostrar la improbabilidad de ver jamás al hombre acercarse a la inmortalidad en la tierra, hacer notar que el peso de este aumento de vida añadiría nuevas dificultades a nuestro razonamiento sobre la población. El libro de Condorcet reúne no solo el bosquejo de las opiniones de un hombre célebre, sino las de muchos hombres instruidos de Francia en la época de la Revolución. Bajo este punto de vista, aunque no sea más que un simple bosquejo, es digno de atención.

Muchos, no lo dudo, creerán que tomarse el trabajo de refutar una paradoja tan absurda como la de la inmortalidad del hombre o de su perfectibilidad y la de la sociedad es gastar tiempo y palabras, y que el silencio es la mejor respuesta a estas conjeturas desnudas de toda especie de fundamento; pero yo no sigo esta opinión cuando tales paradojas se presentan por hombres hábiles e ingeniosos, pues entonces el silencio no tiende a convencerlos de su error. Envanecidos con su sistema, que consideran como una prueba de la alta capacidad de su inteligencia y de la extensión de sus miras, interpretan el silencio de sus contemporáneos como un indicio de un espíritu pobre y de una concepción limitada, e infieren solo que el mundo no está aún preparado para recibir las sublimes verdades que les han puesto de manifiesto.

Por el contrario, una investigación hecha con sinceridad, unida a un deseo de adoptar todo sistema fundado en los principios de una sana filosofía, puede convencer a los autores de estas paradojas de que, forjando hipótesis improbables y desnudas de fundamento, lejos de extender el dominio de la ciencia, estrechan su círculo; lejos de favorecer los progresos del espíritu humano, los contrarían y nos hacen retroceder a la infancia del arte y conmueven los fundamentos de esta filosofía, bajo cuyos auspicios ha crecido tan rápidamente la ciencia. La pasión que se ha manifestado en estos últimos tiempos hacia especulaciones libres de todo freno ha tenido, al parecer, el carácter de una especie de embriaguez, y quizá deba su origen a esa multitud de descubrimientos tan grandes como inesperados que se han hecho en los diversos ramos de la ciencia. A los ojos de hombres animados y como aturdidos por tales sucesos nada ha parecido superior a las fuerzas humanas, y bajo el imperio de esta ilusión han confundido los asuntos en que ningún progreso se había probado con aquellos en que estos eran incontestables. Si se les pudiera obligar a razonar con más calma y sabiduría, reconocerían que la causa de la verdad y de la sana filosofía no puede menos de padecer por la sustitución de estos ímpetus de la imaginación y de las temerarias aserciones a una detenida investigación y a argumentos bien fundamentados.

II. SISTEMAS DE IGUALDAD: GODWIN

Al leer la obra ingeniosa de M. Godwin sobre la Justicia política, no podemos menos de admirarnos de la viveza y energía de su estilo, de la fuerza y precisión de algunos de sus razonamientos, del calor con que los presenta, y sobre todo del tono de persuasión que en ella reina y que le da una gran apariencia de verdad.

El sistema de igualdad que propone M. Godwin es a primera vista el más hermoso y seductor que se ha conocido: una mejora de la sociedad debida únicamente a la razón y a la convicción que de ella se deriva, promete más constancia y estabilidad que todo lo que se podría obtener por la fuerza. El ejercicio ilimitado de la razón individual es una doctrina imponente que logra mucho sobre aquellos que pretenden sujetar al individuo a servir al público como un esclavo. El principio de beneficencia empleado como resorte principal de todas las instituciones sociales, y sustituido al egoísmo y al interés personal, parece a primera vista una perfección a la que deben dirigirse nuestros votos. Es imposible, en una palabra, contemplar el conjunto de este magnífico cuadro sin experimentar emociones de admiración y de placer, sin concebir el deseo de llevarlas a cabo. Pero ¡ay!, que esto nunca se realizará. Porque todos estos cálculos de felicidad sólo pueden considerarse como un sueño o un fantasma brillante, producto de la imaginación. Esta mansión de felicidad, este acuerdo de homenajes a la verdad y a la virtud, desaparecen a la luz del día y dan lugar al espectáculo de las penas reales de la vida, o más bien a esa mezcla de bienes y de males de que siempre se ha compuesto.

M. Godwin, hacia el fin del tercer capítulo de su libro 8.º, dice hablando de la población: «hay en la sociedad humana un principio por el que la población se mantiene constantemente al nivel de los medios de subsistencia. Así, entre las tribus errantes de Asia y América, no se ha visto en ningún tiempo durante la serie de los siglos que la población haya crecido hasta el punto de hacer indispensable el cultivo de la tierra». Este principio o esta fuerza de que habla M. Godwin como de una causa oculta y misteriosa, cuya naturaleza ignora, no es otra cosa, después de lo que nos aportan nuestras observaciones, que la dura ley de la necesidad, la miseria y el temor de la miseria.

El gran error de M. Godwin, y que domina en toda su obra, es atribuir a las instituciones humanas todos los vicios y calamidades que afligen a la sociedad. Considera tanto las leyes políticas como las que tienen relación con la propiedad como los manantiales de todos los males y de todos los crímenes, sin tener en cuenta que los males de las instituciones humanas son ligeros y superficiales en comparación de los que dimanan de la naturaleza y de las pasiones de los hombres.

En un capítulo destinado a hacer patentes las grandes ventajas de un sistema de igualdad, M. Godwin se expresa así: «La inclinación a la opresión, la inclinación a la servidumbre y la inclinación al fraude son los frutos de las leyes sobre la propiedad. Estas disposiciones son todas igualmente contrarias a la perfección de la inteligencia y engendran además otros vicios como la envidia, la malicia y la venganza. En un estado social en el que todos los hombres vivirían en la abundancia, en el que todos participarían igualmente de los beneficios de la naturaleza, estos sentimientos depravados se ahogarían necesariamente. El principio de un egoísmo puro desaparecería, no viéndose ninguno en la precisión de guardar cuidadosamente su corta porción de bienes o de proveer a sus necesidades con ansiedad; perdería de vista el interés individual para ocuparse del bien común; nadie sería enemigo de su vecino porque no habría motivos de disputa, y por consiguiente bien pronto el amor de los hombres recobraría el imperio que la razón le asigna.

El espíritu, desprendido de los cuidados del cuerpo, se entregaría libremente a los más sublimes pensamientos y volvería a tomar sus hábitos naturales, apresurándose todos en ayudar a los otros en sus investigaciones».

He aquí la imagen de la felicidad; pero éste es sólo un cuadro imaginario y no creo que haya necesidad de insistir mucho en ello para reconocerlo. Los hombres no pueden vivir en el seno de la abundancia; es imposible que los favores de la naturaleza se repartan igualmente. Si no hubiese leyes sobre la propiedad, cada hombre se vería obligado a guardar por la fuerza su escasa porción de bienes; dominaría el egoísmo y los motivos de disputa se renovarían sin cesar. Cada uno no cuidaría sino de su cuerpo, y no habría nadie que dedicara su espíritu a los más altos pensamientos.

Para juzgar cuán poco M. Godwin ha estudiado el estado verdadero de la sociedad, basta ver cómo resuelve la dificultad nacida del acrecentamiento ilimitado de la población. «La respuesta a este argumento —dice— es verdaderamente razonar sobre lo venidero, es prever dificultades colocadas a una gran distancia. Las tres cuartas partes del mundo habitable están todavía incultas, y las que están cultivadas son susceptibles de mejoras sin fin; la población podría crecer durante siglos y siglos sin que cese la tierra de proporcionar a sus habitantes la subsistencia».

Ya he manifestado que es un error imaginar que la población excesiva no puede causar la miseria y la aflicción mientras la tierra no rehúse aumentar sus productos; pero convengamos algunos instantes con M. Godwin en el pensamiento de que su sistema de igualdad podría ser plenamente realizado, y veamos si la dificultad que él se envanece de allanar no se haría sentir en un estado de sociedad tan perfecto. Una teoría que no pudiese admitir ninguna aplicación debiera sin duda desecharse.

Supongamos que en la Gran Bretaña cesan de pronto las causas de vicio y de desgracia. El buen alimento, las ocupaciones saludables, los placeres inocentes y toda especie de virtudes reinan generalmente. Al matrimonio, considerado por M. Godwin como un fraude y un monopolio, sustituye la más perfecta libertad. Un comercio exento de todo freno no inspiraría temores y daría lugar a formar con gusto uniones de esta naturaleza. Y como no se tendría que pensar en el alimento de los hijos, es bien seguro que de cien personas del sexo femenino no habría una que a la edad de 23 años no hubiese llegado a ser madre de familia.

Tales estímulos a la población, unidos a la falta de todas las grandes causas de despoblación en virtud de los supuestos precedentes, harían crecer el número de habitantes con una rapidez sin ejemplo. En los establecimientos del interior de América dobla la población en 15 años; en Inglaterra, que es un país más sano, debería duplicar en menos tiempo, pero sin embargo supongamos que doble en 25 años. Por difícil que sea lograr que el producto doble en dicho periodo, concedamos que así suceda. Al fin de este periodo el alimento aunque casi enteramente vegetal, bastará al menos para mantener en un estado saludable la doble población que habrá llegado a ser de 22,000,000. Mas en el periodo siguiente ¿se encontrará alimento para satisfacer las importunas demandas de un número de habitantes siempre en aumento? ¿A dónde se irán a buscar nuevas tierras que roturar? ¿De dónde se tomarán los abonos necesarios para mejorar las que se cultivan? Ciertamente entre los que tienen algún conocimiento en esto, no habrá uno que crea posible que acrezca el producto en este segundo periodo en una cantidad igual a la que ha tenido lugar durante el primero.

Sin embargo, por improbable que sea, admitiremos aun esta ley de acrecentamiento. La fuerza del argumento que presento es tal, que permite hacer concesiones casi limitadas. Mas después de esto permanecerían aun al concluir el segundo periodo 11,000,000 de individuos desprovistos de todo recurso; pues una cantidad de productos suficiente para alimentar con sobriedad a 33,000,000 debería en esta época repartirse entre 44,000,000.

He aquí en qué viene a parar este cuadro en que nos pintan a los hombres viviendo en el seno de la abundancia, sin que ninguno de ellos tenga necesidad de ocuparse con ansia de sus medios de subsistencia, extraños a todo principio de egoísmo, entregados a ejercitar su inteligencia sin necesidad de cuidar del cuerpo; esta brillante obra de la imaginación desaparece ante la antorcha de la verdad. El espíritu de beneficencia que la abundancia produce y alimenta, se comprime por el sentimiento de la necesidad; retoñan las pasiones bajas, el instinto que en cada individuo vela por su propia conservación ahoga las emociones más nobles y más dulces; las tentaciones son demasiado fuertes para vencerlas; el trigo es cogido antes de madurar, amasando secretamente más de la porción legítima; bien pronto todos los vicios que engendra la falsedad nacen y marchan tras él; las subsistencias no van por sí mismas a buscar a las madres cargadas de una numerosa familia; los niños sufren por la falta de alimento; a los vivos colores de la salud sigue una lívida palidez; en vano la filantropía derrama aun algunos moribundos resplandores; el amor de sí mismo y el interés personal sofoca todo otro principio, y ejerce en el mundo un poder absoluto. Si aun no estamos convencidos pasemos al tercer periodo de veinte y cinco años y nos encontraremos con 44,000,000 de individuos sin tener con qué subsistir. Al fin del primer siglo la población subirá a 176,000,000, mientras sólo habrá alimento para 55,000,000, careciendo por lo tanto de subsistencia 121,000,000. En esta época se sentirá en todas partes la necesidad, dominando la rapiña y el asesinato; y sin embargo nosotros hemos supuesto tal acrecentamiento del producto anual, que ni aun el especulador más confiado se atrevería a esperar.

Este aspecto, bajo el que se nos ofrece la dificultad nacida del principio de la población, es bien diferente del que presenta M. Godwin al decir «que la población puede crecer siglos y siglos sin que deje la tierra de proporcionar subsistencias a los habitantes».

Yo sé muy bien que jamás hubieran existido los millones excedentes de que acabo de hablar, pues es una observación muy justa de M. Godwin «que hay en la sociedad humana un principio por el que la población está perpetuamente mantenida al nivel de los medios de subsistencia». La única cuestión que resta resolver es esta: ¿Cuál es este principio? ¿Es una causa desconocida? ¿Es una intervención misteriosa del cielo que en ciertas épocas uniformes hace a los hombres impotentes y estériles a las mujeres? ¿O es una causa que está a nuestro alcance, abierta a nuestras investigaciones, que obra constantemente a nuestra vista, aunque con diversos grados de fuerza, en todas las situaciones en que se encuentra el hombre? ¿No es la miseria, o el temor de ella, resultados inevitables de las leyes de la naturaleza, que lejos de agravar tratan de templar las instituciones humanas aunque no hayan podido evitarlo?

No puede menos de ser interesante el observar que como en el caso que acabamos de suponer, algunas de las principales leyes que han regido hasta aquí la sociedad, tendrán que ser absolutamente dictadas por la más absoluta necesidad. El hombre, según M. Godwin, es el producto de las impresiones que experimenta, el aguijón de la necesidad no se hará sentir largo tiempo sin que resulten algunas violaciones de los fondos reservados ya al público, ya a los particulares. Cuando estas violencias se multipliquen y lleguen por su objeto a ser considerables, los espíritus más activos e inteligentes, no dejarán de conocer que con un acrecentamiento rápido de población, el producto anual empezaría bien pronto a disminuir. La urgencia del caso haría necesario tomar sin pérdida de momento algunas medidas de seguridad. Se convocaría una asamblea en donde se manifestarían los peligros de la situación actual; mientras hemos vivido en la abundancia, se diría importaba poco que algunos trabajasen menos que otros, que las partes no fuesen todas exactamente iguales, porque cada uno de nosotros estaba dispuesto a socorrer las necesidades de su vecino; en la actualidad no se trata de saber si cada uno está pronto a dar lo que le es inútil, sino lo que le es necesario para vivir.

Las necesidades, añadiría, exceden por mucho a los medios de satisfacerlas, haciéndose sentir de un modo tan ejecutivo a causa de la insuficiencia del producto que dan lugar a graves violaciones de la justicia, que han detenido el acrecentamiento de subsistencias; y si no se pone pronto remedio, perturbarán la sociedad. Por consiguiente una imperiosa necesidad nos obliga a acrecentar a toda costa los productos anuales, siendo por lo tanto inevitable hacer una división más completa de las tierras y proteger por medio de las penas severas nuestras propiedades contra las violencias sucesivas.

Se objetará quizá a este discurso que el acrecentamiento de fertilidad en algunos terrenos y otras causas podrían por mucho tiempo hacer a algunas porciones más que suficientes para el sustento del propietario; y que si el dominio del amor propio o el del interés personal se llegaba a establecer alguna vez, estos ricos no querrían ceder a sus hermanos sino por vía de cambio lo que les era superfluo; se les respondería, lamentando esta consecuencia inevitable del nuevo orden de cosas; pero se les haría observar que es preferible semejante mal a los que producen la falta de seguridad en las propiedades. La cantidad de alimento que un hombre puede consumir, se les diría está limitada necesariamente por la estrecha capacidad del estómago, no habiendo motivo para creer que después de haber satisfecho su necesidad arroje sin hacer ningún uso lo que le es superfluo; pues puede cambiarle con el trabajo de los otros miembros de la sociedad, porque tal compra es preferible a sucumbir a la necesidad.

Es probable que se llegase a establecer leyes sobre la propiedad bastante parecidas a las que han sido adoptadas por todos los pueblos civilizados, y se las consideraría como un medio insuficiente, sin duda, pero que es el mejor que está a nuestro alcance para remediar los males de la sociedad.

Concluida esta discusión nacerá otra que le está ligada íntimamente y es la del comercio de los dos sexos. Los que habrían reconocido la verdadera causa de la miseria general, harían presente que la certeza que tienen los padres de familia de ver a todos sus hijos mantenidos por la beneficencia social hacía absolutamente imposible que la tierra produjera lo necesario para alimentar a esta población creciente. Aunque toda la atención, todo el trabajo de que son capaces los individuos de la sociedad se dirigieran a este solo objeto, aunque la propiedad sobrepujara toda esperanza, aunque por este medio y por todos los estímulos imaginables se lograse obtener el mayor producto anual a que se puede aspirar razonablemente, todavía el acrecentamiento de los medios de subsistencia, no llegarían al de la población que es infinitamente más rápido; siendo, pues, absolutamente necesario oponer un obstáculo a la población. El más sencillo y natural de todos parece ser el de obligar a cada padre alimente sus hijos; esta ley serviría de regla y de freno a la población, porque en fin, se debe creer que ningún hombre querrá engendrar seres desgraciados a quienes no puede alimentar, pero si se encuentra quien cometa tal falta, justo es que sobrelleve individualmente los males que de ella han dimanado y a los que se ha expuesto voluntariamente. La institución del matrimonio o al menos la obligación expresa o tácita de alimentar a sus hijos, deberá ser el resultado natural de esta discusión en el seno de una sociedad oprimida por el sentimiento de la necesidad.

Así se establecieron en el mundo las dos leyes fundamentales de la sociedad, la conservación de la propiedad y la institución del matrimonio, y desde entonces surgió la desigualdad de condiciones. Los que vinieron al mundo después del repartimiento de las propiedades, encontraron la tierra ocupada; si sus padres, ya cargados de familia, rehusaran proveer a su manutención ¿de quién podrían esperar recursos? Ya se han probado los inconvenientes de la igualdad, la que daba a cada hombre derecho a reclamar su parte en los productos de la tierra. Los miembros de una familia numerosa no podrían, pues, lisonjearse de obtener como un derecho alguna porción superabundante de estos productos; las leyes de la naturaleza humana condenarían de este modo a algunos individuos a sentir la necesidad, y pronto su número se multiplicaría a tal punto que no bastara el exceso de los productos.

Así, pues, a todos los hombres víctimas de la necesidad, obligados a ofrecer su trabajo en cambio de su alimento. Los capitales destinados a activar el trabajo son, pues, la cantidad de alimento que poseen los propietarios territoriales, y que es más que suficiente para su consumo. Cuando las demandas hechas a este capital sean grandes y repetidas, se subdividirán naturalmente en muy pequeñas porciones; el trabajo estará mal pagado y ofrecido por lo más estrictamente necesario, y el acrecentamiento de las familias se interrumpirá por las enfermedades y la miseria. Si, por el contrario, los fondos crecen rápidamente y son considerables en comparación de las demandas, serán mayores las partes en que se dividen: nadie consentiría en trabajar si no se le remunera con una gran provisión de alimento; vivirán los jornaleros con comodidad, encontrándose en disposición de criar muchos hijos robustos. Este es principalmente el estado de este capital, del que en la actualidad dependen en todas partes la dicha y felicidad del pueblo; y de él depende, en último término, el estado progresivo, estacionario o retrógrado de la población.

He aquí cómo una sociedad establecida bajo el plan más hermoso que puede concebirse, animada por el principio de filantropía y no por el del egoísmo, en la cual todas las costumbres viciosas se corrigen por la razón y no por la fuerza, degenera rápidamente como consecuencia de leyes inevitables de la naturaleza, y de ningún modo por la malicia primitiva del hombre ni por efecto de las instituciones humanas; y termina por transformarse en una sociedad poco distinta de las actuales, ofreciendo, como éstas, una clase de obreros y otra de propietarios; y el principal resorte de la gran máquina social será, tanto en una como en otra, el amor de sí mismo o el interés personal.

En lo supuesto anteriormente, el acrecentamiento de la población es menor sin duda, y el aumento de los productos incontestablemente mucho mayor que en la realidad. Hay motivos para creer que en las circunstancias que hemos descrito, la población crecería más rápidamente de lo que se suele suponer. Si adoptamos por periodo de doble aumento 15 años en vez de 25, y reflexionamos sobre el trabajo necesario, aun en el caso de que fuese posible, para doblar el producto anual en un tiempo tan corto, no titubearemos en decir que, aun suponiendo el sistema de igualdad de M. Godwin establecido y llevado al más alto grado de perfección, se destruiría infaliblemente por el principio de la población en menos de 30 años.

No he contado en esto la emigración, por una razón muy sencilla: si se estableciesen las sociedades bajo las mismas bases de igualdad en Europa, es evidente que en todas las comarcas de esta parte del mundo se harían sentir los mismos efectos, y que, estando sobrecargadas de población, no podrían ofrecer un asilo a nuevos habitantes. Si este grandioso plan sólo se realizara en una isla, sería necesario que el establecimiento degenerase profundamente, o que la dicha que había de ser su consecuencia fuera muy inferior a nuestra esperanza; o bien que los que la gozaran consintiesen en renunciar a ella y someterse a los gobiernos imperfectos del resto del mundo, o a las dificultades insuperables de un nuevo establecimiento.

III. SISTEMAS DE IGUALDAD. OWEN

Personas, cuya opinión, me han hecho observar hace años que podría convenir no incluir en una nueva edición la discusión de los sistemas de igualdad de Wallace, Condorcet y Godwin, porque han perdido en parte su interés y no están estrechamente ligados al objeto principal de este ensayo, que es explicar y esclarecer la teoría de la población. Mas, independientemente del apego que debo tener, y que es natural, a esta parte de mi obra, que me ha permitido desarrollar su objeto principal, creo firmemente que conviene consignar en cualquier parte una respuesta a esos sistemas de igualdad fundada en los principios de la población; y quizá tenga más efecto por encontrarse colocada entre las ilustraciones y aplicaciones del principio de la población que en ninguna otra parte.

En todas las sociedades, y sobre todo en aquellas donde la civilización ha hecho más progresos y ha mejorado su situación, pueden persuadir las primeras apariencias a los observadores superficiales de que es posible lograr un cambio favorable mediante el establecimiento de un sistema de igualdad y de propiedad común. Ven en una parte la abundancia y en otra la necesidad, y les parece que el remedio natural y manifiesto sería una división igual de los productos. Ven que una cantidad prodigiosa de trabajo se pierde en objetos mezquinos, inútiles y aun dañosos algunas veces, mientras se podría economizarlo enteramente o emplearlo de una manera más satisfactoria. Ven que se suceden continuamente las invenciones en la construcción de máquinas, cuyo efecto será, a mi parecer, una disminución considerable de la suma de trabajo, y aun con estos medios aparentes de esparcir por todas partes la abundancia, el descanso y la felicidad. Ven que no disminuyen los trabajos de los hombres que forman la gran masa de la sociedad, y que su suerte, ya que no se empeore, al menos no mejora sensiblemente.

En tales circunstancias no hay que admirarse de que sin cesar se renueven proposiciones que tienden a establecer algún sistema de igualdad. En ciertas épocas, a la verdad, en las que el asunto se ha discutido a fondo, o en que la consecuencia de alguna tentativa de este género ha fracasado completamente, la cuestión ha quedado algún tiempo en reposo, y las opiniones de los partidarios del sistema de igualdad se han colocado entre los errores cuya dominación ha concluido y de los que no se volverá a hablar. Mas es probable que, si el mundo dura aún muchos miles de años, los sistemas de igualdad pertenezcan al número de aquellos errores de que habla Dugald Stewart, que, como las sonatas de un órgano ambulante, se reproducen de época en época. Yo opino en favor de estas observaciones, y aun añadiré alguna cosa a lo dicho sobre los sistemas de igualdad en lugar de abandonar la discusión; porque hay en este momento una tendencia a hacer revivir estos sistemas.

Un hombre al que respeto mucho, M. Owen de Lanark, ha publicado últimamente una obra titulada Nuevo aspecto de la sociedad, cuyo objeto es preparar al público para la introducción de un sistema de comunidad de trabajos y de bienes. Se sabe también que se ha difundido entre las clases inferiores de la sociedad la opinión de que la tierra es propiedad del pueblo, de que la renta que de ella proviene debe repartirse igualmente entre todos, y de que, por la injusticia y opresión de los propietarios y por la de los administradores de sus bienes, es por lo que el pueblo ha sido despojado de los beneficios a que tenía derecho y que eran su herencia legítima.

Después de lo dicho en los capítulos anteriores sobre los sistemas de igualdad, no creo necesario refutarlos con método: solo quiero presentar un nuevo motivo para consignar por escrito una respuesta fundada sobre el principio de la población a estos sistemas, dándole una forma concisa y fácilmente aplicable. Se pueden oponer dos argumentos decisivos a tales sistemas: el uno es que, ya sea en teoría, ya en la práctica, un estado de igualdad no puede ofrecer motivos de actividad suficientes para vencer la pereza natural del hombre, para obligarle a dar a la tierra mejor cultivo, para entregarse al trabajo de las fábricas y producir los diversos objetos de consumo que embellecen su existencia. El otro está fundado sobre la inevitable pobreza en que debe muy pronto terminar todo sistema de igualdad. Este es el resultado necesario de la tendencia de la raza humana a multiplicarse con más rapidez que sus medios de subsistencia, a menos que no se prevenga tal acrecentamiento por medios mucho más crueles que los que nacen del establecimiento de la propiedad y de la obligación impuesta a todo hombre por las leyes divinas y naturales de alimentar a sus hijos.

El primero de estos argumentos me ha parecido siempre concluyente. Un estado en que la desigualdad de condiciones ofrece a la buena conducta su recompensa natural e inspira a todos la esperanza de elevarse o el temor de decaer, es, sin contradicción, el más propio para desarrollar las facultades del hombre y la energía del carácter, para ejercer y perfeccionar su virtud. La historia atestigua que en todos los casos en que se ha establecido la igualdad, la falta de estímulo ha amortiguado y abatido toda especie de carácter y de emulación social.

El segundo argumento contra los sistemas de igualdad, que se funda en el principio de la población, tiene la ventaja de que no solamente está en general y uniformemente confirmado por la experiencia de todos los tiempos y de todos los lugares, sino que es tan claro en teoría que no puede imaginarse una respuesta que tenga algún viso de verdad y que, por consiguiente, deje algún pretexto para emprender una nueva experiencia. Es un asunto de cálculo muy sencillo, aplicado a las cualidades conocidas del terreno y a la relación existente entre los muertos y los nacidos, según se observa en casi todas las poblaciones: hay muchas aldeas en Inglaterra donde, a pesar de la dificultad de mantener una familia que necesariamente debe darse en un país muy poblado, la relación de los nacimientos con los muertos, sin deducir las omisiones de los registros, es de 2 a 1; esta proporción, combinada con la de 1 por 50 que expresa la mortandad común del campo, doblaría la población en 41 años si no hubiera emigración en la aldea. Mas en todo sistema de igualdad, ya en el de Owen, ya en la asociación parroquial de tierras, además de que no habría ningún medio de encontrar recursos fuera de la comunidad, el acrecentamiento en sus primeros tiempos sería mucho más considerable que en el estado presente de la sociedad. ¿Quién evitaría entonces la disminución gradual del producto repartido a cada individuo? ¿Quién impediría que esta disminución se llevase hasta el último extremo de necesidad y de indigencia?

Esto no es difícil de entender. Nadie debe, pues, proponer o apoyar un sistema de igualdad si no se encuentra en estado de contestar a esto razonablemente, cuando menos en teoría; ni aun así he oído jamás dar una contestación ni cosa que se le parezca. Se ha hecho sobre esto una observación muy superficial. Se dice que hay contradicción en contar con la eficacia de la repugnancia moral en una sociedad culta y progresiva, sometida al sistema actual, y no contar con ella en un sistema de igualdad, siendo así que este último supone la instrucción más generalmente propagada y el mayor progreso del espíritu humano. Los que razonan así no ven que los estímulos para poner en práctica el freno moral desaparecen en un sistema de igualdad y de comunión de bienes.

Supongamos que en semejante sistema, a pesar de los esfuerzos para producir alimento, la población tienda fuertemente a pasar el límite de las subsistencias, llegando por lo tanto la pobreza a ser universal. Es evidente que, en tales circunstancias, para evitar el hambre más cruel es necesario que disminuya la cantidad del acrecentamiento de la población. ¿Mas quiénes son los que ejercerán la virtud prescrita en este caso y retardarán la época del matrimonio o no se casarán? No parece que sea una consecuencia necesaria del establecimiento de un sistema de igualdad el que de repente se amortigüen todas las pasiones humanas. Pero si deben subsistir, las personas que tienen deseo de casarse encontrarán muy duro ser del número de las que resisten a sus inclinaciones. Siendo todos iguales y colocados en circunstancias semejantes, no hay motivo para que un individuo se crea obligado a la práctica de un deber que otros desdeñan observar. Será menester, por lo tanto, que se haga bajo la pena del sufrimiento general más cruel.

En el estado de igualdad, semejante sujeción no se puede lograr sino por una ley; ¿pero quién la hará observar? ¿Cómo se castigará su violación? ¿Se impondrá una mancha señalando con el dedo a todo hombre que contraiga un matrimonio precoz? ¿Se le impondrá la pena de azotes? ¿Se le condenará a muchos años de prisión? ¿Se expondrán a sus hijos? Todos los castigos que se puedan inventar para un delito de esta especie, ¿no son irritantes y contrarios a la naturaleza? Y sin embargo, es absolutamente necesario, para evitar la más espantosa miseria, reprimir de algún modo la tendencia a los matrimonios precoces cuando el país solo pueda sostener una población lenta en sus progresos.

¿La imaginación más fecunda puede concebir un medio más natural, más justo, más conforme a las leyes divinas y humanas, tal como han sido redactadas por los hombres más esclarecidos, que hacer a cada individuo responsable del sustento de sus hijos; es decir, hacer de modo que esté sujeto a todos los inconvenientes, a todas las dificultades que naturalmente resultan de su facilidad en seguir sus apetitos, sin verse expuesto jamás por este motivo a sufrir la pena de las debilidades de otros?

Es de todo punto indudable que el sentimiento de la dificultad de criar una numerosa familia tenga, en todas las clases, mucha influencia para evitar los matrimonios precoces en el seno de una sociedad civilizada; y que esta razón sea aún mayor en las clases ínfimas, a medida que crecen en prudencia y en ilustración. Mas este obstáculo natural depende exclusivamente de la existencia de las leyes de la propiedad y de las sucesiones. En un estado de igualdad y de comunión de bienes, no podría reemplazarse sino por un reglamento artificial de otra especie, y contrario a la naturaleza.

Esto es lo que ha conocido bien M. Owen, y lo que le ha hecho apurar todo su ingenio para evitar las dificultades que deben nacer del progreso de la población en el estado social a que aspira. La imposibilidad absoluta en que se ha visto de presentar alguno que no fuese contrario a la naturaleza, inmoral o cruel en el más alto grado, unida a los fracasos de los antiguos y modernos en estas investigaciones, prueba suficientemente que el segundo argumento contra todo sistema de igualdad, fundado en el principio de población, no admite respuesta plausible, ni siquiera en teoría.

III. DE LA EMIGRACIÓN

Aunque en el plan imaginario que acabamos de discutir no sea practicable la emigración, precisa examinar los recursos que puede ofrecer en el estado real. No es probable que la industria se esparza con perfecta igualdad por toda la superficie de la tierra. Si, pues, en los países bien cultivados llega a haber un exceso de población, parece que la naturaleza ofrece a este mal un remedio muy sencillo, abriendo el camino de la emigración a estos pueblos sobrecargados, e invitándolos en cierto modo a trasladarse a los lugares desiertos o poco habitados. Y como estos países son de una extensión inmensa, este recurso es inagotable y muy suficiente para calmar toda especie de inquietud en este punto, o al menos para considerarla muy lejana. Pero si consultamos la experiencia y tendemos la vista sobre los puntos del globo en donde no ha penetrado la civilización, este pretendido remedio solo parecerá un paliativo débil.

Las narraciones más exactas de los establecimientos formados en las nuevas comarcas nos presentan estas tentativas acompañadas de peligros y dificultades mayores que los que hubieran tenido que sufrir en su antigua patria los que han tomado la empresa de abandonarla. A pesar del deseo de librarse de la miseria que resulta en Europa de la dificultad de poder sostener una familia, hubiera permanecido mucho tiempo desierta la América, si pasiones más activas, como la sed del oro, el espíritu aventurero y el entusiasmo religioso, no hubieran arrojado allí nuevos colonos y hecho superar los obstáculos de toda especie que se oponían a su establecimiento. Sin embargo, estas mismas expediciones fueron acompañadas de circunstancias que, al recordarlas, estremecen a la humanidad y que estaban en oposición directa con el fin a que debe tender la emigración.

Las partes de América donde se establecieron los ingleses, como poco pobladas, parecían más a propósito para el establecimiento de nuevas colonias, aunque no por esto dejaron de experimentar grandes dificultades. Las tres primeras colonias que se establecieron en Virginia perecieron enteramente en manos de los salvajes. La cuarta, de 500 personas que la componían, se vio reducida en el espacio de seis meses por el hambre y las enfermedades a 60, y volvía a Inglaterra en el estado más deplorable, cuando en la entrada de la bahía de Chesapeake la encontró lord Delaware, que llevaba consigo provisiones y toda especie de medios de socorro y de defensa. La mitad de los primeros colonos puritanos que se establecieron en la Nueva Inglaterra perecieron víctimas del rigor del clima, de la falta de subsistencias y de las enfermedades, necesitando de toda la exaltación del fanatismo religioso para conseguir establecerse en aquella nueva patria.

Las tentativas de los franceses en 1663 para hacer en la Guayana un poderoso establecimiento tuvieron los mismos fatales resultados. Doce mil hombres desembarcaron en la estación lluviosa y se les colocó bajo tiendas. Allí, en la inacción y en la miseria, entregados a todos los estragos del contagio y a todos los desórdenes que trae consigo la pereza, perecieron casi todos en la desesperación. Dos mil entre ellos, que por su constitución robusta pudieron resistir a tantos males, regresaron a Francia; y los 26,000,000 que se habían dedicado a esta expedición se perdieron sin resultado alguno.502 El establecimiento reciente de Port Jackson, en la Nueva Holanda, ha presentado por muchos años, según M. Collins, un aspecto muy triste, teniendo que luchar esta colonia con toda especie de dificultades hasta alcanzar la época en que sus productos han bastado para su manutención.

Aún es más difícil lograr semejantes empresas en los países poco poblados de Europa y Asia, porque el carácter guerrero de los habitantes y su poder hacen necesario el empleo de una gran fuerza militar para poner a la colonia al abrigo de una completa y pronta destrucción. Los más poderosos imperios apenas pueden cubrir sus fronteras y defender al cultivador de los ataques de algunos vecinos turbulentos. La emperatriz de Rusia, Catalina II, tuvo que proteger con fortalezas regulares las colonias que había establecido junto al Volga.

Las dificultades que presenta un nuevo establecimiento, dependientes del terreno, del clima y de la privación de todas las comodidades habituales de la vida, son en estas comarcas casi las mismas que en América. M. Eton, en su descripción del imperio otomano, cuenta que 75,000 cristianos se vieron obligados por el gobierno ruso a emigrar de Crimea para ir a habitar el país abandonado por los tártaros noguales. Habiendo sobrevenido el invierno antes que estuviesen concluidas las casas, un gran número de ellos no tuvieron otro abrigo contra el frío que meterse en hoyos hechos en la tierra, cubiertos con todo lo que podían encontrar a propósito para esto. La mayor parte perecieron; pocos años después no quedaban más que 7,000. El mismo autor menciona que otra colonia que vino desde Italia a las márgenes del Boristhene no tuvo mejor suerte, por la falta de los comisionados encargados de atender a sus necesidades.

Es inútil multiplicar ejemplos, porque son iguales todas las narraciones de los nuevos establecimientos y ofrecen por todas partes el cuadro de las mismas dificultades. Un corresponsal del doctor Franklin nota con razón que una de las causas que han hecho naufragar tantas empresas de colonias, hechas con grandes gastos del público y de los particulares de las diversas naciones poderosas de Europa, es que los hábitos, tanto morales como mecánicos, que convienen a la madre patria no son muchas veces a propósito en los nuevos establecimientos, ni en las circunstancias imprevistas en que se encuentran colocados. Añade que jamás ninguna colonia inglesa ha llegado a un cierto grado de prosperidad sin haber antes adquirido las costumbres del país a que había sido transportada. Pallas insiste en este punto con respecto a las colonias rusas, y observa que no tienen las costumbres que convienen a su situación y que esta es una de las causas que han impedido hacer los progresos que debían esperarse.

Es necesario añadir a esto que el primer establecimiento de una colonia nueva presenta el ejemplo de un país mucho más poblado de lo que puede sostener su producto anual. La consecuencia natural de este estado de cosas es que la colonia, a menos que no reciba provisiones de la metrópoli, debe disminuir rápidamente hasta ponerse al nivel de los débiles medios de subsistencia que están a su alcance, sin poder empezar a aumentarse de una manera permanente hasta la época en la cual los que quedan han cultivado lo bastante el terreno para producir más alimento del necesario y tener así un exceso que poder repartir entre sus hijos. La caída tan frecuente de nuevos establecimientos de colonias es a propósito para hacer ver que es necesario que los medios de subsistencia precedan a la población.

Después de haber reconocido la dificultad de que estas empresas tengan feliz éxito, es necesario todavía advertir que la parte del pueblo que en el antiguo país es la que más ha sufrido el exceso de la población no puede, por sus propios medios, formar en algún tiempo colonias nuevas. Estos hombres, privados de todo recurso, no pueden expatriarse de otra manera que poniéndose bajo la protección de un jefe de una clase más elevada, a quien estimule la ambición o el espíritu aventurero, o por disgustos políticos o religiosos, o que el mismo gobierno les dispense socorros y protección; careciendo, por otro lado, de medios en su antigua patria, se encuentran en la impotencia absoluta de tomar posesión de los países incultos que ocupan una parte tan considerable de la superficie del globo.

Cuando las colonias se hallan establecidas y en un estado de seguridad, la dificultad de emigrar trasladándose a ellas se disminuye mucho. Sin embargo, aún se necesitan entonces algunos medios para equipar los buques para el viaje, socorrer las necesidades de los emigrados, procurando que puedan sostenerse a sí mismos y encontrar ocupación en su patria adoptiva.

¿Hasta qué punto está obligado el gobierno a suplir los recursos que pueden faltarles? Esta es una cuestión que no está aún decidida; mas cualquiera que sea su deber en cuanto a esto, no pueden esperarse grandes socorros de parte del gobierno, a menos que no tenga algunas ventajas particulares en las relaciones del Estado con sus colonias.

Es verdad que frecuentemente los medios de transporte y de subsistencia se han proporcionado a los emigrados por particulares o por compañías privadas. Durante muchos años antes de la guerra de América y algunos después, hubo mucha facilidad de emigrar al Nuevo Mundo, que por otra parte ofrecía en perspectiva ventajas considerables a los emigrados. No cabe duda de que es una circunstancia muy feliz para un país, sea cual fuere, tener tan buen asilo abierto a su población excedente. ¿Pero aun durante estos años de emigración ha cesado en Inglaterra de ser el pueblo preso de la necesidad? ¿Ha podido todo hombre casarse en plena seguridad con la esperanza de poder alimentar una numerosa familia sin recurrir a la asistencia de su parroquia? Siento decir que la respuesta no sería afirmativa. Quizá se dirá que la falta es de aquellos que, teniendo ocasión de emigrar, prefieren vivir en la miseria y en el celibato. ¿Es una injusticia amar el suelo que nos vio nacer, nuestros padres, nuestros amigos y a los compañeros de nuestra infancia? ¿De que no se rompan estos lazos se puede deducir que no se experimenten grandes sufrimientos? Semejante separación está alguna vez determinada en las grandes miras de la Providencia; pero no deja de ser dolorosa: aunque constituye el bien general, produce, sin embargo, un mal individual. Por otra parte, un establecimiento extraño presenta siempre sobre todos los hombres de las clases ínfimas una apariencia de dificultad e incertidumbre; desconfían sobre todo de lo que se les dice del alto precio del trabajo y del bajo de las tierras, y temen ponerse a merced de empresarios interesados. El mar que es necesario atravesar parece oponer una barrera inexpugnable a su regreso, porque no creen encontrar gentes solícitas a mantenerlos; si el espíritu de empresa no se une a las angustias de la miseria, preferirán mejor sufrir donde están que buscar en otra parte males desconocidos.

Otra cosa sería si un nuevo terreno estuviese unido al de Inglaterra, por ejemplo, que estuviese dividido en pequeñas granjas. Se vería bien pronto subir el precio del trabajo y quejarse los ricos, como sucede, según se dice, en América.

Mas en esta misma suposición, o en cualquiera otra que fuera también favorable al sistema de emigración, los beneficios que se pudieran sacar de esta práctica serían de muy corta duración. Apenas habría un país en Europa, si se exceptúa la Rusia, en donde los habitantes no tratasen muchas veces de mejorar su suerte estableciéndose fuera de su país. Pero estos, teniendo a lo que parece más bien sobra que falta de habitantes en proporción de su producto, no pueden ofrecerse mutuamente el recurso de la emigración. Supongamos por un momento que en esta parte del globo, que es la más ilustrada, la economía interior de cada Estado esté tan admirablemente ordenada que la población no experimente ningún obstáculo y que los gobiernos faciliten la emigración. Admitamos que la población de Europa, sin la Rusia, suba a 100,000,000. Concedamos aun que el acrecentamiento del producto sea en todas partes mucho más considerable de lo que realmente puede ser; admitidas todas estas suposiciones, el exceso de la población de esta gran madre patria sería al fin de un siglo de mil millones de habitantes. Este número, añadido al aumento natural de las colonias durante el mismo espacio de tiempo, dobla la población actual de todo el mundo.

¿Se puede creer que en las partes incultas del Asia, de África o de América los esfuerzos mejor dirigidos deban bastar en tan corto periodo para mejorar y preparar tantas tierras como las que requiere el sustento de tal población? Si alguno concibiese esta esperanza, le rogaría añadiese a esos 100 años 25 o 30 más, y no creo que se encontrarán sobre esto dos opiniones.

El creerse todavía que la emigración puede servir de remedio a la población superabundante consiste en olvidar que la repugnancia que tienen todos los hombres de abandonar su país natal, unida a la dificultad de desmontar y mejorar una tierra nueva, es lo que no ha permitido nunca adoptar esta medida de una manera general. Si este remedio fuera eficaz y pudiera adoptarse como algún alivio a los males que el vicio y la desgracia producen en nuestros estados; si se pudiera de algún modo rejuvenecerlos y colocarlos en la situación en que se encuentran las colonias, ya hace tiempo que se hubiera agotado este medio saludable, que después de haber proporcionado alivio en las épocas en que empezaron a sentirse estos males, se hubiera visto cerrar para siempre este manantial de dichas y de esperanzas.

Es, pues, cierto que la emigración es de todo punto insuficiente para dar cabida a una población que crece sin límites. Pero considerada como un medio parcial y a tiempo, propio a extender la civilización y la cultura por la superficie de la tierra, la emigración es útil y conveniente. Si por una parte no se puede demostrar que los gobiernos están obligados a fomentarla con actividad, por otro lado sería por su parte no solo una injusticia, sino una medida muy impolítica prohibirla o evitarla. Ningún temor menos fundado que el de la despoblación causada por emigrar. La fuerza de inercia que fija la masa del pueblo en el lugar donde ha nacido, los lazos de afección que unen a los hombres con sus hogares tienen tanta fuerza y poder que es bien seguro que no pensarían en emigrar a no ser por los trastornos políticos o porque la más dura pobreza les hace tomar este partido extremo; en este caso su separación es útil a su misma patria. Mas de todas las quejas que proporciona la emigración, la menos justa es la que la reprueba porque hace subir el precio de los salarios; pues si este es tal en cualquier país que coloca a las clases bajas en disposición de vivir sin angustias, podemos estar seguros de que los que las componen no tratarán de emigrar. Pero si el precio no es suficiente, es injusto y cruel oponerse a la emigración.

IV. LEYES SOBRE LOS POBRES

El efecto que las leyes sobre los pobres han producido en Inglaterra, no puede sorprender a los que conozcan un poco los principios más claros de la economía política: trataban de remediar un mal dando leyes que le fomentaban, y nunca llegaron a conseguirlo porque caminaban en dirección opuesta.

Se ha creído que si el obrero, por medio de una suscripción de personas ricas, recibía 5 chelines diarios por su trabajo, en vez de 2 que ahora recibe, podría vivir con desahogo y aun comer carne. Pero no es así: por este solo acto no se aumentaría la carne del país, y sucedería que la concurrencia de los compradores elevaría su precio de tal modo, que si ahora cuesta solo medio chelín, costaría entonces dos o tres; y la carne del país se dividiría entre el mismo número de compradores que en la actualidad. Inútil es proponer medios en semejante caso, y es bien seguro que mientras continúe la misma relación de las subsistencias con la población, una parte de los habitantes escasamente podrá alimentar a sus familias. Y por extraño que parezca a primera vista que con dinero no pueda mejorarse su suerte, no lo será cuando consideremos que el dinero solo le da un título para adquirir las mercancías necesarias, y por lo tanto ha de privar de su porción a algunos, lo cual produciría una subida universal en el precio de las subsistencias; y esto lo confirma la escasez que sufrió Inglaterra en los años 1800 y 1804.

En el estado actual de la ciencia económica es inútil rebatir opiniones como la de que el precio subido no disminuye el consumo, y ya nadie puede creer que dependa de los jueces de paz o de la soberanía del parlamento, cuando la demanda de víveres es mayor que la oferta, hacer que esta se iguale con aquella por medio de un decreto.

Creciendo la población sin aumentar proporcionalmente el precio de las subsistencias, las ganancias del obrero es indispensable que disminuyan; porque el país tiene que dividir su alimento entre mayor número de personas, y por consiguiente el trabajo de un día no puede comprar tanto como el de otro tiempo, y necesariamente ha de subir el precio de los víveres. Pero esta subida no depende solo de esta causa; también puede provenir de un cambio en la distribución del dinero entre los miembros de la comunidad.

Estas dos causas han hecho que las leyes de pobres en Inglaterra hayan empeorado la suerte del obrero, y sus efectos han sido muy perniciosos. Han aumentado la población sin aumentar las subsistencias; han estimulado a casarse a personas que solo contaban con las dádivas de la parroquia; y el resultado ha sido que cada vez crecía más el número de pobres; porque consideraban esta asistencia como un motivo para gastarlo todo en el día que lo ganaban. Así es que, a la caída de una manufactura, era inmenso el número de los que recurrían a las dádivas parroquiales. El hombre que va tranquilo a la taberna porque sabe que si muere o enferma la parroquia mantendrá a su familia, tal vez variaría de conducta si supiera que había de morir de hambre o no tener más que algunas limosnas accidentales.

Uno de los males inseparables de las leyes de pobres ha sido también las pesquisas que hacen las parroquias a los que temen que lleguen a ser carga suya; especialmente las que se dirigen contra las mujeres encinta son odiosas en extremo. Por último, los inspectores de estos establecimientos nunca satisfacen las exigencias de los pobres, porque el mal no depende de ellos sino de la institución.

Si examinamos algunos estatutos ingleses relativos a este objeto, y los comparamos con las consecuencias inevitables del principio de la población, veremos que prescriben cosas absolutamente imposibles, y no debemos admirarnos, por consiguiente, de que no hayan correspondido a su objeto. Tal es, entre ellos, el famoso estatuto del año 43 del reinado de Isabel, que está concebido en estos términos: «Los inspectores de pobres tomarán las medidas necesarias, en unión con los jueces de paz, para hacer trabajar a todos los niños a quienes sus padres no pueden criar, así como a todas las personas casadas o solteras que no tienen con qué ganar su vida. Exigirán semanalmente, o de otro modo, una contribución a los habitantes y propietarios de su parroquia suficiente para procurar el lino, cáñamo, lana, hilo, hierro y los artículos de manufacturas necesarios para hacer trabajar a los pobres». Inútil es insistir más en este punto: es lo mismo que decir que los fondos destinados al trabajo pueden aumentarse voluntariamente por medio de una orden del gobierno, o por una contribución del inspector; y aunque se diga que este reglamento no ha sido físicamente imposible, porque ha estado dos años en vigor, yo diré terminantemente que no se ha ejecutado, aunque está escrito en la colección de decretos.

Finalmente, los socorros insuficientes que se dan a los desgraciados, la manera insultante y caprichosa con que se distribuyen, el justo sentimiento de orgullo que aún subsiste entre los aldeanos ingleses, han sido suficientes para alejar del matrimonio a personas que necesariamente tenían que ser mantenidas por la parroquia; en cuyo caso sus hijos tenían también que entrar en sus talleres y privar de jornal a obreros independientes; pues nunca se aumentará la demanda porque los géneros se fabriquen por pobres de la parroquia o por obreros independientes. Y aunque se diga que el mismo razonamiento puede aplicarse a un capital de cualquiera especie o fábrica, varía mucho en este caso: pues aquí la concurrencia se hace en términos equitativos y depende de su trabajo y habilidad.

No es mi objeto oponerme a toda especie de empleo del trabajo de los pobres; si he hecho estas reflexiones ha sido para manifestar que el sistema de leyes de pobres descansa en un error; y que son inútiles todas las declamaciones que sobre este punto se hagan, porque contradicen los principios más sencillos de la oferta y la demanda, y encierran esta proposición implícitamente: que un territorio limitado puede sostener una población ilimitada.

Los efectos de las leyes de pobres, confirmados por la experiencia, han sido:

1. no cumplir el país la promesa que hizo de proporcionar ocupación a los que no tuviesen con qué mantener a sus familias;
2. que, a pesar de los grandes impuestos parroquiales y de las dádivas generosas, el país no ha podido encontrar trabajo para tantos como se presentaban.

Si bien es preciso asegurar que, si estas promesas no se han verificado, ha sido porque eran imposibles de cumplir, excusa que podría considerarse legítima si no fuera porque nunca deben prometerse imposibles. Pero tampoco puedo menos de reconocer que los esfuerzos hechos para aliviar las desgracias presentes han sido ocasionados por los medios más loables, y han hecho un gran bien o, al menos, evitado un gran mal: su mal éxito depende solo de que su ejecución era impracticable.

Las principales causas del acrecentamiento de la pobreza, aparte de las crisis presentes, son:

1. el aumento general del sistema manufacturero y las variaciones inevitables de trabajo que de ello dimanan;
2. la costumbre de algunas provincias de Inglaterra, que ya es bastante general en todo el reino, de pagar por la asistencia parroquial una parte muy considerable de lo que se tendría que dar naturalmente a título de jornal.

Así, cuando con motivo de la guerra la demanda de trabajo era grande y creciente, esta costumbre era el único medio de impedir que los salarios siguiesen subiendo con los objetos de primera necesidad, cualquiera que fuese el precio a que estos suban por efecto de la contribución, como en realidad ha sucedido donde se ha afianzado esta costumbre, por ejemplo en Escocia y en algunos otros puntos del norte de Inglaterra.

Uno de los cargos que sobre este punto se me hacen es el haber propuesto una ley que impida casarse a los pobres. Y bien lejos de esto, he dicho siempre que, aun cuando un hombre se casase sin poder mantener a su familia, debía tener plena libertad para hacerlo; lo mismo que he reprobado toda ley positiva que limite la edad del matrimonio, por considerarla injusta e inmoral.

Pero, en su lugar, he propuesto una medida muy distinta, que es la abolición gradual, y muy progresiva, de las leyes sobre pobres, porque estoy íntimamente convencido de que estas leyes han hecho bajar los salarios y empeorado la suerte de las clases obreras; pues la asistencia que estas clases obtienen para el sostén de sus familias, en compensación de sus salarios, es en realidad muy pequeña.

Para remediar esto, los artesanos en las ciudades se han visto obligados a asociarse con el objeto de mantener el precio de los salarios e impedir que los operarios trabajen más de cierta cuota. Pero estas asociaciones no solo son ilegales, sino también ineficaces y faltas de razón.

Por último, restaba ahora hablar de las máximas que se han predicado a los obreros sobre los medios de mejorar su suerte, y del origen que muchos atribuyen a este mal; pero estas declamaciones son tan conocidas, puesto que no hacen sino presentarlas bajo diversas formas, que nuestros lectores no echarán de menos esta parte del capítulo.

V. DEL SISTEMA AGRÍCOLA

Como es natural en la agricultura producir subsistencias para un número de familias mayor que el que necesita el cultivo, es de creer que una nación dedicada al sistema agrícola tendrá siempre más alimentos de los necesarios para sus habitantes, y que nunca detendrá a su población la falta de medios de subsistencia.

No se puede refutar que el aumento del número de individuos en semejante país no puede detenerse inmediatamente ni por la falta de fertilidad, ni aun por el déficit del producto actual de su suelo comparado con la población. Mas si consideramos de cerca el estado de las clases obreras, veremos que los salarios reales de su trabajo son tales que detienen y arreglan su acrecentamiento, porque también detienen y arreglan su poder de proporcionarse los medios de subsistencia.

En el sistema agrícola se encuentran ejemplos de un estado tan bueno como pueda desearse, y de la suerte más triste que se ha conocido. Donde hay abundancia de buenas tierras, donde nada se opone a la compra y distribución que se quiere hacer de ellas, donde además hay fáciles salidas para el producto bruto, debe suceder que el interés de los capitales y el precio del trabajo estén muy subidos. Este interés y estos salarios, si reinan generalmente hábitos de economía, no pueden menos de proporcionar los medios de acumulación rápida de los capitales, unidos a una demanda grande y continua de trabajo, mientras que el rápido acrecentamiento de la población, que es su consecuencia, mantiene al mismo punto la demanda del producto e impide la baja de los intereses.

Si el territorio es vasto en comparación de su población, pueden escasear a las tierras, por cierto espacio de tiempo, brazos y capitales. En semejantes circunstancias se puede con el trabajo adquirir mayor porción de cosas necesarias para la vida que en ninguna otra situación, mejorando así la condición de las clases ínfimas. La única deducción que hay que hacer de sus riquezas en semejantes circunstancias es la que resulta del corto valor relativo del producto bruto.

Si una parte considerable de las manufacturas que se emplean en semejante país se pagan con el producto bruto que exporta, es preciso que el valor relativo de éste sea más bajo y el de las manufacturas más

286

alto que en el país con quien se verifica este comercio. Porque allí donde una porción dada de producto bruto no compra tantas manufacturas y mercancías extranjeras como puede comprar en otras partes, la condición del obrero no se debe medir por la cantidad que le corresponde del producto bruto.

Si, por ejemplo, la ganancia anual de un obrero en cierto país sube a una suma equivalente a 15 cuarters de trigo, mientras en otros no llega a 9, no sería exacto deducir que su condición relativa y sus goces están en la misma relación, porque la totalidad de las ganancias de un obrero no se emplea sólo en alimento. Si lo que no importa para este objeto, en el país en que la ganancia sube a 15 cuarters, no basta con mucho para comprar vestidos y otras mercancías útiles, y sí en el país donde sólo se gana 9, puede ser que en este último la situación del obrero sea mucho más favorable que en el primero.

No olvidamos, sin embargo, que la cantidad tiende siempre mucho a contrabalancear toda inferioridad de valor. El obrero que gana mayor cantidad de trigo puede siempre comprar a la vez más objetos de necesidad y de simple utilidad, pero no tal punto que indica la relación de los salarios en producto bruto.

Los Estados Unidos de América proporcionan un ejemplo práctico del sistema agrícola en las circunstancias más favorables a la suerte de las clases obreras. La naturaleza del país tolera la aplicación de una parte considerable de sus capitales a la agricultura, de donde resulta un rápido acrecentamiento de capitales y una demanda continua de trabajo. Por consiguiente, las clases obreras están bien pagadas; están en estado de comprar una cantidad de objetos de primera necesidad muy superior a la que se ve en otras partes; y los progresos de su población se han acelerado extraordinariamente.

Como hasta la última guerra los Estados Unidos importaban de Inglaterra la mayor parte de las manufacturas, mientras que Inglaterra importaba de los Estados Unidos la harina y el trigo, no puede dudarse que en los Estados Unidos el valor del alimento, comparado con el de las manufacturas, haya sido menor que en Inglaterra. Y no se verifica esto sólo por las mercaderías importadas, sino también por los productos de las fábricas del país, en los cuales los Estados Unidos no gozaban de ninguna ventaja particular.

En la agricultura, la abundancia de buenas tierras basta para contrabalancear los salarios subidos y el alto interés de los capitales, y para mantener los granos a un precio moderado, a pesar de la gran carestía de estos dos elementos del precio. Mas en la producción de las manufacturas esta carestía ha de sentirse necesariamente, sin que

287

ninguna ventaja la compense, y no puede menos de subir el precio de las obras fabricadas en el país, así como las de fuera, en comparación del precio de las materias alimenticias.

En estas circunstancias, la suerte de las clases obreras no puede compararse favorablemente con la de los obreros de otros países en cuanto a objetos de comodidad y de bienestar, como parecería indicar la cantidad de alimento que su ganancia puede obtener. Este resultado está suficientemente confirmado por la experiencia. Un viajero francés muy inteligente, M. Sismond, que había pasado 20 años en los Estados Unidos, recorrió también recientemente Inglaterra. En su memoria escrita en 1810 y 1811, manifiesta la admiración que le causó la comodidad y la prosperidad que disfrutan los aldeanos de estas islas y la limpieza que predomina en sus vestidos. Vio en algunas partes cabañas tan bien cuidadas, vestimentas tan buenas y tan poca apariencia de miseria, que no podía menos de preguntarse con admiración dónde se ocultaban los pobres de Inglaterra y dónde estaban sus casas. Estas observaciones, hechas por una persona inteligente, rigurosa y, según las apariencias, muy imparcial, que llegaba de América y visitaba Inglaterra por primera vez, son curiosas e instructivas; los hechos que refiere, aunque pueden verse influidos por la impresión producida por algunas diferencias en las costumbres y en el modo de vivir de los dos países, deben depender en gran parte de las causas que acabo de indicar.

Irlanda ofrece un ejemplo manifiesto de los efectos engañosos que el bajo precio relativo de los géneros alimenticios tiene sobre la suerte de los pobres. Los capitales destinados a pagar el trabajo se han aumentado tan rápidamente durante el último siglo, y se ha dedicado a este empleo una porción tan considerable del alimento principal de las clases más humildes del pueblo, que el acrecentamiento de la población ha sido más rápido que casi en ninguna otra parte, si se exceptúan los Estados Unidos. El obrero irlandés, pagado con patatas, ha ganado quizá en medios de subsistencia con que alimentar el doble de personas que podría el obrero inglés pagado en trigo; y el acrecentamiento de la población en los dos países ha estado casi en relación con la cantidad relativa del alimento dado en cada uno de ellos al obrero, de acuerdo con sus costumbres; pero es dudoso que, en cuanto a los objetos de comodidad y de bienestar, su suerte haya seguido la misma relación. La gran cantidad de alimento que produce la tierra cuando se la emplea en el cultivo de las patatas, y por consiguiente el bajo precio del trabajo que este género mantiene, tienden a elevar la renta del terreno más bien que a hacerla bajar; de suerte que, en todo lo que de ella depende, se mantiene elevado el precio de las manufacturas y demás especies de producto bruto, excepto las patatas. Así, existe una gran desventaja en las materias primas que emplean las manufacturas del país, y aun mayor en los productos extranjeros, tanto en bruto como elaborados. El valor en alimentos que el obrero irlandés obtiene además de lo que él y su familia consumen no puede ir mucho más allá de lo que necesita para alojarse, vestirse y procurarse algunos objetos de comodidad. De aquí resulta que, bajo estas últimas consideraciones, su condición es muy miserable, aunque sus medios de subsistencia sean comparativamente abundantes.

En Irlanda, el precio del trabajo en dinero no es más de la mitad del de Inglaterra. La cantidad de alimento ganada por semejante salario no compensa en modo alguno lo que le falta en valor; y la parte que el obrero irlandés tenga de más, el cuarto o quinto quizá, no le permitirá ampliar mucho sus compras de manufacturas y mercaderías procedentes del exterior. Por el contrario, en los Estados Unidos el precio del trabajo, aun en dinero, es casi doble del de Inglaterra. El obrero americano, es verdad, no puede comprar con el alimento que gana tantas manufacturas y mercaderías extranjeras como el obrero inglés; mas la mayor cantidad de alimento compensa su menor valor. Su suerte, comparada con la del inglés, no es tan superior como lo indicaría la relación de sus medios de subsistencia; pero, con todo, es preferible. Y, en general, puede decirse que los Estados Unidos ofrecen el ejemplo de un sistema agrícola en el que la suerte de las clases obreras es mejor que en ningún otro país conocido.

Muy frecuentemente se encuentran ejemplos de países donde, bajo el sistema agrícola, las clases ínfimas se hallan en una situación muy miserable. Cuando se detiene la acumulación del capital por cualquier causa, la población tarda en detenerse y crece siempre hasta llegar al último límite de los medios de subsistencia, según lo permiten las costumbres de las clases inferiores de la sociedad; en otros términos, los salarios bajan hasta que, finalmente, se reducen a lo estrictamente necesario para mantener la población en un estado estacionario. Si esto, como sucede muchas veces, se verifica cuando las tierras aún abundan y escasea el capital, el interés de este será muy elevado; pero el trigo estará barato por la abundancia de tierras, por su fertilidad y por el estado estacionario de la demanda, y este bajo precio se mantendrá a pesar del alto interés del capital; y, entretanto, estos factores, unidos a la falta de destreza y a la imperfección de la división del trabajo, que son consecuencia inevitable de la escasez de capitales, harán que todas las manufacturas resulten comparativamente caras. Este estado de cosas será desfavorable al desarrollo de los hábitos de prudencia y del freno moral, que son muchas veces fruto de la comodidad y de la costumbre establecida de gozar de un bienestar duradero; y es de esperar que la población continúe creciendo sin detenerse, hasta que, por último, los salarios, aun medidos en alimentos, resulten extremadamente bajos. Pero en un país donde los salarios calculados en alimentos son bajos y donde este alimento tiene un valor relativo muy inferior al de las manufacturas, ya sean extranjeras o nacionales, la suerte de las clases obreras debe ser muy desgraciada. Ejemplos de esta situación ofrecen Polonia y algunas partes de Rusia, Siberia y la Turquía europea.

Para hacer justicia al sistema agrícola es preciso observar que el obstáculo prematuro que se opone al acrecentamiento del capital y a la demanda de trabajo, y que se hace sentir en algunas comarcas de Europa donde la tierra sigue produciendo con abundancia, no se debe a la orientación particular de su industria, sino a los vicios del gobierno y a la forma del establecimiento social, que obstaculiza el desarrollo pleno y natural de esta industria.

Con frecuencia se cita a Polonia como ejemplo de los deplorables efectos del sistema agrícola; pero esta prueba no puede alegarse con justicia. La miseria de Polonia no proviene de que dirija su industria a la agricultura, sino del escaso estímulo que se concede a todo género de actividad productiva, debido al estado de la propiedad y de la condición servil del pueblo.

Pero estos obstáculos, debidos a los restos de feudalismo, profundamente nocivos para el cultivo, no han animado en proporción los otros ramos de la industria. El comercio y las fábricas son necesarios para la agricultura, sin embargo, la agricultura es aún más necesaria para el comercio y las fábricas. Será siempre una verdad incontestable que el exceso del producto obtenido por los cultivadores, tomado en un sentido amplio, mide y limita el acrecentamiento de la parte de la sociedad que no trabaja la tierra. En todas partes, el número de fabricantes, comerciantes, propietarios y de quienes ejercen empleos civiles y militares debe proporcionarse exactamente a este exceso de producto; y, por la naturaleza misma de las cosas, no puede aumentarse más allá de ese límite. Si la tierra hubiera sido avara en sus productos hasta el punto de obligar a los habitantes a trabajar sin descanso para obtenerlos, no habrían existido ni ociosos ni fabricantes.

Pero, en sus primeras relaciones con el hombre, le concedió dones gratuitos, limitados es verdad, pero suficientes como fondos de subsistencia para hacer posible la obtención de otros mayores. Y esta facultad de procurárselos dimana de la propiedad que tiene la tierra de ser susceptible de producir, mediante el cultivo, más alimentos y materias propias para el vestido y la vivienda que las necesarias para alimentar, vestir y alojar a quienes la cultivan. Esta cualidad es la base del exceso de producto que distingue de manera particular el trabajo de la tierra. En proporción al trabajo y a la inteligencia que se han aplicado, ha aumentado este exceso de producto, y un gran número de personas ha podido ocuparse en las diversas invenciones que embellecen la vida civilizada; y, al mismo tiempo, el deseo de aprovechar tales invenciones no ha cesado de estimular a los cultivadores y de obligarlos a aumentar el excedente de sus productos. Este deseo es necesario para dar al sobrante del producto todo su valor y para estimular su aumento, porque antes de que el fabricante concluya su obra es preciso adelantarle los fondos necesarios para su subsistencia; de suerte que no puede darse un paso en ninguna especie de industria sin que los cultivadores obtengan de la tierra lo necesario para su propio consumo. Cuando se dice que el trabajo de la tierra es extraordinariamente productivo, si no se considera más que la renta neta en dinero que percibe cierto número de propietarios, se examina el asunto desde un punto de vista demasiado limitado. Es verdad que esta renta, en una época avanzada de la sociedad, constituye la porción más visible y considerable del exceso de producto en cuestión. Mas este exceso puede existir igualmente bajo la forma de salarios elevados e intereses altos en los primeros periodos del cultivo, donde hay abundancia de terreno.

El obrero que gana un valor equivalente a quince cuarters de trigo por año puede no tener sino tres o cuatro hijos y consumir en especie sólo cinco o seis. El propietario de los capitales agrícolas, que perciben elevados intereses, puede asimismo no consumir en alimento y materias brutas sino una parte muy reducida de esos intereses. Todo lo demás, bajo la forma de salarios, intereses o renta, puede considerarse como un exceso del producto del suelo que proporciona los víveres y las primeras materias para el vestido y la habitación a un cierto número de personas; de suerte que unas pueden vivir sin el trabajo de sus manos y otras se ocupan en transformar las materias brutas obtenidas de la tierra, dándoles las formas más adecuadas para satisfacer los gustos y las necesidades del hombre.

El derecho que tiene un país a ser o no caracterizado como agrícola depende de la conveniencia que encuentra en cambiar su exceso de producto por mercaderías extranjeras. Este intercambio de producto bruto por obras manufacturadas o por ciertos productos extranjeros puede convenir durante bastante tiempo a un Estado que no se pareciese a Polonia sino en lo que exporta de trigo.

Puede, pues, decirse que los países en los que la industria de sus habitantes se dirige principalmente a la agricultura, y donde existe una exportación constante de granos, pueden gozar de gran abundancia o experimentar mucha escasez, según las diversas circunstancias en que se encuentren. En general, estarán poco expuestos a los males pasajeros de las escaseces causadas por los malos años; pero la cantidad de alimento asignada de manera permanente al obrero quizá no permita aumentar la población, y su estado progresivo, estacionario o retrógrado no dependerá del hábito adquirido de dirigir principalmente su atención a la agricultura.

VI. DEL SISTEMA COMERCIAL

En un país, donde el comercio y la manufactura sobresale, puede comprar trigo en numerosos países; y siguiendo este sistema podemos suponer que podría aumentar continuamente sus compras y mantener su población en un estado rápidamente progresivo, hasta el momento en que todas las tierras de las naciones con que comercia estuviesen enteramente cultivadas. Como este término está muy distante, podría creerse que la población de semejante país no se detendría por la dificultad de procurarse víveres, sino después de un intervalo de muchos siglos.

Pero hay causas muy activas que deben hacerle experimentar esta dificultad mucho tiempo antes del término en cuestión, y en una época en que en los países circunvecinos sean todavía muy abundantes los medios de aumentar la producción de alimento.

En primer lugar, las ventajas que dependen exclusivamente del capital y de la habilidad, lo mismo que la posesión de canales específicos del comercio, no pueden por su naturaleza ser permanentes. Sabido es cuán difícil es reunir en un solo lugar las máquinas más perfectas; que el objetivo constante, tanto de los individuos como de las naciones, es aumentar su capital; y, en fin, se sabe por la historia de los Estados comerciantes que los canales del comercio varían de dirección. No es, pues, razonable suponer que un país, cualquiera que sea, solo por la fuerza de su capital y de su habilidad permanezca en posesión de los mercados extranjeros sin interrupción alguna. Mas cuando sobreviene una poderosa concurrencia extranjera, las mercaderías exportables del país en cuestión deben venderse a un precio que reduzca esencialmente las ganancias, y esta baja no puede menos de disminuir los medios y el deseo de ahorrar. En estas circunstancias, la acumulación del capital se hace lenta, y la demanda de trabajo se resiente también en proporción, hasta que por fin se detiene, mientras los nuevos competidores, ya sea por poseer las materias brutas o por cualquier otra ventaja, harán quizá aumentar rápidamente sus capitales y su población.

En segundo lugar, aun cuando fuese posible excluir por un tiempo considerable toda concurrencia extranjera realmente temible, la sola concurrencia doméstica produce casi inevitablemente los mismos efectos.

Si en un país se inventa una máquina por la cual un hombre hace el trabajo de diez, quienes la posean obtendrán sin duda grandes ganancias. Pero en el momento en que se generaliza esta invención, se aplican a un empleo tan lucrativo tantos brazos y capitales que los productos exceden en mucho a la demanda, según los antiguos precios tanto extranjeros como nacionales. Por consiguiente, estos precios deben bajar hasta que los capitales y el trabajo empleados en esta dirección dejen de producir ganancias extraordinarias. Así, aunque al principio de esta fabricación el producto del trabajo de un hombre en un día pudiera cambiarse por una cantidad de alimento suficiente para cuarenta o cincuenta personas, en una época posterior puede que no bastase para diez. En el comercio y fabricación del algodón en Inglaterra, que ha tomado tanta extensión en los últimos veinticinco años, la concurrencia extranjera ha tenido hasta aquí poca influencia (1816). La gran baja del precio de los vestidos de algodón se ha debido casi enteramente a la concurrencia nacional; y están de tal modo sobrecargados los mercados, dentro y fuera, que los capitales empleados actualmente en esta fabricación, a pesar de la ventaja particular que les proporciona la economía del trabajo, han dejado de producir beneficio alguno en cuanto a las ganancias. A pesar de las admirables máquinas empleadas para hilar el algodón, por medio de las cuales un niño o una niña pueden realizar tanta obra como un adulto antiguamente, ni los salarios del obrero ni las ganancias del maestro son mayores que en los empleos de capitales donde no se hace uso de máquinas y donde el trabajo no está tan ingeniosamente economizado.

El país, sin embargo, ha sacado mucho provecho de esta economía. No solo sus habitantes han podido vestirse mejor con menor gasto, lo cual es una ventaja muy grande y permanente, sino que las inmensas ganancias temporales de esta fabricación han ocasionado una gran acumulación de capital y, por consiguiente, una gran demanda de trabajo; al mismo tiempo que la extensión de los mercados exteriores y el aumento del consumo interior han creado una demanda de productos de toda clase de industria —agrícola y colonial, comercial y manufacturera— suficiente para impedir la baja general de los productos.

Inglaterra, por la extensión de sus tierras y por sus ricas posesiones coloniales, dispone de un vasto campo para el empleo de su capital creciente, y la cantidad general de sus productos no se reduce fácilmente por la acumulación. Mas un país como el que aquí consideramos, ocupado principalmente en las manufacturas e incapaz de dirigir su industria hacia una variedad tan amplia de objetos, vería muy pronto disminuir sus ganancias a causa del acrecentamiento de su capital. Ninguna invención de máquinas ni talento superior aplicado a este fin podría impedir que, al cabo de cierto tiempo, bajasen los salarios y las ganancias y que, por una consecuencia natural, se detuviese la población.

En tercer lugar, un país que se ve obligado a comprar a las naciones extranjeras las primeras materias para sus manufacturas y los medios de subsistencia para su población depende casi enteramente, en el acrecentamiento de su riqueza y de su población, del aumento de riqueza y de las demandas de los países con los que comercia.

Se ha dicho muchas veces que un país manufacturero no es más dependiente del que le suministra alimento y materias primas que un país agrícola de aquel que le fabrica manufacturas; pero esto es un abuso de palabras. Un país que dispone de grandes recursos territoriales puede encontrar una ventaja considerable en emplear la mayor parte de su capital en el cultivo e importar las manufacturas que necesite. Este es con frecuencia un medio de emplear su industria de la manera más productiva y de aumentar su capital con mayor rapidez. Mas si la lentitud de sus vecinos en fabricar, u otra causa cualquiera, opone un obstáculo serio a la importación de manufacturas o la reduce notablemente, un país rico en alimentos y materias primas no puede sufrir mucho tiempo. Al principio, es verdad, el excedente de productos fabriles será reducido, pero pronto aumentará el número de obreros y artesanos que adquirirán gradualmente una habilidad suficiente. En estas circunstancias, el capital crecerá muy rápidamente, y aun podría crecer durante un tiempo al que no se le pueden señalar límites precisos. Por el contrario, si se niegan el alimento y las materias primas a una nación manufacturera, es evidente que esta no puede subsistir.

Nadie puede negar que el bajo precio de las mercaderías manufacturadas, debido en ciertos países a la habilidad de los obreros y a la perfección de las máquinas, sirve para estimular en otros el acrecentamiento del producto bruto. Pero sabemos al mismo tiempo que grandes ganancias pueden mantenerse durante largo tiempo en un Estado mal gobernado y entregado a la indolencia, sin producir aumento alguno de riqueza. Porque si ese acrecentamiento y la correspondiente demanda no tienen lugar entre las naciones vecinas, el aumento del trabajo y de la habilidad de un Estado manufacturero y comerciante se convertiría en una verdadera pérdida por la continua baja de los precios. No solo se vería este Estado obligado, a medida que crecieran su habilidad y su capital, a entregar una cantidad mayor de manufacturas por el producto bruto recibido en cambio, sino que podría llegar a serle imposible, aun con el atractivo de una reducción de precios, realizar compras suficientes para aumentar su importación de alimentos y materias primas; y sin ese aumento de importaciones es claro que la población debe permanecer estacionaria.

En cuanto al efecto, no hay diferencia en que la imposibilidad de obtener una cantidad creciente de alimentos provenga de la subida del precio monetario del trigo o de la baja del precio monetario de las manufacturas. Por lo demás, cualquiera de estas dos circunstancias puede verificarse —por la concurrencia y acumulación en la nación manufacturera y por la ausencia de estos factores en la nación agrícola— mucho tiempo antes de que se presente una dificultad esencial en la producción del trigo.

En cuarto lugar, una nación que se ve obligada a comprar a otras casi todas sus materias primas y sus medios de subsistencia no solo depende enteramente de las demandas de las naciones con que comercia, según se entreguen al trabajo o a la indolencia, o según sus oscilaciones circunstanciales, sino que está además sujeta a una disminución de demanda necesaria e inevitable, causada por el progreso de estas naciones en habilidad o en capital, hasta el punto al que razonablemente puede suponerse que llegarán en cierto espacio de tiempo. En general, la división del trabajo que convierte a un pueblo en manufacturero y comisionista al servicio de los demás no es natural ni permanente, sino temporal y accidental. Mientras las naciones que abundan en tierras mantienen elevadas las ganancias agrícolas, puede convenirles pagar a otras para fabricar y transportar. Mas cuando las ganancias de la tierra descienden hasta su límite natural, dejan de estimular la colocación del capital de ese modo; quienes lo poseen lo destinan a otros usos que les ofrecen el comercio y las manufacturas; y, conforme al razonamiento de Adam Smith y de los economistas, encontrando cerca de sí las materias primas, los medios de subsistencia y la posibilidad de ejercer directamente su comercio, podrán probablemente fabricar y transportar por su propia cuenta con menor costo que si continuasen confiando ese trabajo a manos extranjeras. Mientras las naciones agrícolas sigan aplicando su capital creciente a la tierra, las naciones manufactureras y comerciantes obtendrán de ello grandes ventajas. Mas desde el momento en que los agricultores dirijan su atención hacia las manufacturas y el comercio, el acrecentamiento de su capital será señal de decadencia y destrucción para las manufacturas y el comercio extranjeros que antes sostenían.

En la distribución de la riqueza durante el progreso de mejora, los intereses de una nación son esencialmente distintos de los de una provincia. Si el capital agrícola crece en Sussex y sus ganancias disminuyen, los fondos superabundantes se dirigirán a Londres, a Manchester, a Liverpool o a cualquier otro lugar donde probablemente encuentren un empleo más ventajoso que en la provincia que los ha producido. Mas esto no podría verificarse si Sussex fuese un reino independiente: el trigo que en la actualidad se envía a Londres serviría entonces para alimentar a los fabricantes y comerciantes del propio territorio. Así, suponiendo que Inglaterra continuase dividida en los siete reinos, Londres no hubiera podido llegar a ser lo que es en la actualidad. La distribución de la riqueza y de la población actual, que podemos presumir ventajosa para el reino en su conjunto, hubiera sido esencialmente distinta si el objeto hubiera sido concentrar una gran masa de riqueza y población en ciertos distritos particulares en vez de distribuirla por toda la isla. Mas en todo tiempo desea cada Estado independiente acumular en su territorio la mayor riqueza posible. Por consiguiente, el interés de un Estado independiente, en relación con los países con quienes comercia, rara vez puede ser el mismo que el de una provincia respecto del imperio a que pertenece; y la acumulación del capital que en uno de estos casos frenaría la exportación de granos, en el otro la dejaría enteramente libre.

Si por la influencia de una o varias causas ya enumeradas la importación de trigo en un país manufacturero y comerciante encuentra grandes obstáculos, si llega a disminuir o simplemente deja de aumentar, es evidente que en la misma proporción se reducirá la población de dicho país.

Venecia presenta un ejemplo muy claro de un Estado comercial cuyo progreso de riqueza y población fue bruscamente interrumpido por la concurrencia extranjera. El descubrimiento, por parte de los portugueses, de un pasaje a las Indias por el cabo de Buena Esperanza alteró por completo la ruta del comercio oriental. No solo se redujeron de repente las grandes ganancias de los venecianos, que habían sido el fundamento de su riqueza creciente y de su extraordinaria preponderancia como poder naval y comercial, sino que el comercio mismo que había proporcionado esos beneficios se desplomó, y el poder y la riqueza de Venecia quedaron bien pronto limitados a los márgenes que sus recursos naturales le permitían.

Puede observarse, en general, que si por una o varias causas los capitales destinados en un país a mantener el trabajo dejan de ser progresivos, también dejará de serlo la demanda de trabajo; y los salarios se reducirán a la cantidad que, según los precios de los víveres y las costumbres del pueblo, baste estrictamente para mantener la población en un estado estacionario. Un pueblo situado en semejantes circunstancias se halla en una imposibilidad práctica de aumentar su número, cualquiera que sea la abundancia del trigo y por elevados que puedan estar, en otras regiones, los intereses del capital. Es cierto que en una etapa posterior, y bajo circunstancias favorables, podría comenzar de nuevo a crecer si, gracias a alguna invención mecánica afortunada, al descubrimiento de un nuevo ramo de comercio o a un aumento imprevisto de riqueza y de población agrícola entre las naciones vecinas, sus artículos de exportación —cualesquiera que sean— llegasen a ser objeto de una demanda extraordinaria; en tal caso podría importar de nuevo una cantidad creciente de trigo y aumentar su población. Pero desde el momento en que deje de estar en condiciones de añadir cada año algún incremento a sus importaciones de alimentos, no podrá atender a las necesidades de una población en crecimiento; pues esta incapacidad de importación se manifestará necesariamente cuando, como consecuencia del estado a que se vean reducidos sus lazos mercantiles, los capitales destinados a mantener el trabajo permanezcan estacionarios o comiencen a declinar.

VII. COMBINACIÓN DE AMBOS SISTEMAS

Por más que un país se dedique exclusivamente a la agricultura, siempre fabrica algunos productos rudimentarios para el uso interior. Y aun en el país más comerciante, a menos que esté rigurosamente reducido al recinto de una sola ciudad, existe siempre alguna parte de su territorio, por pequeña que se la suponga, donde sus habitantes crían ganado o producen, en general, alguna especie de alimento. Mas hablando de los sistemas combinados de agricultura y comercio, tenemos a la vista un grado de combinación que va mucho más allá de lo estrictamente inevitable. Se trata de aquellos países en los que los recursos que ofrece la tierra y los que dependen de los capitales aplicados al comercio y a las manufacturas son ambos considerables y se contrabalancean de tal modo que ninguno predomina excesivamente sobre el otro.

Un país así constituido posee las ventajas de ambos sistemas a la vez, sin estar expuesto a los males particulares de cada uno.

La prosperidad de las manufacturas y del comercio, unida a la ausencia de las instituciones nocivas del sistema feudal, prueba que la gran masa del pueblo no se halla en servidumbre; que sus individuos pueden y quieren practicar la economía; que el capital acumulado encuentra empleos seguros y, por consiguiente, que el gobierno protege efectivamente la propiedad. En tales circunstancias es casi imposible que un país experimente esa estagnación prematura de la demanda de trabajo y de los productos del suelo que, en ciertas épocas, se observa en la historia de muchas naciones europeas. En un país donde florecen el comercio y las manufacturas, el producto del suelo halla siempre una salida fácil en el mercado interior, particularmente favorable al crecimiento progresivo del capital. Ahora bien, este crecimiento y los capitales destinados a sostener el trabajo constituyen la causa principal de la demanda de éste y de los salarios elevados en trigo; mientras que el alto precio relativo del trigo, resultado de la perfección de las máquinas y de la extensión del capital aplicado a las manufacturas y al comercio, unido a la prosperidad del comercio exterior, permite al obrero cambiar una parte de su ganancia en trigo por una cantidad considerable de objetos de comodidad y aun de lujo, producidos dentro o fuera del país.

Cuando la demanda efectiva de trabajo comience a disminuir y los salarios en trigo sufran alguna reducción, el alto precio relativo del trigo seguirá favoreciendo comparativamente la condición de las clases obreras; y aunque se detenga su crecimiento numérico, muchos de sus individuos podrán estar bien alojados y vestidos, y disfrutar de comodidades y aun de ciertos lujos que proporcionan los productos de la industria extranjera. Nunca podrán verse reducidos a la extrema miseria de los pobres de ciertos países donde, desde que la demanda de trabajo se vuelve estacionaria, el valor del trigo comparado con el de las manufacturas y mercancías extranjeras es extraordinariamente bajo.

Así, todas las desventajas propias de un país puramente agrícola quedan evitadas por el establecimiento y la prosperidad de las manufacturas y del comercio; y las inherentes a los Estados puramente manufactureros y comerciales se atenúan por la incorporación de los recursos provenientes de la agricultura.

Un país que se alimenta con subsistencias propias no puede verse reducido de repente, por la sola concurrencia extranjera, a una decadencia inevitable. Si las exportaciones de un país puramente comercial disminuyen notablemente a causa de dicha concurrencia, puede perder en poco tiempo la capacidad de mantener a su población. Pero si la misma reducción de exportaciones ocurre en un país que posee

298

recursos agrícolas, éste sólo perderá algunos objetos de comodidad y de lujo que le proporciona el comercio exterior; y el comercio interior entre las ciudades y el campo —el más importante de todos— no se verá alterado sino levemente. Es cierto que por algún tiempo el país sufrirá un freno en su progreso, por falta de estímulo, pero no hay razón alguna para que retroceda; y es indudable que el capital que retorna del comercio exterior encontrará nuevos empleos. Se abrirán canales distintos, útiles aunque menos lucrativos que los anteriores, y se mantendrá incluso cierto crecimiento de la población, aunque inferior al que existía bajo un comercio exterior floreciente. Muy distintos serían también los efectos de la concurrencia interior.

En un Estado puramente manufacturero y comercial, la concurrencia interna y la abundancia de capital pueden reducir tanto el precio de las manufacturas en relación con el de las primeras materias, que el capital creciente empleado en aquellas no produzca a cambio una cantidad creciente de alimento. Esto no puede suceder en un país donde la tierra ofrece recursos propios. Y aunque, por efecto de la perfección de las máquinas y de la menor fertilidad de las nuevas tierras cultivadas, se obtenga una mayor cantidad de productos manufacturados por una misma porción de producto bruto, el conjunto de las manufacturas no puede perder completamente su valor, pues la concurrencia de capitales en esta industria no va acompañada de una concurrencia proporcional de capitales sobre la tierra.

Debe observarse además que, en un Estado cuya renta se compone únicamente de ganancias y salarios, la disminución de éstos reduce considerablemente la parte de renta disponible. Hay casos en los que el aumento del capital y del número de obreros no basta para compensar la disminución de la cuota de ganancias y salarios. Pero cuando la renta de un país se compone tanto de rentas territoriales como de ganancias y salarios, una parte importante de lo que se pierde en éstos se recupera en aquéllas, y la porción disponible de la renta permanece relativamente intacta.

Otra ventaja muy considerable de una nación rica tanto en tierras como en establecimientos comerciales y manufactureros es que sus progresos en riqueza y población dependen muy poco del estado y del desarrollo de los demás países. Una nación cuya riqueza se funda exclusivamente en las manufacturas y el comercio no puede prosperar sin un crecimiento paralelo del producto bruto en los países con los que comercia, o sin atraer hacia sí una parte de aquello que estos países consumen habitualmente y rara vez están dispuestos a abandonar; de modo que la ignorancia o la inactividad de los demás puede resultar no sólo perjudicial, sino incluso fatal para su progreso.

Nunca está expuesto a tal peligro un país que dispone de tierras propias. Si su actividad, su ingenio inventivo y su espíritu de economía avanzan, también lo harán su riqueza y su población, cualquiera que sea la situación o conducta de las naciones con las que comercia. Cuando el capital manufacturero abunda y los productos elaborados se abaratan, no es necesario esperar el aumento del producto bruto de los países vecinos: trasladando ese capital excedente a sus propias tierras, el país obtendrá nuevos productos con los que podrá intercambiar los de sus fábricas y sostener su precio mediante una doble operación, disminuyendo la oferta y aumentando la demanda. Una operación semejante, cuando el producto bruto fuese excesivo, restablecería el equilibrio entre las ganancias agrícolas y las manufactureras. Sobre este mismo principio, los capitales del país se distribuirían entre las distintas provincias, incluso las más remotas, según las ventajas que cada una ofreciera para su empleo en la agricultura o en las manufacturas.

La cuarta ventaja que resulta de la unión de la agricultura y las manufacturas, especialmente cuando ambas se contrapesan casi por igual, es que el capital y la población de ese país no pueden experimentar nunca un retroceso como simple consecuencia del progreso natural de otras naciones y de su tendencia constante a la mejora.

Según los principios generales, debe finalmente convenir a la mayor parte de las naciones ricas en tierras disponer de manufacturas para su propio uso y realizar por sí mismas el comercio. Que el algodón se exporte en bruto desde América para ser transportado a miles de leguas, desembarcado en el país de destino para manufacturarse allí y luego reembarcado de nuevo hacia el mercado americano, es una práctica que no puede sostenerse indefinidamente. No pretendo insinuar que no deba aprovecharse una ventaja solo porque sea transitoria; pero cuando esta ventaja es precaria por su propia naturaleza, resulta prudente administrarla de modo que, al desaparecer, no haya producido en conjunto más males que beneficios.

Si, como consecuencia de ventajas pasajeras de este tipo, un país concede tal predominio a su comercio y a sus manufacturas que una parte de su población se ve obligada a recurrir al trigo extranjero, puede asegurarse que, pasado cierto tiempo, el progreso de las naciones extranjeras en las manufacturas y el comercio provocará para ese país un periodo de pobreza y de retroceso tanto en capital como en población, que compensará con creces los beneficios temporales de los que antes disfrutó. Por el contrario, una nación comercial y manufacturera que se

300

alimente con productos de su propia agricultura puede recibir, por circunstancias transitorias, un fuerte impulso en ambos ramos de la industria sin exponerse a grandes perjuicios cuando dichas circunstancias cesen.

Los países que cuentan al mismo tiempo con amplios recursos rurales y con un estado próspero de comercio y manufacturas, y en los que la población dedicada al comercio no supera nunca a la agrícola, son los menos expuestos a trastornos repentinos. Su prosperidad creciente no teme los accidentes comunes, y no hay motivo para pensar que no puedan aumentar en riqueza y población durante muchos siglos. Tampoco debe creerse que este progreso carezca de todo límite: lo tiene, aunque sea muy lejano, y ninguna nación grande y rica en tierras ha alcanzado aún ese extremo.

Hemos visto ya que el límite de la población en las naciones comerciales llega cuando, por el estado de las mercancías extranjeras, no pueden importar con regularidad una cantidad creciente de alimentos. El límite de la población en una nación que se mantiene con los productos de su propio territorio se alcanza cuando la tierra ha sido tan plenamente trabajada y ocupada que el empleo de un nuevo cultivador no puede producir, en promedio, una cantidad adicional de alimentos suficiente para sostener a una familia y al número de hijos necesario para que la población continúe creciendo.

Sin embargo, incluso este límite se halla lejos del máximo de capacidad productiva que tendría la tierra si todos los habitantes del país se dedicaran a cultivarla, exceptuando únicamente a los productores de otros bienes de primera necesidad; es decir, si soldados, marinos, criados y trabajadores del lujo se convirtieran en agricultores. En tal caso, ninguno produciría lo suficiente para mantener una familia, ni siquiera para cubrir plenamente su propia subsistencia; pero mientras la tierra no dejara por completo de producir, todos aportarían algo al fondo común y, al aumentar así los medios de subsistencia, permitirían sostener una población creciente. Un país entero podría ocuparse entonces exclusivamente en la producción de bienes indispensables, sin disponer de tiempo alguno para otros trabajos.

Pero tal situación solo podría alcanzarse obligando a la industria nacional, mediante la acción de la autoridad, a seguir el único camino que se le permitiría. Esto no sería compatible con el principio de la propiedad privada, principio que razonablemente puede suponerse siempre vigente. Al propietario y al arrendatario no les conviene emplear un jornalero en la tierra si ésta no produce más que el valor del jornal; porque si ese jornal no basta para mantener a una mujer y al número de hijos necesario para que algunos lleguen a la edad del matrimonio, es evidente que tanto la población como el producto deben detenerse mutuamente. De este modo, el último límite práctico de la población debe ser aquel en que los últimos trabajadores de la tierra obtengan lo suficiente para mantener, cada uno, a cuatro personas.

Es importante advertir que, siempre que hablamos de los límites reales y verdaderamente prácticos de la población, estamos muy lejos de referirnos a los límites absolutos de la capacidad productiva de la tierra.

No lo es menos recordar que, mucho antes de alcanzarse ese límite práctico en cualquier país, la tasa de crecimiento de la población comienza a disminuir gradualmente. Cuando el capital de un país se estanca a causa de la pereza o la prodigalidad de un mal gobierno, o por un golpe súbito al comercio, es posible que la población se detenga bruscamente, aunque ello no pueda ocurrir sin una violenta conmoción. Pero cuando el capital deja de crecer como resultado de una acumulación prolongada y de la menor fertilidad del suelo, los intereses del capital y los salarios del trabajo deben, con el tiempo, disminuir gradualmente hasta dejar de ofrecer estímulo a la acumulación y medios suficientes para sostener una población creciente.

Si pudiera suponerse que el capital empleado en la tierra fuese tan abundante como lo permitiera el interés, y que el trabajo no se redujera por mejoras agrícolas, sería claro que, a medida que avanzara la acumulación, los intereses y los salarios descenderían de forma regular, y que la disminución en el crecimiento de la población seguiría una marcha igualmente uniforme. Pero esto nunca ocurre. Diversas causas, tanto naturales como artificiales, intervienen para romper esta regularidad y provocan, en distintos momentos, grandes variaciones en el crecimiento de la población mientras ésta avanza progresivamente hacia su límite final.

En primer lugar, la escasez de capital, que en la práctica la tierra casi siempre requiere. Esto se debe en parte a la naturaleza de los arrendamientos, que desincentivan la aplicación a la tierra del capital comercial y manufacturero, dejando a ésta la tarea de generar por sí misma el capital que la fecunda; en parte a que, en casi todos los países, una porción considerable de tierras que produce poco con un capital reducido podría producir mucho con un capital mayor destinado a su desecación o al uso suficiente de abonos naturales y artificiales; y en parte también a que, cada vez que disminuyen los intereses y los salarios, se abre la posibilidad de emplear en la tierra muchos más capitales de los que solicitan los arrendatarios que pueden utilizarlos directamente.

En segundo lugar, las mejoras en la agricultura. Si se descubren nuevos métodos de cultivo superiores a los antiguos, mediante los cuales la tierra no solo quede mejor trabajada, sino que además requiera menos brazos, se comprende fácilmente que tierras de calidad inferior puedan proporcionar a quienes las cultivan mayores beneficios de los que antes producían las tierras más fértiles. Un sistema de cultivo más perfeccionado, unido a instrumentos más eficaces, puede durante una larga serie de años contrarrestar con creces la tendencia que tiene un cultivo extensivo y un fuerte aumento del capital a hacer descender el valor relativo de la renta.

En tercer lugar, la perfección de las máquinas. Cuando, gracias al aumento de la destreza y a la invención de máquinas cada vez más avanzadas en los talleres, un solo hombre puede realizar el trabajo que antes requería ocho o diez, es bien sabido que, como resultado de la concurrencia interior y del incremento de la cantidad producida, el precio de las manufacturas disminuye considerablemente. Cuando estos precios se aplican a los objetos de primera necesidad y de comodidad a los que están acostumbrados obreros y arrendatarios, tienden a reducir la parte del valor total del producto que se consume necesariamente dentro del país, dejando así un excedente mayor. De este excedente adicional del producto puede derivarse una elevación en la cuota de las ganancias, a pesar del aumento del capital y de la extensión del cultivo.

En cuarto lugar, la prosperidad del comercio exterior. Si, como ocurre con frecuencia, debido a un comercio exterior favorable el trabajo y las mercancías nacionales alcanzan precios elevados, mientras que en el extranjero esos precios aumentan en menor proporción, el arrendatario y el obrero podrán adquirir té, algodón, lienzo, cuero, manteca, madera de construcción y otros artículos con una cantidad menor de grano o de trabajo que antes. Esta mayor facilidad para procurarse productos extranjeros produce exactamente el mismo efecto que la mejora de las máquinas, y permite extender el cultivo sin provocar una disminución de las ganancias.

En quinto lugar, un aumento temporal del precio relativo del producto en bruto, originado por un incremento de la demanda. Aun concediendo —lo que ciertamente no es exacto— que una subida en el precio de las materias primas produzca, al cabo de cierto tiempo, un aumento proporcional en el precio del trabajo y de las mercancías, al menos durante el periodo en que el precio del producto comienza a descender puede darse una elevación de las ganancias agrícolas allí donde el cultivo es más extenso o donde el capital continúa acumulándose. Estos intervalos son de gran importancia para una nación agrícola en su avance hacia la riqueza, especialmente en relación con la escasez de capital aplicado a la tierra de la que venimos hablando. Si es la propia tierra la que genera la mayor parte del nuevo capital empleado en ampliar el cultivo, y si la aplicación de un capital considerable durante cierto tiempo coloca a la tierra en un estado tan favorable que posteriormente puede cultivarse con menores gastos, un periodo de elevados beneficios agrícolas —aunque no dure más que ocho o diez años— puede bastar para proporcionar a un país el equivalente a una nueva extensión de tierras.

Así, aunque sea indudable y necesariamente cierto que la tendencia de un capital en continuo aumento y de una expansión progresiva del cultivo sea provocar una disminución gradual de las ganancias y de los salarios, las causas que acabamos de enumerar son más que suficientes para explicar las grandes y prolongadas irregularidades de este proceso.

Observamos, por consiguiente, en todos los Estados de Europa notables variaciones, en distintas épocas, en el progreso de su capital y de su población. Después de haber permanecido durante muchos años en una situación casi estacionaria, como adormecidos, algunos países han experimentado de pronto un impulso repentino y han comenzado a crecer en proporciones semejantes a las de las colonias nuevas. Ejemplos de este fenómeno los ofrecen Rusia y algunas regiones de Prusia, que continuaron avanzando incluso tras haber dedicado muchos años a la acumulación de capital y a la rápida extensión del cultivo.

Las mismas causas han producido en Inglaterra variaciones análogas. A mediados del siglo pasado, el interés del dinero se situaba en torno al tres por ciento, y puede afirmarse que las ganancias del capital eran proporcionales a esa tasa. En aquel tiempo, según se deduce del número de muertes y matrimonios, la población crecía con bastante lentitud. Desde 1720 hasta 1750, periodo de treinta años, se calcula que el aumento no fue sino de unas 900,000 personas sobre una población total de 5,565,000. Desde entonces no puede dudarse de que el capital del país se incrementó de manera extraordinaria y de que el cultivo se extendió notablemente. Incluso durante los últimos veinte años se ha visto elevarse el interés del dinero por encima del cinco por ciento, y en proporción las ganancias; y entre 1800 y 1801 se produjo un aumento de población de 1,200,000 personas sobre un total de 9,287,000, cifra de crecimiento dos o tres veces mayor que la del periodo anterior.

Sin embargo, a pesar de estas causas de irregularidad en el progreso del capital y de la población, es cierto que ambos no pueden alcanzar su límite necesario sino mediante una evolución muy gradual. Antes de que la acumulación del capital se detenga de manera inevitable, es preciso que los intereses hayan permanecido durante bastante tiempo en niveles bajos, de modo que no ofrezcan estímulo alguno al ahorro. Y antes de que cesen los progresos de la población, es necesario que los salarios reales disminuyan gradualmente hasta no poder sostener familias que, conforme a las costumbres establecidas, tengan el número de hijos suficiente únicamente para mantener la población en estado estacionario.

Puede, pues, concluirse que la combinación de los sistemas agrícola y comercial, y no uno u otro por separado, es la más adecuada para alcanzar la mayor prosperidad nacional; que un país cuyo territorio es amplio y fértil, y cuyo cultivo se ve impulsado por los avances de la agricultura, las manufacturas y el comercio exterior, dispone de recursos tan variados y abundantes que resulta muy difícil determinar cuándo llegará a su límite. No obstante, aun suponiendo que el capital y la población continúen creciendo, existe necesariamente un punto en el que estos recursos habrán de detenerse sin poder avanzar más; y ese límite, conforme al principio de la propiedad privada, está muy lejos de coincidir con la capacidad máxima de la tierra para producir alimentos.

VIII. LEYES DE CEREALES. MATERIAS PRIMAS DE EXPORTACIÓN

Se ha observado que algunos países abundantes en recursos territoriales, y que pueden evidentemente sostener una población en continuo crecimiento mediante los productos de su suelo, conservan aun la costumbre de importar una gran cantidad de granos extranjeros y han llegado a depender de otros Estados para una parte considerable de este abastecimiento.

Con el fin de evitar esta dependencia, se ideó un sistema de leyes sobre los cereales, cuyo objetivo era reducir, mediante impuestos y prohibiciones, la importación de granos extranjeros, y fomentar, por medio de primas, la exportación de los cereales nacionales. Este sistema se completó en Inglaterra en 1668 y fue examinado con bastante detenimiento por Adam Smith.

Sea cual fuere el juicio definitivo que merezca esta cuestión, todos aquellos que reconocen la fuerza del principio general de la oferta y la demanda deben admitir que el argumento empleado contra este sistema por el autor de *La riqueza de las naciones* es esencialmente erróneo. Afirma Adam Smith que, cualquiera que sea la extensión que las primas otorguen al mercado exterior, estas se pagan siempre a costa del mercado interior; pues cada fanega de trigo exportada gracias a las primas habría

305

permanecido en el país sin ellas, aumentando el consumo interno y haciendo bajar el precio del grano.

La noción de "mercado" no está bien empleada en esta observación. Es indudable que puede venderse una mayor cantidad de un producto reduciendo su precio, pero de ello no se sigue que se amplíe el mercado en sentido estricto. La supresión de los impuestos que menciona Adam Smith aumentaría, sin duda, la capacidad de compra de las clases inferiores; pero el comercio anual está necesariamente limitado por la población, y el incremento del consumo resultante de dicha supresión no bastaría en modo alguno para proporcionar a la agricultura el mismo estímulo que la adición de una demanda exterior. Si el precio del trigo en Gran Bretaña se eleva en el mercado interno a consecuencia de las primas antes de que aumente el costo de producción —como el propio Adam Smith reconoce— ello constituye una prueba concluyente de que la prima extiende efectivamente la demanda real de trigo inglés, y de que la posible disminución de la demanda interior queda más que compensada por el aumento de la demanda externa.

Prosiguiendo su razonamiento, Adam Smith sostiene que los dos tributos soportados por el pueblo a causa de estas primas —uno pagado al Estado para financiarlas y otro derivado del encarecimiento del trigo— deben necesariamente reducir la alimentación del obrero pobre o provocar una subida proporcional de los salarios monetarios. En el primer caso, la disminución del sustento retraería a los trabajadores de formar familias y perjudicaría el crecimiento de la población; en el segundo, el aumento de los salarios impediría a los empleadores ocupar el mismo número de obreros, reduciendo así la actividad industrial del país.

Es cierto que el impuesto originado por las primas puede producir uno u otro de estos efectos, pero no ambos simultáneamente. Se afirma que el tributo impuesto a la masa del pueblo es muy oneroso y que ofrece escasas ventajas a quienes lo reciben; sin embargo, en esta afirmación hay contradicción. Si el salario sube en proporción al precio del trigo, como sostiene el autor, ¿por qué habría de disminuir la capacidad del obrero para mantener a su familia? Y si el salario no aumenta al mismo ritmo que el trigo, ¿por qué no podrían los propietarios y arrendadores emplear un mayor número de trabajadores? Pese a esta inconsistencia, escritores muy estimables han seguido al autor en este razonamiento. Algunos, convencidos de que el trigo regula el precio del trabajo y de todas las mercancías, insisten al mismo tiempo en el perjuicio que ocasiona a las clases obreras el encarecimiento del grano y en los beneficios que les reportaría su abaratamiento.

El argumento principal de Adam Smith es que el precio monetario del trigo regula el de todas las mercancías producidas en el país, de modo que la ventaja que obtiene el propietario territorial por la subida del precio del grano es solo aparente, pues lo que gana en renta lo pierde al comprar. Esta afirmación, válida hasta cierto punto, deja de serlo cuando se trata del desplazamiento de los capitales de unas actividades a otras, de las manufacturas a la agricultura o a la inversa, que es precisamente la cuestión que aquí se discute. Sin duda, el precio monetario del trigo es la circunstancia que más contribuye a fijar el precio del trabajo y de la mayoría de las mercancías; pero para sostener plenamente el argumento de Adam Smith no basta demostrar su influencia predominante, sino que sería necesario probar que, permaneciendo constantes las demás condiciones, el precio de todos los bienes sube o baja exactamente en la misma proporción que el del trigo, y que esta proporción se cumple de manera uniforme.

El propio Adam Smith exceptúa las mercancías extranjeras; y si se considera el volumen de las importaciones británicas y la cantidad de materias primas extranjeras empleadas en sus manufacturas, se advertirá que esta excepción es de gran importancia. La lana y las pieles, dos materias primas nacionales de valor considerable, no dependen —según Adam Smith— del precio del trigo ni de la renta de la tierra. Los precios de la cera, el sebo y el cuero dependen en gran parte de las cantidades importadas. Pero los tejidos de lana y algodón, el lino, el cuero elaborado, el jabón, las velas, las bujías, el té, el azúcar y otros artículos comprendidos en esta excepción constituyen casi en su totalidad los objetos de vestido y de consumo habitual de las clases industriosas.

Debe tenerse también en cuenta que, en los países donde la industria descansa en gran medida sobre el capital fijo, la parte del precio de los productos manufacturados destinada a remunerar dicho capital no tiene por qué aumentar necesariamente con el encarecimiento del trigo, salvo en la medida en que ese capital requiera una renovación progresiva. Las máquinas construidas antes de la subida del salario continúan produciendo beneficios durante un cierto número de años.

De igual modo, cuando existen fuertes impuestos sobre los consumos, una variación en el precio del trigo afecta únicamente a la parte del salario destinada a la alimentación, pero no a la fracción absorbida por los impuestos.

No puede admitirse, por tanto, como principio general que el precio monetario del trigo sea una medida exacta del valor real del dinero en un país. Sin embargo, todas estas consideraciones, aunque relevantes para el propietario territorial, apenas influyen sobre el arrendatario más allá de la duración de su contrato. Al vencimiento del arrendamiento, desaparece toda ventaja derivada de una relación favorable entre el precio del trigo y el del trabajo, y toda desventaja derivada de una relación desfavorable queda compensada por el propietario. La única causa que entonces determina la proporción entre el capital aplicado a la agricultura y el capital total del país es la extensión de la demanda efectiva de trigo. Si, pues, las primas han ampliado realmente esta demanda —como es razonable suponer— resulta imposible que no hayan dado lugar a una mayor masa de capital aplicada a las empresas agrícolas.

Cuando Adam Smith afirma que la naturaleza de las cosas ha otorgado al trigo un valor real que no puede alterarse mediante variaciones en su precio monetario, y que ningún premio a la exportación ni ningún monopolio del mercado interior pueden hacerlo subir o bajar más allá de lo que permita la libre concurrencia, es evidente que traslada la cuestión desde los beneficios del productor de trigo o del propietario territorial al valor físico y absoluto del grano mismo. No sostengo, ciertamente, que las primas modifiquen el valor físico del trigo ni que una fanega pueda alimentar a un mayor número de obreros que antes. Lo que afirmo es que, al concederse dichas primas al cultivador británico, se incrementa efectivamente la demanda de trigo en el estado actual de las cosas, se estimula una mayor siembra de la que se habría realizado sin ellas y, por consiguiente, se le pone en condiciones de emplear a un mayor número de trabajadores.

Si la teoría de Adam Smith fuese exacta y el precio real del trigo absolutamente inmutable, la situación de la agricultura sería verdaderamente lamentable. Se encontraría excluida de la influencia del principio —tan bien expuesto en *La riqueza de las naciones*— según el cual el capital pasa de un empleo a otro conforme a las necesidades variables de la sociedad. Pero es indudable que el precio real del trigo varía, aunque no con la misma amplitud que el de otras mercancías, y en esta variación se fundan precisamente los desplazamientos de capitales entre las distintas ramas de la industria.

El objetivo de la nación al establecer primas a la exportación no es aumentar las ganancias de arrendadores y propietarios territoriales, sino inducir a que una mayor porción del capital nacional se aplique a la tierra y aumente así la oferta de productos agrícolas. Es cierto que la subida del precio de los cereales, producida por el aumento de la demanda, va acompañada de un alza de los salarios y de las rentas, así como de una disminución del valor del dinero, lo que complica y oscurece el análisis; pero no puede negarse que el precio del trigo varía durante periodos suficientemente largos como para determinar el destino de los capitales. De lo contrario, nos veríamos obligados a admitir que ningún aumento de demanda puede fomentar el cultivo de los cereales.

Debemos, pues, reconocer que el argumento particular que Adam Smith deduce de la naturaleza del trigo al tratar de las primas no puede sostenerse; y que un premio a la exportación del trigo debe aumentar su demanda y fomentar su producción, al menos del mismo modo que una prima concedida a la exportación de cualquier otra mercancía estimula su fabricación.

Se añade, sin embargo, que el aumento de producción así provocado debe hacer descender permanentemente el precio, y se citan como prueba los sesenta y cuatro primeros años del siglo anterior, durante los cuales las primas en Inglaterra tuvieron pleno efecto. Pero es razonable suponer que se ha tomado por permanente un efecto que, aunque de larga duración, es por su propia naturaleza temporal.

Según la teoría de la oferta y la demanda, cabe esperar que las primas actúen del modo siguiente. Adam Smith repite con frecuencia que a una gran demanda sucede un gran abastecimiento; que a la escasez sigue la abundancia, y a la carestía, la baratura. Una demanda indefinida genera por lo común un abastecimiento superior al necesario, lo que provoca una baja de precios; esta baja detiene la producción y, actuando más tiempo del requerido, conduce nuevamente a la escasez y a la subida de precios.

Así deben influir las primas concedidas a la exportación del trigo cuando se otorgan en circunstancias favorables, y así ha ocurrido en el único caso en que se ha hecho una experiencia adecuada. Sin negar la intervención de otras circunstancias ni desconocer la influencia relativa de los premios, resulta fácil comprender que, siendo el precio del trigo en Inglaterra tan bajo como en el continente, un premio de cinco chelines por cuarter exportado debía elevar el precio real y fomentar el cultivo de los granos.

Durante los veinticinco primeros años de vigencia de las primas en Inglaterra, el precio del trigo subió dos o tres chelines por cuarter; pero en ese periodo, debido a las guerras, a las malas cosechas y a la escasez de metálico, los capitales acudieron lentamente a la tierra y no se produjo un gran excedente. Tras la paz de Utrecht comenzó un crecimiento notable del capital nacional, y es imposible negar que las primas dirigieran hacia la agricultura una parte considerable de esa acumulación que, de otro modo, habría seguido otro destino. El excedente de producto y la baja de precios que se observaron durante treinta o cuarenta años fueron consecuencia de este proceso.

Se dirá que este periodo de precios bajos fue demasiado prolongado para atribuirlo a las primas, incluso según la teoría expuesta. Es posible; y, con toda probabilidad, habría sido más breve si solo las primas hubiesen intervenido. Pero en el caso considerado actuaron otras causas muy poderosas. La baja de los cereales ingleses fue paralela a la de los precios del continente, y las causas generales que produjeron este efecto en otros países no pudieron dejar de influir también en Inglaterra.

Nada, sin embargo, debió contribuir más eficazmente a la persistencia de los precios bajos que un excedente de producto que las demás naciones aceptaban con dificultad y solo a causa de su bajo precio. Una vez obtenido dicho excedente, fue necesario cierto tiempo para que su baratura lo absorbiese; y así las primas continuaron produciendo efectos mucho después de haber comenzado el descenso de los precios. A ello se añadió una marcada disminución del tipo de interés, que generó una gran abundancia de capital y, por consiguiente, dificultad para emplearlo con provecho.

Debe admitirse, conforme a los principios generales, que las primas concedidas en circunstancias favorables tienden, tras un largo periodo de carestía, a producir un excedente y la baja de precios que prometen sus defensores; pero también, según esos mismos principios, dicho excedente y esos precios bajos no pueden mantenerse indefinidamente como estímulo a la producción y a la población.

La objeción principal a las primas sobre los cereales, al margen de las que se dirigen contra todos los premios en general, es que incluso en las circunstancias más favorables no pueden hacer descender su precio de manera permanente. Y si se aplican en condiciones desfavorables —esto es, forzando la exportación en un momento en que el país no produce lo que consume—, el impuesto resulta no solo gravoso, sino perjudicial para la población; y el excedente obtenido se adquiere a costa de un sacrificio muy superior a su valor.

No obstante, pese a estas objeciones y a la imposibilidad de aplicar las primas en muchos casos, debe reconocerse que mientras ejercen su influencia efectiva —esto es, mientras generan una exportación que no existiría sin ellas— fomentan sin duda el aumento de la producción de trigo en los países donde se establecen, o al menos la mantienen en un nivel que de otro modo no se habría sostenido.

Pero aun suponiendo que, gracias a las primas y a precios favorables en otros países, un Estado pueda mantener de forma constante un excedente exportable, no debe imaginarse que la población deje por ello de estar limitada por la dificultad de obtener medios de subsistencia. Estará, sin duda, menos expuesta a los efectos inmediatos de los años de escasez, pero seguirá sometida, bajo otros aspectos, a los mismos obstáculos y fuerzas represivas descritas en los capítulos anteriores. Exista o no una exportación habitual, la población se ajustará siempre a los salarios efectivos y se detendrá cuando los bienes de primera necesidad que estos permitan adquirir no basten, dadas las costumbres vigentes, para estimular un aumento en el número de habitantes.

IX. LEYES DE CEREALES. MEDIDAS CONTRA LA IMPORTACIÓN

Aunque bajo diversos aspectos puedan ser criticadas las leyes que prohíben la importación de granos extranjeros, no suscitan las mismas objeciones que las examinadas en el capítulo anterior, y es preciso reconocer que son muy adecuadas para alcanzar su objetivo principal: la conservación de una subsistencia independiente. Un país al que la tierra ofrece abundantes recursos y que decide no importar trigo sino cuando su precio anuncia una escasez próxima, proveerá necesariamente a sus necesidades en los años ordinarios. Puede objetarse razonablemente a estas restricciones que tienden a impedir que el capital y la industria nacional se orienten hacia los empleos más productivos, que frenan el crecimiento de la población y que desalientan la exportación de las manufacturas nacionales. Pero, por otra parte, no puede negarse que estimulan la producción interna de trigo y contribuyen a mantener una subsistencia autónoma. Como se ha visto, para cumplir ese mismo objetivo mediante primas a la exportación sería necesario, en muchos casos, imponer contribuciones directas muy onerosas, tan elevadas en relación con el precio total del trigo que resultarían casi impracticables; en cambio, las trabas a la importación no imponen un tributo directo al pueblo.

Se ha observado que en países donde la tierra ofrece grandes recursos puede suceder, por causas particulares, que la población dedicada al comercio predomine hasta el punto de producir los males propios de un Estado puramente comercial y manufacturero, con fuertes fluctuaciones en el precio del trigo. Evitando la importación de grano extranjero, resulta relativamente fácil mantener el equilibrio entre las clases agrícola y comercial.

Una de las objeciones más fuertes contra la doctrina que defiende la utilidad de las restricciones a la importación es que no puede establecerse como regla general que todo Estado deba producir el trigo que consume. Existen países cuyas circunstancias hacen inaplicable esta norma.

En primer lugar, la historia muestra que muchas naciones con territorios extraordinariamente reducidos en relación con su población han compensado esta desventaja mediante el trabajo, el talento y el capital. Estos esfuerzos produjeron resultados brillantes en algunos casos cuya memoria perdura, pero no fueron menos evidentes los trastornos que dichas naciones sufrieron.

En segundo lugar, las restricciones a la importación de trigo no son aplicables a países cuyo suelo y clima producen grandes variaciones en las cosechas. En tales circunstancias, un país aumenta su seguridad alimentaria abriendo a la exportación e importación el mayor número posible de mercados; y esta afirmación sigue siendo válida incluso cuando otros países prohíben la salida de sus granos o establecen obstáculos a su exportación. El mal particular que padece un país así solo puede remediarse fomentando el comercio exterior de granos y garantizando la más amplia libertad.

En tercer lugar, las restricciones tampoco son aplicables a un país cuyo territorio, aunque extenso, sea poco fértil. Los intentos de cultivarlo mediante la desviación forzada de capitales difícilmente tendrían éxito, y el producto obtenido se pagaría con sacrificios tan grandes que quizá ni el capital ni la industria nacional bastarían para sostenerlos.

En todos estos casos sería claramente impolítico esforzarse por mantener un equilibrio artificial entre las clases agrícola y comercial, cuando la naturaleza de las cosas lo impide.

Pero también es cierto que, en circunstancias distintas e incluso opuestas, puede resultar igualmente impolítico no hacerlo. Cuando una nación posee un territorio extenso, de calidad media, capaz de alimentar con sus propios productos a una población suficiente para sostener su rango en poder y riqueza entre las demás naciones, resulta razonable que procure hacerlo. En general, los territorios de cierta extensión deben alimentar a su propia población. A medida que un país exportador de trigo se aproxima a su límite de crecimiento en riqueza y población, retira del comercio general el grano que antes distribuía a sus vecinos más dedicados al comercio y a las manufacturas, dejándoles recurrir a sus propios recursos.

Los productos específicos de cada suelo y de cada clima constituyen el objeto natural del comercio exterior y no deben dejar de intercambiarse. El alimento, en cambio, no es un producto particular; y, según las leyes que rigen el crecimiento de la población, el país que produce más no tiene por qué reservar una parte de su producción para otros. Salvo las oscilaciones causadas por las cosechas, puede afirmarse que un comercio exterior de trigo de gran volumen es, por su naturaleza,

312

más temporal y ocasional que permanente, y depende en gran medida del grado de mejora alcanzado por los distintos países.

Si, pues, un país posee una extensión suficiente para alimentar razonablemente a su población; si esta población puede mantener su rango y poder entre las demás naciones; y si existen motivos fundados para pensar que ni la falta de trigo extranjero ni el predominio de las manufacturas producirán males inmediatos —como insalubridad, disturbios o grandes fluctuaciones entre el precio del trigo y el del trabajo—, no parecerá impolítico mantener artificialmente un equilibrio entre las clases agrícola y comercial mediante ciertas restricciones a la importación de granos, colocando a la agricultura en condiciones de avanzar al mismo ritmo que las manufacturas.

En cuarto lugar, si un país posee un suelo y un clima tales que las variaciones anuales de su producción de trigo sean menores que en la mayoría de los demás países, existe una razón adicional para considerar estas restricciones como una medida prudente. Las regiones difieren mucho en la regularidad de sus cosechas. Si todas fuesen semejantes y el comercio de granos plenamente libre, la estabilidad de los precios en un Estado particular sería tanto mayor cuanto mayor fuese el número de países con los que comerciase. Pero este principio no se aplica cuando las condiciones son distintas: cuando algunas regiones están sujetas a grandes oscilaciones en su producción y cuando esta desventaja se agrava por la falta de una verdadera libertad comercial.

Supongamos, por ejemplo, que las variaciones extremas del producto anual de trigo fuesen en Inglaterra de una cuarta parte y en Francia de un tercio. Un comercio libre entre ambos países aumentaría probablemente las oscilaciones del mercado inglés. En Bengala, según relata George Colebrooke, el arroz puede ser en ciertos años cuatro veces más caro que en otros sin que exista una hambruna; y, a pesar de frecuentes cosechas abundantes, se producen a veces déficits que causan la muerte de gran parte de la población. Si Bengala se incorporase al circuito comercial de Inglaterra y Francia, no cabe duda de que ambos países experimentarían mayores fluctuaciones que antes.

En quinto lugar, cuando una nación no solo posee un territorio suficiente para mantener con su cultivo actual una población propia de un Estado de primera categoría, sino que además goza de una fertilidad que le permite aspirar a un mayor crecimiento, resulta aún más aplicable la conveniencia de imponer ciertos obstáculos a la importación de trigo extranjero.

Se objetará que, aun pudiendo alimentarse con sus propios recursos, una nación podría lograr un crecimiento más rápido y amplio de su población abriendo completamente sus puertas al trigo extranjero, y que no sería justificable una medida destinada a frenarlo. Este es, sin duda, un argumento poderoso; y, si se aceptan sus premisas —que no están exentas de duda—, no puede refutarse solo con principios de economía política. Diré, sin embargo, que si estuviera demostrado que ese aumento de riqueza y población debe exponer a la sociedad a una mayor inseguridad en sus provisiones, a mayores fluctuaciones salariales, a más insalubridad y mortalidad —debido a la mayor proporción de población empleada en manufacturas— y, finalmente, a más frecuentes movimientos retrógrados, consideraría dicha riqueza y población adquiridas a un precio excesivo. La felicidad de un pueblo debe ser siempre el fin último, incluso por encima de la riqueza, el poder y el número de habitantes.

Adam Smith afirma que «el capital que un país adquiere por el comercio y las manufacturas es de posesión incierta y precaria hasta que una parte se asegura y se fija en el cultivo y mejora de la tierra». Y en otro pasaje observa que el monopolio del comercio colonial, al elevar los beneficios mercantiles, desanima la mejora del suelo y retarda el crecimiento de la fuente primaria de la riqueza, que es la renta de la tierra.

En ninguna época las manufacturas y el comercio —y en particular el comercio colonial— han podido absorber en Inglaterra tanto capital como en los últimos veinte años anteriores a 1814. Desde 1764 hasta la paz de Amiens, el comercio y las manufacturas del país progresaron con mayor rapidez que la agricultura, y Inglaterra necesitó cada vez más del trigo extranjero para su subsistencia. Después de la paz de Amiens, el estado de su monopolio colonial y de sus manufacturas fue tal que atrajo hacia sí una masa extraordinaria de capital; y si las circunstancias particulares de la guerra siguiente —los fletes y seguros a precios elevados y los decretos de Bonaparte— no hubieran hecho muy difícil y costosa la importación de trigo extranjero, Inglaterra tendría hoy, conforme a todos los principios generales, la costumbre de mantener con este alimento importado una parte de su población mucho más considerable que en otro tiempo. El cultivo se encontraría entonces en una situación muy distinta de la que ha alcanzado.

Ciertamente, las trabas que en la práctica impidieron durante la guerra la importación de trigo extranjero en Inglaterra obligaron, por así decirlo, a las máquinas de vapor y al monopolio colonial a dirigirse hacia el cultivo de la tierra; de modo que las mismas causas que, según Adam Smith, tienden a trasladar los capitales hacia la agricultura —y que indudablemente los habrían trasladado si Inglaterra hubiese podido

314

comprar trigo extranjero al precio corriente de Francia y Holanda— sirvieron para estimular la agricultura inglesa. Esta no solo logró hacer frente al comercio y a las manufacturas en sus rápidos progresos, sino que recuperó la distancia que había perdido en años anteriores y hoy avanza a la par de sus rivales.

Así es como las trabas al trigo, en un país dotado de amplios recursos agrícolas, tienden a difundir por su suelo las ventajas obtenidas del comercio y de las manufacturas y, empleando el lenguaje de Adam Smith, a asegurarlas y consolidarlas. Además, contribuyen a evitar esas grandes oscilaciones en el progreso de la agricultura y del comercio que rara vez dejan de producir efectos perjudiciales.

Conviene recordar —y esto es muy importante— que el daño experimentado por casi todas las clases de la sociedad a raíz de la caída repentina de los precios, con excepción del gravamen monetario, ha sido producido por causas naturales y de ningún modo artificiales.

En el progreso de la agricultura y de las manufacturas existe una tendencia a flujos y reflujos semejantes a los que se observan en el desarrollo del alimento y de la población. En periodos prolongados de paz y comercio, estas oscilaciones, aunque poco favorables a la tranquilidad y a la felicidad, no suelen causar males esenciales. Pero cuando sobreviene una guerra, imprime a tales oscilaciones un grado de intensidad y rapidez que provoca inevitablemente en el régimen de la propiedad una sacudida violenta, una especie de convulsión.

Por otra parte, un país que limita de este modo la importación de trigo extranjero, que por término medio produce lo necesario para su subsistencia y que solo recurre a la importación en casos de escasez, no solo tiene la certeza de difundir por su territorio los beneficios de las invenciones manufactureras y las ventajas que le proporcionan sus colonias y su comercio general, sino también de fijarlos y ponerlos a resguardo de los accidentes. Además, se encuentra necesariamente exento de esas convulsiones violentas y crueles de la propiedad que resultan casi inevitablemente de la coincidencia entre la guerra y una provisión insuficiente de trigo nacional.

La principal objeción que se formula contra las trabas a la importación de trigo es el exceso de abundancia que produce una buena cosecha, para la cual la exportación no siempre ofrece salida. Desde el punto de vista de las fluctuaciones de precios, este argumento merece gran consideración; pero en este aspecto se ha exagerado con frecuencia su alcance. Una superabundancia que pondría en graves aprietos a los arrendadores de un país pobre puede ser soportada con relativa facilidad por los de un país rico. En efecto, resulta difícil creer que una nación dotada de un gran capital y no afectada por un colapso grave de su crédito comercial —como ocurrió en Inglaterra en 1815— tenga grandes dificultades para reservar el excedente de un año y compensar con él el déficit del siguiente o de algunos posteriores.

Aun admitiendo que la baja de los precios por una u otra causa no difiera sustancialmente, es indudable que, en los años de escasez general, la subida resulta menor en las naciones acostumbradas a producir sus propios alimentos. No puede negarse, por tanto, que la variación total sería menor bajo un sistema de trabas que, permitiendo la importación cuando los precios se elevan, garantiza en los años ordinarios una producción nacional equivalente al consumo.

Queda todavía otra objeción por examinar. Las trabas son eminentemente antisociales. Desde el punto de vista del interés particular de un Estado, creo que las restricciones a la importación de trigo extranjero pueden presentar en ciertos casos alguna ventaja; pero estoy aún más convencido de que, para los intereses de Europa en su conjunto, la libertad más completa del comercio de trigo y de toda otra mercancía sería, sin duda, lo más beneficioso. A esta libertad seguiría inevitablemente una distribución del capital más libre y equitativa, y de ella resultaría para toda Europa un mayor progreso y una mayor felicidad. Sin embargo, este orden de cosas haría también que algunos pueblos fuesen más pobres y menos poblados de lo que son actualmente, y no es probable que los Estados particulares acepten sacrificar la prosperidad que disfrutan dentro de sus fronteras en favor de la riqueza universal.

Una libertad comercial perfecta es, pues, una ilusión, un ideal que nadie puede esperar ver plenamente realizado. Pero debe mantenerse siempre como horizonte, como regla general a la que conviene aproximarse en la mayor medida posible; y quienes se aparten de ella están obligados a exponer con claridad las razones que justifican su excepción.

X. DE QUÉ MODO INFLUYE EL ACRECENTAMIENTO DE LA RIQUEZA EN LA SUERTE DEL POBRE

El principal objeto de las Investigaciones de Adam Smith es determinar la naturaleza y las causas de la riqueza de los pueblos. En ocasiones mezcla observaciones que pertenecen a un objeto todavía más interesante: quiero decir, la indagación de las causas que influyen en la felicidad de las clases ínfimas de la sociedad, que constituyen la parte más numerosa de las naciones. Estos dos asuntos guardan una relación íntima, y puede afirmarse en general que las causas que aumentan la riqueza nacional tienden también a aumentar la felicidad de las clases más humildes del pueblo. Sin embargo, es posible que Adam Smith haya considerado estos dos géneros de investigación como más distintos de lo que realmente son. Al menos, no ha señalado el caso en que la riqueza de la sociedad pueda crecer —dando a la palabra riqueza el sentido que fija su definición— sin que de ello resulte ningún aumento de felicidad para la clase trabajadora.

No intento aquí entregarme a una discusión filosófica sobre la felicidad ni sobre los elementos verdaderos que la componen. Me limitaré a considerar dos que son universalmente reconocidos como tales: primero, la facultad de procurarse las cosas necesarias para la vida; segundo, la salud.

El bienestar del obrero depende de los capitales destinados a poner en movimiento el trabajo, y debe, por consiguiente, ser proporcional a la rapidez con que estos fondos aumenten. La demanda de trabajo que produce este acrecentamiento no puede menos que elevar su precio. Así, hasta que como consecuencia se haya incrementado el número de obreros, se aprovechan de esta circunstancia los que ya se hallan empleados. Se reparte entre ellos una masa mayor de capitales y todos pueden vivir con mayor comodidad. El error de Adam Smith consiste en considerar toda especie de aumento de la renta o del fondo social como un aumento del capital destinado al sostenimiento del trabajo. En verdad, semejante exceso es siempre considerado por el individuo que lo posee como un capital adicional con el que puede animar más el trabajo; pero con relación al conjunto del país no puede estimarse como causa de nuevo empleo sino cuando una parte consista en un excedente de alimentos capaces de sostener a un mayor número de obreros. Esto solo tiene lugar cuando el acrecentamiento de los capitales procede del trabajo y del producto de la tierra. Es necesario, además, distinguir entre el número de brazos que el capital de la sociedad puede emplear y el número que el suelo que posee puede alimentar.

Adam Smith define la riqueza de un Estado como el producto anual de su tierra y de su trabajo. Esta definición comprende evidentemente tanto el producto de las manufacturas como el de la agricultura. Supongamos ahora que una nación, durante una serie de años, haga economías en su renta anual y las añada al capital destinado a las manufacturas, sin añadir nada al destinado a las subsistencias. ¿Cuál será el resultado? Será más rica según la definición anterior, pero no podrá alimentar a un mayor número de obreros, ni resultará de ello un aumento de los capitales destinados al trabajo. La demanda de trabajo podría crecer, pero crecería en la misma proporción la demanda de géneros; y, en definitiva, la cantidad de subsistencias permanecería igual. Veamos ahora hasta qué punto este aumento de riqueza puede mejorar la suerte del pobre: basta considerar que todo aumento del precio del trabajo, cuando no cambia la cantidad de subsistencias, es solo nominal, pues el precio de estas sube a la vez, para convencernos de que tal situación no puede ser favorable al obrero.

Tal vez se diga que el capital adicional que posee una nación puede, al menos, ponerla en situación de comprar subsistencias en el extranjero e importarlas para alimentar a quienes aumentan sus capitales. Pero esto solo puede hacerlo un país pequeño, dotado de grandes flotas y numerosas comunicaciones, y no una nación como Inglaterra, donde si un año de escasez exigiera el doble de trigo, no solo subiría el precio en Inglaterra, sino también en todos los puertos de Europa.

Hemos dicho que no debe considerarse todo aumento de capital o de renta nacional como un aumento de los capitales destinados al trabajo, y que, por consiguiente, no todo acrecentamiento de la riqueza nacional ejerce la misma influencia sobre la suerte del pobre. Esto se aprecia claramente al considerar la situación de China.

Será evidente, además, que dos naciones pueden ver crecer con igual rapidez el valor de cambio del producto anual de su suelo y de su trabajo, y sin embargo no ofrecer al obrero los mismos recursos; porque si una se dedica principalmente a la agricultura y la otra al comercio, el capital destinado a activar el trabajo aumentará de manera muy distinta en una y en otra, y el efecto de la riqueza creciente no será el mismo. En la nación agrícola, el pobre vivirá con mayor comodidad y la población crecerá rápidamente; en la dedicada al comercio, los pobres mejorarán poco su condición, y la población permanecerá estacionaria o aumentará muy lentamente.

La suerte del obrero pobre, suponiendo que no cambien sus costumbres, no puede mejorar realmente sino en cuanto pueda procurarse una mayor cantidad de alimentos. Pero esta ventaja es, por su propia naturaleza, temporal y precaria, y tiene para él menos importancia que una modificación duradera de sus hábitos. Las manufacturas, al inspirar el gusto por el bienestar y por ciertos goces, introducen en las costumbres de los obreros un cambio favorable a la felicidad. Es posible que este efecto compense los inconvenientes que producen. Las clases trabajadoras de las naciones puramente agrícolas son, en general, más pobres que las de las naciones manufactureras; pero también están menos expuestas a las bruscas variaciones que estas últimas sufren y que las precipitan en una miseria extrema. Por lo demás, las consideraciones

318

relativas al cambio de costumbres entre las clases pobres pertenecen más propiamente a otra parte de esta obra.

XI. OBSERVACIONES GENERALES

Muchas naciones, en el período de mayor crecimiento de su población, han experimentado periodos de abundancia y han podido importar granos; mientras que en otras épocas, cuando su población era menor, han padecido necesidades y se han visto obligadas a vivir del trigo extranjero. Se han citado como ejemplos Egipto, Palestina, Roma, Sicilia y España, y de ello se ha inferido que el aumento de la población en un país no cultivado hasta donde podría estarlo tiende más bien a aumentar la abundancia relativa que a disminuirla; que un país —como dice lord Kames— nunca puede estar excesivamente poblado en relación con su agricultura; y que esta posee la propiedad singular de producir alimento en proporción al número de consumidores.

No pueden rechazarse los hechos generales de los que se derivan estas observaciones; pero las conclusiones no se siguen necesariamente de las premisas. J. Stewart observa que en Inglaterra, a mediados del siglo XVII, en una época en que la exportación de trigo era considerable, la población se hallaba notablemente contenida por la escasez de alimentos. En tales circunstancias, la medida efectiva de la población de un país no es la cantidad de alimento que produce —puesto que exporta una parte—, sino la cantidad de empleo que puede ofrecer a la actividad laboriosa. Esta es la que regula el precio del trabajo, del cual depende para las clases más pobres la posibilidad de procurarse subsistencias. Según crezca lenta o rápidamente la cantidad de empleo, los salarios desaniman o fomentan los matrimonios precoces y permiten al obrero criar solo dos o tres hijos, o bien cuatro o cinco.

Aquí, como en los demás sistemas examinados, afirmamos que los salarios reales constituyen el principal regulador de la población y su límite más justo; pero conviene hacer una observación importante. En la práctica, los salarios corrientes, medidos en objetos de primera necesidad, no representan siempre la cantidad real de estos que pueden consumir las clases ínfimas: el error se da unas veces por exceso y otras por defecto.

Cuando suben el precio del trigo y de otras mercancías, no siempre aumentan en igual proporción los salarios en dinero; pero esta pérdida aparente se ve a menudo más que compensada por la abundancia de trabajo, la multiplicación de tareas y la facilidad con que mujeres y niños contribuyen de modo considerable a los ingresos familiares. En este

319

caso, la capacidad de adquirir los objetos necesarios es mayor para las clases obreras que cuando los salarios se mantienen en su nivel ordinario, y el efecto sobre la población es más intenso.

Por el contrario, cuando los precios bajan de manera general, ocurre con frecuencia que los salarios nominales no disminuyen en la misma proporción; pero esta ventaja se halla más que neutralizada por la escasez de empleo y por la imposibilidad de encontrar trabajo para toda la familia. En tal situación, el poder real de compra de las clases obreras es menor que cuando los salarios están ajustados a la situación normal. De modo semejante, la asistencia parroquial, el trabajo a destajo y el empleo frecuente de mujeres y niños influyen sobre la población como si existiera una subida real de salarios. Inversamente, el pago diario del trabajo, la exclusión de mujeres y niños del empleo, o la costumbre de trabajar solo cuatro o cinco días por semana actúan como una reducción efectiva del precio del trabajo.

En todos estos casos, las ganancias reales anuales de la clase obrera, medidas en alimentos, difieren de los salarios aparentes. Pues del ingreso medio anual de las familias, y no del jornal diario considerado aisladamente, dependen el estímulo al matrimonio y la posibilidad de criar hijos.

Teniendo presente esta observación esencial se comprende por qué el progreso de la población no se halla siempre regulado por lo que comúnmente se denomina salarios reales, y por qué dicho progreso puede ser considerable aun cuando el trigo que compra un jornal sea inferior al promedio habitual. Inglaterra ofrece un ejemplo claro de este fenómeno.

La cantidad de empleo que un país puede ofrecer no varía de un año a otro con la misma rapidez que la producción agrícola, sujeta a buenas o malas cosechas. De aquí se sigue que el obstáculo que la falta de empleo opone a la población actúa de manera más constante y, por ello mismo, resulta menos destructivo para las clases pobres que el obstáculo derivado de la escasez de alimentos. El primero es un freno preventivo; el segundo, un freno destructivo. Cuando la demanda de trabajo se estanca o crece muy lentamente, los obreros, al no ver posibilidad de sostener una familia, o al comprobar que los salarios son insuficientes, se abstienen de casarse. Pero si la demanda de trabajo crece con rapidez y regularidad, aunque las cosechas sean variables y las provisiones inciertas, la población aumentará hasta que sea contenida por el hambre y las enfermedades que esta provoca.

Puede suceder, pues, que la escasez y la miseria acompañen o no al aumento de la población; todo depende de las circunstancias. Cuando la población disminuye, estos males también se manifiestan. La razón es clara: nunca se ha observado —ni probablemente se observará— una disminución constante de la población que no tenga su origen último en la falta de alimentos. Si se examinan las causas que han despoblado los Estados en los numerosos ejemplos que ofrece la historia, se hallará siempre que la causa primera reside en la paralización o mala dirección del trabajo, debida a la violencia, a los defectos del gobierno, a la ignorancia u otras causas semejantes. Cuando Roma adoptó la práctica de importar la totalidad de su trigo y convirtió gran parte de Italia en pastizales, su población comenzó pronto a declinar. Ya se han indicado las causas que despoblaron Egipto y Turquía.

En cuanto a España, no fue tanto la pérdida directa de población causada por la expulsión de los moriscos lo que la perjudicó, sino el golpe infligido a su industria y a sus capitales. Cuando causas violentas despueblan un país sometido a un mal gobierno y con una propiedad mal asegurada, como ocurre en los Estados hoy menos poblados que en otro tiempo, ni la producción de alimentos ni la población logran recuperarse, y los habitantes quedan casi inevitablemente condenados a una indigencia extrema. Por el contrario, cuando la despoblación es accidental en un país previamente industrioso y exportador de trigo, si sus habitantes conservan la capacidad y la voluntad de trabajar como antes, resulta poco probable que no puedan volver a producir alimentos en abundancia, tanto más cuanto que, siendo menos numerosos, pueden limitar el cultivo a las tierras más fértiles.

De ello se sigue claramente que una nación no tiene menos probabilidad de recuperar su antigua población que la que tuvo originalmente para alcanzarla. Y en verdad, si fuera necesaria una gran población absoluta para obtener una abundancia relativa —como han supuesto algunos escritores—, resultaría inexplicable el rápido crecimiento de las colonias nuevas.

Los teóricos de la población han incurrido en un error análogo al de los antiguos respecto del oro y la plata: así como estos creían que una nación era tanto más rica cuanto mayor cantidad de metales poseía, así se ha creído que la población es la causa de la prosperidad de los pueblos, cuando en realidad es su efecto y no su origen.

Debe admitirse también que el límite al que las leyes humanas no pueden elevar la población es más fijo e infranqueable que el de la acumulación de metales. Porque, aunque sea imposible rebasarlo, puede concebirse; pero cuando la población llega al punto en que todos los productos se hallan repartidos y cada individuo dispone solo de lo necesario para subsistir, manteniéndose constante la producción, el número de personas no puede aumentar por ningún medio imaginable.

El aumento de la población, cuando resulta del curso natural de las cosas, es sin duda un bien y una condición necesaria para que el producto crezca posteriormente. Pero es esencial comprender el orden natural de este doble crecimiento. J. Stewart, que trató el asunto con claridad, erró en este punto al considerar la multiplicación como causa de la agricultura, y no a la agricultura como causa de la multiplicación. Aunque el cultivo inicial haya nacido de la insuficiencia del producto natural frente a una población creciente, y aunque hoy el deseo de sostener a la familia siga estimulando al cultivador, no es menos cierto que los productos agrícolas deben exceder las necesidades inmediatas de la población existente para que esta crezca de manera sostenida. Sabemos que en muchos casos el aumento de nacimientos no ha producido otra cosa que enfermedades y miseria. En cambio, nunca se ha visto un progreso duradero de la agricultura sin un aumento también duradero de la población. Es, pues, más exacto afirmar que la agricultura es la causa productiva de la población, aunque ambas fuerzas actúen recíprocamente y se refuercen mutuamente.

Esta observación es fundamental. Muchas ideas erróneas sobre la población proceden del desconocimiento de este orden natural.

Nada de lo dicho contradice la observación anterior acerca de la tendencia a alternarse que presentan, en su progreso, la población y los alimentos. Es frecuente que en ciertos períodos la población crezca más rápidamente que la producción; este hecho es una consecuencia necesaria del principio general. Cuando la caída de los salarios monetarios proviene del empleo industrial de una población creciente, la subida del precio del trigo —resultado de una mayor concurrencia— se convierte en el estímulo más habitual del cultivador. Pero no debe olvidarse que todo aumento relativo de población supone siempre que en algún momento previo existió un aumento de alimentos superior a las necesidades inmediatas.

Del mismo modo, si se pretende mejorar de manera efectiva la condición del obrero, es indispensable que el aumento de los medios de subsistencia preceda y supere al de la población. Rigurosamente hablando, como el hombre no puede vivir sin alimento, este debe preceder necesariamente al hombre.

LIBRO CUARTO: DE LA ESPERANZA QUE PUEDE CONCEBIRSE DE CURAR O ALIVIAR EN ADELANTE LOS MALES QUE PRODUCE EL PRINCIPIO DE LA POBLACIÓN

I. DE LA REPUGNANCIA MORAL, Y DE LA OBLIGACIÓN QUE TENEMOS DE PRACTICAR ESTA VIRTUD

Puesto que hemos visto que, en el estado actual de todas las sociedades, su crecimiento natural se halla constante y eficazmente contenido por ciertos obstáculos represivos; y no existiendo nada que pueda impedir el aumento permanente de estos obstáculos, que bajo una forma u otra mantienen la población dentro de determinados límites, se sigue que este orden constituye una ley de la naturaleza, a la cual es preciso someterse. La única circunstancia que queda a nuestra elección es determinar cuál de estos obstáculos resulta menos perjudicial para la virtud y la felicidad humanas. Hemos reconocido tres: la repugnancia moral, el vicio y la miseria. Si este punto de vista es exacto, no puede dudarse acerca de nuestra elección.

Si es necesario que la población sea contenida por algún obstáculo, es preferible que lo sea por la prudente previsión de las dificultades que entraña la carga de una familia, antes que por la necesidad y el vicio. Esta idea, que paso a desarrollar, parecerá sin duda conforme a la razón y a la naturaleza. Las opiniones contrarias han nacido en siglos de barbarie y se han mantenido hasta hoy únicamente porque algunos han tenido interés en defenderlas.

Los males físicos y morales parecen ser los instrumentos empleados por la Divinidad para apartarnos, en nuestra conducta, de aquello que no se ajusta a nuestra naturaleza y que podría perjudicar nuestra felicidad. La intemperancia en el alimento produce enfermedades; la cólera desordenada conduce fácilmente a acciones de las que luego nos arrepentimos; y si permitimos que la población crezca con excesiva rapidez, pereceremos miserablemente víctimas de la pobreza y de las enfermedades contagiosas. En todos estos casos, las leyes de la naturaleza son uniformes y coherentes.

La historia de las epidemias muestra que, casi sin excepción, el mayor número de víctimas se encuentra entre las clases más pobres del pueblo, mal alimentadas y hacinadas en viviendas sucias y estrechas.

¿Cómo podría la naturaleza hablarnos con mayor claridad para advertirnos que violamos una de sus leyes cuando poblamos más allá de los límites que permiten nuestros medios de subsistencia? Ha proclamado esta ley del mismo modo que aquella que condena la intemperancia, mostrándonos las desgracias que nos aguardan cuando nos entregamos sin freno a nuestras inclinaciones. Comer y beber es una ley natural, pero su exceso es perjudicial; lo mismo ocurre con la población.

Si nos abandonamos sin reserva a los impulsos de nuestras pasiones naturales, caeremos en los más extraños y funestos extravíos. Sin embargo, existen razones muy poderosas para creer que estas pasiones nos son necesarias y que no podrían extinguirse sin dañar gravemente nuestra felicidad. La más universal y apremiante de nuestras necesidades es alimentarnos, vestirnos, disponer de una vivienda y, en general, evitar los sufrimientos del hambre y del frío. El deseo de procurarnos estos medios de existencia es, por lo común, el principal motor de la actividad humana, a la cual deben atribuirse los innumerables progresos de la civilización. Este deseo, junto con la capacidad de satisfacer nuestras primeras necesidades, constituye la parte esencial de la felicidad de al menos la mitad del género humano, tanto antes como después de la civilización; y para la otra mitad es una condición indispensable para gozar de placeres más elevados.

Nadie ignora las ventajas de este deseo cuando está bien dirigido. Pero, en caso contrario, se convierte en fuente de graves males, y la sociedad se ve obligada a castigar con severidad a quienes, para satisfacerlo, emplean medios ilegítimos. Y, sin embargo, en ambos casos el deseo es igualmente natural.

Si el placer de satisfacer estas inclinaciones llegara a debilitarse, sin duda disminuirían las violaciones de la propiedad; pero esta ventaja quedaría ampliamente compensada por la disminución de los medios de disfrute. Las producciones destinadas a satisfacer nuestros deseos disminuirían con mayor rapidez que los delitos, de modo que la pérdida de felicidad para la mayoría de los hombres sería muy superior a la ganancia obtenida por otro lado. Al considerar los trabajos penosos y constantes de la mayor parte de los hombres, resulta evidente que su felicidad sería muy limitada si la esperanza de una mesa suficiente, de una vivienda cómoda y de un hogar cálido no bastara para derramar algún contento sobre sus privaciones.

Después del deseo de alimentarse, la pasión más general y poderosa es la del amor, entendida en su sentido más amplio. El amor virtuoso, ennoblecido por la amistad, ofrece una unión justa de placeres sensibles y puros, satisface las necesidades del corazón, despierta las pasiones simpáticas y da a la vida mayor interés y encanto.

Un examen atento de los efectos inmediatos y remotos de las pasiones humanas, así como de las leyes de la naturaleza, nos lleva a creer que existen muy pocos casos —quizá ninguno— en los que estas fuerzas puedan debilitarse sin que ello suponga una pérdida de bienes mayor que la disminución de los males que ocasionan. La razón es clara: las pasiones son el origen tanto de nuestros placeres como de nuestros sufrimientos; constituyen la materia misma de nuestra felicidad y nuestra miseria, de nuestras virtudes y de nuestros vicios. No deben, pues, destruirse, sino regularse.

La fecundidad de la especie humana es, en cierto sentido, independiente de la pasión, y depende en gran medida de la constitución natural de las mujeres. Pero la ley que rige este aspecto no difiere de las demás. La pasión es fuerte y general, y probablemente resultaría insuficiente si se debilitara. Los males que produce son consecuencia necesaria de su energía y extensión, y pueden ser mitigados por la virtud y la prudencia que se le oponen.

Todo nos induce a creer que la intención del Creador ha sido poblar la tierra; pero parece que este fin no podía alcanzarse sino otorgando a la población una tendencia a crecer más rápidamente que los medios de subsistencia. Si ambas crecieran en la misma proporción, no existiría estímulo alguno para vencer la pereza natural del hombre ni para impulsar el cultivo. La población del territorio más extenso y fértil se detendría del mismo modo con quinientos hombres que con cinco mil o cinco millones. Esta relación, por tanto, no habría servido al propósito divino.

En cuanto al grado exacto que debía fijarse para cumplir este fin con el menor mal posible, debemos reconocer nuestra incapacidad para juzgarlo. En la situación actual poseemos una fuerza capaz de poblar rápidamente regiones desiertas, pero también susceptible de contenerse, mediante la virtud, dentro de límites estrechos, evitando males graves a cambio de sacrificios relativamente ligeros. La analogía con las demás leyes de la naturaleza se rompería si en este único caso no se hubieran previsto los males parciales que pueden resultar de una ley general.

Para que la ley alcanzase su objetivo sin producir ningún mal, sería necesario que se adaptase continuamente a las circunstancias variables de los distintos países. Resulta, por el contrario, conforme a la analogía natural —y útil para nuestra perfección— que la ley sea uniforme y que los males derivados de las circunstancias se dejen a la prudencia humana, para que esta los prevenga o atenúe. Así, el hombre se ve obligado a vigilar sus acciones y a prever sus consecuencias; sus facultades se desarrollan más por este ejercicio que si la ley se acomodase a las circunstancias y lo eximiese de toda atención.

Si las pasiones pudieran dominarse fácilmente, o si resultara indiferente vivir en el celibato por la facilidad de satisfacerlas ilícitamente, los fines de la naturaleza encaminados a poblar la tierra quedarían frustrados. Es esencial para la felicidad humana que la población no crezca con excesiva rapidez; pero, para que se cumpla el fin de propagar la especie, es necesario que el deseo del matrimonio conserve toda su fuerza. El deber de cada hombre es no contraer matrimonio sin poder mantener a su descendencia; pero al mismo tiempo, el deseo del matrimonio debe impulsar al soltero a trabajar y a alcanzar el grado de bienestar que aún no posee.

Debemos, pues, esforzarnos en dirigir y regular el principio de la población, no en debilitarlo o destruirlo. Y si la repugnancia moral es el único medio legítimo de evitar los males que puede producir, estamos tan obligados a practicar esta virtud como cualquiera otra cuya utilidad general nos haya enseñado la experiencia.

II. DEL ÚNICO MEDIO QUE DISPONEMOS A NUESTRO ALCANCE PARA MEJORAR LA SUERTE DEL POBRE

Quien publica un código de moral o un sistema de deberes, convencido de que es una obligación inviolable someter a todos los hombres a sus leyes, no puede albergar la ilusoria esperanza de verlas practicadas universalmente, o siquiera de modo general. Sin embargo, nadie censura la publicación de semejante código. Pues, de admitirse tal objeción, ninguna regla de conducta podría darse a conocer, y a los vicios a los que nos expone la tentación se añadirían aquellos que nacen de la ignorancia.

Partiendo únicamente de la razón natural, si por una parte estamos convencidos de los males que produce una población excesiva, y por otra de la desgracia que acarrea la prostitución —sobre todo para una mitad del género humano—, no veo cómo un hombre que funde la moral en el principio de la utilidad pueda escapar a esta conclusión: que mientras no podamos mantener una familia, el freno moral es un deber. Si acudimos además a la revelación, encontraremos este deber plenamente sancionado. A pesar de ello, no creo que muchos de mis lectores esperen conmigo que los hombres cambien de modo general su conducta en este aspecto.

Podemos afirmar, pues, que los males derivados del principio de población no son de naturaleza distinta de los demás; que nuestra ignorancia y nuestra indolencia los agravan; que la ilustración y la virtud pueden remediarlos; que si los hombres cumplieran exactamente sus deberes, estas calamidades desaparecerían casi por completo; y que esta inmensa ventaja se lograría sin disminuir la suma de placeres que pueden proporcionarnos las pasiones bien dirigidas, las cuales han sido consideradas con razón como uno de los principales elementos de la felicidad.

No me parece justo tachar de ilusorio a un escritor por entregarse a tales suposiciones, a menos que pretenda que para dar utilidad práctica a su sistema sea indispensable una obediencia universal —o siquiera general— a las reglas que prescribe, en lugar de contentarse con ese grado de mejora media y parcial que es todo lo que razonablemente puede esperarse del conocimiento y la exposición más clara de nuestros deberes.

Por poderoso que parezca el dominio de las pasiones, se observa que siempre están, hasta cierto punto, bajo la influencia de la razón. No creo, por tanto, que pueda llamarse visionario a quien sostiene que una explicación clara de la causa verdadera y permanente de la pobreza, apoyada en ejemplos adecuados para hacerla comprensible, podría ejercer algún efecto, e incluso una influencia considerable, sobre la conducta del pueblo. Al menos, vale la pena intentarlo, pues aún no se ha hecho. Casi todo lo que hasta ahora se ha intentado para aliviar la suerte de los pobres no ha producido más que oscurecer este asunto y ocultarles la verdadera causa de su miseria.

Mientras el salario apenas basta para alimentar a dos niños, el jornalero se casa y tiene cinco o seis. De ahí nace la miseria más cruel. Se queja del bajo precio del trabajo; acusa a su parroquia por no socorrerle con prontitud; culpa a la avaricia de los ricos que le niegan su sobrante; censura las instituciones sociales que juzga injustas; e incluso llega a acusar los decretos de la Providencia, colocada —según él— en una situación tan dependiente que en todas partes encuentra necesidad y miseria. Buscando motivos de queja por doquier, no dirige la mirada hacia la verdadera causa de su mal. El último a quien culpará será a sí mismo, y, sin embargo, es el único verdaderamente responsable.

Su única excusa es haber sido engañado por la opinión difundida por las clases superiores. Puede lamentar haberse casado al sentir el peso que lo oprime, pero no creerá haber cometido una falta moral. Al contrario, siempre se le ha dicho que era una acción meritoria dar súbditos a su rey y a su país; ha obrado conforme a esta máxima y, sin embargo, sufre, creyendo sufrir por una causa justa. No puede menos que considerar una injusticia —e incluso una crueldad— que su rey y su país lo abandonen a la miseria en pago del don que, según las doctrinas inculcadas, les ha ofrecido.

Hasta que estas ideas erróneas no sean rectificadas y el lenguaje de la naturaleza y de la razón sustituya al del error y la preocupación, no podrá decirse que se ha intentado ilustrar realmente al pueblo. Para acusarlo con justicia, es preciso antes instruirlo. Entonces podremos reprocharle su imprevisión y su indolencia si persiste en obrar como hasta ahora, después de haber comprendido que él mismo es la causa de su pobreza; que el remedio depende únicamente de él; que ni la sociedad ni el gobierno pueden hacer nada eficaz; que, por buenos que sean sus deseos y esfuerzos, son incapaces de cumplir promesas imprudentes; y que cuando el salario no basta para mantener una familia, es señal evidente de que el país no necesita más súbditos, o al menos no puede sostenerlos.

En tal estado, si el pobre se casa, lejos de cumplir un deber social, se convierte en una carga inútil y se condena a la miseria. Obra así contra la ley de Dios y se atrae voluntariamente sufrimientos y enfermedades que, en su mayor parte, podrían evitarse atendiendo a las advertencias repetidas de la naturaleza.

Quienes deseen mejorar de manera eficaz la condición de las clases más pobres deben buscar los medios de elevar la relación entre el precio del trabajo y el de las subsistencias, para que el obrero pueda adquirir mayor cantidad de bienes necesarios para la vida y el bienestar. Hasta ahora, para lograr este fin, se ha estimulado a los pobres a casarse, aumentando así el número de obreros y sobrecargando el mercado con una mercancía cuyo precio se pretende elevar. No hace falta gran perspicacia para prever el resultado de este proceder. La experiencia, en diversos países y durante siglos, lo ha confirmado plenamente.

Es tiempo, pues, de ensayar el medio contrario: disminuir su número. En los Estados antiguos y densamente poblados, este es el único del que puede esperarse razonablemente una mejora importante y duradera en la suerte de las clases más humildes.

Si intentamos elevar las subsistencias al nivel de la población, pronto veremos que este aumento no hace sino multiplicar los consumidores, de modo que el avance logrado se desvanece. Sería como poner una tortuga a perseguir una liebre en carrera. Convencidos de que las leyes de la naturaleza se oponen a este objetivo, intentaremos el camino inverso: reducir la población al nivel de las subsistencias. Si lográramos detener a la liebre, la tortuga acabaría alcanzándola.

No debemos, pues, disminuir la actividad destinada a aumentar las subsistencias; pero sí es necesario un esfuerzo constante para mantener la población por debajo de ese nivel. Así se alcanzan ambos fines: una población numerosa y una sociedad en la que la pobreza y la dependencia servil se reduzcan al mínimo que permite la naturaleza de las cosas, objetivos que no son contradictorios.

Si se desea mejorar de forma sincera y permanente la suerte del pobre, lo mejor es exponerle con claridad su situación: hacerle comprender que el único medio de elevar realmente el precio del trabajo es disminuir el número de obreros, y que, puesto que ellos mismos lo aportan al mercado, solo ellos pueden impedir su exceso. Este medio me parece tan claro en teoría y tan confirmado por la analogía con cualquier otra mercancía, que nada justifica su abandono, salvo que se demuestre que produce males mayores que los que pretende evitar.

III. REVISIÓN DE ALGUNAS OBJECIONES

Quizá se objete al plan que acabo de proponer precisamente aquello que constituye su principal mérito: que tiende a disminuir la concurrencia de obreros. Este efecto tendrá sin duda lugar hasta cierto punto, pero no perjudicará a la riqueza ni a la prosperidad nacional. El sistema actualmente seguido por los ingleses y el enorme aumento del precio de las subsistencias con que se ven amenazados facilitarán mucho más que el plan propuesto que otros los suplan en los mercados de Europa. Si la población estuviese mejor proporcionada a la cantidad de subsistencias, el precio nominal del trabajo podría ser más bajo que en la actualidad y, sin embargo, bastar para mantener a una mujer y seis hijos.

Sea como fuere, es indudable que si los ricos rehúsan soportar los ligeros inconvenientes inseparables del gran bien que dicen desear, habrá motivos para dudar de la sinceridad de su buena voluntad. Pretender mejorar la condición del pobre, colocándolo en situación de adquirir por su trabajo abundantes objetos necesarios para la vida y el bienestar, y quejarse inmediatamente después del alto precio de los salarios, es imitar a los niños que con una mano dan dulces y con la otra quieren recuperarlos, y lloran cuando no se les devuelven. Un mercado saturado de obreros y salarios elevados son dos cosas absolutamente incompatibles. Jamás en los anales de la humanidad han coexistido ambas, y concebirlas juntas, aun en la imaginación, revela una ignorancia completa de los principios más elementales de la economía política.

La segunda objeción a nuestro plan es la posible disminución de la población que podría producir. Pero es necesario advertir que esta disminución sería puramente relativa; una vez realizada, la misma causa que mantiene durante cierto tiempo la población en estado estacionario mientras aumentan las subsistencias, la pondrá luego en condiciones de reanudar su crecimiento y de avanzar, generación tras generación, al ritmo de estas. Mientras los resortes de la industria conserven su vigor y su acción esté suficientemente dirigida hacia la agricultura, no hay razón para temer una escasez de población.

El medio más seguro de difundir entre los pobres el amor al trabajo y el espíritu de economía será quizá convencerlos de que su felicidad depende principalmente de ellos mismos; de que si obedecen a sus pasiones en lugar de someterse a la razón, y si antes de casarse no son frugales y laboriosos para reunir los medios necesarios para mantener a su futura familia, deben esperar los males con que la Providencia castiga a quienes desoyen sus advertencias.

Puede oponerse todavía una tercera objeción, y es la única que me parece tener algún fundamento: a saber, que al imponer el deber del freno moral corremos el riesgo de aumentar las faltas contra la castidad. Me dolería decir algo que directa o indirectamente pudiera interpretarse en detrimento de esta virtud. Pero no creo que las faltas de que se trata deban considerarse aisladas en la moral, ni que sean las más graves que puedan concebirse. Casi siempre producen desgracias y, por ello, deben reprimirse eficazmente; pero existen otros vicios de efectos aún más perniciosos y situaciones que merecen mayor atención.

La extrema pobreza expone a tentaciones todavía más fuertes. Numerosos hombres y mujeres han llevado, fuera del matrimonio, una vida honrada, casta y virtuosa; y no creo que muchos, sometidos a la prueba de una miseria extrema o de una existencia llena de privaciones continuas, hayan conservado intacta su delicadeza moral ni su carácter.

Al número de indigentes y al empeño que ponemos en fomentar la imprudencia y la imprevisión debe atribuirse la mayor parte de los atentados contra la propiedad y muchos otros crímenes atroces que nos obligan a recurrir con frecuencia al terrible recurso de las ejecuciones.

Aun cuando la indigencia no engendre delitos, paraliza las virtudes. Las tentaciones frecuentes pueden provocar faltas contra la castidad sin degradar por completo el carácter ni destruir su sensibilidad moral; pero las tentaciones que asedian al pobre, unidas al sentimiento de injusticia que alimenta la ignorancia de la verdadera causa de su situación, conspiran a corromperlo de múltiples maneras. Su ánimo se irrita, su corazón se endurece y el sentido moral se extingue poco a poco, hasta incapacitarlo para salir de su abatimiento y hacerlo, en cierto modo, morir para la virtud.

Si se consideran únicamente los deberes de la castidad, se verá que el matrimonio no es siempre una garantía segura de su observancia. Las clases superiores ofrecen abundantes ejemplos de ello, y no faltan tampoco entre las inferiores, aunque se hable menos. Añádase que la extrema pobreza, cuando va unida a la ociosidad, es de todos los estados el menos favorable a la castidad, pues entonces no contienen las pasiones ni el respeto de sí mismo ni el sentimiento moral.

Pero, en fin, si se desestiman estos razonamientos; si el temor de fomentar el vicio nos retrae de inculcar en el pueblo la prudencia y de exhortarlo a la virtud que hemos denominado freno moral; si estamos convencidos de que para hacer feliz y virtuoso a un pueblo es preciso trabajar con todas nuestras fuerzas para facilitar la frecuencia de los matrimonios, examinemos al menos, antes de entregarnos a este sistema, cuáles son los medios por los que pretendemos alcanzar el fin que nos proponemos.

IV. CONSECUENCIAS DE UN SISTEMA CONTRARIO AL NUESTRO

Es evidente que, cualquiera que sea el aumento de las subsistencias, el de la población no puede alcanzarlo sino cuando los alimentos se reparten en porciones tan pequeñas que apenas bastan para vivir. Todos los niños que nazcan más allá del número necesario para mantener la población en este estado deben perecer necesariamente, a menos que ocupen el lugar de los adultos fallecidos. A lo largo de esta obra se ha mostrado que, en los Estados ya constituidos desde antiguo, los matrimonios y los nacimientos dependen principalmente de las defunciones, y que el estímulo más eficaz para los matrimonios precoces es una elevada mortalidad.

Para ser consecuentes, habría entonces que favorecer, en vez de combatir, la mortalidad que produce la naturaleza. Y si el hambre nos causa temor, siempre quedaría el recurso de evitarla recurriendo a otros medios de destrucción. En lugar de encargar a los pobres la limpieza, se les propondrían hábitos contrarios; se procurarían calles estrechas en las ciudades, se hacinaría a los hombres en las viviendas, y se haría todo lo posible hasta atraer finalmente la peste. En el campo se cuidarían de situar las habitaciones junto a aguas corrompidas y en parajes insalubres y pantanosos, evitando sobre todo los preservativos que algunos hombres benéficos oponen a ciertos contagios. Si con esta conducta se lograra elevar la mortalidad desde la proporción actual de uno por treinta y seis o cuarenta, hasta uno por dieciocho o veinte, sería casi seguro que cada individuo podría casarse al llegar a la pubertad y que pocos se verían obligados a morir de hambre.

Pero si queremos al mismo tiempo fomentar los matrimonios prematuros y oponernos a las operaciones destructivas de la naturaleza, estemos seguros de que no lo conseguiremos. La naturaleza ni quiere ni puede ser dominada, y la mortalidad que exige la población se producirá de un modo u otro. La desaparición de una enfermedad será la señal de la aparición de otra más funesta. La naturaleza nos advierte sin cesar mediante castigos proporcionales al olvido de los deberes que nos ha impuesto.

Mientras en Inglaterra predomine el obstáculo preventivo, cuyo efecto es contener la población, estos castigos se mantienen moderados. Pero si llegase a prevalecer la costumbre de casarse a la edad de la pubertad, pronto se agravarían. A los males físicos se unirían los políticos. Un pueblo acosado por la miseria constante y visitado con frecuencia por el hambre sólo podría ser dominado por el más duro despotismo. Se llegaría entonces al estado en que se hallan los pueblos de Egipto y Abisinia. Y pregunto: ¿se cree que en tal situación seríamos más virtuosos?

Si por una parte tememos que, predicando la virtud y el freno moral, fomentemos ciertos vicios, y si por otra el espectáculo de los males que acarrea una población excesiva nos hace temblar ante la idea de estimular los matrimonios, y concluimos que lo mejor es no intervenir en la conciencia individual y dejar que cada hombre obre libremente, haciéndolo responsable ante Dios del bien o del mal que cometa, esto es precisamente lo que solicito y desearía obtener.

Sin embargo, en las clases inferiores, donde este punto de moral es de la mayor importancia, las leyes relativas a los pobres constituyen un estímulo constante y sistemático al matrimonio, porque descargan al individuo de la responsabilidad que la naturaleza impone a todo padre. La beneficencia destruye así el freno natural, facilita el sostenimiento de una familia y, en la medida de lo posible, iguala las cargas del matrimonio con las del celibato.

En las clases superiores, por el contrario, el matrimonio se fomenta mediante la consideración social concedida a las mujeres casadas y el desdén que se manifiesta hacia las que permanecen solteras. De este modo, hombres carentes de atractivo físico o moral y de edad avanzada encuentran con facilidad esposas jóvenes, cuando la naturaleza parecería indicar que deberían unirse con personas de su misma edad. Es indudable que muchas mujeres se casan únicamente para evitar el calificativo de solteronas. Alarmadas por el ridículo que una preocupación necia y absurda ha unido a ese estado, se deciden a contraer matrimonio con hombres por los que sienten, cuando no aversión, al menos una completa indiferencia. Tales uniones constituyen una prostitución legal a los ojos de quienes conservan alguna delicadeza moral y, con frecuencia, sobrecargan al país de hijos sin que este mal se compense con un aumento del bienestar o de la virtud de quienes los engendran.

En todos los rangos sociales prevalece la opinión de que el matrimonio es una especie de deber. El hombre que cree no haber pagado su deuda con la sociedad si no deja descendencia, no se atreverá a escuchar los consejos de la prudencia y, casándose temerariamente, se creerá con derecho a descansar en los cuidados de la Providencia. En un país civilizado, donde se conocen los goces del bienestar, esta preocupación no puede extinguir por completo la luz natural de la razón, pero sí contribuye a oscurecerla. Hasta que esta oscuridad se disipe, y hasta que el pobre comprenda la verdadera causa de sus padecimientos y reconozca que debe imputárselos a sí mismo, no podrá decirse que se le deja realmente en libertad para decidir sobre el matrimonio.

V. CÓMO INFLUYE EL CONOCIMIENTO DE LA PRINCIPAL CAUSA DE LA POBREZA EN LA LIBERTAD CIVIL

De lo que acabamos de decir se deduce que el pueblo debe considerarse a sí mismo como la causa principal de sus padecimientos. Tal doctrina, a primera vista, puede parecer poco favorable a la libertad. Se dirá que proporciona a los gobiernos un pretexto para oprimir a sus subordinados, negándoles el derecho a quejarse, y que autoriza a atribuir a las leyes de la naturaleza o a la imprudencia del pobre las funestas consecuencias de las vejaciones del poder. Pero no debemos juzgar por impresiones momentáneas. Estoy persuadido de que, examinando este asunto con detenimiento, se verá que el conocimiento pleno y generalmente difundido de la verdadera causa de la pobreza es el medio más seguro de establecer, sobre fundamentos sólidos, una libertad sabia y razonable; y que el principal obstáculo que se opone a ello nace precisamente de la ignorancia de esta causa y de las consecuencias que dicha ignorancia acarrea.

La angustia a que se ven reducidas las clases inferiores y la costumbre de atribuir este estado a quienes gobiernan me parecen los verdaderos muros del despotismo. Tal situación ofrece al que abusa de la autoridad un motivo aparente para hacerlo, bajo el pretexto de contener a los sediciosos. Esta es la verdadera razón por la cual un gobierno libre tiende sin cesar a su destrucción por la tolerancia de quienes están encargados de sostenerlo. De aquí proviene el fracaso de los esfuerzos más generosos y la muerte de la libertad naciente en el curso de las revoluciones. Mientras un hombre turbulento, dotado de cierto talento, pueda agitar al pueblo y persuadirlo de que sus males deben imputarse al gobierno, siempre habrá nuevos medios de fomentar el descontento y sembrar los gérmenes de la revolución. Derribado el gobierno existente, el pueblo, todavía sumido en la miseria, vuelve su resentimiento contra quienes han sucedido a sus antiguos amos. Apenas se han inmolado nuevas víctimas, cuando se reclaman otras, sin que se vislumbre el término de trastornos cuya causa permanece siempre activa. ¿Debe extrañarnos que, en medio de estas borrascas, muchos hombres de bien recurran al poder absoluto? Hastiados de convulsiones cuyo fin no se puede prever, desesperan de sus esfuerzos y buscan un amparo contra los furores de la anarquía.

La multitud que protagoniza los motines es el producto de una población excedente. Se halla oprimida por padecimientos reales, pero cuya causa desconoce. Esta masa extraviada es un enemigo formidable de la libertad, pues la fomenta o la destruye para restablecerla bajo otra forma, a menudo tiránica.

Se cree, y con bastante probabilidad, que la lectura de *Los derechos del hombre*, de Paine, ha causado gran daño entre las clases medias e inferiores. No porque el hombre carezca de derechos o no deba conocerlos, sino porque Paine incurre en graves errores sobre los principios del gobierno y desconoce la verdadera naturaleza de los vínculos sociales. Afirma con razón que, cualquiera que sea la causa aparente de una conmoción, su causa real es siempre la miseria del pueblo. Pero cuando añade que ello constituye una prueba segura de algún vicio del gobierno y concluye que éste ha atentado contra la felicidad pública, incurre en un error demasiado común: atribuir al gobierno toda desgracia social. Es evidente que puede existir una miseria profunda, capaz de provocar disturbios, sin que el gobierno sea culpable. La superpoblación en un Estado antiguo es una causa permanente de infelicidad. Si se pretende remediarla mediante distribuciones periódicas a los pobres, según el plan propuesto por Paine, no sólo no se corrige el mal, sino que se agrava, hasta el punto de hacer imposible, en poco tiempo, que la sociedad continúe sosteniendo tales cargas.

Nada neutralizaría más eficazmente los efectos perniciosos de estas ideas que la difusión general del verdadero concepto de los derechos del hombre. No es necesario enumerarlos aquí, pero no puedo omitir el pretendido derecho a ser alimentado cuando el trabajo no proporciona medios suficientes. Las leyes inglesas reconocen tal derecho y obligan a la sociedad a dar ocupación y alimentos a quienes no pueden obtenerlos por los medios ordinarios de la compra y la venta. Sin embargo, tales disposiciones se oponen a las leyes de la naturaleza.

Es de esperar, por tanto, no sólo que fracasen en su propósito, sino que agraven los padecimientos del pobre, pues el medio destinado a aliviarlo no hace sino seducirlo con esperanzas ilusorias.

Si las verdades fundamentales sobre este asunto estuvieran más ampliamente difundidas; si las clases inferiores comprendieran que la propiedad es necesaria para obtener un producto abundante; que, admitida la propiedad, ningún hombre puede reclamar como derecho los alimentos cuando no puede procurárselos con su trabajo; si entendieran, en fin, que estas leyes están sancionadas por la naturaleza y son independientes de las instituciones humanas, la mayor parte de las declamaciones peligrosas contra la injusticia del orden social perderían su efecto y apenas serían escuchadas. Los pobres no son ilusos: sus males son reales, aunque se equivoquen acerca de su causa. Si se les explicara claramente el origen de su error y se les hiciera ver cuán limitada es la responsabilidad del gobierno en sus sufrimientos, y cuán grande es la que les incumbe a ellos mismos, el descontento y la irritación disminuirían sensiblemente. Los agitadores, surgidos a menudo de las clases medias, verían frustrados sus esfuerzos y podrían ser despreciados sin peligro, una vez que los proletarios estuvieran suficientemente instruidos sobre sus verdaderos intereses.

Una verdad que creo haber demostrado suficientemente a lo largo de esta obra es que, aun bajo el gobierno más perfecto y administrado por hombres de la mayor integridad y talento, pueden difundirse la desgracia y la miseria extrema si el pueblo no acostumbra a oponer al crecimiento de la población las reglas de prudencia necesarias para contenerla. Como hasta ahora no se ha comprendido la naturaleza ni la acción de esta causa, y como los esfuerzos de la sociedad han tendido más a aumentarla que a disminuirla, existen poderosas razones para atribuir a ella la mayor parte de los males que sufren las clases inferiores en todos los gobiernos conocidos.

La conclusión que Paine y otros extraen de estos males contra los gobiernos es, por tanto, manifiestamente falsa. Antes de aceptar tales acusaciones, es deber de la verdad y de la justicia examinar qué parte de los sufrimientos del pueblo debe atribuirse al principio de población y cuál al gobierno. Hecha esta distinción con equidad, y rechazadas las imputaciones vagas o erróneas, es justo exigir responsabilidad al gobierno por lo que le corresponde, y esta responsabilidad sigue siendo considerable. El gobierno tiene poco poder para aliviar directamente la pobreza, pero ejerce una influencia grande e incontestable sobre el bienestar general. No puede aumentar las subsistencias al mismo ritmo que una población sin freno, ni suprimir los obstáculos que necesariamente la contienen; pero puede crear las condiciones que favorezcan la prudencia.

Para que un pueblo adquiera hábitos de previsión, lo primero que se requiere es la plena seguridad de la propiedad. Lo segundo, quizá, es cierto grado de consideración hacia las clases inferiores, nacido de leyes iguales para todos y en cuya formación hayan tenido alguna participación. Cuanto más perfecto es un gobierno, más favorece estos hábitos de prudencia y esta elevación de sentimientos, que en el estado actual de las sociedades son los únicos medios eficaces para desterrar la miseria.

Se dice a menudo que la única razón para conceder al pueblo una parte en el gobierno es que la representación nacional tiende a producir leyes justas e iguales, y que si el mismo resultado se obtuviera bajo el despotismo, la ventaja sería la misma. Pero si el gobierno representativo, al asegurar a las clases inferiores un trato más igual y liberal, aumenta en cada individuo el sentido de responsabilidad y el temor a la degradación, es evidente que cooperará poderosamente con la seguridad personal para estimular la industria y formar hábitos de prudencia, contribuyendo así más eficazmente a la prosperidad de las clases inferiores que si las mismas leyes se impusieran desde un poder absoluto.

No obstante, aun el mejor gobierno sólo puede influir de modo indirecto y lento en la reducción de la pobreza. Sus efectos son muy distintos de los alivios inmediatos y directos que las clases inferiores esperan tras una revolución. Esta esperanza ilusoria y la frustración que sigue a ella desvían los esfuerzos populares y obstaculizan las reformas graduales y las mejoras duraderas que habrían podido alcanzarse con éxito.

Es, pues, de suma importancia distinguir claramente lo que el gobierno puede hacer de lo que está fuera de su alcance. Si se me pregunta cuál es la verdadera causa que retrasa el progreso de la libertad, responderé que es la ignorancia sobre el origen real de la miseria y el descontento del pueblo, y la facilidad que esta ignorancia ofrece al poder para mantenerse y crecer. Sería muy útil que se comprendiera generalmente que la principal causa de las privaciones populares depende sólo indirectamente del gobierno, que éste es incapaz de combatirla de frente, y que nace en gran parte de la conducta de los propios proletarios. Lejos de favorecer los abusos, estas verdades, bien entendidas, servirán para prevenirlos, privarán al poder de pretextos engañosos y constituirán uno de los apoyos más firmes de una libertad verdaderamente razonable.

338

VI. CONTINUACIÓN

Los argumentos contenidos en el capítulo anterior se han confirmado de un modo sorprendentemente claro por los acontecimientos de los dos o tres últimos años. En ninguna época, quizá, se ha visto a las clases inferiores concebir expectativas tan erróneas sobre los efectos que debían esperar de las reformas del gobierno; nunca estas aspiraciones han estado tan directamente fundadas en la ignorancia absoluta de la principal causa de la pobreza, ni han conducido de forma más directa a resultados desfavorables para la libertad.

Una de las causas de las quejas generales contra el gobierno era que un gran número de jornaleros, pudiendo y queriendo trabajar, se encontraban sin ocupación y, por lo mismo, sin poder proveer a sus necesidades.

Tal estado de cosas es sin duda uno de los fenómenos más deplorables que pueden presentarse en la vida civilizada. Un sentimiento común de humanidad basta para considerar esta situación de las clases inferiores como un motivo de descontento natural y comprensible, y para que las clases superiores empleen todos sus esfuerzos en mitigar su rigor. Pero tal estado de cosas puede existir aún bajo el gobierno mejor administrado y más estrictamente económico. Esto es tan cierto como que un gobierno no tiene poder para ordenar que los recursos del país sean progresivos cuando, por la naturaleza de las cosas, son estacionarios o retrógrados.

Hemos supuesto hasta aquí que el gobierno no tiene parte alguna en los males de que nos quejamos, y en gran medida se verifica tal suposición. Pues, en verdad, pudiendo el gobierno producir muchas desgracias por la guerra y las contribuciones, se requiere cierta atención para distinguir los males que dimanan de estas causas de aquellos que dependen de las anteriormente expuestas. En cuanto a Inglaterra, es innegable que ambas han concurrido; pero las causas independientes del gobierno han tenido mayor peso. La guerra y los impuestos tienden directa y simplemente a destruir o retardar los progresos de los capitales, de los productos y de la población; pero durante la última guerra estos obstáculos a la prosperidad han estado más que compensados por una combinación de circunstancias que han dado a la población un impulso extraordinario.

No puede decirse que estas ventajas deban atribuirse al gobierno. Durante estos veinticinco años, el gobierno no ha dado pruebas de un amor decidido a la paz y a la libertad, ni de una economía escrupulosa en el empleo de los recursos nacionales. Ha seguido adelante gastando enormes sumas para sostener la guerra y levantando fuertes impuestos para atender a sus gastos. Es indudable que ha contribuido por su parte a la dilapidación de la fortuna pública. Y, sin embargo, los hechos más evidentes prueban al observador imparcial que, al concluir la guerra en 1814, no se habían agotado los recursos nacionales; que la riqueza y la población del país eran no solo mucho mayores que antes de la guerra, sino que habían aumentado de una época a otra con una rapidez sin precedentes.

Quizá este sea uno de los hechos más notables que presenta la historia, y prueba de manera incontestable que los sufrimientos soportados por el país después de la paz no han sido causados tanto por los efectos ordinarios —y previsibles— de la guerra y las contribuciones, como por el cese repentino de los estímulos extraordinarios que habían favorecido el crecimiento de la población. Los males producidos por esta causa, aunque agravados por el peso de las contribuciones, no se derivan esencialmente de ellas y, por consiguiente, no pueden recibir de su supresión un alivio directo e inmediato.

Que las clases obreras escuchen con más gusto a quienes les prometen un alivio inmediato que a quienes solo les ofrecen verdades incómodas, no debe sorprender. Pero es preciso reconocer que los oradores y escritores populares se han aprovechado sin el menor escrúpulo de la crisis que les ha otorgado influencia. En parte por ignorancia y en parte por mala fe, han apartado de la vista o condenado con vehemencia todo aquello que hubiera podido ilustrar a las clases obreras sobre su verdadera situación, y todo lo que hubiera podido inducirlas a soportar con paciencia los males inevitables, prefiriendo exaltar aquello que podía engañarlas, agravar su descontento y fomentar una esperanza ilusoria de alivio mediante simples reformas políticas.

Si en tales circunstancias se hubieran llevado a cabo las reformas propuestas, el resultado inevitable habría sido que el pueblo viera cruelmente frustradas sus esperanzas para caer después, tras reiteradas decepciones, bajo el yugo del despotismo militar.

Estas consideraciones han debido, de manera natural, paralizar los esfuerzos de los verdaderos amigos de la libertad; y así, las reformas saludables, reconocidas como necesarias para reparar los deterioros del tiempo y dar al edificio político toda la perfección de que es susceptible, se han vuelto mucho más difíciles y, por ello mismo, menos probables.

Es necesario admitir que la época actual ofrece una aplicación particularmente elocuente de nuestra teoría y confirma esta verdad: que la ignorancia de la principal causa de la pobreza es profundamente desfavorable a la libertad, y que el conocimiento de dicha causa debe producir un efecto exactamente contrario

VII. PLAN PARA ABOLIR GRADUALMENTE LAS LEYES SOBRE LOS POBRES

Si son fundados los principios anteriormente establecidos, si se reconoce la obligación en que estamos de ajustar nuestra conducta a ellos, sólo resta examinar lo que debemos hacer para realizar este proyecto. El primero y mayor obstáculo que se presenta en Inglaterra es el sistema de leyes adoptado con respecto a los pobres. Con razón se ha representado este sistema como tan perjudicial y oneroso como la misma deuda nacional. La rapidez con que se ha incrementado el impuesto para los pobres durante estos últimos años presenta un número proporcional de asistidos tan extraordinario, que apenas puede creerse que exista en el seno de una nación floreciente y bien gobernada.

He reflexionado largamente sobre las leyes inglesas relativas a los pobres, y confío por ello en que se excusará que me atreva a proponer un plan de abolición progresiva, al cual no creo que pueda hacerse ninguna objeción importante. Estoy casi seguro de que, si se llega a comprender que las leyes de que hablo son a la vez un manantial de vejaciones y una causa constante de degradación, pereza y miseria, y que, por consiguiente, si se desea trabajar eficazmente en secar este manantial envenenado del que brota sin cesar la miseria, un sentimiento de justicia llevará a adoptar, si no el plan que propongo, al menos el principio en que se funda.

Con este objeto propondría que se promulgase una ley que dispusiera que la asistencia parroquial se negara a los hijos nacidos de matrimonios contraídos un año después de la publicación de dicha ley, y a todos los ilegítimos nacidos dos años después. Para que esta disposición fuese conocida universalmente y quedase más profundamente grabada en el espíritu del pueblo, debería invitarse a los ministros de la religión a leer, inmediatamente después de la publicación de los bandos, una breve instrucción en la que se expusiese de modo conciso la estricta obligación impuesta a todo hombre de alimentar a sus hijos; la temeridad e inmoralidad de quienes se casan sin esperanza de cumplir un deber tan sagrado; los males que han recaído sobre los mismos pobres como consecuencia de la vana tentativa de suplir, a costa de los establecimientos públicos, las obligaciones que la naturaleza ha impuesto a padres y madres; y, finalmente, la necesidad en que se ha visto la sociedad de abandonar esta empresa por haber producido efectos directamente opuestos a las intenciones de quienes la concibieron.

Una vez publicada la ley y adquirido por el pueblo un conocimiento pleno de ella, y una vez abolido así el sistema de leyes sobre los pobres para la generación naciente, si alguien juzga conveniente casarse sin esperanza de poder mantener a su familia, creo que debe ser dejado a sí mismo y gozar, en este punto, de la más completa libertad. Aunque a mi juicio semejante matrimonio sea una acción inmoral, no pertenece al número de aquellas que la sociedad debe castigar o prevenir directamente. La razón es que la pena que imponen las leyes naturales recae inmediatamente sobre el culpable, y este castigo es por sí mismo suficientemente severo. No se pretende con esto negar que la sociedad sufra indirectamente por un acto de tal imprevisión, pues no deja de afectarla, aunque sea de manera remota. Pero cuando la naturaleza se encarga de gobernar y castigar, sería una ambición insensata pretender sustituirla, asumiendo todo lo odioso de la ejecución.

Entreguemos, pues, a este hombre al castigo que le impone la naturaleza. Ha obrado contra la voz de la razón, que se le ha manifestado con claridad; no puede, por tanto, acusar a nadie, y sólo debe imputarse a sí mismo las consecuencias funestas de su acción. No puede recurrir ya a la asistencia parroquial; y si la caridad privada le presta algún auxilio, el interés de la humanidad exige imperiosamente que no sea excesivo. Es preciso que comprenda que las leyes naturales —esto es, las leyes de Dios— lo han condenado a una existencia penosa como castigo por haberlas infringido; que no puede reclamar a la sociedad derecho alguno para obtener siquiera la más mínima porción de alimento, sino aquella que pueda adquirir con su trabajo; y que, si él y su familia se ven preservados de los horrores del hambre, deben considerarse deudores de la piedad de algunas almas benéficas, a las que deben por ello el mayor reconocimiento.

En cuanto a los niños nacidos de relaciones ilegítimas, después de hechas todas las advertencias necesarias, no serían admitidos a la asistencia parroquial, quedando enteramente confiados a la caridad privada. Los padres que abandonan a sus hijos cometen un crimen del que deben responder. Desde el punto de vista de la sociedad, un niño puede ser fácilmente reemplazado; si se le concede tan alto valor es porque es objeto de una de las pasiones más dulces del corazón humano, conocida como amor paternal.

Si quienes debiesen sentir esta pasión desconocen el valor del don que la naturaleza les ha confiado, no corresponde a la sociedad ocupar su lugar. Su deber, en este caso, es castigar el crimen de los padres que, violando los más sagrados deberes, abandonan a los hijos confiados a su cuidado, o que deliberadamente los someten a un trato cruel.

En la actualidad, el hijo ilegítimo queda bajo la protección de la parroquia y muere por lo general antes de cumplir un año, al menos en Londres. La sociedad sufre la misma pérdida; pero el horror del crimen se atenúa por la frecuencia con que se comete. La muerte de estas desdichadas criaturas pasa por un simple designio de la Providencia, sin considerarse que es consecuencia necesaria de la conducta de padres desnaturalizados, responsables de ello ante Dios y ante los hombres.

No obstante, es raro que un hijo sea abandonado simultáneamente por padre y madre. Cuando un obrero o un criado tiene un hijo ilegítimo, lo más frecuente es que huya o se oculte. Tampoco es raro ver a un hombre casado, con hijos, marcharse a algún lugar lejano y dejar a su familia a cargo de la parroquia.

La simple narración de estas fugas podría dar a los extranjeros una idea deplorable del carácter inglés; pero un examen más atento llevará a un juez imparcial a atribuir el crimen a las instituciones que lo han provocado.

Las leyes naturales confían los hijos al cuidado directo y exclusivo de sus padres; y por ellas, la madre está confiada al hombre que es el padre del niño. Si estos vínculos no se alteran, si la naturaleza actúa libremente y si todo hombre sabe que de él depende por completo la existencia de su hijo, difícilmente se encontrarán muchos tan desnaturalizados como para abandonarlos a ambos. Probablemente no habría en toda la especie humana ni diez padres capaces de un crimen tan atroz. Pero las leyes inglesas contradicen abiertamente estas leyes naturales al proclamar que, si los padres abandonan a sus hijos, otros deberán cuidar de ellos; que si una mujer es abandonada por su marido hallará protección en terceros. Así, se han tomado todas las medidas necesarias para debilitar o borrar los sentimientos naturales, y luego se acusa a la naturaleza cuyas leyes se han violado. En realidad, la sociedad organizada en cuerpo político es la única culpable de esta transgresión: ella ha dictado las leyes que la consagran y ha ofrecido recompensas a quienes atropellan los sentimientos más útiles y respetables.

La obligación de todo hombre de alimentar a sus hijos, legítimos o ilegítimos, es tan evidente e imperiosa, que sería justo otorgar a la sociedad los medios necesarios para reforzarla, escogiendo los instrumentos más adecuados para lograr este fin. Pero, a mi entender, no existe otro medio coercitivo eficaz al alcance del poder civil que un aviso claro y universal que declare que, en adelante, los hijos sólo serán alimentados por sus padres; y que, si estos los abandonan, no deben esperar que sus cuidados sean suplidos sino por los auxilios ocasionales de la caridad privada.

Tal vez parezca cruel que la madre y los hijos, sin culpa alguna, deban sufrir las consecuencias de la mala conducta del jefe de la familia.

Pero esta es una ley inmutable de la naturaleza, y debe meditarse profundamente antes de intentar oponerse a ella de modo sistemático.

Si se adoptara el plan propuesto, se vería disminuir en pocos años y con rapidez la contribución destinada a los pobres, hasta quedar finalmente reducida a una suma muy moderada. Nadie podría decirse engañado ni perjudicado, y, por tanto, no habría motivo legítimo de queja.

VIII. DE QUÉ MEDIOS DEBEMOS VALERNOS PARA CORREGIR LAS OPINIONES ERRÓNEAS SOBRE LA POBLACIÓN QUE HAN CUNDIDO EN EL MUNDO

No basta abolir todas las instituciones que fomentan la población, sino que es menester al mismo tiempo corregir las opiniones dominantes que producen el mismo efecto y que aun algunas veces obran con mayor fuerza. Pero esto sólo puede ser obra del tiempo, y el único medio para conseguirlo es difundir, ya en los escritos, ya en la conversación, doctrinas sanas acerca de esta materia. Conviene sobre todo insistir en la importante verdad de que el deber del hombre no es trabajar por la propagación de la especie, sino contribuir con todas sus fuerzas a difundir la felicidad y la virtud; y que, si no tiene una legítima esperanza de alcanzar este último objeto, la naturaleza no le impone la obligación de procurarse sucesores.

El mejor medio de llegar a nuestro fin sería probablemente establecer un sistema de educación parroquial bajo un plan semejante al propuesto por Adam Smith. Además de los asuntos ordinarios de instrucción y de los que este autor añade, quisiera que se explicase con frecuencia en las escuelas el estado de las clases inferiores respecto al principio de la población y la influencia que ellas mismas ejercen en este punto sobre su propia felicidad. No quiero decir que en estas explicaciones se desprecie en modo alguno el matrimonio, ni que se le presente bajo un aspecto menos apetecible de lo que es en realidad; antes bien, como un estado conforme a la naturaleza del hombre, propio para asegurar su bienestar y preservarle de las tentaciones del vicio. Pero se cuidará de hacerles comprender que las ventajas del matrimonio, así como las de los bienes de fortuna y de muchos otros, no están a nuestro alcance sino bajo ciertas condiciones. La firme convicción de que el matrimonio es un estado deseable, pero que para llegar a él es condición indispensable estar en disposición de mantener una familia, debe ser para un joven uno de los estímulos más poderosos para dedicarse al trabajo y vivir con sabia economía antes de la época en que llegue a establecerse. Nada podrá obligarle con mayor eficacia a reservar el pequeño exceso de que dispone ordinariamente un obrero soltero, y a emplearlo razonablemente en su dicha futura, en lugar de disiparlo en la pereza y en los excesos.

Si en adelante pudiera unirse en estas escuelas, a los diversos objetos de enseñanza, algunos de los principios más sencillos de la economía política, resultaría de ello una gran ventaja para la sociedad.

Las razones que se alegan para no ilustrar al pueblo me parecen no sólo poco liberales, sino también muy débiles; mientras que, para privar al pueblo de un medio de mejorar su condición, serían necesarias razones muy poderosas y fundadas en la más evidente necesidad. Quienes rehúsan escuchar la refutación de estos argumentos por el simple razonamiento no pueden, a mi juicio, rechazar el testimonio de la experiencia. Pregunto, pues, si la instrucción de que goza el pueblo en Escocia parece haberlo predispuesto a la sedición o al descontento, advirtiéndose que en aquella comarca la necesidad se hace sentir de modo más constante, que las escaseces son más frecuentes y las privaciones más duras que en Inglaterra, a causa de la inferioridad del terreno y del clima. Los conocimientos difundidos entre las clases inferiores de Escocia no bastan para mejorar sensiblemente su estado, porque no son suficientes para inspirar hábitos firmes de prudencia y previsión; pero producen al menos el efecto de inducirlas a soportar con paciencia muchos males, convencidas de que las revueltas sólo sirven para agravarlos. Comparando las costumbres pacíficas de los aldeanos escoceses, que todos poseen alguna instrucción, con la turbulencia de los aldeanos ignorantes de Irlanda, ningún observador imparcial puede desconocer del todo la benéfica influencia de las luces y de la educación popular.

El principal argumento contra el proyecto de establecer en Inglaterra un sistema de educación nacional es que pondría al pueblo en estado de leer obras como las de Paine, lo cual podría acarrear consecuencias funestas para el gobierno. En este punto pienso enteramente como Adam Smith, y creo que un pueblo ilustrado sería mucho menos susceptible de dejarse seducir por escritos incendiarios y sabría discernir y apreciar con mayor acierto el verdadero valor de las vanas declamaciones de algunos demagogos animados por la ambición o el interés. Para excitar la sedición en una aldea basta con uno o dos lectores que, si están vendidos a un partido democrático, pueden causar mayor daño escogiendo pasajes y momentos favorables a sus designios, que si cada individuo estuviese en condiciones de leer la obra entera con la calma y el tiempo necesarios para ponderar los argumentos contrarios, de los que regularmente no dejaría de instruirse.

Pero, independientemente de estas consideraciones, creo que la observación de Adam Smith adquiriría mayor importancia si las escuelas cuyo establecimiento aconseja sirvieran para instruir al pueblo acerca de su verdadera situación, y se le enseñase que su estado no puede mejorarse esencialmente por un cambio de gobierno, pues esta mejora depende de su propio trabajo y de su prudencia; que, si bien podrían evitarse algunas de sus calamidades, respecto al sostenimiento de la familia poco o ningún alivio deben esperar quienes componen la masa del pueblo; que aun cuando se produjera una revolución no se alteraría favorablemente la relación entre la oferta y la demanda, ni la de los alimentos con el número de consumidores; y que, si la oferta de trabajo excede a la demanda y la demanda de alimentos supera a la oferta, sufrirían las penalidades de la necesidad incluso bajo el gobierno más libre y perfecto.

El conocimiento de estas verdades tiende manifiestamente a mantener la paz y la tranquilidad, a debilitar el influjo de los escritos incendiarios y a prevenir toda oposición irreflexiva a las autoridades constituidas, a quienes con frecuencia se culpa, por intereses particulares, de la ignorancia en que se mantiene al pueblo.

No sólo las escuelas parroquiales servirían, explicando la situación real de las clases inferiores, para mostrar que de ellas mismas depende su felicidad o su miseria, sino que podrían además, mediante una educación comenzada a edad temprana y recompensas sabiamente distribuidas, dirigir a la generación naciente hacia hábitos de sobriedad, trabajo, independencia y prudencia, y ejercitarla en la práctica de los deberes prescritos por la religión.

Este sería el verdadero medio de elevar la condición de la parte inferior del pueblo, sacarla de su abatimiento y aproximarla a las clases medias, cuyas costumbres son mucho más favorables.

En la mayor parte de los países existe, en la clase ínfima del pueblo, un límite de miseria por debajo del cual nadie puede casarse y propagar la especie. Este límite de extrema miseria varía según los países y depende de diversas circunstancias, como el terreno, el clima, el gobierno, los progresos de las luces, la civilización, etc. Las principales circunstancias que elevan este límite, o que disminuyen la miseria de la parte del pueblo más desprovista de recursos, son la libertad y la seguridad de la propiedad, el modo de difundir los conocimientos entre el pueblo y el gusto por las ventajas y los goces que proporciona la comodidad; mientras que las que contribuyen a rebajarlo son el despotismo y la ignorancia.

En todas las tentativas dirigidas a mejorar la condición de las clases inferiores debe proponerse como objetivo esencial elevar en lo posible este límite, o, en otros términos, hacer que la miseria que en un país se considera la más lastimosa resulte más llevadera. Esto se logrará fomentando entre el pueblo el deseo de una situación independiente, cierto noble orgullo y el gusto por la limpieza y la comodidad. Ya he señalado en otras ocasiones la influencia de un buen gobierno para formar hábitos de prudencia y enseñar incluso a las clases más bajas a respetarse a sí mismas y evitar su envilecimiento; pero esta influencia será siempre insuficiente sin el auxilio de un buen sistema de educación.

No puede llamarse en modo alguno perfecto un gobierno que descuida la instrucción del pueblo. Los beneficios de una buena educación pueden extenderse universalmente, y puesto que depende del gobierno ponerlos al alcance de todos, tiene sin duda un deber en hacerlo.

IX. DIRECCIÓN DE NUESTRA CARIDAD

Nos resta examinar de qué modo podemos dirigir nuestra caridad para que, sin perjudicar a aquellos sobre quienes se ejerce, se evite el exceso de población que, tan pronto como rebasa el nivel de las subsistencias, pesa gravemente sobre las últimas clases del pueblo.

Este movimiento de sensibilidad que nos impulsa a consolar a nuestros semejantes cuando sufren se asemeja a todas las demás pasiones que nos agitan, pues a veces es ciego e irreflexivo. El fin evidente del instinto de benevolencia que la naturaleza ha colocado en el corazón humano es reunir a los hombres, y sobre todo a los que forman parte de una misma nación o familia, y enlazarlos entre sí por una afección fraternal. Al interesar a los hombres en la dicha o la desgracia de sus semejantes, este instinto de beneficencia los induce a remediar, en cuanto les es posible, los males parciales que acompañan a las leyes generales, y tiende así a aumentar la suma de felicidad dispensada a nuestra especie. Pero si esta beneficencia no hace distinciones, si el grado de desgracia aparente es la única medida de nuestra liberalidad, es claro que sólo se ejercerá en los mendigos de profesión, mientras que el mérito modesto y desgraciado, que lucha contra dificultades inevitables pero ama aún en la miseria la limpieza y procura conservar las formas decentes, quedará abandonado. Socorreremos a los menos dignos; fomentaremos la holgazanería y dejaremos perecer al hombre activo y laborioso. En una palabra, obrando así iremos directamente contra las miras de la naturaleza y disminuiremos la suma de bienestar.

Uno de los efectos más útiles de la caridad es el que produce en quien la ejerce. Es más dulce dar que recibir. Admitamos, si se quiere, que la beneficencia no es útil para aquellos sobre quienes se ejerce; aun así, jamás podremos aprobar los esfuerzos destinados a extirpar de nuestro corazón el sentimiento que nos impulsa a practicarla. Este sentimiento tiende a purificar y elevar el alma. Pero aplicando aquí el principio de utilidad, se observa con satisfacción que el modo de ejercer la benevolencia con mayores ventajas para los pobres es precisamente el más propio para perfeccionar el carácter del que socorre.

Puede decirse de la caridad, como de la piedad, que no tiene nada de violento y que se esparce sobre la tierra como un dulce rocío. Es un error honrar con el nombre de caridad las inmensas sumas que se reparten en Inglaterra en virtud del impuesto, pues carecen del carácter distintivo de la verdadera beneficencia. Y, como era de esperar al forzar acciones que deben ser esencialmente libres, esta profusión tiende a depravarlos tanto a quienes se exige como a quienes se destina. En lugar de un alivio verdadero, sólo produce por una parte una agravación y multiplicación de la miseria, y por otra, en vez de las sensaciones agradables que nacen del ejercicio de la auténtica caridad, engendra descontento e irritación permanentes.

Aun en las limosnas dadas a los mendigos de profesión se observa que muchas veces se cede más por el deseo de librarse de sus importunidades y apartar la vista de un objeto desagradable que por el placer de aliviar el sufrimiento ajeno. Lejos de felicitarnos por haber hallado ocasión de socorrer a nuestro prójimo, preferiríamos a menudo no haber encontrado tales objetos de compasión. La vista de su miseria nos produce una impresión penosa, porque sabemos que la escasa limosna que podemos ofrecer no basta para remediarla y no guarda proporción con sus necesidades. Ignoramos además si al doblar la esquina escucharemos de nuevo la misma súplica, o si nos exponemos a culpables imposturas. Nos apresuramos a huir y cerramos con frecuencia los oídos a solicitudes importunas. No damos sino porque se nos arranca, por decirlo así, un sentimiento involuntario. Hay en ello una especie de violencia que nos infligimos a nosotros mismos, y esta caridad forzada no deja en el alma ningún recuerdo dulce ni impresión capaz de perfeccionar el corazón.

No sucede lo mismo con esa caridad voluntaria y activa que conoce personalmente a aquellos cuyas penas alivia, que siente los lazos estrechos que unen al rico con el pobre y se honra de esta alianza; que visita al infortunio en su morada y no sólo se informa de sus necesidades, sino también de sus hábitos y disposiciones morales. Esta caridad impone silencio al mendigo descarado que no tiene más recomendación que los andrajos con que se cubre afectadamente; y, por el contrario, estimula, sostiene, consuela y asiste con liberalidad a quien sufre en silencio males inmerecidos. Este modo de ejercer la caridad ofrece, en comparación con cualquier otro, un medio singularmente eficaz para dar a conocer su verdadero valor.

No puedo expresar mejor estas ventajas ni hacer más visible el contraste entre esta forma de asistencia y la que se practica en las parroquias, que citando las palabras de M. Townsend al final de su admirable disertación sobre las leyes relativas a los pobres: «No se puede imaginar nada más repugnante que la mesa en que se hace el pago parroquial. Allí se reúnen con frecuencia, en una sola persona, todo cuanto vuelve odiosa la miseria: el tabaco, los andrajos, la suciedad, la insolencia y el insulto. Nada, por el contrario, es más noble ni más conmovedor que la caridad que visita la humilde choza del pobre para animarlo al trabajo y a la virtud, donde la mano bienhechora alimenta al hambriento, viste al desnudo y mitiga la suerte de la viuda y del huérfano. Nada más hermoso ni más patético que las dulces lágrimas del reconocimiento, los ojos brillantes de pura alegría y las manos elevadas al cielo, expresión natural de los sentimientos que despiertan los beneficios inesperados y distribuidos con discernimiento. Frecuentemente se será testigo de estas escenas afectuosas si se deja a los hombres gozar del derecho de disponer libremente de lo que les pertenece en el ejercicio de la beneficencia.»

Creo que es imposible participar en tales escenas sin avanzar cada día en la virtud. No hay ocasiones en que nuestros afectos, elevándose, contribuyan más eficazmente a purificar el corazón e inspirar sentimientos nobles. Esta es, en verdad, la única caridad de la que puede decirse que contribuye a la felicidad tanto de quien la práctica como de aquel sobre quien se ejerce. Difícilmente se hallará otro modo de distribuir sumas considerables sin peligro de que produzca más mal que bien.

Este carácter esencial de la caridad voluntaria le otorga la facultad de escoger objetos dignos de sus favores sin que de ello resulte consecuencia funesta alguna. Además, presenta siempre una cierta incertidumbre en los beneficios que desea otorgar, lo cual es de suma importancia para el pobre, pues nadie debe considerar la limosna como un fondo seguro sobre el cual pueda contar. El pobre debe ejercitar sus propias fuerzas, desplegar su energía y previsión, y considerar sus virtudes como su principal recurso, sabiendo que, si estas le faltan, los auxilios ajenos no son sino una esperanza incierta, fundada en su buena conducta y en la convicción de no haber caído en la miseria por imprudencia o indolencia.

Es una verdad indiscutible que, al distribuir nuestras limosnas, debemos inculcar estas máximas. Si todos pudieran ser socorridos y la pobreza desterrada, aun al precio del sacrificio de las tres cuartas partes de la fortuna de los ricos, yo sería el último en oponerme a semejante proyecto. Pero como la experiencia ha demostrado sin excepción que la miseria guarda proporción con la cantidad de limosnas distribuidas sin discernimiento, tenemos fundamento para concluir que este modo de proceder no es el que caracteriza la verdadera beneficencia ni merece el nombre de virtud.

Las leyes de la naturaleza nos enseñan, con san Pablo, que «no es digno de comer el que no quiere trabajar», y añaden que no debe confiarse temerariamente en la Providencia. Nos advierten también que quien se casa sin medios para sostener a su familia debe esperar la miseria. Son avisos necesarios, cuya tendencia es manifiestamente útil y benéfica. Si, por la forma en que dirigimos nuestras limosnas, públicas o privadas, declaramos que el hombre que rehúsa trabajar seguirá siendo considerado digno de comer, o que no perecerá quien se case sin recursos, contrariamos de modo sistemático las miras benéficas por las que tales leyes han sido establecidas.

En el curso de la vida humana, aun bajo circunstancias favorables, se ven frustrarse esperanzas legítimas, y el trabajo, la prudencia y la virtud privados de la recompensa que merecen, arrastrando consigo calamidades imprevistas. Quienes padecen así sin haberlo merecido son los verdaderos objetos de la caridad. Aliviando sus males cumplimos el más santo deber de la beneficencia, que consiste en suavizar los males parciales derivados de leyes generales. Dirigiendo así nuestra caridad, no debemos temer sus consecuencias. Estos desgraciados, tan dignos de compasión, deben ser socorridos con liberalidad por cuantos medios estén a nuestro alcance, mientras que aquellos que han merecido su suerte y son indignos de estimación pueden ser abandonados a ella.

Cumplido este primer deber, aún podemos volver una mirada compasiva hacia el hombre perezoso e imprudente; pero aun entonces la humanidad exige que nuestras dádivas se distribuyan con moderación. Podemos mitigar prudentemente el castigo que la naturaleza impone a quien ha violado sus leyes, pero debemos evitar hacerlo de modo que dicho castigo desaparezca por completo. Es justo que quien lo sufre permanezca relegado al último rango del orden social. Si intentamos elevarlo por encima de su condición, traicionamos el fin de la beneficencia y cometemos una injusticia con quienes están por encima de él, pues no es conveniente que, en la distribución de los bienes necesarios para la vida, tenga nunca una parte igual a la del simple jornalero.

Estos razonamientos no se aplican a los casos de necesidad urgente producida por accidentes ajenos a la indolencia o imprevisión del que los padece. Si un hombre se rompe un brazo o una pierna, nuestro deber es socorrerle sin investigar su mérito, y esto es conforme al principio de utilidad. Al dar en tales casos socorros generosos y sin distinción, no existe peligro alguno de incitar a los hombres a romperse los miembros para aprovecharse de ellos. Según este principio constante de utilidad, la aprobación dada por Jesucristo a la conducta del Samaritano no contradice en modo alguno la máxima de san Pablo: «no es digno de comer el que no quiere trabajar».

Sin embargo, en ningún caso debemos abstenernos de hacer el bien por temor a que existan otros objetos más dignos de nuestras limosnas. En las situaciones dudosas debemos seguir los impulsos de la benevolencia. Pero cuando podemos cumplir el deber que nos impone la razón de ponderar cuidadosamente las consecuencias de nuestros actos, y cuando la experiencia propia y ajena nos ha mostrado que existe un modo perjudicial y otro saludable de ejercer la beneficencia, estamos obligados, como agentes morales, a reprimir nuestro impulso cuando toma el primer camino y a dejarlo actuar libremente en el segundo, a fin de adquirir el hábito de practicar aquello que sabemos útil y ventajoso tanto para nosotros como para nuestros semejantes.

X. REVISIÓN DE LOS DIVERSOS PLANES QUE SE HAN PROPUESTO PARA MEJORAR LA SUERTE DE LOS POBRES

Es preciso considerar con atención la regla siguiente: en la distribución de nuestros socorros y en los esfuerzos que hagamos por mejorar la suerte de las clases ínfimas del pueblo, ningún motivo debe inducirnos a obrar con el objeto de animar directamente el matrimonio ni de trabajar de un modo regular y sistemático para hacer desaparecer la diferencia que existe entre el hombre casado y el célibe respecto a la facilidad de vivir. Esta diferencia debe subsistir siempre y ser claramente percibida. Es en este punto donde, a mi parecer, han incurrido en los errores más graves algunos escritores que, por lo demás, han comprendido mejor que otros la influencia del principio de población.

Sir James Stewart, que conoció muy bien los inconvenientes de lo que llama una *procreación viciosa*, así como los males que son consecuencia de un exceso de población, recomienda el establecimiento de casas de niños expósitos; juzga conveniente, en ciertas circunstancias, recoger a los niños junto con sus padres para educarlos a costa del Estado, y deplora la diferencia que existe entre la suerte del hombre casado y la del célibe, diferencia que hace tan desproporcionados sus medios de subsistencia respecto a sus necesidades. Al expresarse de este modo, olvida que si la población superabunda aun sin estímulo alguno, ello es una prueba evidente de que los fondos destinados a mantener el trabajo no pueden sostener una población numerosa. Cuando, sin casas de expósitos ni establecimientos públicos para la manutención de los hijos nacidos en el matrimonio, y aun a pesar del desaliento que produce la disminución de las conveniencias propias del estado conyugal, la población se eleva hasta el punto de que los pobres no pueden mantener a sus hijos, es indudable que la sociedad carece de capitales suficientes para emplear más brazos. Si, pues, se añaden nuevos estímulos a la multiplicación de la especie, si se hacen desaparecer los obstáculos que podrían contenerla, deberá necesariamente sobrevenir, de un modo u otro, un aumento de esa misma procreación viciosa que él con razón desea evitar.

M. Townsend, que en su *Disertación sobre las leyes de pobres* ha tratado este asunto con tanta claridad como solidez, concluye sin embargo con una proposición que, a mi entender, es contradictoria con los principios que ha expuesto. Quiere que las sociedades de beneficencia establecidas en las parroquias de manera libre y voluntaria se conviertan en forzosas y obligatorias. Propone un reglamento según el cual todo célibe pague la cuarta parte de sus ganancias o salarios, mientras que un hombre casado con cuatro hijos sólo pagaría la trigésima parte.

Desde el momento en que tales suscripciones libres se tornasen forzosas, producirían el mismo efecto que una contribución sobre el trabajo, pues semejante impuesto recae siempre, como ha demostrado Adam Smith, sobre el consumidor. En consecuencia, los propietarios territoriales nada ganarían con este sistema: pagarían lo mismo que hoy, con la única diferencia de que, en vez de entregar ese dinero a la parroquia en forma de contribución para los pobres, lo harían mediante el alza del precio del trabajo y de las mercancías. Así, una contribución forzada de esta naturaleza produciría casi los mismos efectos deplorables que el sistema actual de asistencias, y aunque variase el nombre, el espíritu de la institución seguiría siendo el mismo.

El deán Tucker, en sus observaciones sobre un plan semejante propuesto por M. Pew, declara que, tras haber reflexionado largamente sobre este asunto, se decide en último término por una suscripción voluntaria, y que no debe hacerse forzosa. Una suscripción voluntaria se asemeja a un impuesto sobre el lujo y no produce el efecto de elevar el precio del trabajo.

Debe observarse además que, en una suscripción voluntaria, cada suscriptor tiene un derecho natural de inspección, puede exigir que se cumplan las condiciones de la asociación y, en caso contrario, retirarse libremente de ella. Pero si la suscripción tomase la forma de una contribución universal y obligatoria, aparecería como un asunto nacional y no habría garantía alguna para la ejecución de las condiciones primitivas de la institución. Cuando faltasen los fondos —lo que necesariamente ocurriría, puesto que todos los holgazanes y disipadores se convertirían en carga de la fundación— se exigiría sin duda una contribución mayor, y nadie podría sustraerse a ella. Así, el mal crecería continuamente, del mismo modo que crece hoy la cuota destinada a los pobres. Es cierto que, si la asistencia otorgada por esta fundación estuviese fijada con exactitud e invariable bajo cualquier pretexto, como sucede en las asociaciones voluntarias actuales, ello constituiría una gran ventaja. Pero este mismo principio podría aplicarse igualmente a la distribución de las sumas recaudadas por el impuesto parroquial, de modo que hacer forzosas las suscripciones voluntarias no se distingue en lo esencial de la simple continuación del sistema vigente.

Hacer pagar a los célibes la cuarta parte de sus ganancias semanales y a los hombres con familia sólo la trigésima parte equivale a imponer a los primeros una fuerte multa y a conceder una gratificación directa a la procreación de los hijos. Nada es más contrario al espíritu de la excelente obra de M. Townsend, quien estableció como principio general que un sistema de leyes en favor de los pobres no puede ser bueno si no regula la población conforme a la demanda de trabajo. Se castiga así la prudencia del joven que no se ha casado, cuando quizá la demanda de trabajo era tan reducida que sus ingresos no habrían bastado para sostener una familia.

A mi juicio debe rechazarse todo sistema de contribución forzosa en favor de los pobres. Sin embargo, si se exigiese a los célibes un adelanto para adquirir el derecho a ser socorridos en caso de matrimonio, sería justo que recibiesen auxilio en proporción a las sumas que hubiesen anticipado. Quien hubiese contribuido durante un solo año con la cuarta parte de su ganancia no debería equipararse a quien hubiese hecho lo mismo durante diez años consecutivos.

M. Arthur Young, que en la mayor parte de sus obras demuestra comprender perfectamente el principio de población y tener una idea exacta de los males que acarrea la multiplicación de los hombres cuando rebasa los límites impuestos por la demanda de trabajo y los medios de subsistencia, afirma en un escrito más reciente que el mejor medio de evitar el hambre, tan angustiosa para el pobre, sería asegurar a todo obrero padre de tres hijos o más la propiedad de un acre de patatas y pastos suficientes para mantener dos o tres vacas. Si cada uno poseyera un terreno bastante extenso de patatas y una vaca, no se preocuparía tanto del precio del trigo como en la actualidad.

«Todo el mundo —añade— sabe que el sistema es bueno; resta únicamente saber por qué medios podría ponerse en práctica».

Ignoraba, a decir verdad, que la bondad de este sistema fuese reconocida de manera tan general. En cuanto a mí, protesto para que mi nombre no sea incluido en esa expresión colectiva *todo el mundo*; porque, si este sistema llegase a adoptarse, sería, a mi entender, el golpe más funesto que pudiera asestarse al bienestar de la clase ínfima del pueblo.

«La grandeza del objeto —continúa M. Young— debe obligarnos a vencer, para alcanzarlo, todas las dificultades que no sean absolutamente insuperables. Es probable que pudiera lograrse mediante un reglamento análogo al que voy a proponer.

»1. En todos los lugares donde existan pastos comunes, todo obrero padre de … hijos tendrá derecho a una porción de terreno proporcionada a su familia, que le será asignada por los oficiales de la parroquia, etc., y se le comprará una vaca. Este obrero poseerá ambos bienes hasta su muerte, pagando anualmente cuarenta chelines hasta satisfacer el precio de la vaca, etc. A su fallecimiento, esta propiedad se transmitirá al obrero con mayor número de hijos, quien la disfrutará hasta su muerte, pagando a la viuda de su predecesor … chelines por semana.

»2. Los obreros que se presenten a recibir porciones de terreno y vacas, según el tamaño de la familia que mantengan, las recibirán hasta que las cesiones efectuadas sobre los bienes comunales alcancen … parte de su totalidad.

»3. En las parroquias que no posean bienes comunes, o en aquellas en que la calidad del terreno permita la aplicación del reglamento, cada colono que, al cabo de cierto tiempo, no posea tierra suficiente para mantener una vaca y disponer de un acre de patatas (según un cálculo razonable y sujeto a apelación ante las sesiones), tendrá derecho a solicitar a su parroquia … chelines por semana, quedando los propietarios y arrendadores encargados de proveer los medios necesarios y las parroquias a cargo de comprar las vacas y reembolsarse de sus adelantos mediante una retribución anual.

»El gran objeto de todo este sistema es, por medio de la leche y las patatas, obligar a los pobres del campo a no consumir trigo; sustituir este alimento por otros no menos sanos y nutritivos, y tan independientes de toda especie de escasez natural o artificial como puede permitirlo el orden establecido por el Criador.»

¿No produciría este plan directamente el mismo efecto que un estímulo al matrimonio y una gratificación por la procreación de los hijos, disposiciones tan justamente censuradas por M. Young en su viaje a Francia? ¿Cree realmente este autor que sea deseable alimentar a los habitantes del campo con leche y patatas, haciéndolos casi independientes del precio del trigo y de la demanda de trabajo, como ocurre con sus hermanos irlandeses?

La causa particular de la desgracia y la pobreza que oprimen a las clases ínfimas del pueblo en Francia e Irlanda es que, en el primero de estos países, la extrema subdivisión de la propiedad agrícola, y en el segundo, la facilidad de disponer de una cabaña y patatas, generan una población superior al estado actual de los capitales y de los distintos empleos productivos. La consecuencia inevitable de tal situación sería una baja del precio del trabajo por la excesiva concurrencia de obreros, de la cual no podría dejar de resultar la indigencia absoluta de quienes quedasen sin empleo, y medios de subsistencia insuficientes para los que lograsen trabajar.

Tal sería la situación a la que este plan reduciría al pueblo, pues se apoya en el estímulo al matrimonio y en la introducción de un alimento independiente del precio del trigo y, por consiguiente, independiente de la demanda de trabajo.

M. Young supone que, si el pueblo se alimentase de leche y patatas, estaría menos expuesto a las escaseces que en la actualidad. No alcanzo a comprender el fundamento de esta opinión. Es cierto que quienes viven de patatas no padecen la escasez del trigo; pero ¿hay algo más absurdo que suponer que la cosecha de patatas no pueda fallar? Generalmente se admite que esta raíz está más expuesta a perderse durante el invierno que el grano. Como un campo de patatas produce más sustancia alimenticia que cualquier otro cultivo, si esta raíz se convirtiese de repente en el alimento general del pueblo, ocurriría que, en un primer momento, produciría más de lo necesario para satisfacer la demanda y, por tanto, al principio abundaría en exceso.

Encontrar difícil proporcionar a quienes solicitasen porciones de terreno para cultivar patatas, unido a la costumbre establecida de contraer matrimonio prematuramente, daría lugar a un estado de aflicción penoso y complejo. Cuando, por el aumento de la población y la disminución de los recursos capaces de suministrar víveres, el producto medio de las patatas no exceda ya del consumo medio, una escasez de este alimento será, bajo todos los aspectos, tan probable como lo es hoy una escasez de trigo; y en tal caso resultaría incomparablemente más temible.

En los países donde el pueblo bajo vive principalmente de granos caros, como en Inglaterra, donde el principal alimento es el trigo, existen en tiempos de escasez recursos considerables. La cebada, la avena, el arroz, las sopas económicas y las patatas se presentan entonces como alimentos más baratos y saludables. Pero cuando el alimento ordinario del pueblo es el que se vende al precio más bajo, no queda en tiempos de escasez otro recurso que comer cortezas de árboles, como sucede entre los pobres de Suecia.

Los salarios del trabajo se regulan siempre por la relación entre la oferta y la demanda. En un sistema fundado en las patatas, pronto habría más brazos disponibles de los necesarios para satisfacer la demanda; y el trabajo se ofrecería constantemente a precios muy bajos, tanto por la abundancia de trabajadores como por el reducido costo del alimento que los sustenta. Muy pronto el salario común se regularía principalmente por el precio de las patatas, en lugar de hacerlo por el del trigo, como ocurre actualmente. De aquí resultarían los andrajos y las miserables chozas propias de Irlanda.

Como es bien sabido que el uso general de la leche, las patatas o las sopas económicas produciría una baja en el precio del trabajo, algún político inhumano podría proponer la adopción de este sistema, movido por la idea de que Inglaterra podría ofrecer en los mercados de Europa sus manufacturas a un precio tan bajo que nadie pudiera hacerle competencia. No puedo simpatizar en absoluto con el sentimiento que inspiraría semejante designio. Nada me parece más odioso que condenar deliberadamente a los obreros de un país a los andrajos y a las miserables chozas de Irlanda, sólo por el placer de vender mayor cantidad de paños y tejidos de algodón. El poder y la riqueza de una nación nada valen si no contribuyen, ante todo, a la felicidad de los individuos que la componen. Bajo este aspecto, lejos de despreciarlos, los considero medios generalmente necesarios para alcanzar ese fin; pero si se presentase un caso particular en que los medios se opusieran directamente al fin, la razón no permitiría dudar sobre la elección.

Afortunadamente, aquí no existe tal oposición; y aun adoptando los principios de la política limitada que refuto, debería rechazarse el plan propuesto. En general, quienes trabajan principalmente sus propias tierras sienten pereza y repugnancia por trabajar las ajenas. Y por el uso general de un alimento de precio muy bajo, debe llegar necesariamente un momento en que la población se halle aumentada más allá del límite que le fija la demanda de trabajo. En tal época se habrán formado en el pueblo hábitos de pereza y turbulencia muy perjudiciales para la prosperidad de las manufacturas. Aunque en Irlanda el trabajo sea barato, existen en ese país pocos productos manufacturados que puedan exportarse a los mercados extranjeros a un precio tan bajo como los de Inglaterra. Esto se debe en gran parte a que aún no se han adquirido hábitos sólidos de trabajo e industria, que sólo se desarrollan allí donde los obreros cuentan con ocupaciones regulares y un empleo constante de actividad.

De todos los planes propuestos hasta hoy, me parece que el que mejor responde a nuestro objeto es el de las cajas de ahorros, establecimientos que, si se difundiesen ampliamente, permitirían esperar con alguna probabilidad una mejora permanente en las clases inferiores de la sociedad. Al dejar a cada individuo el beneficio pleno de su prudencia y de su laboriosidad, refuerzan las lecciones de la Providencia. Un joven que desde los catorce o quince años hubiese economizado con la esperanza de casarse a los veinticuatro o veinticinco, probablemente aceptaría diferirlo dos o tres años si las circunstancias lo exigieran: si el trigo estuviese caro, los salarios bajos o si la suma ahorrada no ofreciese, según su experiencia, garantía suficiente contra la necesidad. Casi siempre el hábito de reservar parte de sus ganancias para necesidades futuras se acompaña de hábitos de prudencia y previsión; y si la facilidad que estas instituciones benéficas ofrecen para asegurar los ahorros hiciese general tal costumbre, podría razonablemente esperarse que, aun en medio de las fluctuaciones de los recursos del país, la población se ajustaría a la demanda real de trabajo, con una disminución del sufrimiento y de la pobreza. En este sentido, el remedio parece atacar el origen mismo del mal.

El gran objeto de las cajas de ahorros es prevenir la miseria y la dependencia de los pobres, obligándolos a atender por sí mismos a las necesidades creadas por circunstancias nuevas. En el estado natural de la sociedad, instituciones de este tipo, secundadas por una caridad bien dirigida, ofrecerían probablemente medios eficaces de mejora. Pero donde existe una masa tan considerable de pobres como en Inglaterra, dependiente habitualmente de los fondos públicos, no pueden considerarse las cajas de ahorros como un sustituto de la contribución para los pobres. El problema planteado anteriormente —cómo sostener a los pobres sin aumentar continuamente la proporción de su número respecto al conjunto de la población— permanece aún sin resolver. Si se adoptase un plan para la abolición o reducción gradual del impuesto de los pobres, limitando su producto, las cajas de ahorros concurrirían eficazmente a secundarlo y, a su vez, recibirían un impulso muy activo. Hasta ahora han tenido que luchar contra circunstancias extremadamente desfavorables, pues surgieron en un momento de escasez general y de amplia asistencia parroquial. A pesar de ello, el éxito que han obtenido demuestra claramente que, en tiempos de prosperidad y altos salarios, y con la perspectiva de una disminución de la asistencia pública, deberían haberse difundido ampliamente, ejerciendo una influencia considerable sobre las costumbres.

XI. DE LA NECESIDAD DE ESTABLECER PRINCIPIOS GENERALES EN LA MATERIA DE QUE NOS OCUPAMOS

Observa Hume que entre todas las ciencias la política es aquella en la que las apariencias resultan más engañosas; lo cual es especialmente verdadero en la parte de esta ciencia que tiene por objeto mejorar la suerte de las clases inferiores del pueblo.

Estamos cansados de oír vanas declamaciones contra las teorías y contra quienes las proponen, presentándose quienes así hablan como exclusivos partidarios de la práctica y de la experiencia.

Existe una sociedad cuyo fin es procurar a los pobres cierto bienestar y mejorar su condición. El principio fundamental que ha adoptado es, sin duda, excelente: poner en movimiento el deseo de mejorar la propia situación —deseo que debe considerarse como el gran resorte de la industria— es el único medio eficaz de promover el bienestar de las clases inferiores. Debe concederse a M. Bernard lo que afirma en uno de sus interesantes prefacios, cuando sostiene que todo lo que anima y favorece entre los pobres los hábitos de trabajo, prudencia, previsión, virtud y limpieza es útil tanto para ellos como para su país; y, por el contrario, que todo lo que debilita los incentivos a estas buenas disposiciones es tan perjudicial para la sociedad como para el individuo. La experiencia prueba, dice este autor, que el mejor modo de socorrer a los pobres es asistirlos en sus casas y separar a los hijos de sus padres lo más pronto posible, para colocarlos en aprendizaje o, en general, para darles ocupación: esta es la forma de asistencia más conveniente para distribuir con discernimiento los socorros que exigen las circunstancias. Pero fácilmente se comprende que exige mucha prudencia y que no puede erigirse en principio general aquello que no puede practicarse universalmente.

Independientemente de la asistencia selectiva de la que he hablado en el capítulo anterior, y cuyos felices resultados he reconocido, señalé que podría hacerse mucho bien estableciendo un sistema de educación mejor y más extendido; insistí en este punto y no me cansaré de afirmarlo. Todo lo que se hace con este objeto reporta una gran ventaja. La educación es uno de los bienes de los que todos podemos participar, no sólo sin perjuicio de los demás, sino proporcionándoles nuevos medios de progreso. Supongamos que un hombre, gracias a la buena educación recibida, haya adquirido ese noble orgullo, ese modo de pensar justo y honrado que le impide cargar a la sociedad con el peso de una familia cuando carece de medios para sostenerla; su conducta servirá de ejemplo a sus compañeros de trabajo y contribuirá, en la medida de lo posible para un modelo individual, a mejorar su estado, del mismo modo que una conducta opuesta, fruto de la ignorancia o de una mala educación, lo empeoraría.

Se observa generalmente que el estado medio de la sociedad es el más favorable a la virtud, a la industria y al talento. Pero es evidente que no todos los hombres pueden formar parte de las clases medias; las superiores y las inferiores no sólo son inevitables, sino incluso útiles. Si se apartara de la sociedad la esperanza de elevarse y el temor de decaer; si el trabajo no trajera consigo recompensa y la indolencia no tuviera castigo, no se vería en ninguna parte esa actividad y ese ardor con que cada uno procura mejorar su condición, y que constituye el principal instrumento de la prosperidad pública. Sin embargo, al dirigir la mirada a los distintos estados de Europa, se advierte una notable diferencia en las proporciones relativas de las clases superiores, medias e inferiores que los componen. Y si juzgamos por los efectos de tales diferencias, convendremos en que, al aumentar la clase media, aumenta también la felicidad general.

Si las clases inferiores adquiriesen la costumbre de ajustar la cantidad de trabajo a la demanda existente cuando el precio del trabajo es estacionario o decreciente, sin que se produjera, como sucede hoy, un aumento de la mortalidad y de la miseria, podría esperarse que en algún período futuro, cuando los procedimientos que ahorran trabajo —y que han avanzado tan rápidamente— fuesen suficientes para satisfacer las necesidades de la sociedad más opulenta con menos esfuerzo personal del que hoy se requiere para el mismo fin, el obrero se viese al menos parcialmente aliviado de la penosa tarea a la que actualmente está sometido; o, cuando menos, se reduciría el número de aquellos a quienes la sociedad impone un trabajo tan pesado. Si las clases inferiores fuesen así reemplazadas en parte por la clase media, cada obrero podría concebir razonablemente la esperanza de mejorar su estado mediante su esfuerzo y diligencia. El trabajo y la virtud recibirían una recompensa más segura, y en la gran lotería social habría más premios y menos billetes en blanco. En suma, aumentaría la felicidad total.

Si en algún tiempo futuro el hombre practicase la prudencia en el matrimonio —único medio de mejorar su suerte de manera general y duradera— no creo que los políticos más sensatos se alarmasen ante el elevado precio del trabajo, temiendo que nuestros rivales pudieran fabricar más barato y excluirnos de los mercados extranjeros. Cuatro circunstancias impedirían o al menos compensarían este efecto:

1. el precio de las subsistencias sería más bajo y mejor regulado, pues rara vez la demanda superaría a la oferta;
2. la abolición de la contribución de los pobres aliviaría a la agricultura de una pesada carga y eliminaría una adición artificial al precio de los salarios;
3. la sociedad ahorraría las enormes sumas que hoy se consumen en niños que mueren prematuramente a causa de la miseria;
4. finalmente, la generalización de los hábitos de trabajo y economía, especialmente entre los célibes, frenaría la pereza, la embriaguez y la disipación, que con frecuencia son consecuencia de la elevación de los jornales.

XII. ESPERANZAS QUE RAZONABLEMENTE PUEDEN CONCEBIRSE ACERCA DE UNA MEJORA EN EL ESTADO SOCIAL

Al dirigir una rápida ojeada al porvenir y considerar nuestras esperanzas relativas a la disminución de los males que arrastra el principio de la población, se nos ocurre la siguiente reflexión: aunque el acrecentamiento de la población en razón geométrica sea un principio incontestable, aunque el período de doble aumento que resulta de este acrecentamiento, cuando ningún obstáculo lo detiene, haya sido fijado en esta obra con mucha moderación, es preciso observar que este progreso de la población ha sido contenido por el avance de la civilización. Las ciudades y las manufacturas se multiplican, y es poco probable que estos establecimientos cambien de naturaleza. Sin duda es nuestro deber impedir en lo posible que acorten la duración de la vida, pero todos nuestros esfuerzos no lograrán que estas moradas y estos trabajos igualen en salubridad a la vida y a las labores del campo; actuando como medios de destrucción, estos establecimientos hacen, por lo mismo, menos necesarios los obstáculos que tienden a frenar el acrecentamiento de la población.

En todos los estados antiguos se observa que muchos adultos pasan algunos años en el celibato; y aunque se reconozca la obligación de someterse en ese tiempo a las leyes de la moral, en la práctica no siempre se ha observado. La parte del deber de la repugnancia moral que ha sido el principal objeto de nuestros razonamientos no es la que se refiere a la conducta durante el celibato, sino la que atañe a su duración; y hemos insistido en la necesidad de prolongar este estado hasta que se pueda mantener una familia. No hay motivo para tildarnos de visionarios si, bajo este aspecto, concebimos alguna esperanza de mejora en la sociedad humana, pues la experiencia demuestra que la prudencia que recomendamos bajo el nombre de repugnancia moral se ha observado, en mayor o menor grado, en distintos países, y ha variado según los tiempos y los lugares.

En general, la práctica de los hombres respecto al matrimonio ha sido superior a sus teorías. Aunque han abundado las declamaciones en favor del supuesto deber de casarse, y aunque se haya considerado la costumbre de contraer matrimonio a temprana edad como un medio para impedir el vicio y, por ello, como muy útil, cada cual ha juzgado conveniente, en la práctica, examinar antes de dar este paso decisivo cuáles serían sus medios para mantener una familia.

La fuerza vital que anima y mantiene sano el cuerpo del Estado —es decir, el deseo de mejorar la propia suerte o el temor de empeorarla— ha guiado siempre a los hombres por el camino recto que la naturaleza les ha trazado, a pesar de las vanas declamaciones que pretendían apartarlos de él. Este principio poderoso de salud política, que no es sino el sentimiento irresistible de las leyes de la naturaleza y el presentimiento de las consecuencias que acarrea su violación ha dado en toda Europa una influencia considerable a los motivos de prudencia que se oponen al matrimonio. No sin razón puede creerse que esta influencia pueda crecer y extenderse. Si en efecto crece sin que los vicios contrarios a la castidad se vuelvan más dominantes, resultará un aumento de felicidad.

Y en cuanto al peligro de que tales vicios se incrementen, existe el consuelo de observar que los países de Europa donde los matrimonios son menos frecuentes no son aquellos en que las costumbres sean peores. La experiencia enseña que causas físicas y morales pueden contrabalancear el efecto desgraciado que, de manera natural, cabría esperar de la acción de los obstáculos que la prudencia opone al matrimonio. Pero aun admitiendo que este efecto negativo llegue a producirse, como es probable en cierta medida, la disminución de los vicios que provienen de la pobreza será una compensación suficiente. Desde entonces, la ventaja de una mortalidad menor y de una mayor comodidad —consecuencia inevitable de la acción creciente del obstáculo privativo— constituirá una ganancia en felicidad y en virtud.

El objeto de esta obra, más que proponer planes concretos de mejora, es mostrar la necesidad de contentarse con el medio de perfeccionamiento que la naturaleza nos ha prescrito y de no poner obstáculos a los progresos que debe producir cuando no se le contraría.

Sería muy útil que todas nuestras instituciones, y nuestra conducta hacia los pobres, sirvieran para confirmar las lecciones de prudencia que el curso ordinario de los acontecimientos da a cada uno de nosotros. Por consiguiente, si por un lado tratamos de aminorar los castigos que la naturaleza impone a la imprudencia, deberemos, para equilibrar la balanza, aumentar las recompensas que concede a quienes obran de modo opuesto. Pero esto no sería sino avanzar más allá del simple cambio gradual de las instituciones que estimulan el matrimonio, y dejar de propagar opiniones e inculcar doctrinas que se hallan en abierta contradicción con las enseñanzas de la naturaleza.

Al dirigir la mirada al estado de la sociedad en los períodos pasados, puedo afirmar con seguridad que los males derivados del principio de la población han disminuido más bien que aumentado. Si tenemos la esperanza de ver disiparse la ignorancia sobre la causa de estos males, no es extraño que esperemos también verlos reducirse cada vez más. El acrecentamiento de población que podría resultar de esta mejora del estado social no tendría gran influencia para retardar este progreso, porque lo decisivo es la relación entre la población y las subsistencias, y no el número absoluto de individuos de la especie humana. Ya hemos tenido ocasión de observar, en la primera parte de esta obra, que con frecuencia los países menos poblados han sido los que más han sufrido los males del principio de la población. Es indudable que, a lo largo del último siglo, Europa ha experimentado menos hambres y menos enfermedades originadas en la miseria y la necesidad que en los siglos anteriores.

Por último, si la perspectiva que el porvenir nos ofrece respecto a los males producidos por el principio de la población no es tan brillante como pudiéramos desear, tampoco es tan triste y desesperanzadora como para privarnos de toda expectativa de mejoras lentas y graduales. A las leyes de la propiedad y a las que regulan el matrimonio, así como al principio del amor propio —tan pequeño en apariencia— se deben los esfuerzos que cada uno realiza para mejorar su suerte, todos los trabajos nobles del espíritu humano y todo aquello que distingue a la civilización del estado salvaje. Un análisis riguroso del principio de la población nos conduce a reconocer que jamás podremos abandonar los escalones por los que hemos alcanzado una posición tan elevada; pero esto no prueba que esos mismos medios no puedan aún conducirnos más arriba.

Es muy probable que no se altere la estructura general del edificio social; es de creer que siempre existirán propietarios y obreros. Pero la suerte de unos y otros, y sus relaciones mutuas, pueden modificarse y aumentar considerablemente la armonía y la belleza del conjunto. Sería verdaderamente lamentable que, mientras la física ensancha cada día los límites de su dominio, la filosofía moral y política permaneciera encerrada en un horizonte estrecho, o ejerciera tan sólo una influencia débil, incapaz de enfrentarse a los obstáculos que una causa única opone a la felicidad del género humano. Por temibles que sean estos obstáculos, cuya influencia no he negado, no creo que el resultado de nuestras investigaciones deba ser el abandono de toda esperanza de mejora.

El bien parcial que razonablemente podemos esperar obtener es digno de nuestros esfuerzos y basta para animarnos a darles una dirección más provechosa. Sin duda no podemos esperar que los progresos de la felicidad y de la virtud sigan una marcha tan rápida como la de aquellas ciencias cuyos descubrimientos se multiplican cada día; pero si perseveramos, podremos confiar en que estas ciencias progresivas derramen su luz sobre las otras y auxilien los medios de mejora que constituyen el objeto de nuestros deseos.

FIN.

CONTENIDO

367